U0503718

(1990—2000)

中共上海市委党史研究室　编

上海人民出版社

主　编：谢黎萍

副主编：黄金平、年士萍、郭　继（常务）

成　员：贾　彦、孙宝席

目录
Contents

金　桥

外高桥

张　江

序言：奇迹——开发者说

2020年4月18日对浦东而言是一个具有历史意义的日子。30年前的这一天，党中央国务院宣布同意上海加快浦东地区的开发，在浦东实行经济技术开发区和某些经济特区政策。从此，浦东成为中国新一轮改革开放的标志，开创了一个辉煌的时代，书写了中国改革开放史上的又一个奇迹。

三十而立。作为中国新一轮改革开放的标志，浦东开发开放是一场解放思想、改革创新的伟大实践，浦东奇迹的背后，值得讴歌和总结的内容很多。值此浦东而立之际，中共上海市委党史研究室组织编写了《奇迹：浦东早期开发亲历者说（1990—2000）》一书，并请我作序。

浦东是我曾经工作过的地方，是一片始终令我梦回牵绕的热土。我自1992年下半年到1997年底在浦东工作，1993年1月浦东新区成立任浦东新区党工委书记、管委会主任，从一开始就有幸参与和见证了浦东开发开放早期最波澜壮阔的奋进历史。纵观全书讲述者，几乎都是我熟悉的浦东开发开放的开拓者，他们把生命中最美好的时光，飞扬的青春，奉献给了浦东开发开放最初十年艰难起步、艰苦创业的历程。如今，这些同志大都已退出领导岗位，但精神不减当年。他们的所述所记，生动再现了三十年前我熟悉的那段激情似火的岁月，体现了当年浦东拓荒者筚路蓝缕，奋勇拼搏，敢闯敢试，逢山开路、遇水架桥的奋斗精神，他们的责任担当，勇气情怀，以及把浦东这片阡陌纵横土地建设成为现代化国际都市的宏伟壮举。全书掩卷读来，真是往事历历在目，心头感慨万千，也感受到上海市委党史研究室做了一件很有历史眼光的创意，为后代留下了一份弥足珍贵的历史。

浦东开发开放是党中央国务院作出的战略决策。1992年江泽民总书记在党的十四大报告中进一步指出要“以浦东开发开放为龙头，进一步开放长江沿岸城市，尽快把上海建设成国际经济、金融、贸易中心城市之一，带动长江三角洲和整个长江流域地区经济的新飞跃”。在中国共产党的代表大会报告中具体部署一个城市的经济建设，这是第一次，是基于中国改革开放发展大局的深刻把握，是基于世界经济全球化趋势的深入研判。邓小平同志指出：“上海是我们的王牌，把上海搞起来是一条捷径”“开发浦东，这个影响就大了，不只是浦东的问题，是关系上海发展的问题，是利用上海这个基地发展长江三角洲和长江流域的问题。”

浦东开发开放的大幕拉开后，如何实现党中央的战略部署，特别是邓小平同志对浦东开发开放提出的要“面向世界”“后来居上”的要求，需要从战略上作出顶层设计。“后来居上”就是不能简单地照搬以往沿海经济特区的成功做法和经验，而是要有所超越。在深圳特区建立后几年，上海各部门就如何振兴上海开展了广泛深入的研讨，做浦东规划时提出了不是“中心开花，四周扩展”“摊大饼”式的以来料加工为主的开发区模式，而是根据上海在国家发展战略中的定位，采取总体规划、功能开发，全方位、多层次开发的新区方式，这也是陆家嘴金融贸易区、金桥出口加工区、外高桥保税区、张江高科技园区四个国家级开发区的决策背景，也成为浦东开发开放成功的一个最显著的特色。浦东开发者深刻领会邓小平同志关于浦东开发的综合论述，提出了一句自励的口号“站在地球仪边思考浦东开发”，还把口号制成标语，贴在食堂里，时刻提醒大家。

陆家嘴金融贸易区是我国唯一一个以金融贸易命名的开发区，当年邓小平同志提出“金融很重要，是现代经济的核心”的论断，并提出中国金融要在世界占有一席之地，主要靠上海，这既是希望，也是要求和责任。因为与陆家嘴地区一江之隔的上海外滩原先就是金融集中地，在陆家嘴地区发展金融，能够与老市区连成一体，组成一个更加强大的金融中心。陆家嘴地区的开发一开始主要是建设高标准的商务办公楼宇房地产产业主导，没有引进第二产业的企业工厂，一度曾因建设周期长、短期内难以见到成效、办公楼宇亮灯率不够被人质疑。但我们始终坚持金融功能定位不动摇，在规划设计阶段采取国际咨询方式，那真的是一场世界奥林匹克建筑设计大赛，为中国的城市规划开辟了新理念，树立了新标杆，充分体现了浦东开发开放的特点，这当时在全国是具有领先作用的。因为有了这份坚持，才有了今天世界金融机构、跨国公司总部汇聚陆家嘴的功能集聚，才有了独具一格的崭新城市天际线。

金桥出口加工区是当时中国唯一的以出口加工为主的开发区。最初定义为出口加工区，很快我们就发现这是不太合适的，我们内部就把它视作现代工业区，而且要是现代化的、资金密集的、技术密集的、劳动市场量大、原材料能耗少、出口创汇能力强的工业区。由于万事开头难，刚成立的金桥开发区第一个引进的项目只是日本的一个箱包厂，后来在市里的大力支持下和开发区同志们的不懈努力下，汽车制造、家用电器、信息技术、生物医药等先进制造业纷纷落户金桥，金桥成为上海浦东先进制造业基地，成为跨国公司在中国最集中的区域之一。

外高桥保税区是中国第一家中央政府批准的保税区。根据上海市政府和浦东新区管委会的设计，保税区的实施过程是按照自由贸易区的概念推进的，其功能也是按照国际通行的自由贸易区来设计的，保税区的英文表达也留了伏笔，用的是Free Trade Zone，即自由贸易区，这在当时是有很多反对声音的。为了实现集自由贸易、出口加工、物流仓储及保税商品展示交易等多种经济功能于一体，外高桥保税区积极推进有利于贸易和物流开放的改革，区内可设立外商独资贸易公司；可开展保税间、保税仓储、保税展览，保税商品在区内自由买卖；无论投资何种领域，外商均可申请百分之百的独资公司，等等。后来随着营运中心的培育，保税展示的发展，外高桥保税区形成产业集聚发展的良好态势。

张江高科技园区是四个国家级开发区中成立较晚的一个，开始属于上海市计划委员会管理。显然这一体制不便于新区做规划和日常领导。我提出要求和其他3个开发区一样划规浦东新区管委会管理，市里给予我们很大支持，这样在体制上就顺了。因为当时外国的高科技产业不愿意到中国来投资，怕知识产权损失，同时我们自己也缺少了解高科技产业的人才，加上开发区领导体制和领导班子更换等原因，开发初期的张江发展比较慢。但我们一开始就很清楚，西方是警惕中国发展高科技企业的，我们必须克服重重困难充分利用上海工业和科技优势，推动高科技产业发展。1999年“聚焦张江”战略实施后，张江发展一下子加速，产学研一体化的科技创新功能得到强化，高科技产业集聚效应显现，张江也是首先提出要创建现代化“药谷”而著称的园区。

当然，除了四个国家级开发区外，我们还在浦东补充成立了孙桥现代农业开发区，是中国所有特区和新区内唯一的一个农业开发区。在农业上，上海并不是主要产业，因此，我们对这个开发区的功能性任务定位为“两个桥梁”，即外国的先进农业和中国农业交流的桥梁，实验室的科研农业和大田农业的桥梁。

因为四个国家级开发区在功能上是互补的，在地理分布上是分开的，齐头并进，发展有序。有日本人曾赞扬我们这种开发模式说，不是摊大饼，是下五子棋，这样各区的发挥在地理上不会冲突，这也是浦东规划的特色之一吧！

30年在历史的长河中只是弹指一挥间，当年的蓝图已变为现实，今天的浦东，毋庸置疑已成为中国改革开放最亮丽的城市名片，上海人民，浦东人民，交出了一份出色的世纪答卷。进入中国特色社会主义建设新时代，以习近平同志为核心的党中央，进一步深化改革、扩大开放，浦东承担了建立中国（上海）自由贸易试验区核心区的重大任务，在更大舞台上，在更深层次、更宽领域，打造“四个新高地”——全方位扩大开放的新高地、高质量发展的新高地、推动长三角一体化发展的新高地、服务国家“一带一路”建设的新高地。

一代人有一代人的长征。浦东开发开放已走过千山万水，但仍需跋山涉水。但我坚信，浦东的明天会更好！上海的明天会更好！

赵启正

2020年3月20日

用改革创新书写的浦东开发

【口述前记】

胡炜，1947年3月出生。曾任黄浦区人民政府副区长、代区长。1992年6月至2000年8月，先后任浦东新区工作党委副书记，浦东新区管委会副主任、常务副主任，兼任外高桥保税区管委会党组书记、主任；2000年6月至2003年4月，先后任上海市人民政府副秘书长、浦东新区人民政府党组书记、区长，兼任外高桥保税区管委会党组书记、主任。在浦东工作期间，亲历了浦东新区管委会和浦东新区人民政府的筹建和管理，长期分管浦东的发展建设和招商引资工作，着力推进外高桥保税区的建设和发展。2003年至2011年，先后任上海市十二届、十三届人大常委会副主任。

口述：胡炜

采访：谢黎萍、年士萍、郭继、严亚南

整理：严亚南

时间：2020 年 3 月 17 日

2020 年是浦东开发开放 30 周年，回望来路，这真的是一个伟大的工程。浦东用短短 30 年的时间完成了西方国家用两个世纪才完成的工业化和城市化，成为“上海现代化建设的缩影”和“中国改革开放的象征”。我自 1992 年任浦东新区党工委副书记、管委会副主任起，在浦东工作了十多年，有幸参与和见证了浦东开发开放这一历史过程。重述这段历史，总结其中的成功经验，我觉得对我们今天更好地举好浦东开发开放这个旗帜意义重大。

受命参与组建新区管委会

1990 年当开发开放浦东的号角吹响，上海以最快的速度成立了浦东开发办公室，不久，陆家嘴、金桥、外高桥三个开发公司挂牌成立。不过当时的浦东地区，以川沙县为主，还包括上海县的三林乡，以及杨浦、黄浦、南市三区的浦东部分，因此其管理体制是上海市浦东开发领导小组直接领导，“三区两县”（杨浦区、黄浦区、南市区、上海县、川沙县）和各委办局各司其职，浦东开发办协调推进的体制。随着开发建设任务的不断增加，这个体制开始显得不适应形势发展了。于是，市里就考虑对“三区两县”的浦东部分进行合并。

1992 年底，上海市委书记吴邦国和市长黄菊找我谈话，说市委、市政府决定要改变浦东“三区两县”各自运作的模式，改变浦东开发办空转的现状和以政策研究、协调为主的职能，将“三区两县”的浦东部分全部合并在一起，成立浦东新区管委会，以全面推进浦东的开发和建设，并且要调我去浦东新区管委会工作。对此，我欣然接受。其实，早在市里要组建三个开发公司，说要有一个区里的领导的时候，我就跟时任黄浦区委书记胡瑞邦说过，“让我去”。不过当时因为工作需要，我没有去成。

1990年5月竖立在延安东路隧道出口处的上海市人民政府浦东开发办公室和上海市浦东开发规划研究设计院的中英文对照指示牌

1993年1月1日，浦东新区党工委、管委会正式挂牌成立。成立之初，在新区党工委和管委会的班子里，赵启正是书记、主任，王洪泉和我是副书记、副主任，党工委委员有赵启正、王洪泉、黄奇帆、王安德、朱晓明、阮延华和我，管委会副主任还有黄奇帆、朱晓明、王安德、阮延华，其中奇帆和我是专职副主任，王安德、朱晓明、阮延华分别是陆家嘴、金桥、外高桥三个最早成立的开发公司的总经理，为兼职副主任。在浦东新区党工委、管委会成立伊始，吴邦国同志和黄菊同志就提出，浦东要做到“四个率先”，即率先探索建立适合社会主义市场经济体制，率先与国际接轨、参与国际竞争，率先建立经济高速增长的发展模式，率先形成统一精简高效、有权威的政策管理机制。两位领导希望我们能肩负起党和上海人民的殷切希望，立足国际、国内的大环境，珍惜历史机遇，不辱使命，大胆试、大胆闯，在浦东实现“一年一个样、三年大变样”。

根据上海市领导的指示，赵启正同志带领我们对如何设置新区管委会的机构进行了调查研究，然后由我和黄奇帆同志根据赵启正同志提出的精简、规范、高效的要求，借鉴国际、国内其他开发区的行政架构和设置，用半天时间，商定出浦东新区管委会组织机构的设置，建议管委会设立10个机构，分别是：党政办公室，内含组织、宣传、统战、纪委工作职能；行政部门包括综合规划土地局（含规划、土地、房产、统计等部门）、城市建设管理局、财政局（含财政、税收部门）；经贸局（含工业、商业、外贸、旅游等部门）、社会发展局（含科技、教育、文化、卫生、体育等部门）、农村发展局和工商局等。

当时对于设立工商局，也是有争议的。因为其他机构都是综合性的部门，工商局职能单一，似乎不匹配。不过考虑到工商局是市场经济体制的“执行官”，企业的存亡和运作都是由其来管理，由其发通行证，应该要单独设立。后来，浦东新区党工委、管委会就只设立了上述10个机构，这与上海其他区县每个区县平均设置51个机构的状况对比，是高度精简了。这个管理体制有一个先天的有利条件，就是有很强的决策力和执行力。在浦东开发开放初期，不可预见的矛盾很多，没有现成的经验和模式可供借鉴，很多工作要举全区之力推进，这就需要党工委、管委会进行集中、精简、高效的组织领导和统一协调推进。当然，这只是一个阶段性的工作机构设置，以开发开放为主要任务，而不是某一级的地方政权组织，因此，在社会发展方面有其局限性。

大概在1994年、1995年的时候，为了这个管理体制，当时在一个小范围内，我们曾向朱镕基同志、李岚清同志作过汇报。我们说，这个体制优点很多，但是我们也有很多苦恼。比如，统战部说，统战是我们的一大法宝啊，你们怎么连统战部也没有？我们在政治上有压力。其他一些部门如水务部门、绿化部门说，你们问我们要钱，但你们连机构也没有，除非你们挂一块牌子。后来朱镕基同志说："你们带着钢帽，也要顶下去。"李岚清同志说："这个体制，还要再搞个5年。"为了能够和市里有关委办局对接，我们就开始挂牌，一套班子、几块牌子，有关上级职能部门要什么牌子，我们就挂什么牌子。总体来说，那时候党工委、管委会的领导是坚强有力的，这个领导体制为浦东开发开放实现"一年一个样，三年大变样"立下了汗马功劳，奠定了坚实的基础。

锲而不舍推进功能开发

浦东新区党工委、管委会是在上海市委、市政府的领导、授权下成立的，既要领导安排新区发展的重大决策，又要参与重大项目的推进。因此，在内部具体分工上，赵启正同志是按照全局的要求管全面工作，王洪泉同志分管农村和政法工作，黄奇帆同志分管财税、规划、土地和综合部门等工作，我主要负责浦东的开发建设和行政管理，分管经贸局、城市建设管理局、工商局等部门，联系四个开发公司。

当时新区党工委、管委会对这四大开发公司的定位是"浦东开发开放的主力军"。浦东要出功能、出形象、出效益，主要是通过陆家嘴、金桥、外高桥、张江四大开发公司来体现上海市委、市政府的意图。因此，管委会必须加强对四大开发公司的规划、年度计划和任务的研究，以保证市委、市政府的意图得到贯彻落实。我们每年都会对陆家嘴、金桥、外高桥、张江四个开发公司的年度计划进行季度、月度和每周专题工作研究。我因职务分工的原因，协调的事务比较多，最多的时候，一天要开四五个专题协调会。这些协调会的主要任务就是推进项目，决策人、财、物资源分配，协调各个开发公司与乡镇、社会等各方面的矛盾等。

浦东开发初期，资金是很缺的。因此，我们的一项重要工作是筹措开发建设资金，对四大开发区的重点项目进行资金平衡。有一次，我向黄菊同志报告说，我们浦东四大开发公司缺钱啊。我们就向中央提建议，争取政策，为四大开发公司筹措了一部分资金。过了两年，四大开发公司又缺资金了。因为开发初期的浦东土地还不怎么值钱，我们不仅要对很多省部楼的建设用地打折，还要给入驻的高科技企业贴钱。在作了财政资金的平衡后，我觉得还是不行，于是就和黄菊市长汇报，说我们没钱了。黄菊市长说："你也不要一直问我要钱，你要眼睛向下，自己想想办法。"

办法总比困难多。后来我们就想，土地是财富之母啊，能想什么办法把土地变成资金，哪怕开的是期票也好啊。当时我们的土地是规划一块、征用一块、动迁一块，而且需要用地指标。如果能够把没有动迁的土地（毛地）注入四大开发公司，就为缓解他们的资金和发展创造了条件。我们反复商量后觉得这是一个出路，经向黄菊市长汇报及市相关部门批准，向陆家嘴、外高桥、金桥、张江四个开发公司都注入了土地。外高桥的森蓝地块原本规划的是绿地，我找市规划局的夏丽卿同志说："光是绿地也做不起来，是不是能拿出30%的土地进行开发。"现在看来，森蓝这个地块就是因为作了这样的调整才获得了新的发展空间。

我们对四个开发公司的发展也是深度参与并给予指导的。记得一开始，张江高科技园区开发公司成立时是在童涵春药厂楼上的一间阁楼里办公。吴承璘前去担任总经理的时候，我找他谈话，提了一个要求，就是张江既然要打造中国高科技重要的阵地，你们就不要再在药厂办公了，而要到现场去。后来，张江高科技园区开发公司在张江开发区找了个地方建了办公楼，张江高科技园区的开发就有声有色地逐步开展起来。

我始终认为我们这些人就是干事的，当四个开发区的重大项目遇到困难时，我们党工委、管委会的同志就应该扑下身子，直接参与其中。比如，在金桥开发区，美国通用汽车要来投资，我就和朱晓明同志一起到现场。我记得通用的董事长说："这块地很好，但是现在麦浪绿油油，你们什么时候能够把这块农田和房子变成我们的施工基地？"那块地大概有半平方公里多一点，我告诉他，半年就可以了。他认为不可能。我就说："可能在你们那儿不可能，在我这里是可能的。"在浦东新区管委会的统一领导、协调下，金桥开发公司和有关乡镇一起努力，仅用半年时间就完成全部动迁。后来，通用的董事长非常感慨地说："我还以为你们是开玩笑的。"在上海通用汽车厂第一辆汽车下线的时候，他又说："我们创造了一个世界奇迹，用一年时间造出了一个汽车厂。"这件事让他亲身感受到了中国速度。

又比如，在陆家嘴，一个民营企业家拿了一块地却迟迟不开工。我们要收回那块地时，他找到花旗银行，希望花旗银行把总部搬过来并在这块地上建大楼，但花旗银行觉得规划中的这幢楼的楼层不够高。那个民营企业家就来跟我商量能不能提高大楼的高度。我向徐匡迪市长作了汇报，反映了花旗银行要把亚太地区总部搬过来的想法，请示是否可以提升一下大楼高度。徐匡迪同志很认真地说，规划是经过人大批准的，只能作微调而不能随意改变，让我找夏丽卿同志商量。和市规划局沟通后，觉得可以作些微调，徐匡迪市长就同意了。不久，花旗银行全球董事长来上海，我陪他去见徐匡迪市长。因碰巧飞机晚点，这位董事长没去宾馆就直接与徐匡迪市长见面了。会见的时候，徐匡迪市长一直看我，可能是心想他们怎么不提这个要求。最后是徐匡迪市长直接和对方说："你要把总部搬过来，我们决定支持你。"这时，董事长还是一脸茫然，原来上海地区总部的负责人还没有来得及向他汇报。会后了解清楚后，他表示非常感谢我们的支持。

上海新国际博览中心项目是我参与度很深的一个项目。这个项目是上海市委、市政府确定的浦东开发开放的重大功能性项目，要求我们能引进世界上最好的会展企业。当时，世界排名第一、第三、第五的德国会展商和英国铁航联合起来跟我们谈判。因为谈判对象多，要统一思想很难，所以谈了好久，久攻不下。后来市里领导说，如果你们浦东谈不下来，那么这个项目就放到浦西算了。时任管委会书记周禹鹏对我说："胡炜啊，你要亲自出场了，去了就要谈成。"

谈判的过程非常激烈。因该德国企业是国有企业，需要他们的企业负责人——监事会主席来拍板说 Yes or No。该主席同时是德国的经济部部长，他来的那一天，好多人围着他，我也礼貌地站起来跟他打招呼。但他好像看不见我一样，沉着脸坐下来后，要求其他人都出去，要和我单独谈。我相迎的时候，没想到他却一拍桌子，开口就怀疑我们的动机，认为我们忽悠他们的企业到这种鸟不拉屎的地方投资肯定亏本，他是不会同意的。我从来没碰到这么不友善的谈判对象，于是等他一讲完，我也拍了下桌子，对他讲："你怎么知道不赚钱啊？你到中国来过吗？你对中国有研究吗？这个项目我研究了近一年，你有什么问题问我，我都答得出来。反过来，我问你三个问题，你能答出来吗？投资当然要赚钱，我们堂堂的中国人，绝不会骗你的钱，我们要的是共赢。如果你不赚钱，我们就把钱全退给你。"我又说："你算的是死账，你根本不懂中国的经济、不懂中国的市场、不懂中国的发展。我可以告诉你，这个钱是赚定了，今后你欠我一个道歉。"大概是我的这些话说到了他的心坎里，一个小时后，我和他笑嘻嘻地握着手出来了。谈成的那天，我们一起拍了张照片：在我签字的时候，我拿着我的手表，他也拿着他的手表，大家共同指着表面，可以清晰地看到时间定格在那天早上4点。

我原本以为事情已经解决，没想到的是英国铁航又跳出来跟我们说他们决定不搞展览业，准备退出。如果铁航退出，我们的辛苦都要白费了。所以，我就临时决定去英国找铁航董事会主席。在他的办公室里，我反复讲了好长时间，对方强调是集体讨论决定，始终不松口。最后，我故意激他说："你说的理由我认为是有道理的，但这是你职权范围内可以解决的。我们三家主要股东都同意了，你现在不同意，你就是搅局者。我可以跟你说，如果今天不能解决这个问题，你以后不要到上海来了。""我现在马上要乘飞机走了，如果我走出这个门，就再也不回来了。"话说出口，已经没有回旋余地，我就和

上海新国际博览中心俯瞰

身边的工作人员拖着随身携带的拉杆箱，转身往门口走。好在这个房间很大、走廊很长，我一边走一边在心里数一二三，就在我马上要走到门口的时候，他说："慢！我去做董事会工作，我们参加吧。"这样，我们终于把这个项目签下来了。

现在新国际博览中心发展得很好，赚了不少钱。后来每次碰到他们，我都要开玩笑地说："你们欠我一个道歉。"

"四个坚持"做强做实外高桥

外高桥保税区是在浦东开发开放中，开放层次最高、开放领域最广、开放功能最强的一个地区。从1990年启动开发到1992年，只开发了2平方公里，市里主要领导比较着急。1993年5月，组织安排我兼任外高桥保税区管理委员会主任，吴邦国同志和黄菊同志找我说，外高桥保税区目前进度太慢，要我去调查一下体制。我去调查后，很快发现确实有很多问题，必须进行改革。在调查研究后，我就提出了引进竞争机制、强化保税区管委会的行政职能，基础设施开发和功能开发并行的思路，得到了市领导的肯定和支持。30年间，外高桥保税区坚持"四个坚持"不动摇，在探索的道路上克服了一个又一个困难。

一是坚持贸易、货币、货物进出口"三个自由"目标不动摇。在外高桥保税区成立以前，无论外贸还是内贸都是专营的，5000万以上的国有大企业才可以申请做外贸，国内的企业即使再大也不能直接做外贸，只能通过外贸企业代理外贸业务。除了外贸专营以外，还要有外贸经营许可证和进出口配额。货币方面，当时国内的企业和居民只有人民币账户，没有外汇账户。后来放宽了一点，有了外汇兑换券，有外汇的人可以将外汇在国内兑换成外

1993 年 8 月 25 日，外高桥保税区首期工程开工

汇兑换券使用，但这只是人民币的变身。至于货物的进出口，受到外贸经营许可证和配额制度的限制，也是不能自由进出的。所以，在我们为外高桥保税区归纳出“三个自由”的政策概念时，是对当时政策的重大突破。那时对“自由”两个字还是有些敏感的。在全国第一届保税区例会上，就有人说，你们的归纳好是好，但能不能不要说“三个自由”？另外，关于保税区英文名称的翻译也体现了解放思想和务实创新精神。关于保税区英文名称的翻译，当时阮延华请了专家一起来商量，觉得这是面向世界的自由贸易区，应该翻译成“Free Trade Zone”。尚未离沪赴京任职的朱镕基同志，也同意我们的观点，确定英文翻译为“Free Trade Zone”，但是中文名字还是按照国家确定的“保税区”。1992 年 11 月中央开会讨论的时候，海关总署有关领导说，中国只有保税区，这是中国特色，英文只能叫“Free Bonded Zone”，也就是说只能作为保税仓库区或者保税港区。后来还是国务院副总理朱镕基同志说，外高

桥就是要跟世界接轨，这是世界通行惯例。至此，外高桥保税区“三个自由”的目标和对外英文名称才正式确定。为了把保税区的形象展现出来，我决定做个门头，看了好几个方案都不满意，最后选定了现在还保留着的那个海鸥造型的门头。

二是坚持创新、探索、突破不动摇。在争取外高桥保税区“三个自由”政策的过程中，政策是生命，因为政策有权威性，是与国家的大政方针相配套的，也正因如此，其探索和突破的过程是艰辛的，但我们从来没有停步。从保税区的政策变化过程中，我们可以清晰地看到中国改革开放政策“摸着石子过河”的深刻痕迹。比如说，一开始大家认为保税区搞“三个自由”，国外的东西就都会进来，实际上不是这样的。还有人认为有些人会把假货或者是海上走私进来的东西放在保税区里卖。当时我就说，这种情况必须刹住，否则保税区的形象就给毁了。在海关最初制定的管理条例中规定，只要在保税区中设立公司，汽车、彩电、复印机等20种商品可以免税。很多人为了得到这些免税产品设立公司，买完以后就关公司，然后再成立一个。又比如，一开始海关的文件上说货物进保税区视同出口，可以退税。于是好多人就又开始动歪脑筋了，货物进保税区后不出口，退完税再变着法子把货物弄出去。针对这些问题，后来国家有关部委取消了相关政策。再比如，为了解决保税区的贸易活动不能开具增值税发票问题，我们不断找财政部、商务部、海关总署等中央部委反映，终于在2005年获得商务部和海关总署的同意，出台了“保税区的企业和个人依法取得贸易权，申请分销权，依法开展贸易活动。在国内从事分销活动，以一般纳税人身份开增值税发票，缴纳增值税，以人民币结算，解决国内贸易缺乏纳税资格的问题”的政策，这就是很典型的“摸着石头过河”。在保税区中，这样的事情很多。在探索、创新、突破的过程中，我的体会就是：一要有胆识，二要有问题导向，三要站在国家战略的高度来推进。这样，政策的设计就可以从国家战略的角度去考虑，从国家战略出发考虑问题也容易得到国家各部委的支持，我觉得这也是我们上海能作出的特殊贡献。

三是坚持市场功能建设和体制机制创新不动摇。我兼任外高桥保税区管委会主任之前，管委会的体制是不顺的，保税区管委会的工资和福利待遇没有纳入财政单列，而由开发公司发，因为开发公司先成立，保税区管委会后成立，是先有儿子再有爹，因此，急需加强其权威性、法治性。于是，我把海关、工商、税务、公安、安检、食品安全等有关部门召集组织起来，每周开一次会，商量工作并把保税区管委会的意志执行下去，形成合力。为了形成竞争体制，我把外高桥保税区一分为三，改变原来“外联发”一统天下的格局，新成立“新发展”和“三联发”两家公司。原来“外联发”负责10平方公里区域的开发，现在就由“外联发”负责4平方公里，“新发展”和“三联发”各负责3平方公里。实施后，马上产生巨大效应，招商引资工作很快就上来了。管理和开发体制理顺后，我们着力在贸易上寻找新的突破点，设立生产资料交易市场。这样，国外商品就能大规模进来，到保税区里展示、销售，让人感觉“不是出国，胜似出国”。原来要出国采购商品的企业，可以不用出国，在外高桥保税区就能完成交易。1993年3月25日，上海外高桥保税区保税生产资料交易市场成立，并于11月29日正式开业，一下子就产生了20亿至30亿美元的交易额。后来，政策一点点放开，生活资料交易市场逐渐发展起来。到2000年，外高桥保税区交易市场已有酒类、钟表、汽车、机床、化妆用品、医疗器械、工程机械、生物制药、健康产品、文化产品等10类商品。像酒类、钟表、化妆用品、医疗器械等商品交易量几乎占到上海商品交易量的三分之一。应该说，成立生产资料交易市场是外高桥保税区加强市场功能建设的一项重大创新举措。到了21世纪，我们又大力推动国际订购中心、技术服务中心、保税服务和物流中心的发展。

四是坚持与国际惯例接轨、法规先行不动摇。如果说政策是保税区的生命，那么法治就是保税区的保证。1990 年 9 月，上海市政府就发布了《外高桥保税区管理办法》，上海海关对外高桥保税区发布了《对进出上海外高桥保税区货物、运输工具和个人携带物品的管理办法》，其中就写了进入外高桥的货物可以实行保税、免税。1991 年 7 月，国家外汇管理局发布了《上海外高桥保税区外汇管理暂行办法》，9 月又发布了《上海浦东外高桥保税区外汇管理实施细则》。这都是由国家海关、外汇管理局等中央部委直接针对一个地方制定的管理办法，可见外高桥保税区开放层次之高、领域之广、影响力之大都是空前的。不过我始终觉得还不够，研究世界自贸区建设，立法是第一位。于是，1995 年由我担任总策划，编辑出版了《世界自由贸易区研究》一书，该书的主编和编写人员都是保税区管委会研究班子的成员。此时又正好是我国要恢复关贸总协定（WTO 的前身）缔约国地位的时候，我们就想通过编这本书，研究关贸总协定和自由贸易区的关系。在研究的基础上，我们多次向市里领导反馈，并得到市领导和市里有关部门的支持，把希望政策上有所突破的内容补充进了想要制定的条例方案中。我当时感觉蛮得意的，一些中央部委的同志因为和我很熟，就跟我说："胡炜啊，听说你要立法，我告诉你，你不要笑得太早，我们中国是国家法管地方法。你想要立的这个法，通过的时候还要到我们这里来的。"结果，中央各部委都是火眼金睛，将我塞进去的"私货"一条条都"枪毙"了。一圈走下了，我已经丧失信心了。当时我就在想，这件事我们到底还要做吗？总感觉像鸡肋一样弃之可惜、食之无味。但是后来想想，我已经折腾了这么久，总要对自己、对大家有个交代，最后决定还是要立法。

1996 年 12 月 19 日，上海市第十届人民代表大会常务委员会第 32 次会议审议通过浦东开发开放第一个地方性法规——《上海外高桥保税区条例》，条例于 1997 年 1 月 1 日起实施。虽然这是一部在我看来没有什么“干货”的条例，但万万没想到，效果出乎意料地好。世界各地的大企业纷纷过来，他们说，上海外高桥保税区有了中国地方政府颁布的第一个法规，说明我们有诚信体制，有法治精神；再加上之前积累的口碑，让他们觉得这是最值得依赖和投资的地方。因此，兴起了新一波的投资高潮。这件事情，对我的教育意义是很深刻的。

《世界自由贸易区研究》一书

现在看来，不论是我们在外高桥保税区走的每一步，还是在其他几个开发区的实践，都是在探索，都离不开改革创新。当然也有彷徨、有停滞，但总体来说，我们是在前进。犹记得吴邦国同志要去北京之前，让我陪他在浦东走一圈。当时就我们两个人，一边走，一边看，邦国同志就提醒我要增强风险意识。不久，世纪大道刚修到一半就因亚洲金融危机出现资金困难的问题，黄菊同志到现场看的时候，也跟我说，再大的困难，咬咬牙也要挺过去，杀出一条血路。所以，30 年来，我们始终坚定信念，勇于创新，艰苦奋斗，不辱使命，完成了我们这代人应该完成的任务，在浦东这片土地上创造了奇迹。

1990—2000

陆家嘴

陆家嘴：从烂泥渡到现代金融中心

【口述前记】

王安德，1950 年 4 月出生。曾任上海市房地局局长助理、上海市土地批租办公室副主任、上海市土地局土地有偿使用处处长、市政府浦东开发办政策研究室负责人。1990 年 7 月至 1998 年 5 月任陆家嘴金融贸易区开发公司总经理，1996 年 5 月兼任陆家嘴金融贸易区开发公司党委书记；1993 年 1 月起兼任浦东新区管委会副主任、党工委委员，参与了陆家嘴金融贸易区艰苦奋斗、从无到有的开发建设过程。2000 年 8 月到 2003 年 2 月任上海市浦东新区常委、副区长。2003 年以后，负责陆家嘴开发二期："陆家嘴滨江金融城"的规划、开发与建设。2012 年起聘任为陆家嘴前滩开发首席顾问。

口述：王安德
采访：谢黎萍、郭继、马婉、姚吉安
整理：马婉、郭继
时间：2019年11月11日、25日

很多人都说，中国改革开放的40年是世界经济发展和城市建设史上的奇迹，浦东开发则是这个奇迹中的亮点之一。陆家嘴金融中心的拔地而起，更是浦东开发的画龙点睛之笔。那真的是一段沧海变桑田、化腐朽为神奇的历史。我有缘从1990年到现在，在不同的岗位上参与了陆家嘴金融贸易区的全程开发，现在回想起来，很多事情依然历历在目，也为自己能够为上海城市发展中的大事件做些事，感到充实、感到幸运。

“金融先行”让我与陆家嘴结缘

开发开放浦东，是我国在试行市场经济和改革开放政策的“深圳实践”之后，为参与21世纪世界经济发展和竞争的一个战略布局。为了下好这着棋，上海市委、市政府提出在浦东建立陆家嘴金融贸易区、金桥出口加工区和外高桥保税区3个核心功能区的重大举措。其中，陆家嘴金融贸易区是我国第一个以“金融贸易”命名的开发区，是落实中国改革开放总设计师邓小平同志关于金融的讲话精神的一块先行先试的试验田。

邓小平同志曾高瞻远瞩地指出：金融很重要，是现代经济的核心。金融搞好了，一着棋活，全盘皆活。上海过去是金融中心，是货币自由兑换的地方，今后也要这样搞。中国在金融方面取得国际地位，首先要靠上海。这个要好多年以后，但是现在就要做起。以此为指导，上海在陆家嘴开发中提出“金融先行”的概念，把金融放到非常重要的位置去谋划和发展。从全市抽调精兵强将组建陆家嘴金融贸易区开发公司领导班子，我有幸成为其中的一员。

现在想想，我能够被抽调到陆家嘴工作大概有三个方面的原因。第一个原因，我感觉与我的早期工作经历，曾大胆进行改革实践的情况有关。我是工人出身从学徒做起的，14 年学徒和工厂工作经历让我掌握了机械制造和自动化方面的知识，同时积累了一定的管理知识，萌生了不安于现状的改革创新意识，尝试做了不少技术革新和企业管理的改革。为了自我提高，我还去上海外国语大学夜大学习了两年半，其间，也从工人、技术员，做到技术科长、技术厂长。1980 年到 1982 年间，我经过上海市建委批准，把市房地局下属的 5 个机械制造、房屋设备保养厂组合起来，搞了一个上海房屋设备总厂，生产取得很大成效，也因此在 1984 年至 1985 年间被评为上海市改革积极分子，应该说我的这些不安于现状的变革意识与即将到来的浦东开发开放的大潮合拍，也使得我能够纳入上海市委选人的视野范围。

第二个原因，我感觉与我参加上海市第一块土地批租试点的工作经历有关。1985 年，我成为市房地产管理局局长助理，被派去香港学习进修。1986 年上海试行土地使用制度改革，成立市土地批租领导小组和土地批租领导小组办公室，市房地局局长蒋如高任主任，我任副主任后来又兼市土地局有偿用地处处长。我参与了全国第一个关于土地有偿使用改革的行政规章的起草编制，参与了我国第一个国际公开招标的土地批租改革试点的全过程，对房地产体制改革、市场化运作、土地资源变成生产要素和建设资金等方面有了实践知识。

第三个原因，我感觉也与我任上海市政府浦东开发办公室政策研究室负责人的工作经历有关。1990 年 5 月 2 日，上海市政府浦东开发办公室成立，

1990 年 9 月 11 日，上海市陆家嘴金融贸易区开发公司、金桥出口加工区开发公司和外高桥保税区开发公司在塘桥由由饭店召开成立大会

我任开发办政策研究室负责人，直接参加了按中央精神编制一系列浦东开发政策的过程，特别是参与了落实浦东开发十大政策的文件的编制过程，对开发开放浦东这个国家战略的意图和目标要求有了更深的理解，也对上海提出的“开发浦东、振兴上海、服务全国、面向世界”的 16 字方针有了更深的理解。

1990 年 7 月，上海市宣布成立陆家嘴、金桥、外高桥三大开发公司，我担任陆家嘴金融贸易区开发公司总经理。同时任命的还有 3 位副总，分别是刚选上黄浦区副区长的余力、友谊商店原总经理汪雅谷和建设银行五支行原行长郑尚武，以及两位办公室负责人。当我们 6 个人坐在浦东开发办的临时办公室里，拿着一张当时的浦东开发总规划图纸，看着什么也没有的陆家嘴，真的是“五无”：没有具体规划、没有可供开发的一亩土地、没有一分钱、没有一个项目、没有一名员工。面对一个落实国家战略的重大目标和“五无”

的起步现状，大家心里十分焦虑和没底。记得在1990年，我参加全国开发区工作会议时，向国务院副秘书长、特区办主任何椿霖同志请示“这个金融贸易区怎么做?”他跟我笑笑说：“你是第一次碰到，我也是第一次碰到，我们大家一起探索。”

摸清家底，坚定开发的信心和决心

俗话说，知己知彼，方能百战百胜。对于我们6个不是浦东地区土生土长的开发者来说，要真正能在陆家嘴扎下根开展工作，必须对陆家嘴的基本状况有个清楚全面的了解。为此，我们到派出所，到居委会，到农村的大队，一家一家去“抄户表”，通过抄户籍、房屋产权、房产租赁的存根等资料，摸清了陆家嘴的人口、建筑、企业、土地等基本状况。

真是不看不知道，一看吓一跳。仅在小陆家嘴1.7平方公里的土地上，就有居民16945户，常住人口49234人，还有39个大型的央企和上海市重点企业，如烟草机械厂、联合毛纺厂、上海钢球厂、上海肠衣厂、立新船厂、上海船厂等；有14个码头仓库，如上粮一库等；250多家小型的企业商店。这无不说明，陆家嘴的待开发土地不像金桥、外高桥两个开发区那样以农田为主，也预示着未来陆家嘴开发的动迁任务是非常繁重的。不仅如此，陆家嘴地区的城市基础设施条件也不是很好，“烂泥渡路”不仅是一条真实存在的路名，也是当时陆家嘴状况的一种生动写照。如果按1980年《动迁法》规定的每户平均住房按60平方米来算，仅小陆家嘴居民动迁房就要102万平方米，再加上工厂的搬迁，费用巨大。更不要说整个42平方公里的陆家嘴地区有人口65万，162个居民小区，153个居委会，布满建筑和居民，可以开发的农地只有3平方公里。

开发前的浦东烂泥渡地区

1990 年 10 月，当我们把这些情况报告上去，朱镕基市长听了非常着急。他说：坏了，这不是旧城改造吗？怎么还叫建设 CBD？金融贸易区哪年哪月才能建成？倪天增副市长向他解释说，这个地方就是一个旧城改造和新区建设相结合的地方。朱镕基市长说，哪天我们弄个直升机上去看看，该怎么做？怎么做得成功？他还提出要研究金融贸易区到底放哪里的问题。

虽然，我们知道这个任务很艰巨，但是我们还是实事求是地进行仔细的调研和反复比较论证，也在这一过程中厘清了如何在陆家嘴开展开发建设的大思路，坚定了要在陆家嘴建设金融贸易区的决心。1990 年 11 月 27 日，我给朱镕基市长写了一封信，详细汇报了我们的想法，主要内容是：实事求是看待陆家嘴开发的三个困难条件，分析陆家嘴开发的三个有利因素，回答朱镕基市长提出的一些问题。

在信中，我们首先指出由于陆家嘴地段好，大家的投资兴趣比较高，外资虽多观望酝酿，但内资银行、各省市都有意愿来投资。二是陆家嘴地区的地下管线基础在整个浦东地区还是比较好的，不必等待，水、电、煤等的全面扩容，当前启动项目可以接上去就用。三是虽然有不少人口和建筑，但开发相对集中容易形成气候，有利于树立浦东开发开放的形象。关于投资组织问题，我们在信里提出“先内资后外资”的想法，同时地价要从低到高有个过程。关于开发方式，我们提出“统一规划、集中组织”的想法，也就是投资项目的摆放要归口统一，以尽快形成气候。总的来说，我们在信中要表达的是金融贸易区建设的选址还应该是在陆家嘴。在我们公司进行金融贸易区选址再论证的同时，上海市政府浦东开发办和市规划院也做了很多比较研究，大家最后都还是聚焦陆家嘴地区。

1990 年 12 月 20 日，朱镕基、黄菊、倪天增等市领导一起听浦东的规划和项目启动建设问题汇报时，朱镕基市长明确拍板金融贸易区还是要建在陆家嘴。从此，我们也做好打硬仗的思想准备，披荆斩棘、一往无前，没有规划做规划，没有资金筹资金。当时的设想是：在 1990 年至 1995 年集中做规划、动迁，准备土地；在 1995 年至 2000 年做基础开发，功能开发，形成一个基本的框架；在 2000 年至 2010 年，基本建成国际金融中心的功能框架。现在看来，这个目标和进度基本做到了，有的还有提前。

“规划先行”抓住破解难题的“牛鼻子”

1990 年浦东开发开放宣布不久，上海市政府浦东开发办就提出了“规划先行、基础设施先行、金融先行”的口号。之所以提出“规划先行”是因为浦东开发是跨世纪的大战略，只有先把规划搞清楚了，才能分步骤分阶段、高标准高质量地把浦东建设成为现代化新城区。早在我们 3 个开发公司成立的时候，金桥和外高桥都已有了获批的规划，只有陆家嘴还没有确定选址布局和详细规划，这也使得我们很难具体协调推进开发工作。

因此，我们必须抓住规划这个关键，把所有问题想清楚想明白，何况规划做得好可以管 100 年，如果做得不好，实施后永远没有机会重新再来，这一步走偏了，永远会被钉在历史的耻辱柱上。所以，我们决定规划问题一定要“事成于思”“谋定而动”。

根据党中央和上海市委的要求，陆家嘴地区要与“把浦东建设成为国际化、枢纽化、现代化的世界一流新市区”的目标相适应，就必须建成面向国际的现代化的金融贸易区。它的规划，也必须与世界一流 CBD 相媲美。对此，朱镕基市长非常有魄力地指出“陆家嘴是上海的一个面孔，我们紧锣密鼓地搞起来，总体规划可以搞国际设计招标、搞规划竞赛，这也是一种宣传”。

于是，1992 年 5 月我们出资 200 万元参与组织和启动由法国政府公共工程部和上海市人民政府联合举办的“上海市陆家嘴中心区规划及城市设计国际咨询”，历经一年左右时间，1993 年由市规划设计院、华东规划设计院、同济大学和陆家嘴开发公司等多方力量组成的规划深化工作小组拿出了送审的规划深化方案。这个国际规划设计方案的咨询和深化设计，一共进行了三轮，逐步集聚精华形成共识。到 1993 年 5 月前后，我们最终拿出了一个做到东方和西方、历史和未来、浦东和浦西相结合的深化方案，后经市人大、市政协和市委常委会审查后，在 1993 年 12 月 28 日获上海市政府正式批准。

通过做规划，我们解决了陆家嘴开发在规划方面的 4 大战略性问题和 4 个技术性问题。

第一个战略性问题是为什么要建中国的金融贸易区，第二个战略性问题是金融贸易区的选址，这两个问题在前期很快就达成一致解决了。第三个战略性问题是要不要建轴线大道问题。我们着手开发陆家嘴的时候，陆家嘴是已有路网的，但都是沿着黄浦江岸线走向且比较窄，最宽的浦东大道也只有双向四车道。随着开发量上去，交通肯定无法承载。我们必须思考解决开发后的大规模车流量问题。经过测算，决定建一个轴线大道。部分规划专家不很赞同，认为不仅动迁量太大，而且几乎全盘打破原来的路网格局，给交通组织带来极大问题。此外，对轴线大道是做成“形态轴”还是“视觉走廊”也存在着不同意见。最后，我们从有利于开发区功能形态建设和城市经济活动需求的角度出发，还是决定杀出一条血路来，建 100 米宽的轴线大道，这一方案得到了朱镕基市长和倪天增副市长的支持。

陆家嘴开发在规划上解决的第四个战略性问题是功能开发和功能性大楼的分类摆放问题。那时，有一种观点认为，应先集中做好小陆家嘴 1.7 平方公里的开发，因为黄浦江对岸天天能看到，所以有大楼项目就应先放小陆家

给邓小平同志看的陆家嘴中心区规划灯光模型

嘴地区，后面做不做、做快做慢都无所谓；另一种观点认为要有功能区分，不能凡是大楼就集中摆，这也是我们的观点。通过规划，我们把小陆家嘴定位为以核心金融功能、跨国公司总部为主的中央商务区，后面竹园地区是要素市场和商贸区，再之后近世纪公园是文化、行政区，然后把各个建筑按功能填充到上述区域中，让这些功能区域慢慢长起来，最后沿着主要道路连接起来。

此外，我们通过规划还解决了小陆家嘴规划上的四个技术性、战术层面上的问题：一是总的建筑容量和规划指标；二是黄浦滨江沿线开发标准和内容；三是金融性大楼的点、面、组团关系及形态组合；四是人、车出行的交通组织问题。这些对我们也都是非常大的考验，决策都非常慎重。黄菊市长曾说过，希望陆家嘴中心地区规划能够 25 年不变，一张图纸干到底。如今 25 年早已过去，最终实施的这张规划蓝图的确没有大的修改，只有很少的局部优化，最大的修改就是上海中心大厦这幢楼，它增高了、面积也增加了。

创新解决资金土地难题确保开发有序推进

俗话说巧妇难为无米之炊。没资金，开发区建设就是纸上谈兵。我们公司刚成立的时候，房子、办公用品都是借来的，浦东开发办借给我们 20 万元的临时办公用品用款额度，但要求在注册资本到位后还清。这 20 万元，我们连办公用的租车费也不舍得从中开销，车子都是向外单位无偿借的。记得第一次为金融中心功能建设请银行家座谈的会场，也是汪雅谷到他老单位友谊商店赊账借用的。后来，工商银行浦东分行行长姜建清知道了我们的困难，给我们 3 个开发公司每家贷款 200 万元作为开办费。当时公司没有任何资产可作抵押、担保。他说："我就用浦东开发的国家战略和决心做担保吧。如果浦东开发搞不成，那么我们这个分行也搞不成了。”

至于政府投资，最初决定一个公司给3亿元人民币作为注册资本。后来由于财政紧张，就改成一个公司1亿元，最后直接变为3个公司1亿元，浦东开发办分配给每家3000万元，余下的1000万元留浦东开发办。而且这笔钱是贷款，是要还的。说实话，无论是20万元、200万元，还是3000万元，对我们这些大范围开发的开发公司来说，都是杯水车薪。没办法，我们只能在绝境中找钱，走改革创新的路。

第一个创新模式是“土地空转，滚动开发”，就是用“财政-公司-土地”三级之间互冲流转资本和土地要素，从而把启动资金和土地开发权问题解决了。我们做规划的时候，决定先拿到1.51平方公里进行毛地开发，但这些地我们要用6.7亿元人民币去买开发权，然后再搞动迁，当时我们根本没有那么多钱。于是，在市里的支持下，市财政局将这1.51平方公里土地的出让金作为国家股本投给我们公司，我们公司在得到这张投资的支票后，将这笔资金用于购买土地开发权，签订土地受让合同时，再将支票交给市土地局，市土地局再把这笔收缴的出让金（支票）上交市财政局。这样一转，皆大欢喜。我们陆家嘴开发公司有土地可以开发了，政府的资金作为对公司股权投入，转了一转又回到财政，而且土地有偿使用规范了，不仅符合市场规则，又符合法律规定。

第二个创新模式，是用获得的毛地按一定的价值吸收外资直接资金投入进行联合开发的模式。比如富都世界地块的开发，就是通过和泰国正大集团一起合资成立3000万美元注册资本的中外合资企业——“富都世界”进行开发的。我们以黄浦江边24公顷毛地按55%比例入股，正大集团则由它的下属公司富泰（上海）有限公司出资45%比例美元入股。1991年10月，我们又跟上海实业公司、中国人民保险公司、中国人民保险公司上海分公司和香港泽鸿发展有限公司联合组成陆家嘴金融贸易区联合发展有限公司，我们入股94.4公顷土地开发权作55%的控股投入，直接又获得外资4410万美元的现金投入，成立了当时上海最大的注册资本9800万美元的合资企业。

第三个资本创新模式是创建上市公司。早在1991年初，我们曾尝试上报房地产开发上市方案，因那时中央对上市公司比较倾向于实业、工业，而房地产公司未获批准。但是，过了半年，我们做了许多工作，讲了许多道理，终于说通了中央和上海的主管部门，最后跟上海投资信托公司、建行上海市信托投资公司、中房上海公司一起，组建“上海众城实业房地产开发股份有限公司”，再次上报，在1991年9月份获得批准，成为全国第一家A股上市的房地产公司。试验成功后，浦东的3家区域性开发公司也开始陆续上市。1992年8月，经市政府批准，陆家嘴开发公司整体转制并更名为上海市陆家嘴金融贸易区开发股份有限公司，于1993年6月上市，很快成为股市“领头羊”。1994年12月，我们又顺利发行了B股，进一步从海外筹集资本。

此外，我们还通过实业投资经营、土地开发经营、房地产项目融资、借贷和发行债券等多种方式筹集资金，使“无米之炊”变成可为之作。

有了资金，也有了土地，我们就可以真正实质性地开展开发建设了。为了使毛地变成可供开发的熟地，我们开展了大量的动迁工作。这些工作的顺利开展离不开工作生活在陆家嘴这片土地上的企业、职工、居民、农民的理解和大力支持，是他们毅然决然的放弃小家为大家，才使得我们的动迁速度很快。比如，位于陆家嘴隧道附近的、承担全国所需大部分轴承钢珠生产的上海钢球厂的职工在搬迁的时候，打出“让我们笑着向陆家嘴告别”的横幅，成为激励浦东开发的一个响亮的口号。再比如，位于现在富都世界、香格里拉酒店沿滨江的立新造船厂的动迁，经过艰难谈判最终同意签约的那天，该厂厂长却拿着笔迟迟不肯签，泪水在眼眶里打转，说“我签不下去，近百年

1995 年上海钢球厂搬迁情景

的老厂要断送在我手上”。后来还是在赵启正副市长的劝说下，该厂厂长抱着凤凰涅槃的决心签了字。类似这样的事情还有很多，至今仍感动着我。没有他们对国家大战略的支持，我们也做不成这些事。

在居民动迁方面，我们在 1990 年到 1992 年间先造了 10 万平方米临时过渡房，以解决首批启动项目腾地问题；在 1993 年到 1995 年，又建了当时上海最大的动迁房基地——128 万平方米的金杨新村。到 1997 年底，我们共动迁 20257 户人家。对于动迁农民的安置，我们更是开动脑筋从长远考虑解决他们的发展问题。我们通过创办安置农民的企业吸收他们就业，使他们变成浦东开发的生力军；我们跟严桥乡和洋泾乡组成经济联合体，他们用被动迁的补偿和土地作资本和我们一起建立开发公司，按浦东开发的城市规划进行联合开发，解决了农民的失地问题和长期养老资金来源问题。另外，我们还办各类专业技术培训班，培训农民再就业。总之，我们把有可能出现的动迁阻力，千方百计变成一种大家为浦东开发出力的动力，最后变成一种居民和企业对开发浦东的信心而共同参与的历史性贡献。

通过关键项目、超前的基础设施出形态、出功能

陆家嘴金融贸易区建设的成效，主要体现在两个方面：一个是城市形态；一个是功能开发。特别是功能开发这个题目很大，不是陆家嘴开发公司一家可以单独做成的。应该说，我们是在国家、上海、相关行业联动下，按照规划蓝图，用钉钉子的精神，通过一个个“领头羊”项目推进相关行业的一大片，把陆家嘴金融贸易区功能培育起来；通过基础设施建设的超前实践，来确保陆家嘴地区城市形态更加符合现代金融贸易区的需要。

为推动陆家嘴金融功能培育，我们抓的第一个“领头羊”项目，是中国人民银行上海市分行大楼。这个项目是由我们帮中国人民银行上海市分行立项的。为促成该项目的完成，我们公司全力以赴全程跟进，不仅自己专门招聘代建工程队伍，还把我们第一批拿到的注册资本买了3万平方米动迁房支持他们，贴作地价的一部分。1995年大楼竣工营业的仪式上，上海市副市长、浦东新区管委会主任赵启正，让人找了一只小白羊，用红布兜着，送到中国人民银行上海市分行行长毛应樑的手里，意喻上海金融业的“领头羊”带头进驻浦东陆家嘴。很快，在这个“领头羊”的带动下，跟进了一群“羊”：不仅有工行、农行、中国银行、建行、交行、上海银行、兴业银行、浦发银行、招商银行、民生银行、国家开发银行等国资和地方银行，还有花旗、渣打、汇丰、恒生、东亚、大华等外资银行，一批非银行金融机构像中国人保、中国人寿、平安保险、太平洋保险、上海国际投资信托公司等，也都进来了。

为推动陆家嘴贸易功能培育，我们抓的这个行业的“领头羊”项目是金茂大厦。金茂大厦不仅是上海曾经的第一高楼和上海最美的高楼设计，还是外经贸部直属企业联合投资的项目。外经贸部不仅在这里造了一个地标，而

且用功能把这个楼填满，使它变成外经贸部在上海的业务总部或者说变成全国专业外贸市场的业务中心。不同领域外贸公司的进驻，打破了全国外贸条块分割的状况，由于浦东开发开放的政策，很多进出口公司开始跨界、跨业务发展。可见，我们抓住了这只贸易领域的“领头羊”，换来的是区域经济功能、贸易功能的大发展。

我们抓的第三个具有“领头羊”作用的项目，是安徽省的裕安大厦。刚开始，安徽省只是想在上海建一栋办公楼，找一个码头仓库，然后把安徽的货物运出去。但是，他们看到浦东开发的大计划后调整思路，要建一个安徽省能和国内各省市连接、可以直接与国际连接的基地大楼。最终，安徽裕安大楼的省际窗口功能和我们用成本以下地价供地的模式，被市领导重视和研究，并加以规范推广。1993 年 3 月，市政府正式出台“在陆家嘴金融贸易区的省部楼宇”的政策，主要内容是“一省一部一楼”；按项目给土地；按功能给政策；先试行一年。经过遴选和梳理，到 1996 年先后有 20 多个省部楼宇在功能区域落户，不仅带来了资金，还促进了陆家嘴要素市场和全国互联互通的经济交流功能的培育，更为重要的是，我们通过这个“领头羊”带出省部楼政策，使浦东成为全国的浦东，让全国共享这块黄金宝地。

随着各个功能楼宇项目的签约，与之相配套的城市基础设施建设也必须加紧推进。为此，我们进行了许多大胆的实践。最早做的是陆家嘴滨江大道样板段。样板段从原陆家嘴轮渡站一直到丰和路，与浦西的滨江隔江相对。我们按照亲水理念把绿地和防江堤、防汛墙结合在一起做，把临江的步道后退 80 米至 150 米后做一个斜坡绿地，把 7 米的防汛墙功能隐藏其中，然后是绿地伸展，再接着是建设项目和城市道路。样板段建设从 1992 年 12 月开始，差不多一年时间建成，既恢复了上海传统黄浦江岸旁观光带，又开创了具有新的城市功能的陆家嘴滨江大道，著名国画家朱屺瞻老先生还为其欣然题词。

在地下，我们也动了不少脑筋，进行了一些探索。我们在现在的张杨路下面建了上海市第一条真正的城市管线共用管廊，俗称“共同沟”。那是在路面下做一个几米宽、2米多高的混凝土结构，管线放在两边，人可以走下去。1995年5月江泽民总书记到浦东视察时，当看到路边一个个像地铁入口一样的比较小的玻璃房子，得知是装管线的共同沟时，坚持要下去看看。这完全是计划外的领导视察接待内容。江泽民总书记还对曾庆红同志说“他把我们平时说要装的‘马路拉链’装上了”。因为江泽民同志在上海做市长的时候，对上海城市街道不停开挖很有意见，曾说过“你们赶紧装一个拉链算了，拉开把管线装下去，不要拉起来。现在开开挖挖，扰民”。所以，他看到我们做成的“共同沟”很感兴趣，戴着安全帽下去看了。除了“共同沟”，我们早在1994年做小陆家嘴地下管廊的时候，还把地下光纤24孔导管全部放下去，这在上海也是最早的。

1996年，随着浦东开发开放转入基础开发和功能开发并举阶段，我们又做了世纪大道样板段。样板段100米宽的路段两边都各留了10米宽的景观带。在做世纪大道设计国际招标的时候，曾设计上海大剧院的法国夏邦杰设计事务所给我们提出了现在这样比较浪漫的想法，即把路中心线移一下，在100米路幅中，同样是80米的路宽，按北边的绿化带宽5米、朝南的景观绿化宽15米摆放，南边还可以做街心公园，人们步行中可以坐在街边公园里晒太阳、聊天，真是移一移大巧妙。在建设世纪大道等重要基础设施建设的过程中，我们还非常注重软环境的打造，甚至是用超前的眼光开展人和社会的生活配套、社会环境配套和城市管理等工作。比如，中心绿地的景观设计、环境设计的一部分是我们公司和陈逸飞先生成立的东外滩逸飞环境艺术设计公司做的。我们在世纪大道沿街设计引进了东方之光——日晷、世纪晨光、沙漏、阴阳五行、回归绿洲飞鸟等雕塑，让道路不再冷冰冰。后来我们做陆家嘴滨江金融城时，更得心应手，规划在船厂的那块空间留了好多城市环境艺术和城市雕塑的位置，把建筑和城市空间、环境艺术结合起来。

到2001年，经过10多年的开发建设，陆家嘴金融贸易区金融、商贸、会展、旅游、现代居住功能得到全面拓展。中外金融机构达到123家，其中外资金融机构60家。上海证券交易所等国家级要素市场和25家跨国公司总部或地区总部相继进入，现代化服务中心逐步功能凸显。

让城市形成生命力，建成一个有生命力的城市，是一个永恒的主题。尽管后来我离开了陆家嘴开发公司，但我还在不同岗位上时刻关注和反思陆家嘴金融贸易区走过的路。我们1990年开始的陆家嘴地区的开发在打造大型城市综合体、垂直城市的立体开发、建筑和交通间的协调、城市功能的丰满、智慧城市建设等方面还存在着许多可以优化、提升的空间。许多想法又使得我在2003年开始的陆家嘴滨江金融城建设中进行了优化和实践探索。

三十而立的陆家嘴金融中心，正值旺年，必将迈向世界级的金融中心。我想这个中国奇迹的诞生，可以告诉世界，告诉一代又一代的中国人，中国是怎么崛起的。中国未来也必将更加美好！

安徽率先参与浦东开发开放的地标——裕安大厦

【口述前记】

卢荣景，1933年8月出生。1984年12月至2001年1月，历任中共安徽省委副书记，省政府副省长、代省长、省长，省委书记，省政协主席。在1988年4月至1998年8月担任省委书记期间，他带领省委、省政府及时作出并实施“抓住机遇，开发皖江，强化自身，呼应浦东，迎接辐射，带动全省”的战略决策，使安徽成为第一个进入浦东新区投资开发的省份，在浦东开发开放中发挥了“领头雁”的作用。

口述：卢荣景

采访：谢黎萍、郭德成（安徽）、郭继、孙戎（安徽）、孙宝席、姚吉安

整理：孙宝席

时间：2019 年 12 月 25 日

1990 年 4 月，党中央、国务院宣布开发开放浦东，这是中央为深化改革、扩大开放而作出的又一项重大战略部署。我们安徽省委、省政府抓住这个千载难逢的机遇，作出“抓住机遇，开发皖江，强化自身，呼应浦东，迎接辐射，带动全省”的战略决策，并决定在浦东陆家嘴建造起第一座省籍楼宇——裕安大厦，希望以此为突破口，借船出海，促进安徽扩大开放和经济发展。

皖沪合作源远流长

讲到安徽和上海的关系，首先要讲讲我们安徽的地理位置。安徽省位于长江沿岸，是长江流域的一个重要省份，和上海、长三角地区因地理位置比较接近，互补性强，形成了良好的合作基础。1957 年 7 月，中共中央上海局为了促进地区间工农业的协调发展，召开上海、安徽、江苏、浙江等五省一市经济协作会议，认为在国家统一计划领导下，充分发挥地方积极性，通过协作关系，互相帮助，互相支援，对发展地方经济具有重大作用。1961 年，中共八届九中全会决定成立包括中央华东局等在内的 6 个党的中央局。其中，中央华东局代表中央领导上海、安徽、江苏、浙江等六省一市，机关驻地为上海，以加强对建立区域性的比较完整的经济体系等工作的领导。

1978 年党的十一届三中全会召开，拉开了中国改革开放的序幕，也催生了建立以上海为中心的长江三角洲经济区的研究，中央对此很重视。1982 年 12 月，国务院下发《关于成立上海经济区和山西能源基地规划办公室的通知》。上海经济区是改革开放后我国第一个跨省区的经济区。1984 年 12 月，安徽省加入。我可以说是这个工作的最积极分子。上海经济区规划办公室成立以后，在制定跨省市的中长期重点规划、促进横向经济联系等方面做了大量的探索工作，为推动江苏、浙江、上海、安徽等省市的改革开放和发展发挥了积极作用。

时任上海市市长汪道涵同志曾担任过上海经济区规划办主任。他是安徽嘉山人，对安徽的发展很关心。我在当安徽省长时，曾给汪老发过聘任书，聘请他担任安徽省政府顾问。汪老是一个很有战略思想的人，同时也是一个很负责的人，答应的事情就认真去做。所以他同意担任安徽省政府顾问后，每年最起码两次到安徽进行考察，并为安徽的发展出谋划策、牵线搭桥，包括把一些上海企业介绍到安徽。安徽的第一家外资企业就是由汪老引荐来的。

不过，由于安徽经济发展的底子薄，加上自然灾害频繁，安徽省的发展在长三角地区内并不突出。我们也在努力地探寻能让安徽走上改革开放的快速发展之路。记得 1988 年 1 月，我到北京参加中央召开的主题为外贸体制改革的全国省长会议时，作了一次发言。当时，我很激动地说："我有一个问题实在想不通：为什么江苏南京、江宁已批准对外开放，外国轮船可以进出，而安徽的马鞍山、芜湖和江苏南京、江宁紧紧连在一起，就不允许对外开放呢？也不允许外轮到马鞍山、芜湖呢？……过去计划经济时代把安徽划到沿海要准备打仗，很多工业布点不能在安徽。现在改革开放又把我们划到内地，我们又不算沿海。其实早在 1876 年清朝时代，芜湖就被辟为通商口岸。"当时，中央领导笑着说，中央会考虑这件事的。

时间到了1990年出现重大转机，4月18日，李鹏总理代表党中央、国务院在上海宣布同意上海市加快浦东地区的开发，向世界显示中国实行改革开放的决心。从中央考虑看，加快浦东开发，不只是浦东的问题，是关系到上海发展的问题，是利用上海这个基地发展长江三角洲和长江流域的问题。这为安徽加强与上海的合作交流，利用浦东这个开发开放的窗口实现借船出海，开辟了新途径。

呼应浦东提出开发皖江战略

我一听到中央决定开发开放浦东这个消息是异常兴奋，我们首先敏锐地意识到这是带动安徽经济发展的一次难得的机遇。我们只有抓住和依靠浦东开发开放这个机遇，安徽才能找到希望，才能加快经济发展步伐。

于是，在1990年4月中央还没有正式下发关于开发浦东的文件时，我就委托安徽省计委主任陈健组织一帮人抓紧收集资料，了解中央在开发开放浦东上有些什么考虑。4月，我因胆结石开刀身体尚未完全康复到芜湖休养，省委工作由时任省长傅锡寿负责。我呢，也没闲着，利用休养机会带领一帮人在芜湖搞调查研究，专门思考、酝酿和讨论安徽省“如何呼应浦东、开发皖江”问题。所谓皖江，指的是流经安徽的长江“黄金水道”，横贯全省400多公里。皖江这一提法不是我们的发明，早在清代著名的小说家吴敬梓写的《儒林外史》一书中就提到了“皖江”。抗日战争时期，“皖江抗日根据地”是安徽三块抗日根据地之一。1959年，中共安庆市委机关报命名为《皖江日报》，并由谢觉哉题写报名。20世纪80年代，由安徽省顾委的老同志牵头，对皖江经济带花了很长时间进行调研，也提出了很多很好的建议，并制定了规划。

对于加快安徽改革开放的迫切性，我是有着深刻的认识的。党的十一届三中全会后，中央是有计划有步骤地推进全国的对外开放的。到1990年，对外开放已经扩展到了长江下游，如江苏省的江宁县、南通市建立了开发区，南京市建立了高新技术开发区，享受国家开发区的待遇。可以说那时对外开放已经搞到了我省的家门口，而安徽还不能对外开放。外国商船能到江苏省的江宁县，但却不能进入紧靠江宁的安徽省马鞍山市和芜湖市。因为没有开放政策，无法享受出口创汇、减免税收等许多优惠政策和待遇，外商基本上也不会到你那里去投资和进行商贸活动。

而且从20世纪八九十年代中国经济发展较快的省份来看，凡是沿海开放省份，享受国家开放政策的，发展都比较快。福建省过去也是比较穷的省份，但由于福建省沿海城市属于开放城市，有国家的优惠政策，因此他们的经济发展条件比我们就好得多，发展也快。再比如广东、浙江、山东也是这样。浙江改革开放前，我们安徽的工业基础比浙江还是要好一些的，但随着改革开放的推进，他们能享受开放政策，经济很快发展起来并远远超过我们。我之所以要讲上面这些内容，就是想说明对开发、开放皖江为什么我们安徽人民的认识会达到高度的统一。因为这是安徽人期盼已久的事情，期盼着这个机遇早日到来，期盼着经济发展更快一点。

在芜湖调研的这段时间，我和同志们紧张而认真细致摸情况、收集资料。后来，我的身体稍好一点，就回到省里召开了省委常委会议。在会上，调研组的同志向省委常委会汇报了开发皖江的意见。省委常委会一致赞成调研组的意见，认为安徽一定要抓住呼应浦东这个机遇，下决心要把皖江开发开放这篇文章做好，要有大动作，不能小打小敲，在全省要有大的行动。在省委统一思想和意见后，省里几套班子开始集体调查研究。1990年7月5日，安徽省委、省顾委、省人大、省政府、省政协的领导同志和省直有关部门负责同志和专家、学者一起集体从合肥出发，前往长江流域调研。那时，我因手术后出现排异现象，伤口不能愈合并伴有化脓，人很痛苦。机关的同志好心地劝我说：“您身体都这样了，就不要去了。”我说：“这件事情是我提出来的，我必须要去，而且事情已到了这个程度，时间已经定好，明天就要开始调研，不能耽搁了，希望在这个时候大家都不要动摇我的决心，再困难我都要坚持下去。”

这样，安徽省委组织的沿江调研组按期出发开展工作，为安徽“开发皖江”赢得了时间。1990 年 7 月 5 日至 12 日，从安庆市开始沿江调研，途经池州、铜陵、马鞍山，最后到达芜湖，实地调查研究，分别听取了 5 个地市及一些大中型骨干企业的汇报，进行了座谈。12 日至 13 日，在芜湖调研结束后又在当地召开了安徽省委常委扩大会议，沿江的各地市委书记、市长、专员和省直有关部门的负责同志都参加了。经过大家讨论，最后就开发开放皖江中的若干重大问题作出决定。1990 年 7 月 18 日，《人民日报》头版头条刊登了记者张振国的报道，题为《抓住机遇开发皖江呼应浦东》。文章的中心内容就是“全省进一步动员起来，抓住机遇，开发皖江，强化自身，呼应浦东，当好配角，迎接辐射。”我在 1990 年 7 月接受上海《文汇报》记者采访时曾说过，“我们决定重点开发在安徽境内 406 公里的长江经济带，迎接浦东开发的辐射，我们长江经济带在许多方面与浦东、上海存在着互补性”。我又说：“我们的基本战略是学上海。”

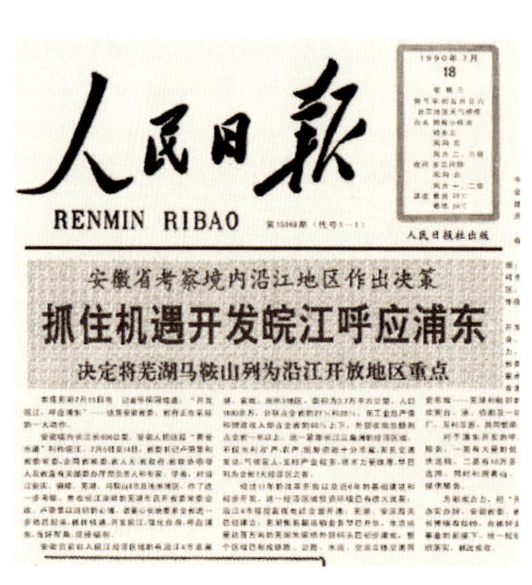
人民日報

RENMIN RIBAO

1990年7月

18

人民日报社出版

安徽省考察境内沿江地区作出决策

抓住机遇开发皖江呼应浦东

决定将芜湖马鞍山列为沿江开放地区重点

1990 年 7 月 18 日，《人民日报》头版刊发的《抓住机遇开发皖江呼应浦东》新闻

为了进一步统一思想认识，加快工作的落实，在芜湖召开省委常

委扩大会议后，我们回到省里及时召开了两个重要会议，建立一个领导小组，着力把呼应浦东、开发皖江落到实处。

第一个重要会议是1990年7月25日召开的全省各地市委书记、市长、专员会议。我在会上指出浦东开发对我省特别是对沿江地区必然带来强烈的辐射，同时也为我们呼应浦东、服务浦东提供了难得的机遇。要求各地市、省直各部门正确理解省委的决定，支持省委的决策部署，把各方面工作做好。我还针对同志们存在的一些疑虑作了解释。比如合肥市同志提出合肥是省会，为什么不是开放的重点？省委、省政府把资金扶持的重点转到沿江了，对其他地市的发展会不会有影响？如此等等。

第二个重要会议是1990年7月26日召开的加快沿江地区经济开发开放动员大会。会议由我主持，省长傅锡寿作题为《抓住机遇，迅速行动，扎实工作，加快沿江地区经济开发开放步伐》的动员报告。会上我特别强调：这个动员报告是代表省委向全省广大党员、全体人民发出的动员号令。广大党员和干部，特别是领导干部，要深刻领会和理解这个报告，切实贯彻省委关于加快沿江地区经济开发开放步伐的重大决策。为在全省统一思想、统一认识，省里的所有新闻单位统一行动，密集宣传“抓住机遇，开发皖江，强化自身，呼应浦东，迎接辐射，带动全省”，在全省开展大宣传、大讨论，这实际上是解放思想的大讨论，做好本身工作的大讨论，同时还是促进全省经济发展的大讨论。这几句话朗朗上口，再加上宣传力度大，切合安徽的实际，所以直到现在许多人都还记得。

我们建立的小组是开发开放皖江领导小组，组长由省长傅锡寿担任。领导小组首先着手制定开发开放皖江近期和长期的规划纲要；其次，做好开放皖江的基础工作。比如在芜湖港建外贸码头、外贸仓库，配套建设接通一条7公里长的铁路；设立海关、防疫检疫、公安、边防等一系列部门。

1991年6月，李鹏总理来安徽视察工作时，我们向他汇报了要“开发皖江，强化自身，呼应浦东，迎接辐射”的战略考虑。李鹏总理当时拿出地图，边看还边问我：“老卢，你们提出的开发皖江，皖江在什么地方，怎么地图上找不到？”我说：“总理，皖江是一个形象的称呼，其实就是流经安徽的长江段称为皖江，共有400公里长。抗战时期新四军七师有支‘皖江支队’，‘皖江’很早就提出来了。”李鹏总理听了我的解释后说：“啊，我知道了。我在北京就听说安徽‘开发皖江’，那时还不清楚‘皖江’具体是指哪里。”

经过各方努力，1992年5月，国务院正式批准芜湖港对外国籍船只开放。当年就有不少外国籍轮船到芜湖，标志着安徽皖江开发、开放取得历史性进展。事实证明，借上海浦东开发开放这一历史机遇，开发皖江，使安徽能发展快一些，是安徽人民盼望已久的一件大事。

率先在浦东建造首座省籍楼宇

根据我们的战略规划，呼应浦东、开发皖江的一个重要举措是在浦东陆家嘴建造一座大楼，在浦东建起通往海洋的桥头堡和窗口。1990年8月，省委、省政府正式决定在浦东成立裕安公司，投资建造裕安大厦。

当时上海市委、市政府对安徽的举动很高兴、很欢迎，同时在各方面也给我们很大的支持，在裕安大厦门前还命名了一条裕安路，上海的银行也给我们提供了贷款。尽管如此，由于那时我们的条件比较差，资金方面十分困难。怎么办，我们就开动脑筋采取了“一船装到上海”的办法。具体来说，就是勘探设计由省里的勘探设计部门派人去，所需要的钢材由马钢供给，所需的水泥由海螺供给，把安徽各有关企业都动员组织起来，为建设裕安大厦贡献一分力量。1991年6月24日，裕安实业总公司在浦东东方路张杨路口刚刚动迁的2-2B地块上，举行隆重的开业典礼和裕安大厦奠基仪式，成为全国第一家进入浦东开发的省级公司。

建设中的裕安大厦

其实，就在裕安大厦举行奠基仪式之前，1991年我们安徽省正遭受着特大洪涝灾害的考验。我们面临着十分繁重的救灾任务，资金也好、人力也好都需要向救灾倾斜。当时裕安公司的同志曾请示我：裕安大厦还要不要建，裕安的其他建设项目还上不上。我们省委经过研究最终决定：一定不能动摇，困难再大也要干。我当时讲过："开业典礼如期进行。60年代初的三年困难时期，我们能搞原子弹，大水过后，安徽还要生存、要发展，参与浦东开发的机遇不能失，这是5600万人民的重托。"我和省长傅锡寿带领安徽省党政代表团参加了裕安公司的开业庆典和裕安大厦奠基仪式。上海方面，市委书记吴邦国和其他市委、市政府领导都参加了庆典。《解放日报》《文汇报》等多家新闻媒体纷纷称赞裕安公司领头签约浦东新区第一块土地的批租，领头新建裕安大厦并率先奠基开工，领头作为全国第一家省级内资公司进入浦东开发。裕安公司在浦东开发中起到了"火炬"和"领头雁"的作用。

当然，我们安徽对于裕安大厦的奠基开工没有进行新闻报道，因为当时特大洪涝灾害还在影响着5600万安徽人民的生命财产安全，那场灾害从6月底一直持续到7月中旬。因此，24日晚上我连夜赶回安徽滁县地区指挥抗洪救灾。说实在的，1991年的特大洪灾，给我们的经济发展等各方面都是迎头一棒。面对种种困难和压力，我们不仅没有动摇，相反还迎难而上，渡过了一个又一个难关，真的非常不容易。

对裕安公司和裕安大厦的建设进展情况，我一直非常关心和重视。1992年9月12日，我和其他省委领导在上海考察期间，专程视察了裕安公司、裕安大厦工地，并为裕安金桥出口加工区第一期工程剪彩，为裕安公司第一家中外合资企业——上海裕安玛丽安娜服饰有限公司开业揭牌。1993年7月，当我国宏观经济调控进入实施的关键时刻，我和其他省领导一致表示：在当前经济宏观调控时期，资金紧缺的情况下，安徽省参与浦东开发的决心不变，增加对“裕安”的投资，加快“裕安”的建设速度。这一消息在1993年7月25日的《文汇报》报道后，对当时国内外企业参与浦东开发产生了积极的

1995年6月26日，裕安大厦举行落成典礼

影响。

经过两年多的建设，1993年9月初，浦东新区首幢超高层大厦——裕安大厦封顶了。9月24日，我又专门抽出时间，与时任常务副省长汪洋等同志一道专程到上海，与上海有关部门、浦东新区的领导一起出席了裕安大厦封顶典礼，同时带去了安徽省政府给裕安公司等有关单位颁发的嘉奖令。1995年6月26日，裕安大厦落成启用。我再次去了浦东，时任省长回良玉同志也一道去了。时任上海市市长徐匡迪出席了我们举行的裕安大厦建成典礼。

当然，我们在浦东建立裕安大厦不是参与浦东开发的最终目的，更不是把裕安大厦仅仅当成一个房地产项目来操作。我们更看重的是发挥它帮助安徽走向世界的窗口、招商引资的媒介、带动发展的主轴、信息传播的管道等功能。此外，我们在上海还建设了裕安出口加工区、裕安英展国际贸易大楼、裕安港区等项目。裕安出口加工区建立在浦东金桥出口加工区，由生产设施、行政管理、生活服务中心等组成，建成后有安徽省兵器工业局、中国扬子电器公司、马鞍山钢铁公司等企业创办的20多家中外企业进入该区，利用浦东新区的优惠政策充分发挥“前店后厂”的功能。

裕安英展国贸大楼位于外高桥保税区，分为办公用房和仓储用房两部分，具有国际贸易、转口贸易、仓储业、出口产品加工业等多种功能。建成后的裕安英展国贸大楼充分利用保税区（即自由贸易区）的优惠政策，来为安徽的经济发展服务。比如说，安徽进口的海外物资先放在保税仓库，安徽出口的物资也可先放在保税仓库，通过享受相关的保税政策降低成本，同时存取又很方便，这对安徽发展外向型经济起到了很重要的作用。

还值得提一提的是，参与建设裕安大厦的很多企业也因裕安大厦而出名，走出了安徽。承担裕安大厦设计任务的马鞍山市设计院，又中标设计宁波市最高的42层大厦和苏州市的数幢高层任务；安徽第三建筑公司也是扬威浦东，外商独资的汤臣大厦决定要这个公司施工；合肥市建筑工程监理公司在监理裕安大厦工程后，被国家建设部授予一级质量监理，开始承担上海市的一些建筑监理项目。

现在回过头来看，可以说安徽成立裕安实业总公司率先参与浦东开发，率先建成浦东新区第一座省籍楼宇——裕安大厦，这是安徽省把握机遇、呼应浦东、加快发展的必然结果，充分表明了安徽省坚定不移地推进改革开放、加快经济发展的决心。而浦东开发开放则为加快安徽发展提供了难得的机遇。在此过程中，皖沪情深，团结协作，相互支持，加快发展。

在这里，我借用吴邦国同志为裕安实业总公司开业的题词——“在开发浦东的共同事业中上海安徽共同繁荣”，作为两省市进一步合作发展的良好祝愿。我坚信在以习近平同志为核心的党中央坚强领导下，上海和安徽一定能够在长江三角洲一体化国家战略下，实现更加持续健康的高质量发展。

金融界支持浦东开发的“领头羊”

【口述前记】

毛应樑，1937年11月出生。曾任中国人民银行上海分行副行长，中国工商银行上海分行行长、党委副书记、书记。1991年10月至1998年5月任中国人民银行上海市分行行长、党组书记，兼国家外汇管理局上海市分局局长，中共上海市委委员，上海市政协常委、经济委员会副主任等职。任中国人民银行上海市分行行长期间，积极推动上海金融领域的改革、开放和发展，是央行上海市分行迁址浦东、服务支持浦东开发历史过程的亲历者。1998年5月至2003年3月任上海证券交易所理事会理事长、顾问。

口述：毛应樑

采访：王菲、郭继

整理：王菲、郭继

时间：2016年、2020年3月

作为一个老金融工作者，我与上海金融业结缘很早。1961年我自上海社科院财政信贷系毕业后，就到中国人民银行工作了，这一干就是整整42年，未曾离开过金融行业。担任中国人民银行上海市分行行长期间，我有幸参与了许多国家重要金融改革任务在上海的落地，留下了许多非常难忘的记忆。2020年是浦东开发开放30周年，当初启动浦东开发的时候，上海就提出“金融先行”的口号，我们中国人民银行上海市分行义不容辞地担起金融界支持浦东开发的“领头羊”作用，不仅把央行上海市分行迁址到浦东，还积极推动金融改革、开放和发展，在服务支持浦东开发和上海振兴的过程中发挥自己应有的作用。

提出“浦东开发，金融先行”口号

金融业在任何一个国家都是关系国计民生的重要行业，因此金融业的改革开放往往体现一个国家的思想解放和对外开放的程度。应该说在我国金融业改革开放的历程中，上海率先迈出了重要步伐。比如，我们早在20世纪80年代，尝试发行了改革开放后新中国的第一张相对规范的股票，成立上海外汇调剂中心，开办了资金作为一种商品可以流通的资金市场，等等。

1990年党中央、国务院作出关于浦东开发开放的决定后，金融领域也很振奋，大家都在思考着怎么抓住机遇进一步推动金融领域改革发展，为陆家嘴金融中心建设做贡献。那时，我还在中国工商银行任行上海市分行任行长，我们很快成立了浦东开发领导小组，认真研究工商银行参与浦东开发的思路。

1991 年 10 月，我从工商银行上海市分行行长的岗位上调任中国人民银行上海市分行行长。不同于商业银行，中国人民银行在整个金融体系中居核心和主导地位。因此，央行上海市分行对浦东开发的态度，广受各大商业银行关注。也是这年年初，邓小平同志到上海视察，上海市委书记、市长朱镕基汇报浦东开发打算金融先行时，小平同志给予肯定的，他说“金融很重要，是现代经济的核心。金融搞好了，一着棋活，全盘棋活”。这段话深刻揭示了经济与金融之间的辩证关系，是对金融业在现代市场经济活动中的科学定位和对新时期金融实践新鲜经验的科学总结，高瞻远瞩地提出了对我国经济建设至关重要的金融发展战略，指明了经济和金融改革的方向。

以邓小平同志的金融思想为指导，我们分行围绕上海市委、市人大提出的建立陆家嘴金融贸易区的构想，明确要全力支持，并提出了“浦东开发，金融先行”的口号，鼓励各家银行及其他金融机构到浦东设立分支机构，以促成陆家嘴金融贸易区的尽快形成，并为解决好浦东开发资金短缺难题服务。

发挥表率作用带头东迁陆家嘴

虽然，我们提出鼓励各家银行及其他金融机构到浦东设立分支机构的要求，但很多人的态度是“你人民银行搬到浦东，我们才有可能考虑也到浦东发展”。经央行上海分行党委研究讨论，决定将人民银行分行机构从外滩搬迁到浦东，要在浦东选址造楼。

其实这个事情，早在龚浩成同志任中国人民银行上海市分行行长期间，赵启正同志就曾向龚浩成同志建议跨江建造一幢大楼把人民银行上海市分行搬过去，建立一个“浦江两岸金融中心”，当时黄浦区政府则希望人民银行继续留在外滩，并愿意将惠罗公司房子调拨给人民银行。于是，这件事情便搁了下来。

我到中国人民银行上海市分行后，意识到这个工作需要推进下去。我是中国人民银行上海市分行行长，最应该理解中央“浦东开发、金融先行”的深刻含义，这副担子既然落在我的身上，那就让我们来带这个头吧！不是说要将那儿辟为国际金融中心吗？把中国人民银行上海市分行的办公大楼搬过江去！这就是国际金融中心的第一幢办公大楼，何况作为中国人民银行上海市分行所在地的中山东路23号，已经显得太小了。

这个消息一传开，行内不同的意见立刻冒出来了！当时浦东的条件比较艰苦，交通靠轮渡，非常不方便，家里有小孩、老人的人困难更多，许多职工提出我们过江去，家搬不搬？不搬，上下班交通等生活上的不方便怎么解

1991年12月18日，人民银行上海市分行浦东新大楼——银都大厦奠基动工仪式举行

决？那儿可像乡下一样，一片荒凉……不过，我们通过做思想工作，决定搬迁浦东。因为人民银行属于国家行政事业单位，建设费用属于国家财政拨款，我们迅速立项上报总行，很快获得批准，得到总行资金支持。1991 年 12 月 18 日市人民银行浦东新大楼奠基开工之时，时任上海市副市长倪天增、市政府副秘书长夏克强亲临现场，参与奠基，以示对人民银行积极参与浦东公开发的支持。

1995 年，位于浦东的人民银行大楼——银都大厦完工，上海分行正式迁至浦东。我还记得 1995 年 6 月 18 日，人民银行搬迁到位于浦东陆家嘴 18 号（现改为陆家嘴东路 181 号）的人民银行新大楼时，场面非常热闹，其中还有一个小插曲让我终生难忘。在新办公楼落成启用庆典大会上，时任中共上海市委常委、上海市副市长、浦东新区党工委书记赵启正，区长胡炜前来祝贺，

1995 年 6 月，中国人民银行上海市分行落户浦东仪式上，浦东新区管委会向上海分行赠送一头白山羊

并呈上了一份厚礼——一只雪白干净的小山羊，寓意是人民银行在浦东开发开放中发挥着“领头羊”的作用。这也标志着陆家嘴金融贸易区由形态开发转入功能开发。

当然，仅仅是我们人民银行上海市分行搬迁到浦东还不能引导形成一股金融先行的热流，为了吸引更多中外资银行进驻陆家嘴，我们经过思考，在征得人民银行总行和上海市政府的同意后，在大楼还没有竣工的过程中，陆续出台了一系列鼓励措施，主要有：一是对中资银行，凡到浦东设立分行的，都可以提高规格，从支行提升为二级分行（行长为副局级），可以以分行副行长过江兼任的形式工作。二是对外资银行，规定要在浦东注册，已经在浦西注册的，可以到浦东设立分行，将原浦西的营业机构改为支行，这实际上是给外资银行增加了营业网点，同时，外汇买卖可以放宽。三是对过江落户的种子银行，尽可能鼓励他们自我发展，自找出路，自我控制，防范风险。在当时，信贷计划控制是比较紧的，现在对过江的银行实行信贷倾斜，在比例管理上尽量从宽，将信贷额度的20%用于浦东，这对当时上海的区县而言，是相当有吸引力的。四是鼓励他们引进和运用国际通行的金融工具，多种渠道、多种方式筹措国外资金包括银团贷款、买方信贷、专项贷款等。五是鼓励非银行金融机构进驻浦东，如证券公司、投资公司、保险公司等。

如此一来，众多中资银行及其他金融机构纷纷进驻浦东，工农中建交、人保、上证所等相继选址浦东，建造自己的办公大楼或营业场地；外资银行为扩大自己的经营区域，纷纷到浦东开办分行，一时之间，位于浦东大道上最早建成的中国船舶大厦涌进了许多外资银行机构。我还记得那是1995年，日本富士银行要在浦东设立分行，没有找到合适的办公场所，便来找我反映这个事情，我就让他们先到我们人民银行上海市分行的办公大楼里临时借房，先开业办公，再抓紧时间，寻找浦东地区网点。

大胆创新服务上海国际金融中心建设

陆家嘴金融贸易区是上海国际金融中心建设的主要承载区。我们人民银行上海市分行把办公大楼建造在浦东陆家嘴，就是要以浦东为龙头，抓住浦东开发开放先行先试的机遇优势，加快金融产品和金融工具的创新，拓宽融资渠道，在帮助解决浦东开发资金短缺问题的同时，加快推进上海金融领域的改革开放步伐。

最具代表性的就是东方明珠塔的建设资金问题。1989 年该项目因外资不断撤离面临困境，同时由于该工程投资巨大，期限又长，国内银行都望而却步，一度差点因筹资难没有建成。时任上海广播电视局局长龚学平多次找到我，希望能帮助他们解决资金问题，为此我们对这个项目进行了专门的研究，最终考虑到其重要意义，决定给予积极支持。

考虑到这个项目资金需求量大，单靠一家银行提供资金有一定困难，于是借鉴国外做法，提出组织本市各家银行，包括外资银行，通过银团贷款的方式来解决资金不足和风险较集中的问题。经与多家商业银行商量，由上海市工商银行负责牵头组织银团贷款。在当时的情况下，银团贷款也是一件全新事物，需要突破一些旧条框、旧模式。我当时认为，银行要发展就需要不断壮大实力，过去银行只靠自己单独干也不行，联合其他各方力量组织银团贷款不失为一个好设想。于是，工商银行上海市分行组织专门力量，制订银团贷款办法，通过银团贷款，不但可以解决一家银行资金不足的问题，风险也能几家机构一起承担。

银团贷款在国内并无先例，没有任何经验，贷款的方案制定和组织工作难度非常大，市工商银行专门组织力量，组织有关专家对银团贷款的运作规

陆家嘴金融街

程进行攻关，研究制定了东方明珠银团贷款的办法。随后在上海市银行行长联席会议上，这个方案得到各家银行的响应，最后写成了一份各方都认可的、有可操作性的银团贷款协议文本。工行浦东分行最终被推举为银团贷款的主干事行和外汇银团代理行，对项目资金运用和贷款本息归还实行全面管理。1991 年 4 月，在上海银河宾馆，东方明珠电视塔银团贷款协议签字仪式举行，参加银团贷款的 44 家金融机构一起启动了东方明珠建设项目。当天媒体对这件事做了广泛报道，称此举“探索出了中国银团贷款的新路，为浦东开发建设开辟了新的融资渠道”。此后，南浦大桥、杨浦大桥、延安东路隧道等重大项目的资金筹集也得益于此模式。这一创举为浦东开发建设开辟了新的融资渠道，推动了浦东新区的建设。

此外，为了加快专业银行向商业银行转轨步伐，我们在调整信贷结构，优化资产质量，降低经营风险等方面推出一系列措施，取消了国有银行贷款规模管理方式，实施了资产负债比例管理。商业银行的发展积极性被调动起来，业务经营实现了多样化，引进了国际通用的金融产品；全市金融营业网点实现电脑化操作。1996年1月，全国银行资金拆借一级网在上海开工运行，标志着全国性货币市场开始形成。1996年底，中国人民银行总部批准符合条件的外资银行迁址浦东新区后试行人民币业务，此举对上海金融对外开放意义重大。上海金融业辐射面进一步扩大。

正如邓小平同志“金融核心论”所论证那样，金融一搞活，资金如开闸之水滚滚而来，才有了今天浦东开发的巨大成就。

为浦东开发开放保驾护航的工行浦东分行

【口述前记】

姜建清，1953年2月出生。曾任中国工商银行上海市分行办公室主任兼分行浦东开发领导小组副组长。1990年8月至1995年12月，先后任中国工商银行浦东分行常务副行长、上海市分行副行长兼浦东分行行长，亲历和推动了浦东分行的筹建和创新发展，见证了工行支持浦东开发开放的过程。1995年12月至2017年6月，任上海城市合作商业银行（现上海银行）行长，1997年6月至1999年6月任工商银行上海市分行行长，1999年6月至2000年2月任中国工商银行党委副书记、副行长，2000年2月至2016年5月任中国工商银行党委书记、行长；中国工商银行股份有限公司党委书记、董事长。

口述：姜建清

采访：谢黎萍、郭继、孙宝席

整理：孙宝席

时间：2019 年 12 月 27 日

2020 年是浦东开发开放 30 周年，也是中国工商银行浦东分行成立 30 周年。当年，我作为工商银行上海市分行办公室主任，受组织安排担任浦东分行筹建组副组长，与有志于浦东开发开放事业的同志们一起，白手起家、百日创业，成功筹建工商银行浦东分行，推动分行发挥为浦东开发开放保驾护航的作用。在我的人生岁月中，有些事情随着时间的流逝已经慢慢淡忘，但早年在浦东开发开放那个激情四射的岁月里筹建浦东分行点点滴滴的往事，至今历历在目。

应势而谋决定进军浦东

1990 年的上海，充满着时代的激情。上海就像一个等待发令起跑的选手，在起跑线上焦急盼望中央宣布浦东开发开放的号令枪响。党的十一届三中全会吹响了第一轮改革开放的号角，深圳、珠海等经济特区走在了对外开放的前沿。虽然 1984 年国家对包括上海在内的 14 个沿海港口城市实行开放政策，但比起改革开放热火朝天的经济特区，上海实际上已经相对落后了。

因此，当李鹏总理在 1990 年 4 月 18 日代表党中央、国务院庄严宣布开发开放浦东的决定时，整个上海沸腾了！大街小巷，人们热议着上海的希望，憧憬着浦东的未来，包括工商银行在内的整个银行业也不例外，大家都奔走相告、兴奋异常。

5月份，工商银行上海市分行就成立了浦东开发领导小组，由毛应樑行长任组长，主要目的是研究工商银行参与浦东开发的思路。当时我是工商银行上海市分行办公室主任，兼任浦东开发领导小组副组长，其中有一项任务就是起草工商银行上海市分行支持浦东开发的战略思考和具体政策要求。在这个过程中我阅读了大量资料，特别是汪道涵同志主持的关于浦东开发战略的研究资料，使我更加深刻地了解了上海发展战略为什么从过去曾考虑“北上”“南下”“西移”，到最后是选择“东进”，就是确定了浦东开发的正确方向，也更深切地感受到中央决策浦东开发的高瞻远瞩。

7月5日，毛应樑行长带队到北京向工商银行总行汇报参与浦东开发的总体思路。去之前，我们向黄菊同志专门做了请示及情况报告。7月6日，张肖行长带领总行班子以及总行各部门的总经理认真听取了汇报。我们详细汇报了上海分行支持浦东开发的一些政策思考，同时提出希望工商银行整体参与浦东开发的建议。浦东开发办副主任黄奇帆同志也参加了汇报，介绍了浦东开发的一些情况。听完我们的汇报后，总行专门召开了党委会，7月9日，张肖行长代表总行党委做出了工商银行支持浦东开发的八条政策。

第一条就是工商银行总行决定在5年之内，也就是“八五”期间给予浦东50亿元人民币的信贷资金支持。其中，总行每年直接贷款给浦东3亿元，五年15亿元。当时银行发放贷款不仅要有资金，还要有信贷规模，俗称为既要有“钞票”，还要有“粮票”，银行才能放贷款。工商银行上海市分行当时是上海最大的银行，是给工商企业提供流动资金和技术改造贷款的主渠道，而1990年一年的全部新增贷款也只有66亿元人民币。总行“八五”期间要一下子给浦东投入50亿元，这个支持力度是非常大的。第二条是一次性拨给浦东分行开业资本金2亿元，决定浦东分行的级别为副局级单位。第三条是

"八五"期间向浦东提供2亿美元的外汇贷款，1990年上海市分行一年新增外汇信贷仅1114万美元，总行一下子宣布五年支持2亿美元外汇贷款，可见支持力度之大，也体现了总行对浦东外向型经济和金融发展的期盼。其他几条的内容主要是，支持浦东基础设施建设，参与金桥、外高桥、陆家嘴三家开发公司的投资参股，并选择一两个重点项目由总行和分行参与投资和筹资；支持企业技术改造，支持浦西企业东迁和浦东老厂改造；组织工行系统各分行以联合贷款、发行债券等方式共同支持浦东项目建设；对浦东新区的某些贷款和投资采取优惠政策；对浦东分行的利润留成、网点建设、计算机网络设施等给予政策和资金上的支持；等等。

在北京汇报回来后不久，大概在8月初，当时我正在广东参加总行会议，突然接到上海市分行的一个电话，要求我立即回上海，专职任浦东分行筹建组常务副组长，着手组建浦东分行。筹建组组长由时任上海分行副行长王玉春兼任，两位市区支行副行长金光鸿、傅能，担任筹建组领导班子成员。

百日筹建体现浦东速度

接到通知后，我非常激动。当时我年纪也轻，刚37岁，正是干事创业的好时候。工商银行浦东分行筹建组成立于1990年8月16日，至当年12月5日浦东分行成立，仅用了100多天。就在这一百来天的日子里，筹建组的同志们，夜以继日、群策群力，硬是在什么都没有的基础上，在浦东这片热土上开办了一家"不同于内地传统模式的新型银行"。

最初，我们筹建组的办公地点是在南苏州河路的上海金属供销站的五楼。那里原来是1986年成立的上海市资金交易中心所在地，后来这个地方空了出来。8月16日，我们筹建组成员就到那里去上班了。为了更好地开展工作，工行上海市分行从分行本部和市区各支行抽调了10位骨干，如金介予、姚庆儿、孟祥捷、陶昌和、严俊伟、罗仁飞、田永治等，还招聘了首批95名职工，这样，我们的工作队伍基本搭建起来。筹建场所什么东西都没有，甚至连桌子板凳这些基本的办公用具都没有，都要靠自己寻找搬运，可以说筹建工作真的是从一张白纸起家的。面对困难，我们没有退缩，大家同心协力攻坚克难，确保浦东分行按计划开业。

首先要解决的是在浦东的营业和办公用房问题。当时在浦东陆家嘴地区，想租一个合适的营业和办公用房，真是很难。要么是危棚简屋，要么是工厂厂房，唯一外观较好的位于浦东南路上的东昌大厦，也早已被一些大公司捷足先登，租借一空。就连偏离陆家嘴中心区的由由饭店（隶属于严桥镇，寓意种田人出头），也被陆家嘴、金桥、外高桥三家开发公司总部进驻而谢绝出租。后来我们找到了崂山东路150号东昌电影院旁的小裙楼，上下两层，五六百平方米。当时，这地方还属于黄浦区，这个电影院是黄浦区文化局的

位于崂山东路150号的工行浦东分行旧址

下属单位。经过多次协商谈价格，我们最终将这座两层小楼租下来。此后两年多的时间里，这座小楼成为工行浦东分行总部办公楼，每个部门一大间，行长们也共处一个办公室。即使这样，办公场所明显不够，于是，我们又把紧挨着的东昌路菜场的一部分房间也租了下来作为临时办公室，把实在安置不下的部门放到那里。

解决好办公场所问题后，就要解决营业大厅问题。我们找来找去，发现浦东大道有一个居民楼的底楼正好是工行黄浦区办事处的一个营业所，但是很小。不得已，我们租下隔壁紧挨着它、位于浦东大道435号的杨浦区集管局下属的一个三产饮食店，与黄浦区的小网点打通连接，就变成一个大一点的营业场所，然后进行比较现代化的装修。

浦东分行及营业厅的装修改造，充分体现了“浦东速度”，天天抢时间、抓工期。因为是百日筹建，从租网点、装修网点，到招聘人员和制定各种规章制度办法，全部集中在一百多天里完成，时间很紧张。所以，很多人干到

开业后的工商银行浦东分行营业大厅

晚上就在单位里现场休息。就这样一直忙到开业当天。我记得很清楚，12月4日晚上接近12点的时候，我到营业厅去查看，发现他们还在装修，我当时就着急了。我说现在已经快晚上12点了，明天早上9点要开业，你们现在还没有装修完，这怎么能行呢？后来，他们干到12月5日凌晨5点，终于把最后一块瓷砖贴上去，宣告完工。浦东分行营业厅的装修，在今日可算十分普通，在当时却令人耳目一新，比较现代化，是按照当时国际通行的低柜台、开放式的办公样式来装修。

12月5日上午9点，浦东分行开业仪式准时举行，工行总行行长张肖、上海市政府浦东开发办主任杨昌基和工行上海市分行行长毛应樑为工行浦东分行开业剪彩。上海市副市长庄晓天、老领导胡立教，还参加了在新锦江大酒店举办的开业典礼。开业之前，张肖行长与上海市市长朱镕基见面时，也代表总行宣布了支持浦东开发开放的八条政策。

浦东分行成立时，行长由市分行副行长王玉春兼任，我任常务副行长，主持浦东分行日常工作，金光鸿任副行长。之后又增补了班子成员。1993年1月我任上海市分行副行长兼浦东分行行长，担负起了参与支持浦东开发的历史重任。

克难攻坚敢做吃螃蟹的第一人

刚刚实行开发开放的浦东，除了沿江一带有些工厂和居民区外，许多地方还是一片荒凉。支持浦东干部群众创业的是激情，是情怀。记得开业典礼结束后，张肖行长说想到外高桥去看看。我们就沿着泥泞的小路开车过去，到那里已经很晚了。我们一行人，就蹲在荒凉的黄浦江边的一座小石桥上，听外高桥开发公司总经理阮延华同志介绍相关情况。当时外高桥什么都没有，阮延华就拿着一张地图描绘着保税区的美好远景，尽管冷风习习，但每个人心中都是热火朝天的。

工行浦东分行也一样，虽然营业大厅、办公场所都有了，但要实现我们提出的“全面的服务、全能的设施、全新的形象”的市场发展战略（简称“三金”发展战略），还有许多困难需要克服。全面的服务，就是既对本地服务也对外地服务，既提供人民币服务也提供外汇服务，提供全面的综合服务；全能的设施，主要指借用大型计算机提供金融科技服务，此外还提供 ATM 等金融服务；全新的形象，就是完全按照新模式新形式来开展业务，我们做了很多制度方面的改革。我们向浦东开发的拓荒者们学习，从头开始，在白纸上描绘我们的战略愿景。

在浦东分行的创业阶段，我们主要面临“三难”：通讯难、吃饭难、交通难。通讯难是在最初半年多时间里最让我们烦恼的。当时想办法从陆家嘴拉了一根电话线，因缺乏足够容量，我们只有五六条分机线路的小总机时时占线，有时三四十分钟打不进一个电话，真急人。再说吃饭难，由于办公场地有限，无法开办职工食堂，开始分行员工每日自行带饭，但很不方便，后来纷纷外出找地方吃饭。但在当时的浦东，找个吃饭的地方也不容易。工行浦东分行附近的招远路上，有人开了家“兰州拉面”小铺，简陋的桌子条凳就放在人行道上，下雨搭个破漏雨篷，可是那里每日中午挤满了银行员工，浦东管委会的领导赵启正、黄奇帆、胡炜，也经常出现在那里吃午饭。据说，拉面铺的老板赚得盆满钵满，还成为我们在浦东新设的保管箱业务的首批客户。最后就是交通难了，特别是来往浦东浦西之间的交通难，花费时间是最长的。1990 年末的浦东，过江隧道只有延安东路、打浦路两条，共四根车道。随着开发大军的涌入，原先空敞的双车道延安东路隧道开始塞车，隧道里熄火屡见不鲜。我有几次在烟雾弥漫的隧道里被堵四五十分钟，心急如焚。堵车风景线，也从一个侧面反映了浦东地区经济的快速发展。

浦东开发的形势喜人、形势逼人，再大的困难在我们的眼中都是可以克服的，唯有如何在浦东发展好业务，才是我们最关心的。当时工行上海市分行在包括黄浦、杨浦、南市区部分地区、上海县小部分和川沙县在内的浦东，只有少数几个分理处和 1 个川沙县支行，力量分散、覆盖面小。我们通过机构整体划转，分别成立了陆家嘴支行、高桥支行、周家渡支行及川沙支行，又新建了金桥支行、外高桥保税区支行和张江支行，同时，将原上海市分行按行业信贷一条线管理的上钢三厂、沪东造船厂、上海船厂、高桥化工厂、上海港机等一批地处浦东的大企业的业务，划归浦东分行管理，浦东分行的机构框架搭建起来，业务能力得到增强。到 1991 年年末，浦东分行人民币各项存款为 16.7 亿元，贷款 26.4 亿元。

工行浦东分行建立后，以建立现代化的新型银行为己任，树立新理念、大胆创新，敢做吃螃蟹的第一人。比如，我们最早给陆家嘴、金桥、外高桥三家开发公司各 200 万元的启动资金贷款。创业伊始，三家开发公司无法提供符合贷款条件的资料和手续，我们大胆发放了当时鲜见的无抵押和担保的信用贷款。我们率先推行了信贷、存汇业务部门本外币业务一体化经营、营业网点本外币业务、综合业务一体化服务。再比如，当时国家对于国有银行支持外企的金融政策上并不明朗，但浦东开发开放后引进了大量外资企业，我们应需而变，建立了专职为外资企业服务的信贷科。从外资企业到浦东注册验资、寻地建厂时，我们就早早与他们接触，帮助他们开户，协调解决遇到的困难。大量跨国企业都成了浦东分行的新客户，从而浦东分行的资产结构和业务结构加快调整，业务重点转向大批技术先进的大型中外合资企业，包括许多国有企业在浦东开设的合资企业。我们积极为这些企业提供金融服务，助推它们着力提升技术水平，迅速与国际接轨。可喜的是，至今仍看到它们在各自的行业里发挥着龙头作用。

其间，我们最具有创造性的举措，是筹措银团贷款，帮助上海广播电视局解决了东方明珠广播电视塔的建造资金难题。东方明珠广播电视塔开始计划总投资5000万美元，其中4000万美元原考虑使用外国政府提供的混合贷款。不过后来国外贷款变卦了，为了建成这个浦东的标志性工程，上海市广电局领导龚学平大胆提出自筹、自建、自还的思路，决定用融资的办法来解决，并多次与中国人民银行上海市分行和各商业银行的领导洽谈这个事情。后来，中国人民银行上海市分行领导为此召开会议，专题研究资金解决方案，与会商业银行就提出了利用国内银团贷款来替代国际融资，经过一番争论后这一方案被认同了。经过动员，当时有12家金融机构参加，工行浦东分行和建行浦东分行联合牵头，并由工行浦东分行担任外汇银团贷款的主牵头行和代理行。可当时，我们并没有银团贷款的经验，真不知道具体怎么操作这个事情。不过巧得很，我与浦东分行信贷部经理到北京出差时，在王府井书店看到几本国内少见的讲银团贷款的专业书，当时真是喜出望外，如获至宝，全买了回来，认真学习。之后，我们加班加点学习理论，查阅大量国外资料，终于把这个银团贷款的文本给拿了出来。那时大家都很重视这个事情，市广电局召开局党委会对我们的文本进行仔细研究，提出了18处修改意见，我们都谨慎对待，做好解释沟通。有意思的是，当时对东方明珠的财务分析中，分别按登塔门票每人每次5元、8元和12元测算，得出贷款还期分别为12年、7年及5年，当时中长期贷款的最长期限为8年，倒过来推算每人登塔的门票要高达12元，很多人不相信旅客会接受这价格。我们思考再三，最后出于对浦东开发前景的信念，通过了这笔贷款。4年后，东方明珠归还了这笔贷款，登塔门票也增至60元。这是工行牵头主办的第一个本外币银团贷款。它的创新作用和示范意义超过了项目本身。

通过银团贷款筹资建成的上海东方明珠电视塔

后来，1993年浦东基础设施建设全面铺开，资金短缺日渐严重，当时浦东新区在建设“七路”工程，指同高路、汾河路、滨州路、东徐路4条新建道路和源深路、龙东公路、上川公路3条拓建道路工程。浦东新区管委会主任赵启正很着急，他和副主任黄奇帆专门找我谈融资的事情。当时开展基建要有基建规模指标才可以，这需要国家计委批准指标并下达。浦东在开始的时候曾向中央提出过要大规模基建单列的设想，但中央在批复的时候没有给予明确意见。我们国有银行既要按规则办事，又要满足浦东开发的需要，怎么办？最后，我想到当时外汇贷款是没有规模限制的，可以尝试用外汇贷款来搞建设。我们找16家外资银行开个会，赵启正在会上作介绍说明，最终组织16家外资银行分行，组成三个共1.5亿美元的银团，帮助浦东新区建成了七条主要干道。外汇贷款是需要担保的，浦东新区找了久事公司做担保。令人高兴的是，道路贷款成功了，还符合当时相关规定。只是久事公司的担保应该纳入外债指标，当时的政策并不明确，之后新的政策补上了这一漏洞。此后浦东新区的银团贷款呈现蓬勃发展之势，内环线浦东段、浦东国际机场、轨道交通、上海中心大厦、上海迪士尼、富都世界、前滩项目开发等都通过银团贷款方式筹措资金。

这些大规模的开发建设，使浦东新区的面貌发生了日新月异的变化。

我们还对一些技术、管理好的中小型企业，在其创业初期给予鼎力扶持。如振华重工，当时快59岁的管彤贤到浦东创业，制作港口吊机。当他把产品做出来接到国外第一单生意，出口需要保单时，我们分行没有觉得他的企业太小太普通就拒绝，而是经过认真分析给他开具了保单，开创了工行对小企业开立涉外保函的先例。我们就是从最早的那么一单一单给他支持，伴随支持它成长为全球港机第一，我们也分享着他们成功的喜悦。

“三全”发展战略的实施推动了业务迅速发展。我记得当时的办公大楼和营业厅里，熙熙攘攘像赶集般地进行资金融通拆借，天天像踩翻了田鸡篓，但这恰好反映了浦东分行业务的飞速发展。据统计，1990年到1994年，浦东分行年均存、贷款增长率分别达到71%和50%，几乎月月都有工行贷款支持的大项目开工，令人倍感兴奋，我们十分珍惜这一难得的发展机遇。当时，我们为了解决人才短缺问题，从工行外地分行引进了陈伟民、葛士尧等一批处级干部，从高校毕业生中招聘了侯福宁、刘济南、徐力、张晓琪等二十多名研究生、大学生。这在当时也引起了一些争议，因为那时银行业务比较简单，银行业内部有些观点认为招聘银行员工还是中专、职校，甚至高中生实用，招收研究生、大学生过于超前，也难以稳定这批“高精尖”人才。为了稳住这批人才，我们培育关爱双管齐下，一方面把他们推到第一线岗位上锻炼；另一方面关心解决他们的生活困难。分行创建几年后，我们逐步积累了一些财力，便在浦东花木地区买了些住宅分配给他们。浦东分行用人力度大，青年人成长也快。比如侯福宁，他读复旦研究生时是系团委书记，进入浦东分行后经历外资企业信贷科长和支行行长岗位锻炼后迅速成长，成为当时浦东分行的骨干，后来当过上海银行副行长、上海农商银行行长，现在担任上海华瑞银行董事长。比如徐力，现任上海农商行的董事长。比如刘济南，现任上海银行副行长；张晓琪，现任工商银行上海市分行副行长；等等，他们大多成为上海金融界的栋梁之材。

1997年6月，短暂离开工行的我重返工行上海市分行任行长，那时浦东分行的发展已有了相当的规模。但浦东分行办公楼太小且偏离陆家嘴金融中心区，已成为发展的瓶颈。于是，我建议让浦东分行搬迁到即将落成的工行上海市分行在浦东的新办公大楼，得到了时任上海市分行副行长、浦东分行行长吉晓辉的赞成。但在设计具体方案时，我们发现两个分行（上海市分行和浦东分行）分别管理20家和8家支行，内部处室加起来40来个，机构臃肿重叠。我们就思考当上海市分行总部搬迁浦东新区后，是否可以撤销上海市分行—浦东分行—支行的多级模式，采取更加扁平的管理架构，由上海市分行直接与浦东新区对接，直接管理浦东的支行。吉晓辉同志积极支持党委的意见，并主动承担起这一重组重任。浦东分行的干部觉悟也很高，都接受了分行党委的安排。很快，浦东分行原8家支行合并成3家支行，归上海分行直接管理，浦东分行班子成员或回市分行机关工作或充实到支行力量中。这次重组也引起浦东新区政府的关注。新区领导周禹鹏同志专门打电话问起这件事。我告诉他工行上海市分行将分行总部迁入浦东，表明了工商银行支持浦东开发的决心，工行一定会为浦东开发做出更大的贡献。

1999年我离沪去北京工作，在繁忙的工作之余，经常会回忆起工商银行浦东分行开办初期的往事。那真的是一个充满激情的年代，每个人都奋发向上，忘我工作；敢为人先，敢于改革；尊重实践、尊重首创。大家都在没日没夜地工作，我自己经常劳累一天下了班，疲劳到了极点，回到家就躺在床上，半个小时动都不动，但又感觉到异常欣喜。欣喜地看到浦东新区天天在变化，看到浦东分行天天在成长，听到银行夜校琅琅的读书声，感受到银行员工天天在进步。浦东开发最初几年在浦东的工作生涯，成为我人生中最刻骨铭心的记忆。

助推陆家嘴金融贸易功能提升的金茂大厦

【口述前记】

刘山在，1941年3月出生。曾任北京市外贸总公司副总经理兼总会计师、北京市外贸局副局长，对外经济贸易部财务会计局副局长、财务会计局局长。1991年4月至1999年，先后任对外经济贸易部（1993年后改为对外经济贸易合作部）党组成员、部长助理，党组副书记、副部长。其间，参与了金茂大厦从项目决策、选址、设计到建设的全过程。1999年至2004年，先后任新华社香港分社副社长，中央人民政府驻香港特别行政区联络办公室副主任，第十届全国人大代表、全国人大华侨委员会委员。

口述：刘山在

采访：谢黎萍、郭继、黄啸、姚吉安

整理：黄啸

时间：2019 年 11 月 27 日

说起金茂大厦，可以说是浦东开发开放过程中对外经济贸易部（现商务部，以下简称“外经贸部”）和上海市政府开展部市合作的一个典范。金茂大厦的建成，不仅创造了中国第一座超高层建筑的纪录，而且成为促进陆家嘴金融贸易区开发开放的标志性载体，发挥了新时期中国经济、金融、贸易面向世界的窗口作用。我当时在外经贸部工作，有幸受组织委托，参加到这项工作中去，其间每年都要多次来往北京与上海，亲眼看着金茂大厦一点一点建成。

立项率先呼应浦东开发开放

1992 年初，邓小平同志视察南方途经上海时，指出开发浦东，这个影响就大了，不只是浦东的问题，是关系上海发展的问题，是利用上海这个基地发展长江三角洲和长江流域的问题。抓紧浦东开发，不要动摇，一直到建成。这些讲话内容，对加快推动浦东开发开放意义重大。很快，2 月下旬，外经贸部部长李岚清同志率部分直属专业进出口总公司负责人到上海浦东考察。在此期间，李岚清就外经贸部如何响应邓小平同志号召，为浦东开发开放起一个带头作用方面与上海市委书记吴邦国、市长黄菊同志会商时，提出外经贸部要带头做些事情，把世界 500 强企业带到浦东，具体落实的项目就是在浦东陆家嘴金融贸易区建一个中国最高的摩天大楼，为对外开展经济、金融、贸易活动提供世界一流的硬件设施，为五大洲的客人提供最便捷、最周全、最现代的服务，达到近悦远来。

我当时任外经贸部部长助理，部里就把这项工作的具体经办交给了我。经过几个月的沟通，1992年7月18日，我与浦东开发办主任夏克强同志，分别代表外经贸部和上海市政府，签署了《对外经济贸易部和上海市人民政府关于在浦东新区建造经贸大厦的合作协议》。其中上海市主要提供项目的环境、景观、交通配套，协助选址，并给予价格优惠；外经贸部负责落实所属专业进出口总公司筹集建楼资金。

根据协议，上海浦东开发办为我们提供了位于小陆家嘴中心的上海肠衣厂周边地块。上海肠衣厂是我们外经贸系统的一家外贸工厂。我专门到浦东去看了看，觉得位置比较合适。当时我们是这样考虑的，在浦东开发开放初期，上海连接浦西和浦东一条主要的过江隧道——延安东路隧道，隧道在浦东出口的左边是东方明珠，上海方面提供的地块在隧道出口的右边。大厦建成后，就和东方明珠形成一左一右、一虚一实、一明一暗的布局。我们的大厦是一个经济实体，东方明珠是一个文化设施。东方明珠很亮，金茂大厦不能很亮，否则会影响住在里面的客人休息。但是金茂大厦的屋顶做得很漂亮，在晚上也是亮的。这当中还有一个小插曲，这个选址的地方原来有条烂泥渡路，就是现在的银城中路。刚听说的时候，以为是要在烂泥地上建高楼。上海的地质条件本来就差，为什么还要在烂泥地上面建高楼呢？后来才知道，实际上是路名叫“烂泥渡路”，并不是真的在烂泥地上建楼。

根据协议，我们外经贸部需要组织所属专业进出口总公司筹资。我是从事财务工作出身，管了一辈子钱，清楚当时外经贸部下属的专业总公司在海外有很多经营项目，并且这些海外项目赚的钱，经财政部批准可以有20%的留成。于是，我就想可以让这些专业总公司从这20%的留成里面拿钱出来建造大厦。我把我的想法和李岚清同志汇报商量，得到他的认可，并且明确了各个公司的出资比例方案。然后，我把各个专业总公司的老总们召集到一起，我开玩笑说这个是“鸿门宴”。我们给每位老总发一个信封，里面有要交多少钱的任务。当时有些专业总公司也并不一定都看好金茂大厦这个项目。他们自己也有很多项目需要投资。所以，我是以半行政命令、半市场化的形式来筹集资金的。说是“半行政命令”，是因为我打着李岚清同志的旗号。说是“半市场化”，是因为我们明确各专业总公司出的钱算作股份，出多少钱就算多少股份，以后金茂大厦的盈利就按股份比例进行分红。最终，中国化工进出口总公司、中国粮油食品进出口总公司、中国五金矿产进出口总公司、中国轻工业品进出口总公司、中国土产畜产进出口总公司、中国纺织品进出口总公司、中国机械进出口有限公司等 13 家外贸系统的专业总公司和上海地方的 1 家外贸公司——东方国际有限公司，共 14 家企业投资金茂大厦，投资金额约 40 亿元人民币，其中最大的股东是中化公司，也就是现在的中化集团。各专业总公司按比例出资后，我们建造金茂大厦就有了启动资金，工程就可以开工建设了。

在这个过程中，我们还对在浦东陆家嘴建造的这座经贸大楼的名字进行了商议。如果仔细看外经贸部和上海市政府签署的“合作协议”，就会发现没有出现“金茂大厦”这个名字。那时，我们外经贸系统在全国其他地方也有建大楼，大楼的名字一般都有“经贸”两个字。但我们觉得如果上海的这幢超高层大楼也叫经贸大厦的话，是无法凸显我们想要在上海建造一座摩天大楼，成为中国经济、金融、贸易面向世界的窗口的目的。于是，李岚清同志、吴仪[①]同志和我，还有中国纺织品进出口总公司总经理，后来担任金茂大厦

① 1991 年至 1993 年任对外经济贸易部副部长、党组副书记。

第一任总经理的张关林，一起商量给浦东的这个经贸大楼取个什么样的名字。经过商量，我们最终决定取“经贸”的谐音“金茂”为大厦之名。金茂大厦当时设计的楼层是88层，而“金茂”两个字的笔画凑巧都是八画，合起来是“八八”，正好和我们设计的层数一样，也符合我们中国人喜欢好口彩的传统。后来，确定门牌号的时候，浦东新区还给金茂大厦世纪大道88号这个牌号，为金茂大厦形成了很好的寓意。

建设对标多样化、专业化、国际化

对于如何建设金茂大厦，李岚清同志战略性地提出要做到多样化、专业化、国际化的要求。

多样化主要体现在大楼的功能上。我们认为，作为中国第一高楼的金茂大厦，不能仅仅只有酒店，也要有写字楼和展览等多种功能，要把金融和贸易的功能摆进去，成为一个综合性、多元化的大楼。专业化主要体现在建设过程中。也就是这个楼到底怎么建设，明确一定要听专家的意见。李岚清同志说，我们都是搞经济的，不懂建筑，不要过多干预专家的工作，这就是专业化。至于国际化问题，主要根据金茂大厦不仅是上海浦东的一个标志性建筑，还要成为具有国际水准的超高层建筑，因此，一定要跟得上国际最新的建筑潮流。

为此，1993年2月，我们邀请国内外6家设计师事务所参与金茂大厦设计方案竞赛。任务书上明确主要功能是办公、酒店、观光和商业零售。这6家设计事务所都是具有设计50层以上超高层建筑经验的知名事务所，分别是日本的日建设计，美国的波特曼公司和SOM公司2家，以及中国香港地区的1家，中外合资的1家，国内的1家。我们请他们每家设计出一个完整的方

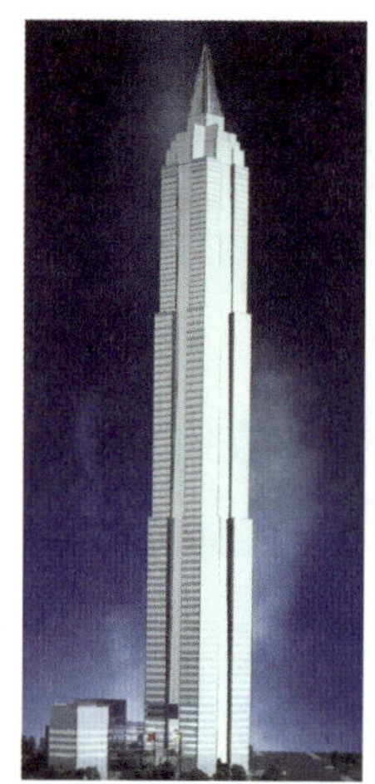

外国设计公司设计的方案模型图

案，他们的设计方案无论是否选用，我们都支付一笔设计费用。

5 月 26 日至 28 日，在所有方案出来后，我们组织了由 17 位专家组成的评审小组。除了我和建设部的周干峙副部长外，剩下 15 位评审专家都是国内外顶尖的。我们对 6 个方案进行逐一评审，认真听取每一家公司的设计创意。经过讨论，最终，SOM 公司的方案打动了我们。

SOM 公司的方案提出，中国建的这个超高层建筑要成为一个地标，一定要跟上时代，同时还要有民族的内容，要有中国元素在里面。因此，为了做到时代特色和民族特色的结合，SOM 公司的设计师专门考察了中国所有著名的古塔，如西安大雁塔、大理崇圣寺三塔、苏州虎丘塔等，最后选择以中国的古塔作为设计样本。选择古塔作为样本还有一个原因，就是塔的结构是中空的。作为一个超高层建筑，如果都是实心的，那么在上海这种松软的地质上建设，承重方面会出现问题。所以，金茂大厦的中间被设计成空的。现在，如果从金茂大厦的顶层观光厅向下望，可以一直看到 56 层酒店的中庭。除了金茂大厦主楼综合了超高层建筑和中国元素，其裙楼和主楼合在一起看也颇具寓意，高88层的金茂大厦就像一支笔，源于古塔的厚重基座——裙房，设计成一本打开的书，与大厦的垂直形象形成对比，寓意书写浦东的改革开放，书写上海的改革开放，书写中国的改革开放。

当然，其他几个事务所的设计也各有自己的特色。如日本事务所的设计把整个建筑设计成一个V字形，象征着中国的胜利。美国波特曼公司的设计，则有很多它独有的波特曼空间设计。但我们最终还是选择了SOM公司这个既现代化、又有中国元素的方案。我们专家评审小组形成评审意见后，还请李岚清、吴仪、吴邦国、黄菊等领导同志看，大家也都比较倾向美国SOM公司的设计方案。接着，美国SOM公司又用半年的时间对设计方案进行了深化完善。1994年1月至2月，邓小平同志在上海过年，我们抓住这个机会，把设计模型搬到西郊宾馆给邓小平同志看，征得了他的同意。

1994年5月10日，在经历了选址、筹资、命名和设计方案确定等各项程序之后，金茂大厦正式开工建造。

当然，金茂大厦的建造过程并非一帆风顺，我们遇到了许多困难。一是资金问题。虽然，让各个专业公司交了钱，但那只是启动资金，大概是2亿美元。实际上，金茂大厦建成共投入资金约5亿美元。其余的资金都是在建设过程中，开动脑筋，用金茂大厦做担保，再向银行贷款筹集来的。比如建设银行，当时王岐山同志任建行行长，给我们很大的支持。当然，作为回报，我们也在金茂大厦里，给建行留了一个很好的位置作为它的营业网点。1997年，当建设工程进入到最要紧的时候，我们又遇到亚洲金融危机的考验，不过我们还是咬紧牙关坚持下来了。整个工程建设过程中，一次也没有出现拖欠工程款的情况。

二是建设难度问题。当时，全玻璃幕墙的建筑技术比较成熟了，建设难度不算高。但SOM公司的设计方案，在全玻璃幕墙外面加了一个金属罩。这样做既能克服光污染，还做到中西合璧，使整幢大楼更为美观，但也增加了建造难度。还有，上海的地质条件其实是不适合建超高层建筑的。为此，我们打了一千多根桩。这些桩必须打到有岩石的地方，才能立得住，所以都打得很深，有十几米那么深。在挖基坑的时候，很不幸地遇上罕见的大雨天气，出现了涌水的情况，只得紧急从日本进口挡水用的设备。另外，拆迁也是一项很难的工作。一些居民不肯迁走，要反复做工作。张关林同志告诉我，他到拆迁户家里，一家一家去送月饼，请他们配合拆迁。后来，共迁走 900 多户居民，拆迁工作在很短的时间内得以完成。

在建设过程中，我基本上每三个月要去一次上海，召开工作会，处理各种问题。上海外经贸委、建工集团的同志也都来参加，我们共同讨论，共同解决工程中遇到的困难。不过，总体来说，工程建设还是比较顺利的。这离不开部里的支持，离不开李岚清同志、吴仪同志的关心，离不开上海市委、市政府的支持，否则这个事是办不成的。应该说，李岚清同志是最初倡议者，也始终很关心金茂大厦，他每次到上海开会，都要到金茂大厦去看一下。在建设过程中，上海市也提供了很多支持，上海市领导很重视这项工作。上海市外经贸委专门安排了一个副主任负责这项工作，和我对接。金茂大厦的建设还被列为当时上海市重大建设项目。

作为上海市的重大工程项目，我们金茂大厦的建设工作主要依靠上海本地的力量来完成。上海建工集团是建设工程的总承包。我当时在外经贸部，也搞过承包制，大大激励了部属企业的积极性。所以，对建工集团来说，能够做总承包是非常高兴的。当时，上海建工集团是第一次建这么高的楼，也是第一次做总承包，虽缺乏经验，但也格外重视。为解决缺乏经验问题，我们同上海建工集团商议，必须邀请国内外专业公司共同参与。上海建工集团根据我们的建议，请了法国、日本、中国香港地区各一家公司作为总包咨询，共同参与建设。整个大楼的内部装修设计，是请美国的BLD公司做的。他们有一个法国工程师，在这里工作了差不多有一年的时间。他根据大楼不同区域的功能，采用不同理念进行设计。从而使金茂大厦各个不同区域都呈现出不完全一样的装修风格，并把传统的中式韵味与现代摩登设计有机结合，时尚而又经典。

经过3年多的建设，1997年8月28日，金茂大厦终于迎来了结构封顶的日子。那天，徐匡迪、赵启正等上海市领导都去了。吴仪同志和我代表外经贸部参加了封顶仪式，还有建设部的谭庆琏副部长等500余位嘉宾出席了封顶仪式。仪式上，徐匡迪、吴仪还有我，三个人在金茂大厦最后一根梁上签了字。这根梁吊装上去，整栋大楼就算是封顶了。

“金茂”助推陆家嘴经贸功能建设

1999年3月18日，屹立在上海浦东黄浦江畔的金茂大厦开张营业，当年8月28日全面投入运营，成为仅次于马来西亚吉隆坡双塔大厦和美国芝加哥西尔斯大厦的当时世界第三、亚洲第二、中国第一的高楼。

在金茂大厦建成之前，国内的超高层酒店和写字楼运营没有先例可循。对此，我们部里研究决定成立一个公司，就是中国金茂有限公司。第一任总经理是张关林，他之前是中国工艺品进出口公司的总经理。我们把他调来上海，不仅参与负责金茂大厦的筹建，并且担任金茂公司的总经理。可以说，金茂大厦真正经营起来，就是从他手上开始的。后来，我们还从中国粮油食品进出口公司调王宝臣做过总经理。王宝臣之后，我们外经贸部财务会计司还派出鲁梅同志担任金茂的总经理。2002年以后，随着国有企业改革，政企脱钩，部里就不再直接安排人选了。而中化集团出于自身业务发展的考虑，把其他股东的股份买过来，成为金茂最大股东，所以现在的总经理是由中化集团派出的张辉同志担任。

金茂大厦的办公区域一开始即定位为“世界的办公室”，将主要客户锁定在“金融贸易类”和“专业服务类”。因此，在建设之初，金茂大厦就考虑到了银行等业态的特殊需求，比如楼板承重、供电、通信等。为了配合客户的需求，金茂大厦的物业 24 小时运转，楼内引入 24 小时便利店及其他各项配套服务。另外，金茂大厦很早就在楼里设了食堂，提供平价餐饮。在大厦管理方面，金茂（集团）公司跟国际最先进的设计建造和管理公司密切合作，形成了自己的制度规范。

作为当时中国第一高楼，金茂大厦不负众望，逐步发挥起对陆家嘴地区的引领效应，对上海的对外开放，对上海建设国际贸易中心，是有很大促进的。首先，它作为一个地标，树立在陆家嘴地区，起到了很好的示范作用，

金茂大厦内景

有力地带动了周边的人气，吸引了一批国内外知名企业把目光投到这里。开业之初，金茂大厦进驻客户结构比较复杂，有制造业企业，也有外企、金融机构、律所等，特征不明显。中国加入WTO之后，银行、基金、保险、贸易、投资类客户以及律所成为写字楼的主体并逐步固定下来。有些企业的地区性总部，比如IBM新兴市场全球总部，通用汽车亚太区总部和中国总部来上海之初也都选择金茂大厦。

其次，李岚清同志提议建这个大厦的初衷就是促进贸易。我们外经贸部，就是管贸易的，金茂大厦的建成是外经贸部支持上海发展对外贸易的具体体现。特别是很多外经贸部下属的进出口专业总公司，比如中化等，进驻金茂大厦后，对促进上海的外贸发展，发挥了很重要的作用。同时，金茂大厦也是一个好的载体和平台，使入驻的这些中字头公司，有了相互学习、相互交流、相互促进的机会。过去，我们的外贸专业总公司，比如中化、中粮，在

韵味十足的金茂大厦

业务上相互之间是隔离的，各管各的，没有太多的联系。但是，在上海金茂大厦里，都集中到一个楼里办公，加上都是部里的直属企业，所以就有了比较多的来往。这就打破过去专业公司间不经常来往的局面。当时，部里也鼓励他们发展综合经营，他们在金茂大厦这个平台上，相互认识了，开展起跨界的经营也就更为方便。另外，当时给浦东新区的优惠政策，这些公司也都享受到了。这样也就实现了相互促进的双赢局面。

同时，作为当时中国的第一高楼，金茂大厦也很快成长为上海的一张城市名片。位于 53 层至 87 层的上海金茂君悦大酒店与大厦同期开业，并很快成为中外宾客入住浦东的重要选择，甚至出现一房难求的情况。金茂大厦设在 88 层的观光厅成为一段时间里浦东最著名的观光点。金茂大厦的建成，直接提升了整个陆家嘴地区的土地效益和价值，甚至可以说推动了浦东的发展。

应该说，在金茂大厦建成后，有好多年在全国范围都没有能超过它的大楼。后来，在陆家嘴地区，又建成了环球金融中心和上海中心大厦两栋大楼，它们与金茂大厦共同组成小陆家嘴最美最高天际线。当然，很多人都说，虽然这两个大楼比金茂大厦高，但还是金茂大厦更耐看，更有韵味。

现在，金茂大厦运营 20 年了，出租率始终保持在一个很高的水平上。很多企业仍感觉，在金茂大厦里办公是一件很有面子的事情。金茂公司也开始了业务的对外拓展，在北京、深圳、三亚等地，还有上海的崇明岛，经营酒店、写字楼等高档物业，把管理运营金茂大厦的成功经验传播出去。“金茂”也成为一个很有价值的品牌。

开创新中国大型商业零售合资企业先河的上海第一八佰伴

【口述前记】

王相道，1934 年出生。曾任崇明跃进农场 17 连指导员、上海市农场管理局局长、市农业委员会秘书长等职。1989 年 1 月至 1993 年 5 月任上海市人民政府财政贸易办公室副主任，亲历了上海第一八佰伴落户浦东陆家嘴金融贸易区的全过程。1993 年 2 月至 1998 年 2 月，当选为上海市第十届人民代表大会常务委员会委员。

口述：王相道

采访：郭继、沈洁

整理：沈洁

时间：2019 年 11 月 12 日

上海商业在中国商业发展史上一直有着举足轻重的地位。改革开放后，随着经济体制改革持续深入以及市场经济的兴起，上海商业继续发挥着全国“领头羊”的作用。当时，全国各地的新人结婚，都会选择来上海采购新婚用品，如“三转一响”（收音机、自行车、缝纫机及手表）等，尤其是上海第一百货商店（简称中百一店），曾经代表了“行业第一”，那超大的营业面积、光滑的打蜡木地板和琳琅满目的商品，在当时可以说是声名远扬。当然，伴随着商业市场的繁荣，上海的购物环境也存在许多问题，急需改进，实行改革开放成为改进上海购物环境的不二选择，第一八佰伴也是在这样的背景下走进了上海人民的生活。我当时任市政府财政贸易办公室副主任，受组织委托，参与了第一八佰伴合资项目的谈判、落地等工作。

改变上海购物环境需要打开大门引进外资

1978 年党的十一届三中全会作出实行改革开放的伟大决策后，上海商业也迎着改革开放的春风快速发展。1984 年 5 月，南京东路商店全部恢复夜市，到 1987 年，南京东路、南京西路、淮海路、西藏中路、四川北路五条马路的商店开设了灯光夜市，营业时间均延长到晚上九点，改变了 30 多年来晚上七八点商店打烊，马路一片漆黑的状况。但这个时候上海的购物环境改善不大。存在的突出问题有：供需矛盾大，购物环境差，顾客多，商场十分拥挤；一有好的商品，南京路上就排长队；由于商品销路好，营业员体力消耗大、劳动强度高，有时候难免会产生服务态度生硬，对顾客不热忱、不耐烦等各种情绪。

针对上述情况，我们上海市政府财政贸易办公室（简称财贸办）决定从多方面予以解决。一是抓服务态度，教育引导营业员多设身处地为顾客思考，像亲人一样地对待顾客，做好服务工作；二是在丰富商品种类、提高商品质量上作努力，使商品满足各个方面的需要；三是引进先进的商业理念，满足消费者需求。那个时候，我们的商品是放在柜台里的，看得见，摸不着，顾客只能看玻璃柜里的样子，然后让营业员拿出来，如果不满意，再让营业员拿别的，几个来回，营业员没耐心了，很容易和顾客产生摩擦。我们就尝试“开架”，即开放式货架。当时国外已经普遍采用开放式柜台了，即把样品直接放在开放的货架上，供顾客随意选择，不仅可以看，还可以摸、可以试，试得满意了，直接买回家，这样，大大减少了买卖双方之间的摩擦，我们当时就总结出来“人与人之间减少对话，人与物之间增加接触”的经验，这样，可以有效减少营业员和顾客之间的矛盾。然而，国内的状况是商品紧缺，开架销售很容易导致商品丢失。很多商店都有顾虑，不愿意开放货架。于是，我们财贸办积极动员各大百货公司实施开架，最终豫园商场第一个同意尝试。他们想了个办法，将旅游鞋作为开架的试点商品，在货架上放单只作为样品，顾客既可以看，还可以摸、可以试，试满意了，把一双都买回家，这个办法既拉近了顾客与商品之间的距离，也有效避免了商品的丢失问题，因为把一只鞋拿回去也没有用，这在当时可谓是一个创举，是非常积极有益的尝试，大大降低了营业员与顾客之间的矛盾。

除了上述改革举措外，我们在20世纪80年代也开始尝试用开放来促进商业改革和发展。不过，最早开放的行业不是百货商业，而是餐饮和宾馆业，像锦江宾馆、海伦宾馆和新亚大酒店等，他们已开始引进国外的管理模式。但这还远远不够，要从根本上解决提高服务质量、改变购物环境问题，还是需要引进新式的、大型的综合商场。

1990年4月18日，党中央、国务院宣布同意上海开发开放浦东，并给予上海浦东开发十项优惠政策，其中一条就是“允许外商在区内兴办第三产业，对现行规定不准或限制外商投资经营的金融和商品零售等行业，经批准，可以在浦东新区内试办”。这为我们开动脑筋、创新途径改变上海购物环境提供了良好的政策条件和试验场地。我们开始把目光放到浦东，放到陆家嘴金融贸易区。因为，当时市里给我们财贸办在陆家嘴那里留了一块基地，位于张杨路—崂山东路—浦东南路—沈家弄路这块区域，用于建造开发“新上海商业城”。我到财贸办后去看过，那里还是一大块蔬菜地，尚未开发。当时的想法就是，通过引进先进理念、建造一个大商场改变购物环境。但是，招个什么样的外资企业进来还是未知数。

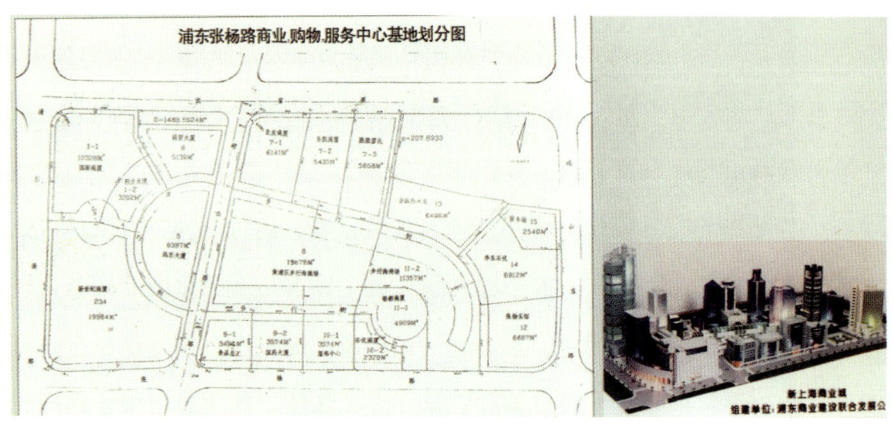

第一八佰伴所在的新上海商业城地块及模型图

“阿信”的儿子为我们送来八佰伴项目

1990年浦东开发开放刚刚起步的时候，从全国看，工业合资合作项目已搞得如火如荼，而商业方面经国家正式立项批准的中外合资企业尚无首例，因此市政府也很重视商业利用外资工作。1991年4月，在国务院发展研究中心主任马洪的牵线搭桥下，日本的和田家族在和田一夫的带领下，来上海考察，商谈合作事项。

说起和田一夫，在20世纪八九十年代很是出名。80年代后期，日本电视连续剧《阿信》在上海热播，剧中出身贫寒的女主角阿信通过奋斗，最终在日本各地成功开设17家连锁超市，在上海观众中引起很大反响。阿信的原型就是八佰伴的创始人和田加津太太，她和家人把家族事业打造成了国际商业巨头——日本八佰伴国际流通集团。

令人意想不到的是，他们看中了上海浦东这块热土，亲自去北京，表达要到上海投资开店的意向。上海对这个投资项目非常重视，因为当时的八佰伴国际流通集团在全球已有400家店铺，一年的营业额超过5000亿日元。我们希望通过与八佰伴的合作，加快商业的对外开放，借以引进国际先进的商业模式和管理理念，改变当时的上海商业状况，改善购物环境，为领先全国的上海商业发展注入新的发展活力。

说到和田一夫，还有一个非常有意思的小故事。那是1989年6月我带团去日本考察，在参观花博会时，第一次见到和田一夫，听他作演讲。他以较公正客观的态度，表达了其他国家不该对中国的内政作过多评论，更不该指手画脚，显示出对中国的友好，给我们留下了比较好的印象，也为之后合作的顺利开展埋下了一个好的伏笔。

为了投资上海这件事，和田家族多次到上海考察。当时是我接待的。记得和田一夫带着妻子以及他的两个弟弟，还有弟媳妇，还有八佰伴的工作人员，经过交流，我觉得和田一夫是一个可以合作的对象。在谈到实质性的内容后，和田一夫表示地块偏僻一点不要紧，他可以把它搞起来，变得很兴旺，他们在其他国家开发也是这个模式。我们就告诉他浦东有一块地等待开发。和田一夫就表示要看地。我们把和田一夫带到当时的浦东第一高楼东昌大楼顶楼，让他一览这块土地，还陪他到浦东开发办公室，听取了浦东开发的情况介绍并实地考察了张杨路，还让他看了这个地块的实体模型。因此，虽然当时这个地块还是毛地，和田一夫当即表示非常满意。这样，场地就选定了。

至于怎样开展合资，我们经过反复研究，最终确定由原第一商业局所属的上海市第一百货公司与八佰伴国际流通集团合资。我们还带他考察了第一百货，他对这家每天有十几万人次客流量、年销售额达八亿元的合作伙伴十分满意。合资企业冠名为“第一八佰伴”，取自中外双方名称各半，中方取“第一”，外方取“八佰伴”。

关于投资的金额，当时是这样约定的，外方提供货币资金，中方提供场地使用权。其实，当时浦东的开发开放刚刚起步，正处于资金紧缺的阶段，我们只有采用土地批租的方式来获得资金。财贸办的这块地是第一块商业批租。当时找土地局局长谭企坤商议如何拿地，使用了当时常用的土地“空转”方法，由财政局出具一张4000多万元的支票，我们把支票交给土地局，土地局再把支票交给财政，这样，土地使用权就归我们了，这样就合情合理合法了。我们再把这块地批租给外方，将批租所得的资金作为投资金额，最终实现了50%的股权。

在批租的过程中，涉及一个关键问题就是土地使用权的作价。当时，我们提出的价格是每平方米1100—1200美元，外方认为浦东的投资环境如通水、通电、通路等还不尽完善，提出采用较低作价。当时外高桥地块的平均价格是每平方米800美元，外方有了参照，觉得我们定价过高。我们就向倪天增副市长汇报。倪市长表示全力支持我们谈判，最终给的底价是每平方米1000美元左右，给了我们比较大的议价空间，进一步促成了我们与外方关于作价的谈判。我们向外方展示了浦东发展规划，承诺在第一八佰伴建造期间，“三通一平”基础设施都将改善，最后双方各让一步，以每平方米950美元作价谈成。

谈判过程中，外方还提出按国际惯例，自己是国际著名企业，“八佰伴”字号应作为商誉作价。我方则坚称：上海第一百货乃是全国最大最具影响力的大型百货商场，在全国消费者中享有极高商誉，营业额也是全中国第一，是国内最有名的商业企业。按此说法，我方商誉也应作价，并且与你们的作价相等。最后，外方顾及第一八佰伴面向的是中国消费者，双方投资不宜挑得过高，且第一百货确为中国最有名的商业企业，最终被我们说服了，放弃了商誉作价，在后续谈判中也再未涉及。正如我们之前在听和田一夫的演讲中所认知的一样，他是一个不错的合作对象，只要有理有据，他便能够接受，这对于整个合作谈判是非常有助益的。

总体来讲，我们与八佰伴国际集团有限公司代表团的谈判是比较顺利的，用了较短的时间就在合资意向的若干主要问题上取得了共识。我们是1991年4月13日与日方谈判的；14日，双方举行了记者招待会和合资意向书的签字仪式，吸引了世界媒体的关注，东京和香港的报纸都在显著位置予以报道。

当然，在当时商业引进外资还没有现成的方案，政策性又非常强，必须经国务院特区办、商业部、体改办、外经贸部、计委、外汇管理局六个部门

1992年9月29日，中日合资上海第一八佰伴有限公司新世纪商厦在浦东新区奠基

的审核，并报国务院批准。

为此，我们上海方面由庄晓天副市长带队，先后多次赴京向相关部门请示汇报，反复沟通。1991年10月8日，上海市市长黄菊签发了呈报国务院的请示报告。1992年5月15日，国务院正式批复上海市人民政府，同意兴办中日合资上海第一八佰伴有限公司。1992年9月28日，上海第一八佰伴有限公司正式成立。上海第一八佰伴有限公司成为新中国第一家大型商业零售合资企业。它的成功举办，也为日后设立其他商业性合资企业提供了模板。

可以载入吉尼斯世界纪录的开业第一天

1992年9月29日，中日邦交正常化20周年纪念日之际，上海第一八佰伴有限公司新世纪商厦奠基。国务院发展研究中心总干事马洪、商业部副部长白美清、上海市政府顾问汪道涵、日本驻沪总领事等出席奠基典礼。

整个建设项目由日本清水株式会社设计施工总承包、上海建筑设计研究院合作设计，土建分包单位为上海市第三建筑发展总公司。商厦正面外圈是长 100 米，6 层楼高的白色大弯壁，下部设有 12 个拱形门洞，门洞内壁有十二生肖图案，与中国传统文化相呼应。内部设施在当时都是一流的，共有 10 个楼面商场，每个楼面近 1 万平方米。建筑内外有 87 部电梯，包括自动扶梯、观光电梯、垂直客货电梯，能方便、快捷地满足顾客抵达任意楼层购物的需求。消防、保安、空调、照明均由中央控制室集中控制。商厦还拥有地下两层停车场，可泊小车 410 辆。这些设施和规模在当时相当罕见，号称亚洲之最。

1995 年 12 月 20 日第一八佰伴正式开业。因为在当时全上海乃至全中国

1995 年 12 月，第一八佰伴新世纪商厦开业当天热闹的景象

从未有过如此大型的综合商场，第一八佰伴创纪录地创下单日107万人次的客流量，轰动一时。

开业当天，我也去了现场，至今记忆犹新。商场组织了一场日本式的开业庆典，没有程序似的讲话，而是请来日本最有名的和太鼓队，穿和服，敲皮鼓，持续约半个小时。许多浦东和浦西赶来的市民等候着开门，周围的张杨路和浦东南路上车水马龙，人潮拥挤。顿时上下几十部电梯全部客满。由于客人太多，每一层都有工作人员举着喇叭拼命喊，保安立在电梯口拉绳索，点着人头一点点放客人上去。

第一八佰伴第一次为上海带来“一站式”消费理念。商场除了百货经营外，还有各种辅助配套功能，可以提供购物、餐饮、娱乐、休闲及日常生活（邮局、冲印、美容美发、银行）等一站式服务。商场里的超市在当时算是新鲜业态。第一八佰伴超市柜台里五光十色的生鲜品看起来洋气上档次，就连封保鲜膜的进口机器、可以打印标签的电脑，看上去也是那样先进又高级，一下就点燃了大家的购物欲。

当然，一开始由日方派人担任第一八佰伴总经理的时候，在为我们带来全新的商业经营理念的同时，也有着水土不服的问题。第一八佰伴按他们的思路布局，把一楼最好的位置摆放汽车，进行售卖，这其实不符合我国当时的国情，当时正值改革开放初期，汽车不是一般家庭能够消费得起的，因此，在试营业的一段时间里，销售状态一直不太理想，后来换成由熟悉中国国情的中方人士“主政”，日方接受了这一建议。经过调研，进行了大胆创新，调整商品结构，既不卖汽车，也不卖过去传统的衬衫和羊毛衫，直接改成亮丽的化妆品柜台，这在当时也是具有开创性的，顿时吸引了大量顾客，营业额节节攀升。这一做法后来被上海其他商家乃至全国各地的商户效仿，一直沿用至今。

遗憾的是，后来因和田一夫自身经营出现问题，日本八佰伴集团在1997年宣布破产。上海第一八佰伴也因此遭遇到前所未有的危机。危难之时，上海第一百货商店股份有限公司在市政府的支持下鼎力相助，一举收购了日本八佰伴持有的第一八佰伴股权，从而所占股权升至64％，实现了中方对第一八佰伴的全面控制，帮助第一八佰伴渡过了难关。时至今日，上海第一八佰伴一直赢利。

土地批租批出陆家嘴富都世界最美滨江段

【口述前记】

汪雅谷，1945 年 1 月出生。曾任上海针织品批发公司副总经理、市商业一局业务处处长、上海友谊商店总经理。1990 年 7 月至 2004 年 12 月，任陆家嘴金融贸易区开发公司副总经理，1992 年 8 月起兼任上海富都世界发展有限公司常务副总经理，主要负责招商引资和土地批租工作，是陆家嘴富都世界地块开发的主要参与实施者。

口述：汪雅谷

采访：郭继、孙宝席、马婉

整理：孙宝席

时间：2019 年 12 月 10 日

我是 20 世纪 60 年代从上海财经学院毕业后，被分配到上海针织品批发公司工作，从采购员、商品研究员做起，后担任公司副总经理，曾作为访问学者派到加拿大多伦多市 RYERSON 理工学院进修学习了一年半，主要学习市场营销、国际贸易。1988 年组织安排我到商业一局下属的涉外单位——上海友谊商店任总经理。1990 年党中央、国务院宣布开发浦东后，上海成立陆家嘴、金桥、外高桥三大开发公司具体负责操作三个开发区的开发建设。我依然记得，1990 年 7 月的一天，组织通知我去参加市里的一个关于开发浦东的会，黄菊副市长出席，给我们出了个题：现在要浦东开发，你们怎么做？让每个人谈看法。我当时对浦东开发还没有特别清晰的概念，就从商业的角度按自己的理解作阐述。第二天也就是星期天，组织通知我到浦东开发办工作，7 月又任命我担任陆家嘴金融贸易区开发公司副总经理。从此，我作为浦东开发的一员，在浦东这片热土上一直工作到退休。

没钱筹钱艰苦创业

陆家嘴金融贸易区开发公司（以下简称陆开发公司）成立时目标就很明确，要将陆家嘴地区建设成为现代化的金融贸易区。最初，公司班子只有 6 个人，王安德总经理，包括我在内的 3 位副总经理，和两位办公室负责人。

办公条件也很差，没钱，没办公场地，暂时租借浦东开发办的办公室，放几张桌子板凳，就算开张了。这种差距我感受尤其明显，我原来工作的友谊商店是涉外单位，规定工作时间必须西装革履，到了浦东开发办，由于办公室没有空调，热天经常是汗衫和西装短裤。我作为副总当时最大的待遇是分到了一个电风扇，很高兴。后来，公司搬到严桥的由由大酒店的 3 楼办公，虽有所改善，仍然很困难。但那时大家不讲待遇、不讲条件，全身心地投入到陆家嘴开发的宏伟建设中去。

开发之初的陆家嘴，条件很差，到处是基础设施简陋的棚户区和涉及方方面面的工厂区，这些工厂中有一些是沪东造船厂这样的央企。要在这样的条件下建设一个现代化的金融贸易区谈何容易，何况我们公司几乎没有什么资金。这也是当时很多来我们陆家嘴考察的外宾经常提出的质疑：你们没有资金怎么开发？你们准备怎么解决资金问题？

为了解决资金难题，我们想了很多办法。我们最初的 200 万元启动资金，是向工商银行浦东分行借来的。为了解决开会借钱所需的会场，王安德总经理找我商量说："汪总，你是友谊商店出来的，你去和你的老单位商量商量，我们没有钱，想召开一个四大银行参加的行长会议，介绍我们浦东新区的开发，希望给予支持。"我当即答应下来。我们在友谊商店的如意酒家召开了银行行长联谊会。我们向各位与会的行长介绍浦东开发情况，说明资金对我们的重要性，告诉他们我们现在最大的困难就是缺资金，连启动资金都没有。

银行行长会议开好后，有几个行长就去小陆家嘴实地考察了。当他们看到密集的棚户区，以及一些看上去难以搬迁的央企，觉得在这个地方建金融贸易区难以置信，认为别说五年、十年了，就是二三十年也开发不了。因为上海市有规定，如果动迁首先要有房子安置，没有房子你就没办法搞动迁；那些大的工厂，你让人家搬迁也有好多的工作要做的。再加上，银行贷款需要有担保，我们那时候无钱无地，谁肯借钱。最后，是工商银行浦东分行在没有担保的情况下，以信用贷款的方式借给我们公司200万元。钱一到账，一半就花出去了，一年的房租就要付100万元，还有员工工资要付。

就是在这样的情况下，我们积极开展招商引资。特别是我们先内资后外资的引资策略，首先借浦东开发开放的大好形势吸引了很多外省市来浦东投资的关注。那时，我负责土地批租这块工作，因此安徽、山东、江苏等省和一些国家部委来谈建造办公楼的事宜，都由我负责接待。我们启动的第一个地块是编号为2-2的位于东方路、文登路的地块，就是现在的96广场周边。我们公司决定在这里通过批租造办公大楼。当时，市里和浦东管委会的领导给我们的要求是：门槛不要太高，否则人家被吓住就不来投资了；欢迎他们来投资。但我们认为应把眼界放得长远、视角一定要宽，这样招的商家层次才会比较高，经营成效也会比较好。因此，土地批租的起步价很重要，如果太低，后面的人就会有比较。所以，我们请市土地局的两位专家作顾问，按照市里定的2400元一平方米的指导价格进行批租，基本上都达到2400元至2600元一平方米的楼板价。当时想要来浦东投资建省级办公楼的项目意向，争先恐后、应接不暇，加上可提供地块供不应求，对各省市的批租只能暂时放慢步伐。

转战开发建设“富都世界”

省部楼宇的批租建设，为我们解决了资金短缺问题，也带动了2-2地块的开发建设，开创了浦东开发轰轰烈烈的形象。一些有魄力的外资企业也不再观望，明确要参与到浦东开发建设中。我们就开始把目光转向地段更好的陆家嘴中心区岸边黄金地段的开发，并决定采取新的模式进行土地批租和开发建设。也就在这个时候，泰国正大集团看好浦东开发开放，向中方正式提出，决定参与浦东的开发。1991年4月28日，上海市政府批复：正大集团项目为陆家嘴金融贸易区重点开发项目。9月18日，市长黄菊会见正大集团董事长谢国民，明确说“今年要有说法，明年要有动作”。年底，我们陆开发公司就与泰国富泰（上海）有限公司签订了合资开发浦东新区“富都世界”的意向书，双方各占50%股份，中方以所处的土地折合成投资金额，泰方以等额的资金予以投入，合作期限为88年。1992年4月16日，中泰合资成立上海富都世界发展有限公司的合同签字仪式在锦江小礼堂举行，赵启正副市长出席仪式。

富都是英文fortune的音译，是中文“幸运”的意思。富都世界所在地块位于黄浦江以东，陆家嘴路以南，东昌路以北，烂泥渡路（今银城路）以西。初定分三期开发，规划开发建设140万平方米，目标是建成集金融、办公、贸易、购物、旅游、娱乐于一体的富都世界新城区，与陆家嘴金融贸易区中

21世纪初的富都世界滨江段

心区和浦西外滩构成国际性的金融贸易中心，与矗立在黄浦江畔的东方明珠电视塔共同构成21世纪东上海新外滩的壮丽景观。我作为中方代表，于8月起兼任上海富都世界发展有限公司常务副总经理，我的大部分精力都投入到富都世界地块的开发建设上了。

虽然是个合资公司，但公司刚组建的时候，同样是资金紧缺。富都世界地块是浦东老城区，是20世纪早期形成的工厂、码头、仓库的集中地，还有大量的危棚简屋、陋街小巷，动迁任务很大，动迁后的土地平整工作量也很大，都要用钱。另外，我们公司18名员工的工资，我们租用的办公室的房租也要付。为此，我们公司曾向银行借了200万元的启动资金，然而还不到一年，就用得差不多了。我们有一个境外经理是台湾人，跟我说："汪总，你想想办法，你是总经理，钱不来，我们都要吃血喝肉了，这以后怎么解决啊？"借给我们钱的银行行长也跟我说："汪总，你借的200万元要还了。要有借有还。"没办法，我们去借过高息贷款，日常遇到临时急需用钱时，也向正大集团借过，不过利息都很高。

1992年11月，工商银行浦东分行给我们陆开发公司以大力支持，和我们签订了银企合作协议，提供2亿元人民币和1500万美元的巨额贷款，这是浦东开发开放后独家中资银行发放金额最大的一笔贷款。这真的是雪中送炭，一下子缓解了我们的资金难题。后来，经公司争取，中国工商银行同意在4年内给予公司10亿元人民币的贷款授信额度，用以支持富都世界发展有限公司滨江沿线土地开发、市政配套建设。

迷人滨江引来国际级开发商

富都世界在小陆家嘴1.7平方公里的土地中有30公顷土地，是小陆家嘴地区位置最好的地块。为能够汇集世界精华，我们第一批集中开发的是沿江片，大打“世界牌”。1993 年 8 月，我们在国内外多家媒体上刊登招商信息，我个人也充分利用在国外学习和过去工作期间结交的海外朋友和掌握的信息渠道，利用担任上海商业经济学会会员、《中国日报》上海中外企业界联谊会常务理事、欧美留学会理事、上海欧美创业公司顾问等社会职务的影响力，宣传富都世界，很快境外大公司纷至沓来。

第一家来投资的是台湾震旦集团，创造了当时上海土地批租转让的最快速度——当天看地、当天洽谈、当天签约。震旦集团的陈永泰先生很爱国，他早在 1992 年考察陆家嘴的时候，对我们说过“我们希望在你们的江边，不要再出现像浦西的外滩，以前外滩有汇丰银行、花旗银行，现在我们在陆家嘴要有中国公司的楼。我们大家都是中国人，我希望你做一个‘中国

正大集团建设的超大型综合性商场——正大广场

湾’。”1993 年 11 月 10 日下午 4 点钟，陈永泰就带了一个助手过来跟我们谈判，人还未坐定，就直言不讳地对我们说，他就是冲着“富都世界”凸出江边的 X1-6 地块来的，并表示报价多少，他就出多少钱，他今天不走了，要当天签约。从商业的角度考虑，震旦集团能够出 500 美元每平方米的楼面价，属于完全的市场价。外方总经理问我该怎么办，我赶紧打电话与赵启正副市长、王安德总经理商量，最后我们一致同意当即签约。当天晚上 7 点，我们与震旦集团签下 X1-6 地块使用权转让预约用地协议。3 个月后，震旦集团把土地租金打给我们，完全用美元结算。如今，震旦国际大厦矗立在浦江东岸，其特殊的地理位置和 3600 平方米的主楼超大扇形电子显示屏令万众瞩目。

首幅土地使用权成功转让的消息不胫而走，很快，马来西亚的郭鹤年来了，他是嘉里集团的董事长，带了两个人过来考察，一个是律师，一个是会计。经过考察，他看上 X1-3 地块，以楼面价 500 美元每平方米的价格拿下地块，总投资近 9000 万美元，建造了五星级的浦东香格里拉大酒店。由于酒店区位很好，1998 年建成开业后，经济效益在酒店行业中位居前列。这样，到 1993 年 12 月底短短的 50 天里，富都世界成功转让占地 5 公顷，建筑总量达到 34 万平方米的 X1 一期全部地块。其中单幅土地转让金总额最大的地块，由富都世界股份有限公司的股东泰国正大集团拿下。1993 年 12 月 31 日，正大集团签下土地转让合同。在富都世界一期开发过程中，经过双方股东和员工的不懈努力和拼搏，我们终于拿到近 6 亿美元的批租资金，合资公司取得骄人的业绩。2002 年在此地块上建造的超大型集购物、餐饮、娱乐、休闲于一体的购物娱乐中心——正大广场竣工开业。1997 年，花旗银行大厦由巴鼎房地产发展有限公司签下土地转让合同，在经历了东南亚金融危机、巴林银行倒闭的种种磨难后，在 2004 年底建成，以 8.9 万平方米的建筑面积，40 层、180 米的高度凸显于黄浦江畔。富都世界地块这些标志性大楼的建成，是世界著名跨国公司看好中国、看好上海、看好浦东的标志。

富都世界的第二期开发主要是东昌路以北沿江13.9公顷地块，建筑面积53.5万平方米，除金融、贸易、办公大厦外还有住宅楼用地。汤臣海景花园项目是由祖籍浦东南汇的汤君年投资开发的，这是当时滨江唯一的一块高级住宅用地，规划上是可建4幢超高层住宅，其中有2幢可建47层。1995年汤臣从上海富都世界发展有限公司购买这个地块，当时楼面地价为485美元/平方米。容积率又很高，地价可贵，尽管后来汤臣遭遇重大财务危机，汤君年还是看好浦东，从台湾、香港退出资金投入浦东建设避免了巨大损失。现在，汤臣一品成为上海顶级住宅楼的象征。与汤臣集团一样看好浦东的，还有鹏利集团，创造了富都世界地块上一家集团受让3幅地块的先例。即使在东南亚金融危机最严重的时刻，坚信浦东明天会更好，一而再、再而三地在浦东批地。鹏利集团在批租的地块上建造了与相邻的汤臣一品相媲美的鹏利海景公寓。

应该说，国际投资者带来的开发建设也是具有国际范的，他们的建筑都是委托国际著名的建筑设计机构来设计的。这些楼群顺利建成后，巍然矗立，各展风姿，成为浦东滨江地带的靓丽风景线。

打造世界级的滨江大道

在富都世界公司的建设发展中，不能不提到我们精心设计和建设的滨江大道富都段了。

随着富都世界地块大体量的高层建筑拔地而起，要使这块区域更具风情，就应该开辟一片视野开阔、人水关系亲和并接近自然的景观。其实早在小陆家嘴地区开发时，我们在滨江规划设计之初，就考虑在浦东滨江留出足够的地方建设浦东的“外滩”，而且这个浦东的“外滩”要比浦西的外滩更宽广，更多绿化，更有人文景观。因此建造浦东黄金地段滨江道的宗旨是必须考虑如何能延长观光客停留的时间和充分享用黄浦江两岸华丽风景，让过往的游客能慢慢地欣赏世界上独一无二的浦江两岸美景。由于我们公司土地批租进展比较好，陆家嘴金融贸易区开发公司建议由我们富都世界先做一个陆家嘴滨江大道的样板段出来。富都公司负责建的滨江大道部分叫南滨江道，北起陆家嘴路，南至东昌路，长1000米，总面积7.83公顷，是滨江大道的黄金地段，宽度平均为50米至80米，最宽处170米，就是现在的正大广场的前面，一直到震旦国际大楼。

我们以跨世纪的要求设计，多次考察了世界上著名的大城市滨江大道，譬如纽约的滨江道等，然后巧用建材的性价比，采用铸铁栏杆和简朴的自然的地砖，投资2.8亿元建设了集观光与防汛功能为一体的滨江大道富都段，开创了中外合资企业投巨资建设大市政工程的先例。我们兴建了离水面4米高的亲水平台，这样涨潮时水平面正好与平台面差不多，游人可以隔栏杆亲水嬉戏，不像浦西沿江平台有7米之高。这样的设计和建设既大大提高了沿江防汛能力，又增强了大道的观赏性。我们在1000米的道路中先建设了156米，这段滨江大道人行与车行分开，明显改善了陆家嘴道路的交通条件。此外，我们还建有可容纳1000人至1200人的露天音乐广场，建有可供游览、购物的彩虹喷泉、盆景园、水帘壁、曲润广场、富都广场，等等。游客在观赏、购物娱乐之余，还能尽情地享受自然与人文环境融为一体的和谐美：草木葱茏、临江傍水的滨江大道，与具有海派文化意蕴的各项设施，以及与富都世界内富有时代气息的建筑群遥相呼应。1993年12月23日，我们这条样板路段建成后，与西岸著名的外滩遥相呼应，成为上海一处新的旅游点。

在建设滨江大道富都段的过程中，我们还敢于创新，不断丰富其内涵，

滨江餐饮商业设施

以留住游人在滨江。按照传统的设计理念，我们最初对滨江大道商业文化、休闲功能考虑得不够，很快就发现在这么宽的一个滨江带，每天观光、休闲的人多是一走就过去，很少有停留下来的，更别说停留超过半个小时的。当然，这与天气等自然因素有关，但更多的是因为商业配套不够。为此，我们就在这方面动脑筋。

我们先从滨江大道富都段的一些预留临时构建，如售货亭、观光亭、露天的葡萄架等入手，让游人在有顶棚的下面能停留休息一下。第一个引进的旅游商业项目是星巴克咖啡。星巴克开业后，早上十点、下午三点，很多老外都会去喝咖啡，很成功。接着，我们就又想那到了下午四五点的时候，老外就会走了，因此单单喝咖啡、喝茶还是留不住他们。我们就决定在葡萄架那边搞西餐，设一个简易的西餐场所。之后，我们又搞了哈根达斯冰激凌店。再后来，我们把原来接待外宾用的 200 多平方米的玻璃亭，改建引进著名的“宝罗娜”德国啤酒酒吧，吸引外国人不用通过隧道、大桥到浦西消费，而留在浦东。至今每当华灯初上，游客纷至沓来，玻璃亭灯光闪烁，呈现出一派不可多得的上海黄浦江两岸灯火璀璨的夜景。

现在，富都世界段汇集了饱含东方和西方、国内和国际著名建筑师智慧的建筑群，其功能布局、流线组织、空间造型、市政管线都达到世界一流水平。滨江大道集防汛、交通、绿地、休憩和观光等功能于一体，优化了投资环境、美化了城市、吸引了外资，推动浦东沿江一带开发建设上规模、上档次。

回想起我在陆家嘴集团公司和富都世界公司艰苦创业、奋力拼搏的岁月，真是感慨良多。我认为，是党中央倡导的开发开放浦东的历史性机遇，是上海市委、市政府锐意进取、大胆试闯和统筹安排，为我们这些人提供了干事创业的千载难逢大好机会。我十分珍惜这种历史机遇，积极投身到陆家嘴公司和富都世界开拓进取的工作中，努力做到只争朝夕、不负韶华。我想，这就是我对自己积极参与浦东开发开放，全身心投入陆家嘴和富都世界开发并推动陆家嘴地区出形象、出功能、出效益的最好回报。

从 5 到 3 到 1：小陆家嘴规划深化方案的诞生

【口述前记】

周伟民，1963 年 7 月出生。1992 年 11 月入职陆家嘴，历任上海陆家嘴金融贸易区开发公司规划开发部科长，上海陆家嘴房产公司规划开发部经理，上海陆家嘴（集团）有限公司规划开发部经理，陆家嘴金融贸易区开发股份有限公司总经理等职，参与了小陆家嘴规划深化工作。

【口述前记】

高琦，1967 年 10 月出生。1992 年 7 月至今一直在陆家嘴集团系统工作，曾任陆家嘴集团规划开发部建筑师，陆家嘴股份公司科研及住宅建筑事业部总经理，陆家嘴集团有限公司开发副总监、迪士尼项目谈判组中方规划市政组副组长等职，参与了小陆家嘴规划深化方案工作。

【口述前记】

汪斌，1969年8月出生。时任上海市规划院浦东分院设计师，借调至陆家嘴开发公司，参与了小陆家嘴规划深化方案工作。曾任中信泰富（中国）投资有限公司副总经理。

口述：周伟民、高琦、汪斌

采访：郭继、孙宝席、沈洁

整理：沈洁、郭继

时间：2019 年 11 月 19 日

众所周知，小陆家嘴规划是新中国规划史上第一次尝试通过国际咨询借助国际智慧编制的规划，但是如何充分吸收国际咨询征集到的五个方案的先进理念，形成符合上海实际可操作、可落地的规划，是对我们的一次考验。我们那时来自上海市规划建设系统的方方面面，我和高琦当时是陆家嘴金融贸易区开发公司规划开发部的建筑师，汪斌刚刚大学毕业进入上海市城市规划设计研究院（简称市规划院）浦东分院工作，十分幸运的是我们都被抽调过来，加入小陆家嘴规划深化方案工作小组工作。尽管时间不长，只有约一年时间，但对我们这些大学毕业工作没多久的年轻人来说，是难得的一次锻炼和学习机会，受益匪浅。至今回想起来，依然感慨万分。

国际咨询为我们提供了规划新思路

小陆家嘴规划方案国际咨询是朱镕基市长提议，经多方酝酿促成的，1992 年 5 月正式启动。经过近半年的紧张工作，到 1992 年 11 月初，英国罗杰斯、法国贝罗、日本伊东丰雄、意大利福克萨斯，以及由上海市城市规划设计研究院、华东建筑设计院、上海民用建筑设计院及同济大学专家组成的中国联合团队拿出了 5 个概念方案和规划模型，即英、法、日、意 4 个外方方案加 1 个中方方案。我们这次国际咨询的目的一是扩大影响，二是开拓思路。说实在话，当5个规划方案和规划模型呈现在大家眼前时，对当时上海的规划界，对主持城市建设方面的领导专家来说，都是眼前一亮，大家一致认为这些方案都很有思路，都很有特点，对我们启发很大，这钱花得太值了。

英国罗杰斯（Rogers）事务所设计的方案，形似古罗马斗兽场，整体性非常好，很夺人眼球。该方案强调环境的保护，在分析了黄浦江河湾空间形态和自然地形与景观、视觉最佳效果后，设计出一个综合性的交通网络，并选择圆形的形态格局，保持东西向的轴线。这个方案较好地处理了陆家嘴中心地区与浦西中央商务区、张杨路、花木中心区，以及毗邻地区的关系。

法国贝罗（Perrault）事务所设计的方案，在沿江做了一个直角的高层带，提出以30%的土地开发成本建70%的建筑容量，以最少成本出开发形象，让开发形象尽快地树立起来的理念。还对整个上海市的发展结构提出设想，从大区域层面分析陆家嘴中心地区与周边地区的关系，使得中心区的发展能够融入到整个城市中去。在深化方案时，我们吸收了法国方案的高层带理念，还吸收了他们大块中心绿地的设计。我们以前的规划概念是把绿化按一定比例分散到每个地块，而在小陆家嘴规划中，我们是把每个地块的绿化减低，集中到中心绿地中去。

意大利福克萨斯（Fuksas）事务所设计的方案，从上海市南市区老城的形态中找出地域文脉联系，在核心区建设一个呈椭圆形、高密度的，并由其周围底层建筑群衬托的“城中城”，强调历史文脉在开发中的延续，把老城隍庙、人民路这一圈的概念体现到小陆家嘴建设中。方案还提议在东南沿地铁创造一条视觉轴线，界定为城市的开发轴线。从文脉这个角度，体现了它的价值，最后我们在小陆家嘴规划中保留了陈桂春住宅以体现历史文脉。

日本伊东丰雄（Toyo Ito）事务所设计的方案，科技感十足，设计灵感来自计算机线路板的性质，将城市板块按带状分布，一条一条来开发，并在地下挖 5 层。他们充分利用地下空间的概念，我们后来深化方案时也有借鉴。

上海方案是现实版，可操作性很强，考虑比较多的实际问题，与开发现状结合得最好，所以受到束缚也多，创新力略显不足，没有给人耳目一新的感觉。

虽然 4 个外国团队设计的方案都很有特色，但是考虑到后续的可操作性，和我们的国情、开发实际相结合等情况，真要落地，好像每个方案都有比较大的困难，其实外方的每个方案只是提出个概念，他们对我们陆家嘴不熟悉，了解这地方的时间也没我们长，就是在设计理念上提供了一个思路。记得后来，我们拿着我们深化形成的规划方案去英国罗杰斯事务所听取意见时，他们说过一句很经典的话，如果你完全按照任何一个外方方案来实施，都将是一场灾难。因为他们是把陆家嘴当成一张白纸来做的，凭空想象出来的方案，和现状结合度比较弱，延安东路隧道、金茂大厦当时都已经确定了，但他们做方案时没有充分考虑。就专业来讲，规划要和环境结合，包括自然环境和

国外设计专家在陆家嘴地区进行实地考察

历史文化环境，在迪拜沙漠里面和老城区建新城完全是两个概念，老城区有很多制约因素，有很多需要考虑的问题，如果完全用外方的方案，当成一张白纸来做，那么很多历史文化的东西，包括已经建成的一些楼，当时有两三个项目已经签约了，会产生很多实际问题。

最终，市里专家经过反复研究后，上海市委在专家意见基础上召开常委会专门讨论小陆家嘴规划深化事宜。1992年12月21日，时任上海市市长黄菊召开市政府会议，决定成立陆家嘴中心区规划深化工作组，规划深化工作组又分领导小组、专家顾问组、工作小组，由约40人组成。其中，领导小组组长是赵启正，专家顾问组召集人是叶贵勋，工作小组组长先是余力（陆家嘴开发公司副总经理），后来是杨德锦（浦东新区综合规划土地局局长）。这次会议上，黄菊市长提出3点意见：一是规划工作必须站在全局高度来考虑，要有大手笔。上海要成为国际经济、贸易、金融中心，指的是浦江两岸。二是设计方案要结合上海的实际情况，能够操作。应注意处理好现实与可能的关系、近期与远期的关系、上海特色与博采众长的关系，明确深化规划以上海咨询组的方案为主，以罗杰斯的方案为主要结合吸取的方案，同时吸收法国贝罗的方案及其他方案的优点。三是施工建设要由沿江向纵深推进，分步实施。

内部竞赛推动方案从5个变3个

深化规划工作于1993年1月启动。深化规划工作组由上海市规划局负责总牵头，由上海市城市规划设计研究院、陆家嘴开发公司、华东建筑设计院、同济大学规划设计人员组成，具体负责操作的是市规划院的总规划师黄富厢和我们陆家嘴开发公司的副总工程师陈伯清，带领我们六七个年轻人开展工作。我们当时在陆家嘴开发公司，也就是现在的浦东大道 981 号。我们腾了一间不大的办公室，这么多人就集中在那个小房间里，脱产半年时间，专门做这个工作。

为了激发大家的创造创新活力，深化小组内部也分成了三个组，要求每个组拿出一个深化方案，进行竞赛。说一下国际咨询和竞赛，竞赛是要分名次的，咨询就是吸取思路，不一定要完全采纳。当时的三个小组分别是，一个偏英国的，就是以吸收英国罗杰斯方案的特点居多的小组，主要工作人员是黄富厢、李东君（上海华东设计院建筑师）；一个偏法国的，就是以吸收法国贝罗方案的特点居多的小组，主要工作人员是陈伯清、黄吉铭（市城市规划设计研究院副院长）、倪秉（市规划院规划师）；一个是根据上海本土方案深化下去的小组，主要工作人员有李智宏（同济大学建筑城规学院讲师）、高琦、周伟民。

大家都知道这是个非常有意义的项目，是要进入历史、进入文献的，都希望通过竞争，使自己的方案成为最好的，最终成为实施方案，这是每一个设计师的梦想。因此，工作小组的紧张程度也是蛮高的，加班是常态，没有奖金，工资都回原单位拿，但大家凭着一腔干事创业的热情，把浦东开发开放当作事业而不是职业，从不叫苦叫累，不要求待遇。黄富厢作为联合小组的技术负责人，尽管已经 60 多岁，还是跟我们年轻人一样，全身心扑到深化工作中去。他对这个项目的贡献特别大，可以说是他主导了最后的深化方案和深化工作，他的能力我们非常钦佩，他英文特别好，可以阅读英文原版资料，可以自己与各个国家的专家联络、沟通并和他们进行技术交流。

经过两个月奋战，我们深化规划工作小组在 1993 年 3 月份拿出三个比较方案，其中“方案一”吸收罗杰斯方案特点，结合上海方案力求路网走向与建筑方位符合原有文脉，以简洁的几何“圆”赋予地区强烈的特征，按实际尺度组织 4 组重点建筑群，并设计一个强有力的中心公园。“方案二”保持上海咨询方案强调发展综合功能的特点，结合原有文脉及已实施开发项目，设

三个陆家嘴中心地区深化规划方案模型图

计成核心绿地加环状道路的空间布局。“方案三”根据陆家嘴地区的地理特征，提出标志性超高层双塔和高层带建筑格局与开发轴沿线绿带联系起来，通过中央旷地、滨江旷地的环境格局结合，形成一个全新的城市中心形象。

三个比较方案拿出来后，1993 年 3 月 5 日至 7 日，深化规划领导小组组织召开国际研讨会，对三个方案进行比对，听取国外专家的意见，法国政府公共工程部专家贝尔蒙、德方斯公共建筑政治局专家梅森、大巴黎规划设计研究院专家阿巴迪、法国建筑师贝罗、英国建筑师罗杰斯、新加坡建筑师刘太格、香港建筑师何弢出席了研讨会。外国专家给出了很多富有建设性的建议和意见，如希望加强沿江的建筑带，成为背景，布置几幢标志性的建筑物；提出一个城中城的概念；希望有一条区级道路将高楼群连起来，沿路配商业

1993 年 3 月 5 日至 7 日，陆家嘴中心地区深化规划研讨会召开

服务；等等。赵启正同志在会上，提出我们的规划要有历史责任感，要为后代留有余地。经过不同层面的研讨，最后决定以“方案三”为基础，吸收“方案二”的长处为下一步深化方向。

规划方案里原有 2 栋超高层，一栋是金茂大厦，边上我们加了一栋，后来法国的专家提出 2 栋太单薄，建议加成 3 栋，小陆家嘴核心其实是一大片绿地，被延安东路隧道一分为二，一边是中心绿地，另一边是 3 栋超高层，中间还有个连起来的大平台，延伸到小陆家嘴的中心绿地。

我们再次投入到又一轮的规划深化工作中去。

从 3 变 1：深化规划工作结出最美果实

1993 年 3 月初，领导小组从三个比较方案中基本选定了初步的方案。从 1993 年 3 月中旬到 5 月初，我们进入到规划方案从 3 变 1 的过程。在这个工作过程中，我们得到各级领导的指导和帮助，当时各级领导的参与度和执行力都非常强，投入大量的心血和智慧。时任上海市市长黄菊为我们的工作指明方向，时任上海市副市长赵启正时不时地到工作小组来跟我们一起讨论开会，给我们出谋划策。浦东新区管委会分管规划的副主任黄奇帆，更是隔三差五要找我们一起开会研究指导工作。

那个时候，我们做规划深化工作，主要是研究外国事务所设计的 4 个方案，实际上我们大多数人没有去国外这些成功的开发区实地看过，我们在开展工作的过程中，也越发感觉到去现场学习的必要性。上海市、区两级领导非常支持我们的想法。大概在最终的深化方案完成七八成的时候，也就是 1993 年 4 月份，我们相关工作人员分成 2 个组出国考察，一方面现场感受国外的成功案例，另一方面则是带着我们的基本成品，去听取外国专家的意见。

一个组由黄奇帆同志任团长，成员有王安德、黄富厢、尤家宜、李东君和周伟民。考察了法国巴黎和英国伦敦。考察团在巴黎的德方斯（La Défense）待了一整天，徒步考察，看得很仔细。我们方案设计中的大平台可以说是受了德方斯很大的影响。在 20 世纪 90 年代以前，大平台设计的概念几乎没有出现过，到了德方斯一看，他们整个区域都是建在一个大平台上面的，下面全部掏空，是车道、机房、车库等。看过之后，我们就研究，按我们的实际情况，我们没有办法做到像他们那样很纯粹的分流，所以我们就结合国情，在超高层区建了当时在国内很少见的大平台以及陆家嘴地下环路，实现了交通上的立体交叉，引进了规划上新的交通理念。

另一个小组由胡炜同志任团长，成员有余力、叶贵勋、李智宏、高琦、倪秉等，考察了香港、新加坡。考察组到新加坡了解了 CBD 规划，到重建局、住宅局了解参观了住宅新建、改建实例，拜访当地地铁公司，了解交通管理，还与新加坡著名建筑师刘太格、赵子安等研讨了上海陆家嘴的规划方案，听取他们的意见和建议。考察组在香港拜访了著名规划师、建筑师何弢，新金桥大厦就是他设计的，也请他对小陆家嘴的规划提意见和建议。

其间，我们深化规划工作小组还就城市交通、城市空间设计等重要技术要素进行了大量的专项设计论证工作。我们委托上海市综合交通研究所对小陆家嘴地区未来 10 年至 20 年的交通进行了预测分析，作出立体交通的考量，这在当时是超前的。再比如轴线大道问题，从规划角度来看对城市交通组织是不利的，因为有 6 岔路口，45 度角，形成非常规的城市路网结构，那时中心城区也很少有 100 米宽的路。但从提升陆家嘴形象的角度看，建轴线大道是有意义的，后来在吴良镛院士提议下，由朱镕基市长拍板，确定了轴线大道的规划。事实上，浦西的车辆从延安东路隧道一出来，就是一条宽阔的世纪大道，还是很有气势的，很好地展现了浦东开发的形象，有利于增强来访者、投资者到浦东来投资开发的信心。

1993 年 5 月 6 日，上海市市长黄菊，上海市副市长、浦东新区管委会主任赵启正听取了陆家嘴中心地区规划深化方案的工作汇报。黄菊听完汇报后指出，这个规划深化方案体现了中国与外国的结合，吸收了国外一些好的构思，完善了思路和方法，同时把国内一些城市好的规划结合了起来；体现了浦东和浦西的结合，把东西联动考虑进去，从浦西看浦东，城市形象一定要好；体现了历史和未来的结合，方向是 21 世纪，但是不能离开历史条件。在谈到规划实施问题上，黄菊同志要求，边规划，边实施，同样要做到中与外、东与西、历史与未来三个结合。1993 年 11 月 16 日，上海市委常委会第 26 次会议专题讨论了陆家嘴中心地区规划，原则上同意；要求实施时，尽快建成一批项目，使之成气候，以利吸引更多的投资。1993 年 12 月 28 日，上海市政府正式发文，原则同意上海陆家嘴中心区规划设计方案。陆家嘴中心地区的规划耗时 1 年半，终于完成。

最终的深化方案里有英、法方案的理念，但博采众长，把几个外国方案中值得借鉴的要素都集中进去了，把上海的实际情况都结合进去了，既有国外的好的想法，又和我们的实际情况结合得比较好，可以说既有想法，又有可实施性。当然，最值得我们骄傲的是规划落地落得也很成功。因此，融合而成的深化方案后来获得上海市 1994 年度设计项目一等奖。

这么多年过去了，当年的规划已变成了现实。实践证明，这个规划放在今天来看，也是非常成功的。

上海房地产交易市场率先东迁陆家嘴的产业发展之路

【口述前记】

蔡育天，1949年12月出生。曾任中华企业公司总经理。1987年9月至2005年11月，先后担任上海市房产管理局副局长、局长，上海市房屋土地管理局局长，上海市房屋土地资源管理局党委书记、局长，兼任上海市住宅发展局局长，亲历和推动见证了上海房地产市场近20年的发展历程，也是上海市房地产交易中心率先迁入浦东陆家嘴和上海市房地局东迁浦东决策的重要执行落实者。2005年11月至2012年3月，任上海实业（集团）有限公司执行董事、总裁。

口述：蔡育天

采访：徐建刚、谢黎萍、郭继、孙宝席

整理：孙宝席

时间：2020 年 1 月 22 日

上海市房地产交易中心，是东进浦东陆家嘴金融贸易区的第一家要素市场，也是当时全国第一家房地产交易中心，这在上海房地产业发展史上具有重要意义，对上海浦东改革开放也起到积极的推动作用。

浦东开发开放号角下的顺势而为

1990 年 4 月中央宣布开发开放浦东，这是一个跨世纪的国家战略。当时上海市委、市政府主要领导都对房地产业的发展提出过要求，其主要精神是在浦东开发开放中，上海的房地产业必须要全力以赴做好服务。同时还要借助浦东开发开放的“东风”，深化改革，把上海的房地产市场搞活搞好，为上海的经济发展、城市建设和改善老百姓居住条件作贡献。

其实早在浦东开发开放之前，为了破解上海住房难题，上海在房地产业发展方面进行了一系列的改革探索。比如发展侨汇房，中华企业公司在上海率先建造和出售了首批侨汇住宅，为商品房的产生开了先例。再比如，发挥国家、地方、企业、个人四个方面的积极性，广开门路加快住宅建设，鼓励个人购建住宅，在住宅商品化方面进行了积极探索。更具有开创性的改革探索是上海在 1988 年开始进行土地批租，使土地使用权作为特殊商品进入流通领域，从而为土地要素市场的建立打下了基础。

客观地讲，20 世纪 80 年代上海房地产领域的改革实践还多是小范围的试验，其核心目的是尽可能地满足居民的居住需求。20 世纪 90 年代，在浦东开发开放中，按照市委、市政府的总体部署和要求，我们与市计委、财政局、税务局、市建委、市房改办等部门协作配合，努力服务、积极推进浦东的改革开放，着重以土地使用制度改革和住房制度改革为抓手。

在土地使用制度改革方面，上海探索走出一条用土地批租进行旧区改造和新区开发的新路子。早期的土地批租一般是提供已开发或再开发的“熟地”给有资质的受让人进行房屋建设。可是浦东新区那么多的土地如果都先做成“熟地”再给开发商开发，是不能适应加快浦东发展要求的。于是，浦东新区探索“生地”批租，即从农村征用原集体土地，未经“七通一平”的基础设施建设，就由国家出让给受让人，受让人首先对土地进行基础设施建设，然后转让“熟地”或者自己进行房屋建设，也就是所谓的“土地空转”。通过这

1991 年 6 月，上海市土地局、上海市财政局与浦东三个开发公司签订国有土地使用权成片出让合同投资协议

样的操作，浦东的4个功能开发区开发公司立即得到土地，可以对外招商，国家不用垫付巨额资金开发土地，“生地”也就进入了房地产市场。这对早期的浦东开发尽快启动起到重要作用。

所谓“毛地”批租，就是在旧区改造中，将尚未拆迁的土地进行批租。这方面的实践，浦东地区主要集中在陆家嘴地区，同时浦西地区在浦东开发开放的政策效应下也进行了大量的实践。这也是解决上海旧区改造的一个途径。与此同时，上海还把商业、旅游、娱乐、金融、服务业、商品房等内资六类项目用地纳入土地有偿使用的轨道，标志着土地使用权出让已经从外资企业扩展到内资企业。

在住房制度改革方面，上海从制度改革入手进行大胆探索，核心是推进住房的商品化、市场化。1991年5月，《上海市住房制度改革实施方案》获国务院批准后正式实施。上海采取推行公积金、提租发补贴、配房买债券等措施，并允许成套独用的住房可以卖给职工，卖房的宗旨是让住房逐步进入市场，让老百姓手里有房产，然后小房变大房、旧房变新房，从而盘活房地产存量房的三级市场。同时，注重发挥好二级增量房市场的作用同样重要。为此，上海鼓励商品房开发建设，推出买房新法——商品房抵押贷款业务，即“按揭”。

对于企业“系统房”涉及的厂房、土地等，我们和市计委、市财政局等部门联合起草了《关于进行盘活工商企业国有房地产试点的实施意见》，采取把国有工商企业使用的土地资产进行价值评估后注入企业集团，降低企业的资产负债率的办法，盘活“系统房”资源，把这批土地资源推向市场，使它们的潜在价值体现出来。当时分两批分别在1996年、1997年举行试点签约。首批试点单位包括纺织、一百、华联、仪电、建材等9家企业集团，共受让土地630多万平方米，价值70多亿元。第二批试点单位包括轻工、电气、汽车、冶金、农工商等12家企业集团，共受让土地近3300万平方米，价值125

1997 年 5 月 10 日，上海市举行第二批盘活国有工商企业房地产试点签字仪式

亿元。自此，“系统房”和“直管公房”在统一的房地产市场上运转，实行市场化管理。

房地产市场的盘活，也对房地产管理提出了新的要求。1994 年 12 月，市政府发布《上海市公有住宅售后管理暂行办法》，将已售公有住房纳入物业管理轨道。我们房地系统相应地把原有的房管所转制为物业管理企业。为了满足房地产市场对集中、固定交易场所的需求，我们上海市房产管理局和建行上海分行、黄浦区房产局联办上海市房地产市场，并配备了当时全国最先进的计算机房地产交易系统，与各大房地产市场和信息咨询公司联网运作。

1992 年至 1996 年，上海共批租外资地块 1301 幅，9365 公顷土地进入土地一级市场。住房制度改革的深化，改变了住房权属关系，全市住房自有率大幅度提高，开发投资规模迅速扩大，房地产市场交易趋向活跃。由此，上海房地产业逐步形成覆盖生产、流通、消费领域的较为齐全的产业体系。

率先东迁拉开要素市场集聚陆家嘴的大幕

1993 年 11 月，党的十四届三中全会通过的《中共中央关于建立社会主义市场经济体制若干问题的决定》指出，建立社会主义市场经济体制，就是要使市场在国家宏观调控下对资源配置起基础性作用。不过，如何建立社会主义市场经济运行体制和机制，如何发挥市场的资源配置的基础性作用，在那时并没有经验。上海的领导和专家学者看到这一点，经过研究，想到借助浦东开发将发展和培育要素市场作为重点突破口，而陆家嘴金融贸易区是这个突破口的最好承载区。

1995 年，恰是上海房地产业发展的重要转折年。《城市房地产管理法》于 1995 年 1 月 1 日开始实施，该法律旨在推动我国房地产市场的运作和房地产业的发展纳入法制轨道，为全国房地产热降温的同时，推动房地产业迈向法制化、现代化、市场化。与之相适应，上海市委、市政府决定撤销市房产管理局、市土地管理局建制，成立新的市房屋土地管理局，这对全市房地产一、二、三级市场的综合协调发展具有重要意义。

从 1995 年起，我们根据新的职能定位和上海房地产业发展的趋势，把行政管理工作的重点从直管公房转移到建立全市房地产市场和着重推动行业发展上来，努力实践“三个转变”：一是从计划体制下的管理转变为社会主义市场经济体制下的管理；二是从原先的对开发商的投资管理转变为对土地、投资、建设、交易、维修等的全产业链、全方位管理；三是从粗放型管理转变为集约型管理。上海按照加强房地产权属管理的要求，研究制定出台了房地产登记、交易、经纪、抵押、租赁等有关法规。这些规章制度制定后，我们先进行试点。因为时任浦东新区管委会副主任胡炜曾经在黄浦区担任过房地局长，有从事房地产的经验，再加上浦东改革开放可以先行先试，于是就把一些法规规章在浦东先进行试点，取得成效后在全市逐步推广。当时建设部在上海抓房地产市场改革发展的试点，上海的试点得到了国家建设部刘志峰、宋春华、谢家瑾等部、司领导的支持和肯定。

也是在这一年，受国家宏观经济调控政策的影响，浦东陆家嘴地区许多新建楼宇由于招商速度一时跟不上，有海外媒体报道“陆家嘴写字楼租售率只有20%”“大楼里灯亮不起来”。为此，1995年11月，浦东改革与发展研究院院长姚锡棠教授给时任上海市市长徐匡迪写信，建议把位于浦西的上海市房地产交易市场东迁浦东，通过要素市场东移，促进陆家嘴中央商务区的形成。该建议得到徐市长的批示：“请启正同志阅，是否由王安德、蔡育天同志具体筹划。可在陆家嘴证券大楼附近，觅已建的大楼作为房地产交易中心。促进陆家嘴CBD早日形成。”这对我们进一步搞活上海房地产市场也是一次难得的机遇。

1996年4月，徐匡迪市长主持召开市政府会议，会议主题是如何进一步搞活上海房地产二三级市场。会议议定了9个事项，包括五个方面：一是提出搞活二三级市场的系列具体措施，如推行蓝印户口，公房提租、租赁，扩大售房对象，降低税收，活跃市场等。二是要在浦东陆家嘴建上海市房地产交易市场，其功能主要是集房地产交易、信息、管理、服务等功能于一体的综合性市场。三是各区县都要建立房地产交易中心，市房地产交易中心要做好对区县房地产交易中心的业务领导。四是所有信息全部联网。五是市房地局和相关事业单位随着交易市场的建立，也全部搬到浦东。具体东迁的时间，在这次会议上也明确了，就是1997年春节前后搬过去，至此也不过还有半年多的准备时间。在这次会议上，市领导明确指示这件事情由我们牵头落实。

会议结束后，我们就进入到紧锣密鼓的筹备搬迁工作中。首先面临的问题就是要在陆家嘴金融贸易区寻找一个合适的办公地点。那时的陆家嘴还没有太多像样的房屋可供选择。经过多方寻找，最终找到了我们一家下属经营单位在崂山西路201号建的一座楼房，但与我们在浦西办公的老房子比起来，还是有差距的。东迁陆家嘴之前，我们局在位于中山东一路1号的亚细亚大楼办公。该楼曾被美誉为“外滩第一楼”，整幢楼就是一个建筑艺术。尽管一些老同志因为对这栋建筑有情怀，而且房地产系统的基层单位都在浦西，但这是市委、市政府的决定，我们坚决执行。在1996年12月28日至29日，我们利用星期六、星期天的时间搬了过去。

与此同时，交易中心的装修仍在紧张的进行中。房地交易中心占用大楼的1、2、7、8层四个楼面，建筑面积7000平方米。其中一楼为交易大厅，可容纳近600人。大厅设超大电子显示屏，触摸式电脑可向客户提供有关房地产市场信息。中心内设立了房地产交易、登记、咨询、查阅等业务窗口，以及房地产中介、测绘、估价、公证、财税、金融、律师等机构，实行“一条龙服务”。二楼设有34个交易席位，中房上海房地产开发总公司、古北（集团）有限公司、浦东新区房地产交易市场、上海汤臣房地产开发有限公司、上海市陆家嘴金融贸易区开发公司、上海中原国际房地产代理有限公司等房地产开发、中介机构进驻。7楼、8楼主要是房地产交易中心的业务科室和行政部门办公地。交易中心不仅挂市房地产交易中心的牌子，还挂市房地产交易管理所、市房地产登记中心两块牌子，实行合署办公。该交易中心最显著的特点就是按智能化要求配备了计算机网络系统，从而提高了市场信息处理的快捷、准确性。

经过两个月的调试运行，1997年2月28日，上海市房地产交易中心正式开张，国务院副总理吴邦国、建设部部长侯捷、国家土地局局长邹玉川、上海市长徐匡迪等领导题词。上海市市委书记黄菊专门发了一封贺信，对建立房地产交易中心进行肯定，提出要进一步促进上海房地产市场培育发展，在做好房地产交易中心硬件建设的同时，尤其要抓紧软件建设。建设部副部长李振东、房地产业司司长谢家瑾、国家土地局地籍司司长胡存智，上海市副市长夏克强、市人大副主任孙贵璋，市建设党委书记李春涛，浦东新区党工

中国共产党上海市委员会

贺 信

上海房地产交易中心：

改革开放以来，上海房地产业和房地产市场得到了迅速发展，在国民经济中的地位和作用得到提高和加强，正在逐步形成包括开发、建设、经营、管理和服务等门类齐全的产业体系，为上海的发展作出了积极贡献。

成立上海房地产交易中心，将有利于搞活房地产二、三级市场，进一步促进上海房地产市场培育发展，希望交易中心在加强硬件建设的同时，尤其要抓紧软件建设，不断提高管理服务质量，做到信息、管理、交易、服务四个功能的全面到位，为尽早把上海建设成为现代化的国际性大都市作出贡献。

黄 菊

1997年2月

1997 年 2 月，市委书记黄菊发贺信，祝贺上海房地产交易中心在浦东成立开业

委书记、管委会副主任周禹鹏，浦东新区管委会副主任胡炜等参加了开张仪式。随后，我们的事业单位，如土地收费、管理，房产测绘评估等十几个部门，约 1000 多人全部搬到浦东办公。

我们房地产交易中心是第一家搬迁到浦东陆家嘴的要素市场，后来，在市委、市政府的积极推动下，揭开了一大批国家级和市级要素市场“东进”的序幕。很多设在浦西的要素市场陆续迁往浦东。如上海证券交易所是第二家东进的要素市场，其后分别是上海期货交易所、上海钻石交易所、上海石油交易所、上海金融期货交易所，等等。前前后后在浦东集聚了 13 家比较大的国家级要素市场。大批要素市场的集聚，进一步提升了浦东的创新功能和示范功能。

新起点新发展成为上海六大支柱产业之一

上海房地产交易中心东迁浦东陆家嘴后，对于搞活上海房地产二三级市场、规范房地产市场行为、建立房地产市场体系和运行机制等方面起到了积极推动作用。

新中国成立以来，全市的居民住宅由市财政以及国营企业统一投资、统一建设、统一分配，其中由市财政统一投资建设和分配的是“直管公房”，由

国有企事业投资建造的是“系统房”。当时全市约80%的住房是公房，不能流通买卖，也无所谓房地产市场的存在。不过由于历史欠账太多，加之上海可供支配的财政收入有限，可以用于住宅建设的资金日趋匮乏，住宅竣工面积明显下降，解决居住困难的进度有所减慢。上海住房建设这个包袱是越背越重。

改革开放以后，20世纪80年代至90年代上半期，为了解决住房难题，上海采取了一系列措施，但土地使用和住房分配还是双规并存，在大量空置房积压的情况下，出现了房地产生产和消费两大环节脱离的状况。1998年，我国经济发展受亚洲金融危机影响，外需不振，投资放缓，国家决定把住房消费和住宅建设作为新的经济增长点。上海以消化空置商品房为重点，继续放开搞活二三级市场。借助房地产交易中心汇集上海房地产市场信息和数据，组成市和区、县两级信息网络体系。

新建成的房地大厦内的房地产交易场景

在浦东、长宁、青浦试点的基础上，1997 年上海在全市范围内扩大已售公房上市试点，1998 年进行不可售公房差价换房试点，使巨大存量住房都有了流通的渠道，促进了增量住房的销售。对于低收入居民的住房难问题，上海市委、市政府很重视，相关的委办和区县积极推行。于 1996 年把旧住房成套改造列为实事工程；在 1998 年出台“365”危棚简屋改造与消化空置商品房“搭桥”政策；研究试点廉租住房办法，后来发展为货币补贴和实物租赁并行，发挥了政府的托底作用。上海的房地产市场销售量明显上升，个人购买商品房的比重不断提高。从存量房来看，1995 年的全市房地产交易量为 60 万平方米，2000 年则增加到 700 万平方米，增加了十几倍；从增量房看，1995 年的房地产交易量为 500 多万平方米，到 2000 年增加到 1500 万平方米，增加了近 3 倍；房地产业的投资占全市固定资产投资总额的近 1/3，并且带动了建筑、钢材、化工、装修装饰等 40 多个相关产业的发展。以住宅为重点的房地产业发展成为上海市六大支柱产业之一，为上海的经济发展、城市建设和市民居住条件的改善作出了应有贡献。

一马当先的富士银行上海浦东分行

【口述前记】

竹田和史，日本人。1986年4月进入富士银行工作。1995年作为富士银行上海浦东分行筹备组成员，亲历了富士银行上海浦东分行的筹建全过程。2007年6月起历任瑞穗银行[①]（中国）有限公司中国营销第二部总经理、副行长兼经营管理部总经理，瑞穗银行（中国）有限公司行长等职。

① 瑞穗银行（Mizuho Bank），成立于2002年4月1日，由日本第一劝业银行、富士银行、日本兴业银行等三家传统商业银行经营统合而成。

口述：竹田和史

采访：郭继、孙宝席、刘捷

整理：孙宝席

时间：2019年12月9日

日本富士银行（Fuji Bank）是日本一家历史比较悠久的银行，也是最早开展中国业务的日本银行之一，虽然相比其他日本银行，富士银行在中国开设分行不是很早，但1990年中国宣布开发开放浦东，特别是提出要把陆家嘴金融贸易区建设成为面向国际的现代化金融贸易区的目标后，我们富士银行便开始关注浦东这片土地。1993年8月，富士银行总行派我到上海交通大学汉语学习班学习，一年学完后，又安排我到富士银行上海办事处工作，办公地点在浦西的瑞金大厦，从此，我与上海这座城市结下了不解之缘。

受命参加上海浦东分行筹建小组

1978年中国实行改革开放政策以后，到中国投资发展的日本企业日益增多。作为服务这些企业的日本银行也开始进入中国大陆。我们富士银行也是这个时期逐步进入中国大陆的，1987年我们在深圳设立了分行，但在上海设立的是代表处。代表处不是营业机构，可以搞搞调查研究，进行信息分析，但是不能从事金融业务，如接受存款等。进入20世纪90年代，随着浦东开发开放的加快，越来越多的日本企业到上海投资。为了更好地服务这些日本企业，我们富士银行也开始加紧考虑在上海设立分行。

不过根据当时中国的有关规定，在华外资银行要在上海设立分行，需要在中国境内已经设立代表机构 3 年以上；提出设立申请前 1 年年末总资产不少于 200 亿美元。[①] 为此，我们按照中国政府的要求，积极准备在上海设立分行的有关材料。到 1994 年末，我们富士银行拿到了在上海开设分行的批准书。1995 年 1 月，富士银行总部组建上海分行筹备组，开始着手开设上海分行的各项准备工作。

我因为刚在上海读了一年的汉语，相对比较熟悉上海环境，成为筹备小组成员。我们筹备组有 3 人，一位是上海分行行长——高桥朗夫，一位是营销部门的科长——有贺彩，还有就是我。当时我才 31 岁，是分行设立筹备组最年轻的日籍员工，主要负责分行职员的招聘，以及总务行政、后勤保障工作等。

筹备组碰到的第一个问题就是上海分行的办公地址选在哪里。当时我们先是去浦西看办公楼。那时，日本的兴业银行、第一劝业银行等已经入驻在浦西比较好的办公大楼，像国贸大厦、瑞金大厦、上海商城等。等我们拿到批准书再去寻找办公大楼的时候，才发现合适的办公大楼已经没有了。而这时，浦东在中国政府的支持下，向外资银行抛出鼓励外资银行到浦东设立分行的橄榄枝。1995 年，中国政府为支持浦东开发开放，明确提出在适当的时候，经中国人民银行同意，并报经中国国务院批准，允许个别外资银行进行经营人民币业务的试点。这更加坚定了我们选址浦东的决心和信心。

我们把浦西和浦东选址情况，以及中国改革开放的有关政策，整理成报告上报富士银行总部的副行长，他当时负责总行所有的国际事务。总部经过研究分析，意识到上海将是继深圳之后中国对外开放的重要窗口，而浦东则

① 《上海外资金融机构、中外合资金融机构管理办法》于 1990 年 9 月 8 日由人民银行颁布。

是主阵地，浦东将来是要建成中国的金融中心的，既然浦西的办公地点很紧张，要求分行就定址浦东陆家嘴。

成为入驻在央行上海分行大楼的唯一外资银行

我们都知道，银行要成功地开业运营，要做好许多准备工作，包括寻找合适的办公楼，解决专业的通信设施，招聘专业的银行员工，解决好后勤保障等问题。这些工作都落在我们上海分行筹备组的头上。

首先，我们需要解决的问题就是寻找合适的办公楼。那时我已经在上海生活一段时间了，大家都知道浦西生活交通方便，浦东不方便，即使是上海人，也都愿意在浦西生活。当时的小陆家嘴地区到处都是工地，除中国人民银行上海市分行大厦（即银都大厦）和对面的东方医院外，森大厦、船舶大厦、招商银行等主要大楼刚开始建设，当然也没有世纪大道，没有绿地公园。找来找去都找不到合适的办公楼，但总部又要求我们在最短的时间内把办公地点落地。

这可把我们难住了，大约是在 1995 年 5 月，我们把这个情况跟中国人民银行上海市分行的毛应樑行长说了，毛行长人很好，也希望能有外资银行到浦东发展，当即爽快地说，那你们就过来，用我们中国人民银行上海市分行的新大楼吧。这样，在毛行长的帮助下，我们租用中国人民银行上海市分行新大楼的二楼作为我们上海分行的办公场所，面积大约 400—500 平方米。当时大楼刚建好，还是毛坯房。我们请建筑工人用了 4 个月的时间进行装修。租用这座办公楼，使我们成为在中国人民银行上海市分行大楼办公的唯一一家外资银行，实在是非常荣幸。

其次，在解决办公场所问题的同时，我们还花很大的精力去解决银行所需员工问题。为了找到合适的工作人员，我们到上海财经大学、上海会计学院等进行招聘。由于工资待遇还不错，我们比较顺利地招了30多名员工，都是二三十岁的中国年轻人。当时浦东交通不便利，这些年轻人还是有担心的，当时上海人有句“宁要浦西一张床，不要浦东一间房”的说法，我们就通过安排巴士来往于浦东浦西，解决这个困难。现在陆家嘴是金融中心，年轻的员工都愿意到陆家嘴上班，很“高大上”。值得欣慰的是，从录用后的培训和分行成立后的业务掌握速度来看，这批招聘录用的员工确实很优秀。

再次，我们需要解决的是银行的通话通信问题。因为富士银行是一家外资银行，每天都要与东京进行通信，而且许多信息需要保密处理，因此必须要安装专线。为了解决这些问题，我们专门去拜会浦东新区电话局、电信局等部门，请他们帮助解决。开始他们因为没遇到过外资银行的业务，对我们说的问题感到不解。不过通过反复沟通，这些部门最后很热情地给我们分行

1995年9月28日，在富士银行上海浦东分行开业庆贺典礼上，浦东新区管委会赠送了一匹木雕奔马

拉了专线，解决了这些令我们挠头的难题。

此外，还有员工吃饭问题需要解决。当时陆家嘴的条件比较简陋，我们只能叫外卖的盖浇饭，6—8 元人民币一份。直到后来第一八佰伴开业，我们员工的午餐内容才逐步丰富和充实起来。

就这样经过 4 个多月的准备，我们终于开业了。虽然筹备期间天天忙，碰到许多困难，但是当银行真正开业了，我们非常开心，很有成就感。在筹备富士银行上海分行这件事上，我们得到了浦东新区和赵启正副市长的大力支持。所以，我们非常感谢浦东新区政府以及中国人民银行上海市分行的大力帮助。

1995 年 9 月 28 日，在富士银行上海浦东分行开业庆贺典礼上，上海市副市长、浦东新区管委会主任赵启正向我们赠送了一匹寓意深远的精美红木雕刻奔马，祝贺富士银行一马当先进驻浦东，也象征着富士银行的事业奔腾向前，永不停息。

与浦东陆家嘴金融贸易区共发展

因为浦东陆家嘴是经营人民币业务的中心，也是中国的金融中心之一，所以很多银行都把分行开设在浦东陆家嘴。其实，包括我们富士银行等一大批外资银行的到来，不仅是中国银行开放的标志，也让我们在这波中国开放的大潮中得到发展。

富士银行上海分行成立后，我们积极开展业务，当时主要是为外资企业服务。比如，我到苏州、南通、常熟、宁波，以及浦东的金桥、保税区等地区为日资企业开展服务。当然，当时的条件是比较艰苦的。比如，当时上海到南通的大桥没有通，只有轮渡，我要到当地开展业务，就必须要在当地住一个晚上，第二天才能回来。我到苏州开展业务也是如此，当时上海到苏州只有国道，路较窄，比较拥堵，路上需花费4个小时左右的时间。尽管如此，到1997年，分行的业务非常稳健地增长，年均达20%—25%的业务增长量。也就是在这一年，我们开始经营人民币业务。总的来说，在2000年以前客户的需求都是外币，如美元、日元等，因为当时企业生产的主要是衣服、录音机等低端产品，基本上都是出口到海外去的，因此在日常经营中有大量的外币业务需求。2000年以后，随着中国经济的发展，外资企业到上海的越来越多，中国国内的消费水平越来越高。此时外资企业在中国生产的产品是向高端发展，比如空调、冰箱、洗衣机、汽车及相关的零部件等，而且经营的业务和人民币的关联越来越多。所以，我们为越来越多的企业提供人民币的贷款和结算服务。就现在我们银行所开展的贷款资产来说，83%是人民币资产。

2002年4月，我们富士银行和日本第一劝业银行、日本兴业银行等商业银行经营统合，成立瑞穗金融集团，进一步提升了银行的实力和竞争力。此外，三家银行在上海的业务也于2002年8月份合并，重组为日本瑞穗实业银行股份有限公司上海分行，并加大对中外资企业的服务力度。

因此，作为第一家入驻浦东的外资银行在中国发展壮大的亲历者和见证者，我为自己能亲自参与筹建工作感到自豪，同时也为富士银行在中国业务的发展壮大而感到由衷的高兴。

推动陆家嘴新三年大变样的“四个一”工程

【口述前记】

孙家祥，1948 年 10 月出生。曾任上海市第三建筑工程公司工程处主任、上海市第三建筑工程公司工程部副经理。1992 年 12 月至 2008 年 10 月，先后任上海陆家嘴金融贸易区开发股份有限公司工程部经理助理兼陆家嘴金融区项目筹建处主任；上海陆家嘴金融贸易区开发股份有限公司工程建设分公司副经理、市政建设分公司经理；上海陆家嘴金融贸易区开发股份有限公司公共建筑事业部总经理；上海陆家嘴金融贸易区开发股份有限公司副总经理。

口述：孙家祥

采访：郭继、孙宝席、沈洁

整理：郭继、沈洁

时间：2019年12月12日

我是1992年底到陆家嘴开发公司工作的，主要负责工业地块的开发建设，就是现在的陆家嘴软件园，2008年退休。当时，陆家嘴开发公司搞工程建设的就是工程部，市政工程和建筑工程是合在一起的，因此，我们工程部既搞市政工程，又搞建筑工程。后来，随着开发量的增加，工程部一拆为二，把市政分离成立市政分公司，专门负责市政工程开发建设。公司领导就让我专门做市政工程这一块，一直到2004年。讲起陆家嘴的开发建设，那是不同于其他三个开发区的，是旧城改造，不光是钱的问题，还要考虑原来的企业、居民及建筑设施，一边要维持旧的设施设备正常运行，一边造新的路政设施，确保地块的“七通一平”，路通、水通、电通，两方面都要兼顾。逐步将一个旧城区建设成一个现代化的新城区。对我来说，在陆家嘴16年的市政建设工作中，印象最为深刻，也最感自豪的是参与完成了被列为上海市重大建设项目的“四个一”工程项目和世纪大道建设项目。

滨江大道样板段的建设

陆家嘴“四个一”工程启动于1996年5月。但其中的滨江大道样板段建设其实早在1992年就开始策划并开工建设了。我刚到陆家嘴开发公司工程部工作时，工程部下设2个工作组，一个是2-2地块（除小陆家嘴以外的地块）

工作组、一个是小陆家嘴工作组，我主要负责小陆家嘴地块的工程建设，地块编号都是1开头的。开始，公司领导让我负责陆家嘴软件园项目。当时建这个工业园区的初衷就是把陆家嘴区域内的一些小的工厂迁到这里来，当然，后来随着形势的发展，发现这是大材小用。由于我是搞建筑出身，公司非常希望通过我把这个项目搞上去。我就和原经手的同志商量，通过设计院立项之后向市建委报批，但报批又不顺利，后来是市建委的一位女同志，非常热心地告诉我们应该怎么做，才发现我们实际上是走了弯路。按照她的指点，我们再和设计院沟通，后面的报批就很顺利。不久，这个工业地块按领导的要求节点顺利开工了，结构造了一半之后，我被调到小陆家嘴工作组去了，主要负责小陆家嘴的开发：一是滨江大道样板段；二是银都大厦，就是现在的中国人民银行上海分行大厦，其他还有地块的“七通一平”等配套工作。

根据规划，小陆家嘴沿江地带是要“结合滨江大道防汛设施的建设，形成沿江2.5千米长的城市滨江绿地空间”，到1992年年中的时候，滨江的方案已有一部分成型了，但不完善。为此，我们从有限的人力财力中抽调人力资金，在很短的时间内搬迁了10多家企业和码头，在1992年12月22日开工建设滨江大道样板段，也就是陆家嘴路至丰和路段共210米的建设。这次建设，不是简单的道路建设，而是由防汛墙体、亲水平台等组成的多功能形态的绿地建设。当时，浦西滨江是7米平台，很高，我们就想，浦东的滨江能不能建得和浦西不一样，考虑到我们经常称黄浦江是我们的母亲河，就想在怎么体现母亲河的感觉上动脑筋。最后，我们研究确定亲水平台的方案，亲水平台的标高是正4米。同时确定滨江样板段既要亲水，又要有趣味性。为了这个趣味性，设计院设计的平台是高高低低、错落有致，但实际建的时候，施工单位觉得施工难度很大。为了解决这个问题，我们找到三航局二公司的经理，让他们找一批技术人员，先做个平台模型，这样到哪里该有什么变化

建成的滨江大道样板段

了，大家都非常清楚，施工起来就很顺利了。

浦西滨江的7米平台是为了防汛，我们的亲水平台也不能少了这一功能。所以是上去，然后再下去，上去实际上是内部的7米防汛墙，下去就是4米的亲水平台，当时定的是4米，后面发现每到夏天大潮的时候，总会淹掉几级台阶，只能看，不能下去，后来我们往沪东段接过去的时候，就加高了50厘米，变成4.5米亲水平台，这样，平台的台阶基本就不会被淹了。夏天，市民站在有排水孔的亲水平台上，涨潮的时候，一个浪打过来，潮水涌上来，刚好可以淹到脚下，这真是亲水、和“母亲”互动的感觉了。

为了建好这段样板路，我们请了很多业内外人士，到滨江看一看，看看有没有什么好的建议可以提给我们。记得，有位广告公司的总经理建议，浦东看浦西，只有很平的一个7米平台，一条灯光线；浦东应该形成三条灯光线，镶嵌在亲水平台墙上的100多个圆形前坎灯，晚上从浦西看过来，这是第一条线；滨江大道上小的景观路灯，这是第二条线；第三条线就是马路上的高灯。这样，从浦西看过来，就是三条呈阶梯状的灯光带，非常漂亮。1993年12月23日，我们完成了滨江样板段的建造。百岁老画家朱屺瞻为我们题写了“滨江大道”四个字，这也是后来“四个一”工程中滨江大道最早建成的一段。

突出重点、集中优势建设“四个一”工程

1996年5月1日，上海市政府召开浦东开发开放第二次领导小组专题会议，作出关于加快陆家嘴金融贸易区形态和功能开发建设步伐的决定，并成立了由市长徐匡迪任组长的陆家嘴“四个一”工程领导小组。“一道”即滨江大道；“一线”即文明景观路线环境建设，包括杨高路、浦建路、蓝村路、东方路、张杨路等；“一区”即陆家嘴中心区的形态建设；“一块”即菊园小区。5月23日，“四个一”工程全面启动。申请“四个一”工程列为市重大建设项目，是我们自我加压。因为一排上重大工程，必须按照时间节点保质按时完成项目，有利于我们推动这些工作，审批流程可以走绿色通道、免排队，更重要的是对我们陆家嘴形象有利。当时小陆家嘴各块连不成片，连不成整体，如果能在市重大办的支持指导下，把中心绿地、滨江、周边道路建好，小陆家嘴的整体形象马上就出来了，感觉就不一样了，我们浦东的形象也能一下子得到提升。

“四个一”工程中，我主要负责的是滨江大道中心绿地及中心城区道路的建设。那时候滨江是一个整体，分南段、北段。陆家嘴路以南的就是南段，由富都公司负责建设。陆家嘴路以北就是北段，由我们负责建设。当时，领导还让我关心一下富都公司负责的那段，但主要还是他们做，我尽量根据公司要求，和他们交流，帮他们一起解决问题，衔接好两个部门，过程中互相尊重、以心交心，因此工程完成得很顺利、很开心。就整个滨江的风格来说，富都公司是完全按照规划设想的方案做的试验段，每一米造价在30万元以上。因为当时资金紧张，我们这段不可能这样操作，公司就按我们的思路先

做个样板段出来看看，后来，我们样板段做出来，大家都说好。之后，各方面领导来看，也都很满意。

由于时间紧，我们是边办手续边设计、边施工。遇到过很多次急难险重的任务，我们都以敢创新、敢拼搏的意志闯过去了。记得在1996年的11、12月份，我们做陆家嘴环路市政，当时天天下雨。要知道，搞市政的就是靠天吃饭，最怕下雨，天气好，工程好做，出来的成果漂亮，一下雨，工程进度就要被拖慢。按时间节点，到12月底必须把黑色路面铺上去。但一直下雨，路基层很软形不成板块，无法完成路面铺装，当时，搞工程的项目经理真是急得直掉眼泪。没办法，我们就去找设计院的同志一起协商解决这个难题。最后，他们说要不冒一次险，利用后期强度，提前铺装黑色沥青路面，实现最终达标。他们帮我们推算路面硬化所需要的时间，比如一个月的强度是100%，半个月只要达到50%即可。根据这个原理，我们让搅拌厂做了个内部实验，发现可行，就采取了这个技术，在三渣基层中加入水泥及早强剂等材料，待基层达到技术强度后进行铺装。我们趁阴天赶快把黑色路面（即沥青）铺上，然后禁止所有车辆通行，进行路面自然养护，原来应该20天的，我们增加到40天。实践证明，我们这个技术方法是可行的，这条道路直到现在一直很好，包括世纪大道，特别是两边的人行道，这么多年走下来，丝毫没有裂缝。

中心绿地建设是“四个一”工程的突破口，紧邻延安东路隧道浦东出口处。所在地块是陆家嘴中心区最大、最集中的危旧棚户区，动迁量十分大。不过在市政府、浦东新区管委会的领导下，还是在1997年4月份完成了9家企事业单位、3500户居民的动拆迁工作。1997年1月，8600平方米的中心绿地人工湖开挖。湖的形状是当时的浦东新区版图。后来，为了迎接香港回归，考虑在湖中央设置一个高压喷泉。当时，知道我们要造这个喷泉之后，很多企业都抛来橄榄枝。我们选中合肥电机厂，该厂是专业生产矿井深入泵电机的老牌国营企业，而且该厂还有一个很大很深的试水池确保设备的各项测试，还有一个很重要的原因就是他们厂的一个总工程师让人印象深刻，他当时一边讲解一边画图，图画得相当漂亮，很见功底。我们把设计要求告诉他们，最后商定下合同价格（包括水柱整流的试验费用），他们答应做出能喷 100 米的喷泉。这个合肥电机厂很给力，接到任务后，他们的厂长、书记、总工程师全部动员，厂里把这个当政治任务来完成，好多人加班几天几夜没有睡觉。既要保证水柱形体漂亮，又要克服水的自重产生的阻力，水的高度和喷水的效果就需要通过厂里试验来保证。当时我们做了好多试验，通过整流段的不断摸索改进完善，最后通过反复试验，把水拧成一股绳，才确定下来我们需要的形状。1997 年 7 月 1 日，喷泉如期开启。现在，考虑到风向和漂水的问

小陆家嘴中心绿地

题，喷泉最高一般就喷 10 米左右。

在建设“四个一”工程的过程中，我们还遇到了许多困难，不过我们都凭着一股拼劲儿，一一化解了。原来小陆家嘴是嵌入式交通规划，这是外国人的概念，就是进入小陆家嘴后，没有红绿灯，地上 4 车道，地下 4 车道。等我们要实施的时候，发现在中心城区搞嵌入式交通不现实，中心城区的道路会被全部打乱。但我们还是尝试做一段，就是现在的浦城路地下通道。实际一操作，就碰到两个问题：一个是 22 万伏电缆的处理问题。当时，从浦东大道到小陆家嘴，再从小陆家嘴到黄浦江边有一根 22 万伏的电缆隧道进入浦西，从广东路一直到人民广场地下变电站。当时也是市中心唯一的电源，电力部门表示，没有市领导批，我们不会动这根电缆，因为黄浦区、市政府都在那里，当时供电能力比较弱，通往浦西只有这一根电缆，如果动了之后，市政府、黄浦区、南京路的供电都停下来，怎么办？为此，尽管我们做了很多个从电缆下面穿过的方案，电力部门都不同意。没办法，我们找到市政府副秘书长、市政管委会副主任陈正兴，由他出面帮助协调解决这个问题。后来，陈主任开了个协调会，电力部门、陆家嘴开发公司、设计院等一起参加。他在会上说，安全重要，开发也同样重要，经过再三讨论，最后决定我们陆家嘴开发公司做方案，由我们和电力部门邀请一批专家论证方案是否可行，然后再实施。我们做了一个架简易钢桥梁的方案，就是在开挖前，用钢桥把电缆托起来，设观察点派人 24 小时监测电力变化，早上、中午、晚上 3 次，测试数据我们自己备一份，马上传给电力部门一份，他们也能随时知道施工过程中的电力变化，专家一听这个方案，觉得可以。我们就把浦城路地道项目做下去了，安全、高质量地按期完成浦城路地道工程。

第二个问题，地铁 2 号线从浦城路地道下面穿过问题。那时候地铁 2 号线刚开建，我们的建设速度比他们快，如何和 2 号线协调衔接呢，我们通过设计院找到隧道专家刘建航院士。经过研究，陆家嘴开发公司、设计院和地铁建设方一起坐下来开会，决定在地道的地板上预留几个孔，万一我们沉了，通过孔可以灌浆，从而保持地道不沉降，万一地铁建造过程中偏了，也可以通过向预留孔中灌浆进行纠偏。后来刘建航院士特别跟我们讲，在上海地下施工中，一定要注意不能有水冒出来，有水就有沙，有沙就会沉，不仅仅是这个工程，所有上海的工程，都要先把水治好，老先生真的很有经验，因此，在以后的工程中，但凡遇到水的问题，我们都很重视，绝对不敢马虎。解决了这两个问题，我们的施工进度就快多了，在具体实践中，我们学到了不少东西。

持续擦亮陆家嘴开发公司工程质量品牌

总结我们陆家嘴开发公司这么多年的建设经验，特别是像“四个一”工程那样的工程，质量是最根本的。应该说，注重质量第一始终是我们抓工程建设必须遵循的基本原则。在做市政工程的时候，我一直很小心，要求所有工程不能一次测量，必须两次，我们测一次，施工单位测一次，两次重合，没有问题，证明大家用的数据、方法都是对的，万一有问题，就查清问题出在哪里。两次复核的方法还是很厉害的，能避免很多错误。比如，我们在 2-2 地块就碰到过一次，最后查出来施工单位请的测量单位误读了一个数字。陆家嘴市政工程的质量就是这样保证下来的，才能得到工程金奖。

其实，我在 1994 年就去了公司市政部，主要搞市政配套。当时，在市政上，陆家嘴有一点做得很好，就是无论做什么，都是规划先行，在上海市规划院的牵头下，我们委托四大公司做了管线规划。我们找了电力设计院、水力设计院、煤气、通信 4 个管线部门，专门根据我们的规划，做了各个管线的规划，就是大楼的配套，怎么进去，怎么出来，然后我们合在一张图纸上。闲暇时间，我们就要看管线规划图，脑中要很清楚，因为我们是旧城改造，当时王总（王安德）就说，我们要“吃得下、出得去”，“吃得下”就是知道人家怎么进去，然后怎么出去。

陆家嘴开发初期，王总每个季度都会开个市政专题会，专门讨论市政问题，开会之前要做准备，每个部门要事先理清工作，发现问题，需要领导协调解决的，就在会上提出来。通过开会，从计划部门到财务部门到规划部门，都很清楚市政要做什么、怎么做，需要多少钱，需要哪些对象配合。这种状态保持了 1—2 年，这两年，借助专题会，公司里的规划部门、计划部门、财务部门、经营部门等部门都实现了和市政部门同步，可以把钱用在最需要的地方，建设任务的轻重缓急也能分出来，助推市政工作顺利推进。

世纪大道是我们继“四个一”工程后又一个收到很高评价的工程，后来获得上海市以及建设部市政工程金奖。在做这个项目的过程中，当时的区委书记周禹鹏提出世纪大道工程要创样板工程和金奖工程。世纪大道总长 4.7 公里，我们陆家嘴开发公司是 3.5 公里，土控公司是 1.2 公里。从隧道口出来一直到浦电路过去 100 多米至杨高路中间的位置，就是和土控公司的连接点。为抓进度和质量，浦东新区城市建设局局长臧新民和集团公司每个星期都要开例会。开例会前，4.7 公里大家都要走一圈，这一圈走下来，问题都看出来了。每个星期都这样检查一次，所以想偷懒是不可能的。当时，最壮观的是隧道出口，路宽 70—80 米，为了保证两个路面不存在冷接缝，要整个路面一次性铺成功。但一台摊铺机只能铺 10 米，所以需要大规模作业。臧新民、庄少勤亲自到现场，铺摊之前，先讲方案，明确缝和缝之间需要多少时间衔接，施工单位认可后，开始大规模铺摊。我们用 6 台摊铺机排成一排同时作业，几乎当时上海一半的摊铺机都集中到这里，压路机也同时上，那个场面真是壮观，因为摊铺都是在夏天，天越热越有利于摊铺。天气热，再加上马路上的热辐射，热上加热，我们公司盯在现场的很多女同志在工程结束的时候，脸都被晒黑了一圈，但大家都坚持下来了。

我们还在道路施工中创新了“石灰瓦砾稳定土”新工艺。小陆家嘴的路是从城市动拆迁出来的，下面都是动拆迁出来的垃圾，有泥、有砖，还有生活垃圾，不符合我们市政施工要求的用石灰和泥巴混合物形成的“二灰土”，如果把整个路都挖掉，再买进新的二灰土，成本太高不说，时间也不允许。于是，我们就做了“石灰瓦砾稳定土”，就是利用建筑物中的砖石，按一定规格及比例与石灰混在一起，一层一层铺在路上，然后再压密实。那时，臧新民、庄少勤跟我们一起研究攻克这个难题。这样，石灰遇水硬化，雨落下来，路面上也刮不出划痕来。后来路基层面做好之后，做压路试验，结果我们做的市政道路的数值全部超过了设计标准，效果很好，不仅达到设计要求，而

建成通车的世纪大道

且比设计要求的指标还要高。这项创新在保证质量的基础上还为国家节约了成本。世纪大道是2000年完成的，到现在将近20年了，一点问题也没有。

世纪大道2000年通车以后，陆家嘴市政工程按大的来说基本上已经都完成了，我们把精力就投入到电、水、通信等管线维护上。大楼如此密集的陆家嘴地区，电要两路进电，水也要从两个方向进，电、水、通信都要两路，像证券大厦更是三路电、三路通信，因为电对他们来说非常重要，每一分钟就是无数金钱，他们还有自己的发电机。为了养护好这些管线，我们高标准设计小陆家嘴地区的排水系统，该花钱的地方就花钱。小陆家嘴地区的排水量是按50年一遇的标准配套的，我们造样板段的时候就在滨江边上造了个泵站，解决排水问题。因此，2000年之前的一场大雨，几乎浦东所有道路都积水，就小陆家嘴没有积水。还有排污问题，早期开发建设的时候，小陆家嘴地区的管线比较小，如果施工单位乱排，马上就会堵住，我们就需要人工不断去清理。因此，为了管住排污，我们上门让施工单位按标准做，同时跟业主讲清楚，按每平方米1元、大概10万元或者20万元的押金作为保证，放在陆家嘴开发公司这里，待工程做完以后，如果管线没有损坏，押金全部返还，所以浦东开发那么大的工程量，做完以后，市政管线保存完好，一直到完好地移交给新区政府。

上海钻交所花开陆家嘴的风雨十年

【口述前记】

林强，1964 年 1 月出生。1993 年 9 月至 2000 年 9 月任中国工艺品进出口总公司（简称中国工艺）总经理办公室副主任；2000 年 10 月至今任上海钻石交易所总裁。亲历了上海钻石交易所从筹备到建成发展的全过程。

口述：林强

采访：谢黎萍、郭继、马婉

整理：郭继

时间：2019 年 12 月 20 日

2020 年是浦东开发开放 30 周年，上海钻石交易所作为陆家嘴金融贸易区要素市场体系中的佼佼者，可以说从酝酿到筹备再到建成和发展壮大，从一个侧面反映了陆家嘴金融贸易区从零起步到逐步建成的建设过程。我作为较早参加上海钻交所筹备工作的人员之一，倍感自豪和荣幸。

从参与筹建工作说起

我是 1997 年作为外经贸部派出人员参加到上海钻石交易所筹备工作中去的。实际上，这之前上海方面已经就上海钻石交易所项目进行了长达 6 年的酝酿了。1990 年 4 月，党中央、国务院宣布开发开放浦东，并把建设国际金融中心的重任交给上海后，上海在 7 月成立陆家嘴金融贸易区开发公司，全力推动陆家嘴金融贸易区建设。发展要素市场成为当时上海市委、市政府的关注热点。

从 1991 年到 1996 年，以色列的艾森伯格集团、意大利第一钻石集团等国际企业开始到陆家嘴沟通建立钻石交易中心的设想。该项目涉及海关、金融、税收、工商管理等方面的政策，不是上海地方可以解决的。经过长期反复地论证、调研其可行性，1997 年 8 月，上海市长徐匡迪致信国务院副总理朱镕基，汇报了上海酝酿筹建上海钻石交易所的情况。

我也是在这个时候，机缘巧合地参与到这个项目中。我那时是外经贸部直属的中国工艺品进出口总公司总经理办公室副主任，在与部里往来沟通工作之时，了解到国务院秘书二局将上海市市长徐匡迪报朱镕基同志关于成立上海钻石交易中心一事，报给李岚清副总理会何椿霖同志协调。李岚清同志当时分管外经贸部，建立钻石交易所又属于外经贸部业务范围，所以最后这件工作的牵头部门就落到了外经贸部。而我们中国工艺是承担钻石等商品进出口许可证发放职责的外经贸部直属企业。从操作层面上，上海方面具体操作落实这件事的是陆家嘴金融贸易区开发公司（简称“陆开发”），因此，外经贸部安排我们中国工艺参加到这个项目中，与陆开发直接对接，从工作流程上就比较顺。也是这一年，我第一次随中国工艺品进出口总公司的陈恓总经理到浦东陆家嘴跟陆开发的王安德总经理等进行了面对面的沟通。

起初，中央有关部门因从未接触过钻石交易所，对建立钻石交易所无论是认识上还是政策的把握上都很不统一，有的还提出了否定意见。对此，李岚清同志批示由外经贸部牵头，在1997年11月底组织国办秘书二局、财政部、海关总署、国家外汇管理局、上海市和中国工艺有关同志，赴比利时、以色列、英国等地考察，了解国外钻石业发展情况、钻石交易所的运作方式和管理规则。

我们考察团成员对此次考察非常重视，大家都是抱着学习的态度去的。每到一个地方，对不懂的问题都不耻下问，哪怕是一些对方可能认为是常识性的问题，我们也不怕丢人谦虚求教。

通过考察，我们首先对钻石这个商品的定位和对这种商品本身的看法有了统一认识。在很多人眼里，钻石天生就是奢侈品，对这样一种奢侈品，为什么要给它开那么多优惠政策的口子？通过上海方面的努力，通过走出去请进来，大家实事求是地认识到钻石不是生来就是奢侈品，它只是制造首饰的一个重要的原材料而已。随着我国经济的发展，老百姓手里可支配可消费的收入越来越多时，势必会对这些能美化生活的饰品产生越来越多的需求。我们建立钻石交易所，是为了杜绝钻石大量走私、规范钻石市场交易，是为了更好地满足人民群众对美好生活的需求。

其次，是关于税收政策的开放程度的认识问题。国际上，对钻石交易的税收政策，一般实行保税政策，是异于其他商品的，应该说开放度很大。考察前，一些部门对此并不理解。毕竟钻石这个商品不是什么大宗商品，也不是关乎国计民生的必需品，其名声也不太好。有部名为《血钻》的电影，讲述的就是钻石美丽背后的冲突、斗争、流血。所以说，为什么要给钻石交易这么大的税收开放度，也是需要统一的又一思想认识问题。

再一个认识上的突破，就是关于我们钻交所的管理体制问题。考察前，大家对钻交所是办成事业性质的还是企业性质的单位，存在不同看法。考察回来后，外经贸部外资司专家组在论证时达成一致，为钻交所管理体制给予明确定位，那就是一个中外合资的企业。这真的是一个非常大的、前瞻性的突破。说实在的，由这么多政府部门共同张罗创办钻交所，最后钻交所的性质是企业，有些人不理解是情有可原的。考察让大家看到钻石交易的特殊性和规律性，坚定了这方面的认识。多年的实践也证明，钻交所这个平台采取中外合资企业体制，不仅没有阻碍它的发展，反而对钻交所持续发展具有重要的推动作用。

考察回来之后，也就是在1998年3月，外经贸部会同财政部、海关总署和国家外汇管理局共同签发上报了《关于上海钻石交易中心项目国外考察情况的报告》。这份报告对建立上海钻石交易中心的设想给予肯定，指出建立上海钻石交易中心是促进我国钻石行业发展应采取的措施之一，在具体政策方面提出初步建议：一是将钻石加工列为鼓励类项目；二是参照国际惯例，对钻石进口关税实行零税率，将增值税征收环节后移至成品钻销售环节；三是交易所为发起式的中外合资股份公司，中国工艺品进出口总公司、上海浦东陆家嘴开发公司为主要发起人，地点在陆家嘴金融贸易区；四是交易所实行会员制；五是允许会员之间的交易一律以美元结算；六是在组建的初级阶段，暂由上海市组织本市的外经贸委、外资、海关、税务等部门共同组成上海钻石办公室，行使有关政府管理职能。大家对按照国际惯例在上海建立钻石交易所的认识基本达成一致。

外经贸部等国家部委关于这次考察的报告上报之后，上海方面的反应非常迅速。这与上海方面对这个问题的高度关注是分不开的。经与上海方面的接触，我深深感觉到无论是上海市委、市政府的主要领导，还是浦东新区的领导干部，都非常重视在上海创建钻石交易所，并且是从促进上海深化改革和城市发展定位的高度来思考和推动这个项目的。还有一批中坚力量，为领会这个精神实质而非常敬业、脚踏实地的落实者，他们为推动这个项目能变成现实一直在不断地努力工作着。

1998 年 4 月 8 日，上海市政府正式向国务院呈送了由徐匡迪市长签发的《上海市人民政府关于建立上海钻石交易所的请示》。国务院不久批示，要求外经贸部会商有关方面研究制定具体方案报批。之后，外经贸部积极与上海市有关部门多次进行协商，提出筹建方案并报国务院。外经贸部上报的筹建方案，国务院原则同意，要求外经贸部商上海市政府和国务院有关部门研究制定具体方案。

上海钻石交易所进入从制定具体方案到按方案实施开业的阶段。

从筹备到正式挂牌营业的日日夜夜

为了拿出切实可行的具体方案，上海地方和国家有关部委之间进行反复磋商。上下往来十分频繁，交换信息、沟通情况十分及时。1999年2月，由浦东新区管委会牵头，外经贸部、国税总局、上海市外资委、上海市外经贸委、上海市国税局、浦东海关、浦东新区经贸局、陆家嘴公司派员参加，再次赴以色列、比利时、美国、印度进行专题考察，重点就税收政策及钻石交易所管理、运行方式作深入考察。

这次考察结束后，上海加快了筹备工作的推进速度，1999年6月决定成立上海钻石交易所筹建工作小组，请中国工艺派员参加。当时我是中国工艺人员中对钻交所项目了解比较多的，对这个项目又很有感情，就被吸收为上海钻石交易所（筹）工作小组成员，可以更加全身心地投入到这项工作中去。从此，我的职业生涯也随着钻石交易所的实质性筹建发生了改变，以至于至今都没离开过这个行当。令我感慨的是，和我一块参与筹建的颜南海、袁文瑶、任正明、王晓岚等同志，居然成为二十年朝夕相处的同事，至今都还在为钻交所的发展努力工作着。

因为我是中国工艺的员工，和外经贸部里的同志比较熟悉，又曾长期在上海生活学习，比较了解上海文化，因此无论是在北京沟通、还是跟上海地方沟通都会更畅通些。所以，我参加到钻交所筹建小组后，很大的一块儿工作就是做京沪两地的信息沟通。在沟通过程中，我深深地体会到上海钻石交易所最终能建成开业，并发展下去，真的离不开中央部委的大力支持和推动。

首先是外经贸部的大力支持。因钻石交易所项目一开始就涉及以色列的艾森贝克集团，所以把它作为一个外资项目由外经贸部外资司牵头协调，分管的领导主要是部长助理马秀红，后来她任外经贸部副部长，一直关心这项工作到退休。2000年10月上海钻石交易所开业的时候，她曾亲临仪式并代表外经贸部部长石广生宣读贺词。外资司主要决定钻交所成立前的一些审批和政策的突破，涉及钻交所的基本架构和到底赋予钻交所哪些开放性政策。应该说，钻交所许多有含金量的政策突破都是外经贸部给予支持的。例如钻交所实行会员制，这个会员制是接收外籍会员的，外籍会员可以在钻交所以会员的名义独资成立外资公司；又如在外汇管理方面，交易所内会员一律以美元结算，开设外汇专用账户，等等。到现在为止，钻交所的重大问题还是由外经贸部负责协调，这也是吴仪副总理2006年作出的批示。钻交所这么多年还是跟商务部（原外经贸部）保持着正常的汇报程序，商务部领导也多次明确这是一个部市合作的项目。有一些重大事项，商务部领导还多次直接布置。

当然，钻交所的成立，国务院办公厅秘书局起了重要的协调作用。作为一个项目，从国务院的角度看，牵头负责单位就是外经贸部外资司。但由于这个项目牵涉很多方面，因此一些重大的事情，业务上外资司不一定很好衔接，一般都是由国办秘书局来出面协调。

从1999年2月组团出访考察到是年12月，经过中央与地方之间、中央有关部门之间不断的协调沟通并达成共识，外经贸部正式向国务院上报《关于筹建上海钻石交易中心有关问题的请示》和与有关部委协调的情况。2000年2月，外经贸部经与外汇管理局就外汇管理问题协调统一后，再次向国务院上报了《关于筹建上海钻石交易中心有关问题请示的补充报告》。2000年3月10日，外经贸部正式下发《关于筹建中外合资上海钻石交易所的通知》，明确上海钻石交易所的性质、经营范围、组织机构、会员及其资格认定、政府管理机构及职能、配套服务机构、有关政策等。上海钻石交易所进入到紧锣密鼓地筹备开业阶段。

经外经贸部授权，上海市还专门成立了一个钻石交易所联合管理办公室，该办公室在钻交所从筹备到成立的过程中起到了无可替代的推动作用。钻交所成立，要与外经贸、海关、检验检疫等五六个政府部门打交道，完全由钻交所直接面对是不现实的，也是耗时耗力的。而成立钻石办这样一个由外经贸、海关、检验检疫、外汇、工商、税务等政府职能部门联合组成的政府管理机构，需要找哪个部门帮助协调解决问题，钻石办就可以帮忙请来；需要几个部门坐下来一起商议的，钻石办也可以帮忙把大家请到一起来面对面沟通解决。

我们中国工艺主要参与的工作是与艾森贝克集团进行合资谈判。谈判的过程是艰辛的，主要原因是中外双方在合资资金及资金分配上，在钻石交易所的税收政策上存在分歧，导致谈判久谈不成。后来外经贸部给出明确指导意见：一是注册资本不能太少，要体现出与上海钻石交易所今后的地位和作用的匹配性；二是在有些根本性政策上不能退让，必要时可找第二家外方谈；三是外方股权可研究，但原则上中方要控股。根据这些指导意见，我们及时与艾森贝克集团进行了合情合理的长时间的沟通。历经屡次催促却没有明确答复的情况下，经外经贸部领导同意，由我们中国工艺出面，与香港百利贸易有限公司、香港利兴钻石有限公司磋商，他们同意作为外方投资参与筹建

2000 年 10 月 27 日，上海钻石交易所成立大会在金茂大厦举行

成立“中外合资上海钻石交易所有限公司”。

2000年9月25日，上海市市长办公会议确定，于10月下旬举行上海钻石交易所成立大会。时间进入倒计时，我们所有相关人员没日没夜地投入到成立大会的各项工作中。我当时是大会领导小组副秘书长，参与了成立大会筹办的全过程。

2000年10月27日，上海钻石交易所建成典礼和上海钻石交易所有限公司成立大会如期召开。开业当天，上海市的两位主要领导，市委书记黄菊和市长徐匡迪一同参加，这在当时是很少见的。开业典礼在金茂大厦大会议厅举行，上海市委书记黄菊为上海钻石交易所揭牌，市长徐匡迪为交易所开业敲锣。

两次税改后走向行业前列

老实说，开业锣声是敲响了，但是上海钻交所能否运行好，运行下去，还是未知数。让我倍感荣幸和诚惶诚恐的是，我被推荐出任上海钻石交易所总经理，压力真的很大。钻交所对我们中国来说，毕竟是新生事物，在全国范围内，有大把类似交易平台开业没多久就开不下去的先例。

况且，我们最初的那些投资总有用光的一天。我们的办公场地是在金茂大厦租的，虽然非常优惠，但还是要钱的。还有装修也要用钱，最初的十几个管理层员工要支付工资。开业一年多，我就是不停地签字往外付钱，没看到有一笔钱进来。我当初就认为我们是在没有盈利点的情况下维持钻交所低成本运营，后面还有一句大白话：争取让它活得长一点。我还开玩笑，让同志们坚持住，千万不要牺牲在政策落实的前夕。

这时候，困扰我们发展的最大困难还是政策，特别是税收政策没有完全

钻交所在金茂大厦时的交易大厅

到位。对此，我们主动加强与中央部委的沟通。因为钻交所这个项目，无论是筹建还是筹建成之后的发展，都离不开国家部委的支持。2000 年开业之后，对钻交所的发展起着关键性作用的 2002 年和 2006 年的两次税政政策调整，则是在国家财税和海关等部门的大力推动下实现的。

经过多方努力，2001 年，国务院办公厅向上海市政府下发了《关于钻石进出口管理和税收政策调整问题的复函》，同意将全国一般贸易下钻石进出口集中到上海钻石交易所海关办理手续；同意对钻石免征进口关税，钻石消费税由原来的 10%减到 5%；同意将钻石消费税的纳税环节后移到零售环节；同意将钻石加工环节的出口退税率由 13%改为零。2002 年 5 月，海关总署在国务院复函精神的基础上，研究发布《中华人民共和国海关对进出上海钻石交易所钻石监管办法》《海关总署关于执行进口钻石及钻石饰品相关政策问题的通知》，明确自 2002 年 6 月 1 日起，全国一般贸易下钻石的进出口和加工贸易项下钻石因故内销的，统一集中在上海钻石交易所海关办理进出口报关手续，其他海关均不得进出口这两类钻石。这标志着上海钻石交易所开始进入到实质性的运作阶段。钻石一般贸易进出口的金额明显增加，据统计，2002 年 1 月至 7 月，通过上海钻交所进出口的钻石为 3786.36 万美元，是往年钻石一般贸易进出口年进出口额的 3.6 倍。上海钻交所会员也不断增加，2002 年 8 月达到 79 家，其中中资会员 25 家；外资会员 54 家，占 68.4%。

2002 年税收政策的调整，应该说使我们规范钻石交易有了抓手。但实事求是地看，还存在着需要进一步完善的地方。我们与钻石办共同努力，积极组织邀请财政部、税务总局、海关总署、商务部具体负责政策制定的人员来沪考察、调研，共同商量可操作的政策建议。2004 年 4 月，上海市政府向国务院上报了要求进一步调整税收政策的请示，即将成品钻的增值税调整为 4%，剩余 13%即征即退，毛坯的增值税调整为即征即退。说白了，2002 年调整后的 17%的增值税和非正常渠道 6%—7%的成本之间还是有空间的，一些从事钻石交易的人很容易再通过其他不规范的行为来稀释过高的成本，这不利于我国钻石行业长期的可持续的健康发展。从财政部的角度看，税收政策是很敏感的政策，需要慎之又慎，他们观察了我们钻交所开业几年的发展后，对我们的管理能力有了一定的认可，对我们提出的税收政策调整是积极支持的，这才能取得 2006 年的税收政策大突破。2006 年，财政部、海关总署、国家税务总局联合发出《关于调整钻石及上海钻石交易所有关税收政策的通知》，明确从 2006 年 7 月 1 日起对上海钻交所进口的成品钻石实施进口环节增值税即征即退的优惠政策。2007 年，国家外汇管理局又对钻交所的外汇管理办法进行了调整。

不论是 2002 年还是 2006 年税收政策的突破，都是花了相当大的功夫，才从统一思想到形成一致意见的，里面涉及很多创新问题。最典型的就是我们这个税收在 17%的增值税的情况下，是征 4%，退 13%，这是最关键的也是全国唯一的。我们既考虑了商品的特殊性，也考虑了国家利益。当初我们是有希望把17%的部分全额即征即退，不过我们钻交所和上海市主管部门，以及北京的行业协会共同向财政部提出，我们认为钻交所理应承担一部分，既照顾行业特点又兼顾国家利益。我觉得实现了国家、企业、消费者三方面的利益高度统一。由于政策突破的论证工作很扎实，具操作性，而且风险控制得很好，这么多年，这些优惠政策，或者特殊政策对行业的发展起到了很

2009年建成启用的中国钻石交易中心大厦

大的推动作用，同时还避免了被挪用或恶意利用的风险。

2006年税改后，政策驱动效应十分明显。2007年前后尤其是之后，我们的会员一下子发展到300个以上，到现在将近400个。其中外资会员的比例变化不大，开业时是70%，现在是60%多，说明整个国际钻石行业看好中国市场，对中国市场有信心。

2009年10月，业务量越来越大的上海钻石交易所搬迁到中国钻石交易中心大厦，上海钻石交易所建设迈上一个新台阶。在钻石税收政策调整的影响下，钻石交易市场日益规范、优化，一些自主品牌应运而生，还有相当数量的珠宝类公司发展壮大，纷纷上市。钻交所在助力上海国际贸易中心建设中也发挥着应有的作用。现在，东亚国家和中国港澳台地区的商人要钻石也会来我们交易所，可以说上海钻交所已经成了东亚地区的重要钻石集散地之一了。我们也积极参与融入国际钻石组织体系，积极跟国际通行规则接轨。这也是钻交所酝酿筹建之初，国家部委和上海市对钻交所提出的一个原则性要求。随着中国市场的不断发展和扩大，上海钻交所的发言权也越来越大。我在2018年很荣幸地当选为世界钻交所联盟的唯一副主席，这说明中国在国际钻石行业，已经从学习、消化国际规则到掌握国际规则进而发展到参与制定国际规则的阶段了。

1990—2000

金　桥

金桥开发：以人为本 创新为魂

【口述前记】

朱晓明，1947年10月出生。1986年至1990年，任上海市纺织工业局副局长。1990年7月至1993年1月，任浦东金桥出口加工区开发公司总经理、党委书记；1993年1月至1995年7月，任浦东新区管委会副主任，金桥出口加工区开发公司总经理、党委书记。1995年至2003年，先后任市政府副秘书长、市外经贸委（市外资委）主任、市外经贸工作党委书记。2003年至2011年，先后任市人大常委会副主任、市政协上海市第十一届委员会副主席、党组副书记（其间曾兼任上海交通大学经济与管理学院与上海财经大学的兼职教授、博士生导师、中欧国际工商学院教授，并于2006年6月至2015年3月，任中欧国际工商学院院长）

口述：朱晓明

采访：年士萍、严亚南

整理：严亚南

时间：2020 年 1 月 3 日

开发开放浦东是上海城市发展历史中的一个里程碑，今年是浦东开发开放 30 周年，在这个新的历史起点回顾过去，非常有意义。我是从 1990 年到 1995 年，在浦东金桥出口加工区工作了五年。这五年时间，说长不长，说短不短，但这五年开发区工作经历是我人生中最难忘的日子。有幸能够参与浦东的开发和建设，至今回想起来，仍然怀念那个初心如磐、激情澎湃的年代。今天，主要是回顾一下在金桥工作五年带来的感悟和思考。

开发区的“四大任务”与“三个阶段”

我们国家的开发区建设是从 20 世纪 80 年代深圳等“经济特区”及其他沿海城市“经济技术开发区”起步的，直到 1990 年党中央、国务院提出开发开放浦东的国家战略，邓小平明确指示“开发浦东、振兴上海、服务全国、面向世界”，其间经历了十多年的探索和发展，取得了卓越的成就，展示了“开发区大有希望”的前景。而我正是在这个时候，加入了开发开放浦东的历史洪流，可谓生逢其时。在我到浦东金桥开发区工作的时候，金桥就被确定为出口加工区。作为一名开发公司的总经理，首先就是要搞清楚党中央、国务院和上海市委、市政府对浦东开发开放的战略定位以及对金桥出口加工区的建设要求。

那么金桥出口加工区究竟该如何建设？主要任务有哪些？我们又该如何一步步地去开发和建设呢？我在2005年出版的《开发区规划、建设、发展和管理》这本著作中，把开发区的任务归结为规划、建设、发展和管理这四大任务，按前期、中期、后期三个阶段，用不同的颜色深度标示其发展的重要性和态势。也就是说，在开发前期，要非常重视规划；在开发中期，要以建设为重；在开发后期，要以发展和管理为主。通过可视化图表，可以一目了然“四大任务”在“三个阶段”的侧重。这“四大任务”的色系始终不变，意味着都需要一以贯之、坚持到底，但是通过颜色的深浅，可以显示各个阶段任务的重要性。

战略和规划：统一意志的最强语言

我到浦东的时候，金桥地区还是一片农田和老旧的农宅等。去了以后，我们做的第一件事情，不是马上开垦土地、建房子，而是制订规划。浦东开发中的金桥开发区规划为什么很重要？因为它必须符合上海这座城市以及浦东地区的整体发展战略。发展战略是管长期的，规划是管中期的，计划是按年来算的，有了一个整体发展战略，然后就可以按年度进行实施。开发开放浦东是一件大事，不可能随心所欲。作为开发区的总经理，必须在党中央、国务院以及上海市委、市政府的要求下，根据上海市浦东新区的发展战略将金桥出口加工区的规划做好，这是首要任务。

我们要制订的规划主要包括三部分：一是基础设施规划（Infrastructure Planning）；二是产业发展规划（Industrial Development Planning）；三是社会发展规划（Social Development Planning）。这三大规划都必须在城市总体规划（Urban Planning）之下展开。当时浦东三大开发区的规划编制，都是按照这个思路在进行。尽管在20世纪90年代初，一寸土地都还没有开发，但这件事情抓得很紧。在完成发展战略和规划的编制后，按照当时的情况，是要报批国务院的。因为这个报批过程需要时间，所以我们就在规划上报、审批的那个阶段，到所辖区域进行了调查研究，对金桥原有的建筑物、产业及居民住宅进行排摸、梳理，对社会环境做深入、细致的调查研究。

在担任总经理没几个月后的1990年底，我就完成了《论金桥出口加工区开发与规划的战略》。这份报告其实是我在开发初期对金桥进行的调查研究和初步工作思路，也是一份总经理对公司的述职报告。这份报告我记得还是用四通打字机打的，不像现在电脑排版这么方便，打印出来也没有很好装订，用切纸刀裁切后发给公司员工，人手一册。当时也不知道哪来一股劲，每天晚上都要干到十一二点，差不多用一个月时间就完成了。我们现在从这份材料中可以看到，当年制定的1990年到2000年的发展目标，后来基本都实现了。所以说，当一名总经理，当一个企业家，工作中有没有方法论非常重要。正是因为参与了浦东开发开放，我们可以边干边学边出真知，形成自己的方法论，让目标变得清晰可见，使任务有操作性、能落地，并进一步力争做到极致和完美。

金桥出口加工区的发展战略和规划，不仅是我们自己重视，也得到了上海市委、市政府，市规划局以及浦东新区领导班子、浦东新区规划局的热心指导。1993年，我们把金桥出口加工区的开发图册做成一本小册子，涵盖了21种规划图，可以说各种专业规划一应俱全。在此后的招商引资中，我们给每一位前来咨询的中外客商送上这本《上海市金桥出口加工区规划图册》。好多企业的领导来看了以后就说："有了这本图册，就证明你们能够一张图纸干到底，直到最后成功。"在当时一无所有的情况下，我们就是靠着这本图册来展现我们的意志和决心，通过我们的精神来感染每一位投资者。很多企业

《上海市金桥出口加工区规划图册》（93版）

也是因为这本图册看到了金桥的未来，决定在这里落地生根。同时，编印这本规划图册也要告诉我们所有的员工，金桥的未来就要从这一张张蓝图开始，通过我们不懈地坚持和奋斗来创造美好的事业，实现我们的理想。幸福是靠干出来的！

很多人都会问我，你没有学过规划，之前也没有从事过规划工作，怎么会对规划如此重视？又是怎么去学习的？这件事情对我来说，肯定是很大的考验。我是机电工程师出身，以前曾经做过很多机器和电气自动化方面的产品设计。对于画图纸，我是有基础的。在编制金桥出口加工区规划的时候，当时的市政设计院是在金桥开发区现场办公的，他们在一个临时办公地点组建了一个小班子，大概有五六个人，帮助我们公司画图纸。我只要有一点时间，就坐在他们旁边看，见缝插针地去学习。当时，我对城市规划比较无知，但有一个强烈愿望，希望能够参与到市政设计大规划中，所以经常去请教市规划局的夏丽卿局长和市政设计院的专家。这时候能和有知识、有经验的人面对面讨论问题，令我受益匪浅。

在学习过程中，也激发了我的一些思考。比如，相邻的两个产业园区如果布局同类产业，那么原先设计的基础设施所提供的能源就有可能不够或者放空。因此，我就萌发了要对土地和产业之间进行向量配置的想法。后来，我用匈牙利法01模型，对不同的产业向量和不同的地块向量进行配置，力图平衡资源配置，这一思路就是今天的共享经济的理念。另外，因为我是从工业系统出来的，比较容易从产业生态的角度去考虑各产业上游、中游、下游以及一次产业、二次产业、三次产业之间的关系。在制订基础设施规划和产业发展规划的时候，我们还根据金桥人口发展模型研究制订了金桥开发区的社会发展规划。因为我觉得，如果开发区只有前两个规划而没有社会发展规划，就不会有良性发展的生态圈，就不可能做到产城融合，久盛不衰。

我们当年建立的人口发展模型主要包含三个集合：一是动迁居民的集合；二是白天有人而晚上没人的集合（主要指金桥工业园区）；三是晚上有人而白天没人的集合（主要指金桥住宅园区，即碧云社区）。当然，后两个集合会有交集，有可能就是在工业区工作而居住在附近社区的人。此后，我们根据社会发展规划建设了金桥碧云社区，成功地证明了金桥开发区可以在战略发展上做到产城融合，但在物理空间上实现产城分开，可以成为一个既能让大家乐业又能够安居的有机体，充分体现金桥开发区功能布局的内在合理性和巨大优越性。

在编制规划的时候，我们是很谨慎、小心的。尽管我们是外行，但我们都知道规划是金，一切都要从规划出发，开发区最能够统一人们意志的语言就是规划。无论是谁，都不能越红线，不能做出格、违反规划理念的事情。但是无论是谁，都要带着创新的精神去工作，否则事情就干不成。1992年，金桥开发公司制作了首期开发的10平方公里的模型，我们不满足于这样的物理模型，又在实物模型之上方架起了两套轨道，并在其中一根轨道上装置了一个可以垂直升降的小型摄像机，摄像机的信号被连接到一个大屏幕电视机上，这好比是一架无人机在空中俯视开发区。在我向来宾介绍时，就可以方便地调节摄像机的x、y、z三维度的参数，并在屏幕上获得相应的视频图像，使来宾能够身临其境般地感受现场。当年，参观过这个模型的中外贵宾都对此留下了深刻印象，无不为之赞叹。

金桥开发区规划的制订过程，充分体现了以人为本、集思广益、敢为人先的特点。后来我去市人大、市政协工作后，更加深刻地感觉到，规划在通过人大形成法律文件之前，就应该凝聚各种智慧，尽最大可能减少遗憾。当然，规划的实施需要经历一段时间，金桥一开始开发的是4平方公里土地，在这个过程中碰到问题，我们就及时向市委、市政府和浦东新区政府反映，包括与规划部门不断交换意见，然后总结经验、逐步推进。那个年代，

1993年1月，居民在看金桥出口加工区的规划模型

碰到问题时大家都会迎难而上，我不是一个人在干，而是所有人都出主意、想办法帮忙一起干。这些工作经历是非常宝贵的回忆，至今仍然令人感怀留恋。

基础设施：必须坚持世界一流水准

浦东开发开放从一开始就明确要面向世界，坚持国际化水准。所以，在制订金桥发展的各项指标，包括出口创汇、产业发展、功能布局，以及相关的基础设施等方面，都要符合这个方向。在金桥出口加工区基础设施的规划和建设工作中，我们始终坚持立足长远，建设一套能够相对完整而超前的面向21世纪、具有世界一流水平的高标准基础设施。当然在这个过程中，也曾经受到质疑，但最终的发展证明我们当初的决策是完全正确的。

首先，金桥开发区里的工业区道路都是按照24米宽的路幅标准建造，这是针对出口加工区车辆运输的需要特意设计的。因为集装箱卡车的转弯半径需要13米以上，如果道路小于或者等于16米，就意味着集装箱卡车转弯时其他车辆都不得不暂时停下来。当时公司建设资金短缺，有人认为设计这么宽的路幅太过浪费和超前，但是我觉得，只有坚持这样的基础设施建设标准，才能吸引世界500强企业落户。如果当时道路做窄了，看上去得地率比较高，其实格局就小了，引进产业会受到限制，就做不到服务全国、面向世界。现在，全国开发区的道路差不多都是按这个标准来建设的，我们金桥在25年前就做到了。

其次，我们主动提出建设金桥立交桥，解决了事关全局发展的瓶颈问题。1992年至1995年，浦东进入大规模基础设施和形态开发阶段，以“两桥一路带三区”（两桥：南浦大桥、杨浦大桥；一路：杨高路；三区：陆家嘴金融贸易区、金桥出口加工区、外高桥保税区）为中心，展开第一轮基础设施建设。杨高路就是连接黄浦江上两座大桥，贯穿三个开发区的主干道。金桥开发区布局在杨高路一侧，经过开发区的杨高路长达 6 公里，在这 6 公里区域范围中，来自市区的车辆，无论是货车还是客车都只能右转弯进入金桥开发区，开发区内的企业和居民不能横穿杨高路。在 1990 年浦东开发开放之初，当时的金桥就是一座孤岛，进区企业和居民的出行非常不便。另外，从金桥开发区向北就是外高桥保税区（当时对外叫自由贸易区）。如果车流在金桥地区受阻，那么通往保税区的道路就不可能畅通。保税区的贸易吞吐量很高，如果货车不能畅通进出，就会影响到保税区的发展。为了顾全大局，我们决定自筹资金，在生活区和工业区交界处的金桥路和杨高路十字路口建设一座立交桥。

在公司开发初期做这件事情，我确实承受了很大压力。当时，大家都觉得这应该是市政府和区政府建的，为什么要我们公司建？但是我感觉，这个问题不解决，不仅会影响金桥的发展，还会影响外高桥保税区乃至整个浦东开发开放的进程，这件事情再困难也要做。后来，我们通过建立模型、对道路交流流量进行了精密测算，对金桥地区未来 30 年的道路交通流量作了前瞻性预测。此后的发展证明，当时所作的交通流量预测还是比较准确的。金桥立交桥于 1994 年底竣工通车，刚建成的头两年，马路上基本看不到车子，也有人质疑我们搞“面子”工程。但是到 1997 年以后，通车量就大了。

现在回想，当时作出这个决策完全正确。如果没有建设这座立交桥，地区交通会乱得一塌糊涂，选址路口的四周都会建起高层建筑，后面再想进一步动拆迁改造，建设成本就会非常昂贵。但是，在浦东开发初期什么都没有的情况下，要作出这个决策真的很难。新区政府要我们自己借钱、负债经营，开发区总经理身上的担子是很重很重的。我们当年主动要求建设这种大市政和小市政连接处的基础设施，不仅要有前瞻性和全局观，更需要有勇气。所以说，作为一名企业家，既要考虑公司内部的微观效益目标，同时也应该树立社会整体效益的观念。对今天的企业家来说，当个体承受压力的时候，如果有一个比较好的目标和理想，政府和社会就应该给予支持。

第三，金桥开发区的基础设施在“七通一平”（即给水系统、雨水排水系统、污水排水系统、通信系统、供电系统、燃气系统、集中供热系统以及道路平整）的基础上增加了VSAT通信与集中供热，超前实现了“九通一平”。20世纪90年代初期，国内的通讯主要是靠固定电话，但是电话拿起来常常听不到拨号音，电话很难打通，因为当年使用的不是程控交换机技术。对开发区来说，开发区内部的企业打不通电话，就会耽误进出口销售等，是很麻烦的。所以我们就引进了上海科投公司下面能够提供卫星通信的VSAT公司，以确保在极端通讯条件下，园区内企业能使用甚小口径天线的卫星通讯技术与世界各地保持联系。1992年，我们只花了100天时间就把这个项目干成了。VSAT公司的董事长是上海市原副市长刘振元，我是副董事长，余建国是总经理。金桥开发公司作为投资单位之一，参与了VSAT公司的投资。这个项目其实代表一个国家的通讯水平，时任市委书记吴邦国还专门为公司题字“一步登天”。

另外，在金桥开发区，我们不允许任何企业自建锅炉房，而是统一由一家国际著名的热力公司和金桥公司合资，提供集中供热。因其燃油且严控污染排放，所以金桥招商引资的广告语“One Chimney”（一个烟囱）很有吸引力。正因为有“一个烟囱”，整个工业开发区里因办厂而产生的烟尘基本没有了，这一举措超前实现了金桥开发区的环保目标。这家公司刚起步的时候很难赚钱，后来就经营得非常好了。当时建这个集中供热项目金桥公司内部压力不小，但我坚持下来了。后来我听说，江苏省好多开发区都请这家公司去做集中供热。

1994年，金桥开发公司还建成了排水量为每秒22.4立方米的金桥雨水泵站，为当年全市最大的雨水泵站之一，用以确保金桥开发区区内企业在百年一遇的雨季时不受损失。我们在基础设施方面的超前规划，在当时曾经受到不少质疑，但作为公司的第一责任人，要能顶住压力，要有功成不必在我的胸襟。世界上没有哪一本书可以告诉我们怎么当开发区老总，全靠使命感一步步地推动我们往前走。金桥开发区虽然是普通的工业区，可是我们在创新方面，绝对不输给国外的开发区，我们往往有决心做别人觉得困难的事情。

滚动开发：浦东开发中的重要创新

主导开发区开发建设的金桥开发公司刚起步时，就要着手进行动拆迁并建造农民动迁房，刻不容缓地建造“七通一平”基础设施，浦东新区要求金桥开发区先行出形象的任务更是艰巨。当时，政府只给了开发公司20万元贷款作为启动资金，相较于开发所需的巨额资金，可谓杯水车薪。

在公司成立之初，在各级领导的协调下，几个国资背景的企业和金融机构联合起来作为一方，和金桥公司一起成立了中中合资的“金桥联合投资开发公司”。浦东开发已近三十年，金桥、陆家嘴、外高桥、张江这四个有过同样经历的开发区，都对当年曾经给过我们第一推动力的中资企业心存感激，对他们给予的支持和帮助没齿难忘。

在基础设施刚展露地面时，中外客商纷至沓来，其中不乏许多世界500强企业，这时金桥开发公司进行中外合资就正当其时：一是公司的持续开发需要更多资金，外资进入可以补充资金不足；二是中外合资后，公司可以享受“两免三减半”的优惠政策，降低开发成本；三是能够提高国际化视野，深入了解外资企业想法。此后，金桥A股与B股上市获得成功，公司获得了更多开发资金，提高了国际国内知名度和企业内部精细化管理的力度。

与20世纪80年代的闵行、虹桥、漕河泾开发区相比，浦东几个开发区的动迁成本、基础设施建造成本等都有所提高。匡算下来，1平方公里开发成本达到7亿元至8亿元。也就是说，开发的成本是每平方米100美元。当时，浦东新区向金桥公司下达任务书，要求金桥每年完成2平方公里的开发，并要求签下协议文本。这个铁板钉钉、后墙不倒的任务，对于金桥开发公司首任总经理来说，压力山大。第一，金桥以工业开发为主，开发成本大于工业地区销售收入；第二，80年代时国内开发区包括上海的闵行开发区、漕河泾开发区等都有政府部门的税收返还，而当年的浦东对金桥工业园区没有实行税收返还，至少是前5年没有税收返还。金桥开发公司与王新奎、王战等著名专家反复研究后认为，浦东新区应当探索“滚动开发”的模式，即以前一期的一部分税收返还到后一期的土地开发中去，推进开发区的持续开发和建设。金桥开发区实行的“滚动开发”，是浦东开发过程中的一项重要创新。在那个“创业为魄，创新为魂”的年代，处处充满创新机会，时时见证创新精神。也正因为有了这种创新精神，金桥开发公司成立后5年内的累计税、利达到了24亿元。

招商引资：构建系统的产业生态链

作为一个面向世界的开发区，金桥应该是以国际贸易为特点的出口加工区。但是过分依赖出口，很有可能永远是模仿，不可能有独创；如果全部是进口，外汇平衡也会有问题。所以，在进行最初的产业规划时，我们就开始研究如何保持进出口平衡，感觉比较可行的方法是在出口赚外汇的同时打基础，对新技术通过仿制、学习、翻版等，最后形成自己独创性的技术（现在叫自主研发），即实行“出口导向与进口替代并举”的策略。而高档进口替代型产业的发展将有利于推动技术进步，为未来金桥走向高技术发展埋下伏笔。同时我们还认为，根据产业经济学理论，制造业（第二产业）的产生必然带动服务业（第三产业）的发展，所以在金桥开发初期，我们就提出了发展“综合效益型第三产业”的想法。

制造业、实体经济是浦东新区的立区之本、也是上海这座中国工业重镇的立市之本。因此，在金桥开发区，我们绝不能搞简单、粗放型的“划地而销、招商引资”，而是要推动进区企业扎扎实实地从事制造业。在引进产业的过程中，我们主要考虑三方面问题：一是否有利于产业生态的形成；二是否有利保护生态环境；三是否有利于产业的升级、转型。

在构建产业生态方面，有一些先手棋，必须要下得早。比方说，我们当时引进了一家国际有名的气体公司叫BOC公司，因为研制芯片需要气体，一些饮料食品的制作也需要气体。有了这家气体公司，就为我们日后引进芯片制造和食品生产企业打下了基础。又比如，我们吸收了一些饮料制罐企业，后来可口可乐等大公司就进来了。再比如对生物医疗产业来说，生产试剂、中间体等企业就很重要。如果我们对需要重点发展的产业没有研究，对其上、中、下游产业之间的关系没有了解，就不可能提前引进一些常常被人忽视却又很重要的企业。这些产业相互之间的关系，今天大家都理解了，叫产业生态，但在 20 多年前，大家不一定明白，产业怎么跟生态有关系呢？这里的生态不是指生物、绿化、环境等生态，而是指产业之间的生态关系。

如果一个工业区，不是从城市规划（Urban Planing）这个角度去建设的话，那就只是建一个厂区，而不是建立系统的产业生态。正因为我们对此作了深入研究，所以对金桥开发区产业的合理布局就有比较全面的考虑。也正因如此，我们对进区产业的筛选就比较严格。1990 年至 2000 年，金桥引进的项目多是国内外 500 强、高科技企业，产业门类包括芯片、电子、汽车、家电等产业，几乎都是无污染、产出高的项目。作为开发公司的总经理，既要遵循原则，又要能够使开发区成为一个非常生动的区域，确实是要经过仔细琢磨，该下决心的时候，绝对不能手软。

在金桥招商引资的过程中，我们是从产业生态这个角度去理解引进哪些企业，确定目标后就咬定青山不放松。贝尔公司落户金桥就是一个非常成功的例子。一开始，贝尔公司不愿意搬过来，公司的工会主席代表职工和我们说："搬到一个前不挨村、后不挨店的地方，职工怎么能安心工作呢？"后来，上海市原副市级老领导顾训方和市经委原总工程师翁征洋给予我们很大帮助，他们和我一起到贝尔公司浦西总部，与公司管理层开了一次面对面的会议，终于使他们同意搬迁到浦东金桥。当时的金桥，确实还没有什么生活设施。金桥开发公司就专门划出一块地，在杨高路另一侧建造了房子，解决了贝尔公司职工的住房问题。在交通方面，金桥公司给了浦东公交公司200万元费用，请他们帮忙开设了三条公交线：一条是新客站到金桥的573路，另有两条线分别是777路和778路。我们提出的要求是，哪怕没有一个乘客，公交线也要照常运行。贝尔公司搬迁至金桥后，建成了世界上规模最大的程控交换机生产基地，成为中国通信产业的支柱企业，有力地支撑了中国通信业的发展，同时带动了更多高新技术企业进驻浦东。

后来，我们又给了贝尔公司一块12万平方米的地，给他们设立研发机构，还帮助上汽通用建立了泛亚汽车研究中心（Pan Asia）。这些研发基地的建立，意味着金桥在发展高科技产业上成功地跨出了一步。有了这些研发中心，很多与通讯、汽车产业相关的企业都愿意过来。因为不是所有的企业都要做自己的研发中心，我们要打造的是一个公共服务平台。现在，在金桥Office Park里面有很多研发中心，比如像赛默飞世尔（Thermo Fisher）、柯达等研究中心都在那里。这些研究中心设立后，有助于带动制造业的转型、升级。在我们最早制定的战略里面，就对高科技技术进行了展望，正因为有这样的理念做先导，我们才会在一开始别人疯狂卖地的时候留有余地，为日后引进这些R&D（research and development，研究与开发）机构预留了发展空间。

除了引进R&D机构，金桥还非常重视与高校、科研机构等的合作。在推进研发方面，上海交通大学翁史烈校长，复旦大学谢希德、杨福家等校长都给予金桥很大支持，推进全国高等院校来金桥。像中欧国际商学院项目，就是在谢丽娟副市长，市教委王生洪主任及翁史烈校长的支持下组建成的。就影响力来说，中欧国际商学院的影响系数绝不亚于引进一个世界500强企业，甚至在某些方面的影响力更大。

金桥开发区之所以会比较早地考虑将高等院校、研究机构引进过来，那是因为我们从传统工业系统出来，一直有一个非常强烈的愿望，希望能够改变传统产业的发展路子。研发很重要，有研发，传统产业就有望实行转型，找到新的生存机会。

弹指一挥间，三十年过去了。长江后浪推前浪，我坚信未来的金桥会继续在以人为本、创新为魂的精神引领下，发展得更快更好。

把金桥建设好终生无憾

【口述前记】

叶廉芳，1933年11月出生。先后在上海第一羊毛衫厂、毛麻纺织工业公司、上海市纺织工业局工作。1990年8月至1997年3月，任上海市金桥出口加工区开发公司财务部经理、总会计师，上海金桥出口加工区联合发展有限公司总会计师，上海金桥出口加工区开发股份有限公司董事、副总经理、总会计师。在金桥出口加工区工作期间，负责公司财务、资产管理及为开发区筹措建设资金。

口述：叶廉芳

采访：年士萍、严亚南

整理：严亚南

时间：2019 年 10 月 22 日

1990 年 8 月，我有幸成为金桥出口加工区的第一批开发者。当时的金桥只是一片寂静的农田，开发公司缺人、缺钱、没土地，真是要啥没啥。但是，我们坚信有党中央开发开放浦东的英明决策，有上海市委、市政府和浦东开发办的坚强领导，金桥的开发建设一定会成功。所以，我们就在金桥开发建设的带头人——金桥开发公司第一任总经理朱晓明同志的领导和组织下，没日没夜地干起来。当时大家只有一个信念：金桥是浦东的金桥，上海的金桥，中国的金桥，我们能用自己的双手把金桥建设好，终生无憾。

机缘巧合　参与金桥开发建设

我工作的第一个单位就在以前闸北区老垃圾桥下面的私营企业天和漂染厂，当时是经熟人介绍做了厂里的账房先生，那年我 21 岁。我没读过财会专业，是边做边学的。干了两年，正值对私改造，全面实行公私合营，我被调到位于建国西路的百达漂染厂。不到一年，正好碰到地方国营上海第一羊毛衫厂兼并若干中心厂、独立厂，我又被调到位于杨浦区的第一羊毛衫厂当会计，参加了私营企业的合并工作。那时，因为搞财务工作，边做边学已经有点经验。然后我就去上海市卢湾区职工业余工业专科学校参加工业财务会计三年制专业学习。毕业后，于 1960 年 6 月在第一羊毛衫厂入党，现在已经有

59年党龄。入党后我就当了第一羊毛衫厂的财务科副科长，后来又升科长、副厂长。

1982年，纺织局根据上级要求开始打击经济领域犯罪分子，就从基层厂调了一批熟悉财务、会计和政工工作的人到局里，我是其中之一。调到局里以后，就在纪委下面的打击经济领域犯罪分子办公室（以下简称“经打办”）工作。“经打办”成立没过多久改为监察室，我被任命为纺织局纪委副书记兼监察室主任。1986年，朱晓明同志担任纺织局副局长并兼任纪委委员后，我就和朱晓明同志熟悉了。

我在局里主要是从事打击经济领域犯罪分子和纪委工作有八年多。后来，市经委下面的上海机电设备总公司需要人，当时在市经委负责“经打办”工作的该公司副总对我比较了解，到纺织局点名要调我到他们单位当总会计师。那时，局里调令也出来了、手续也办好了，就差和人事部门的同志见个面去报到了。这时正好市经委人事处分管调配的同志家里有事，耽搁了一个礼拜。在这一个礼拜当中，朱晓明同志已经调到浦东金桥出口加工区开发公司搞开发筹备工作。

一天中午，我去审计室找原来在“经打办”一起工作的同事聊天。朱晓明从楼道上见到我就问：“老叶，我需要财会人员，帮助我搞浦东金桥的开发。”我说：“好，那我给你介绍。”因为我在毛麻公司、第一羊毛衫厂工作的时候，对财会人员比较熟悉，就给他介绍了一个人。其实朱晓明是需要总会计师，他想让我去。可能是真的有缘分，非常巧，第二次我们又碰到了。他说：“老叶，上次介绍的人不适合。”我说：“为什么不适合？”他说：“我要的是能掌握大局的人，一般会计人员怎么行？你能来金桥吗？”我说：“局里的干部处已经答应，要调我到上海机电设备总公司去，就差见面谈一谈了。”他说：“你等等，我去跟干部处讲。”就这样，局干部处没过多久就通知我到浦东金桥开发区工作。那么上海机电设备总公司那里怎么办呢？我就去跟公司副总打招呼。他说："老叶，我尊重你的意愿，你想去浦东就去浦东，想到我这里就到我这里。"就这样，1990 年 8 月我就到朱晓明总经理那儿报到了。

一穷二白　千方百计筹措资金

公司刚成立时，在由由饭店办公。我到由由饭店报到的时候，公司的六人小组中除了严和海还没来，其他五个人都到位了。朱晓明同志是班长，周伯华是化工局下面上海溶剂厂的厂长，丁文虎也是原浦东老开发了。还有宋金江和徐培良，宋金江是浦东的，徐培良负责办公室。我去的时候，财务只有一个人，叫金秀芳，是原上海溶剂厂的财务人员。另外还有十几个人是搞开发的，负责动迁、土建、建筑工程等，公司总共二十多个人。当时，大家的工资都是在原单位拿。我从纺织局去浦东工作后，原单位的劳保、福利、奖金都没有，只给我发工资。这已经算对浦东开发很大的支持了，人不在单位工作，还给发工资。

1990 年 9 月，上海金桥出口加工区开发公司成立。当时公司是"没资金、没营业执照、没工作场地"的"三无"企业。手里一分钱也没有，怎么开业？怎么跟银行打交道？后来，浦东开发办就跟市里协商，请上海国际信托投资公司（以下简称"上国投"）给予支持。所以，我一直都很感谢上国投，他们是无名功臣，在我们最困难的时候借给了我们 200 万元开办费。

公司成立初期，为了筹集资金，我们四处奔走、八方游说。我记得，当时在由由饭店召集银行开会，银行都不愿意参加。那时，交通银行和我们关系比较好，给我一个暗示："老叶，他们对这些兴趣不大。"我说："你有兴趣吗？你有兴趣你来。"他说："我有。"后来，交通银行先开了头炮，资金第一个进来。他们资金进来后，起到很好的带动作用，这样到 1991 年 4 月，我们公司与中国工商银行、中国人民建设银行、中国农业银行、交通银行的浦东分行合资组建了上海市金桥联合投资开发公司（以下简称“联投公司”）。这样一来，我们就有了两个公司。

联投公司成立后，朱总就开始身先士卒拉项目。我们公司是从 0.4 平方公里起步，开始进行滚动开发的。1991 年 7 月，迎来了金桥的第一个进区项目——爱丽丝制衣有限公司。经过半年建设，年底就建成了。市委书记吴邦国来参加开业庆祝，极大地鼓舞了全体金桥开发者的斗志与信心。

后来，市里搞“土地空转”，给了金桥 4 平方公里土地，上国投又给予了很大支持。所谓“土地空转”，就是市财政局通过上国投先开出一张 2.4 亿元的支票，然后把这张 2.4 亿元的支票交给金桥作为投资，金桥就用这 2.4 亿元支票向土地局购买土地，土地局再把这 2.4 亿元支票上交市财政局。这样就完成了“土地空转”。实际上，政府一分钱没有出，但支票这么转一圈，就把国家对土地的使用权转让给开发公司，使开发公司获得了土地使用权。那么具

创下外商在新区办企业高效率高质量先例的日商独资企业爱丽丝制衣有限公司

体是怎么操作的呢？就是我们公司打一张2.4亿元的支票，土地局打一张2.4亿元的支票，财政局也打一张2.4亿元的支票，三张支票打好，在同一个日子到上国投的办公室，进行当日转账。因为会计处理必须当日，隔日就不行了。通过“土地空转”，金桥开发公司获得4平方公里土地的使用权，当时作价2.4亿元，平均每平方米60元（生地）。

“土地空转”手续完成后，我们公司的账面资产就是2.4亿元了。经市有关部门协调，市工商局给我们公司开了一张1亿元注册资金的工商执照，但这还是空架子，钱还是没有的。那时，朱晓明总经理积极争取与招商局、中银集团合作，以中银为主、招商为辅搞中外合资企业。1991年11月30日，我们以土地作价投资75%，与中银集团（香港）有限公司、招商局集团合资成立了中外合资的上海金桥出口加工区联合发展有限公司（以下简称“联发公司”）。这样，开发公司就有了25%的外资。实际上这25%也是中资，但那时香港还没有回归，这25%的资金就算是外资，这可是真金白银进来的。当时，中银集团代表侯文藻先生曾戏言：“金桥公司朱晓明真是像追情人一样盯牢我们。”

为什么要申请中外合资企业呢？因为按规定，可以享受“两免三减半”的优惠政策，即两年免征所得税，三年减半征收所得税。虽说有了政策，但还是要到相关部门去办手续。当时国税局有一个专门管外资的对外机构叫外税局。要享受“两免三减半”的政策，就要根据税务要求，到外税局办手续，经他们确认。

虽然已经成立了三个公司，但是要开发4平方公里，资金还是不够，那么就要继续动脑筋。为了给金桥大规模开发筹措更多资金，我们酝酿通过公司“上市”，从资本市场直接融资。但是当时一讲到“上市”，真有点谈虎色变：怕投资者对公司经营监督过严，对投资回报要求过高，弄不好还要让总

交通银行浦东分行金桥办事处

经理在全社会曝光……我对朱总说，总归要上“梁山”了，先上去再说，因为这是直接融资，资金是不要交银行利息的。这样，金桥搞了一个上市公司。1992年11月24日，金桥开发股份有限公司（以下简称“股份公司”）正式注册成立。

这个过程中，交通银行对我们是很支持的。当时海通证券公司隶属于交通银行，公司老总汤仁荣听说我们准备上市，就来找我。听汤仁荣上了半个小时课后，我加深了对上市公司的认识和理解。当时，他希望我们能先签订合同。我说：“汤总，你放心，我叶廉芳办事情，口头讲出的话比订合同还有用，今后不管谁来找我们上市，我就只认海通。”后来，金桥股份就是通过海通证券公司上市的。

仅仅过了两年时间，到1994年，股份公司就被评为亚洲五强之一。当年的《亚洲周刊》在中国大陆、中国香港、中国台湾、新加坡和马来西亚五个地区，根据总市值、盈利利润的增长率、资产回报率三个指标评出了亚洲地区的五强公司。朱晓明董事长被评为亚洲华商企业家五强之一，这也使金桥公司成为获此殊荣的第一家中国大陆上市公司。

金桥开发公司经历了中中合资、中外合资和建立符合国际规范的上市公司三次大的转变，每次转变都成为发展的机遇。正确的融资战略，解决了资

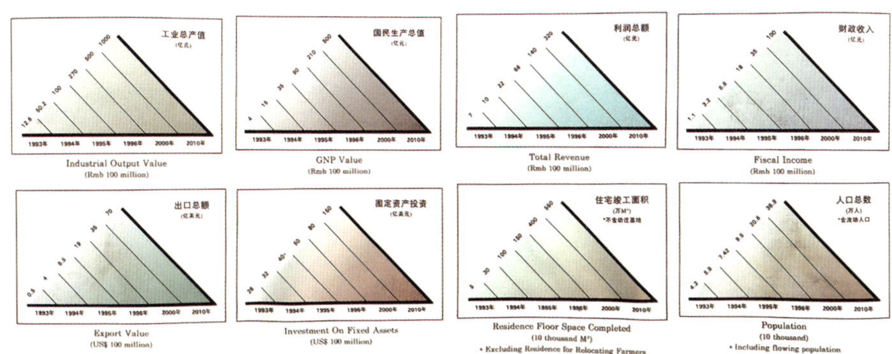

1993 年至 2000 年，金桥出口加工区经济、社会发展数据一览表

金短缺的困难，使金桥滚动开发的规模迅速扩大。在公司成立十周年的时候，金桥开发公司已经从一穷二白发展成为一个极具规模的集团公司，拥有 19 平方公里的土地，总资产达到 80 多亿元，累计引进项目 340 个，其中：全球 500 强企业 26 个，累计投资总额 84.6 亿美元。1999 年完成工业总产值 369 亿元，创利税 36.7 亿元，在全国开发区中名列榜首。

金桥的实践经历表明：只有充分走向市场，企业才能获得生命力。在这个过程中，必须把传统意义上的政府行为自觉地转化为市场行为，尽管这种转化非常痛苦和艰难，但毕竟是市场使金桥资金短缺的矛盾得到缓解，也使金桥走向了辉煌。

精打细算　建立公司的成本核算体系

通过一系列资本运作，金桥开发区有了四个公司：一个总公司，一个联发公司，一个联投公司，还有一个股份公司。这些公司成立后，我们有钱了，但怎么才能充分发挥资金的效益，把有限的资金用到开发建设的关键之处呢？这需要我们想方设法用好、用活资金，建立公司的成本核算体系，使公司的财务管理能够进入规范化、制度化的运行轨道。

浦东的开发是前无古人的历史性变革，对于金桥这个和浦东开发一起成长起来的开拓型公司，要建立公司的成本核算体系几乎无处借鉴。就拿“土地使用权转让”这项成本核算工作来说，当时在全国同类开发区都是一个陌生的课题。金桥公司全体财务人员共同努力，针对土地成本核算的准确性、合理性做了大量切实有效的探索，划清各种费用界限，遵守成本开支范围和成本开支标准，实行时间、空间、人员三结合，以财务部为核心将成本管理体系深入到公司的每一个角落。1994 年，公司成功地进行了首期 4 平方公里土地的成本分析，根据土地批租成本核算的内容，编制了 20 多个项目的成本计算公式，并进行了全面电算化，从而使金桥公司的成本核算体系和成本控制状况受到新区领导的好评。

在财务管理这一块，我们分了四套人马，对各公司的资产进行了严格划分，绝不张冠李戴。四个公司的总经理都是朱晓明，但实际上，朱总将公司的财务运作都交给我操作。开发公司总会计师是我，联发公司总会计师也是我。后来有一段时间，我去联投公司当总经理、总会计师。在股份公司，我是董事副总经理兼总会计师。当时联发公司看到金桥股份上市，搞得蛮热闹，想跟朱总商量，把我调到有外资参与的联发公司做副总经理。朱总就说：“老叶已经是上市公司副总，这不行的，要经过董事会讨论，很麻烦。”朱晓明总经理对公司的管理人员充分信任、授权，同时也率先垂范遵守各项规章制度。

重信守诺　把公司建成百年老店

在见证金桥的发展过程中，我有几个比较深的体会。首先是做事一定要有信用，信用非常重要。市财政局下面有个城建处，允许企业出利息借资。每次我遇到资金临时有缺口的时候，就会去找他们。那个时候的城建处处长是徐幼松，只要我去借钱，都能借得到，因为我们是公对公，另外一个重要原因是他对我有绝对的信任。我去借钞票，讲好什么时候还，就一定会还。

其次，在和银行打交道及融资过程中，一定要真实不欺瞒，换位思考，利益共享。要成为货真价实的百年老店，对合作伙伴要以诚相待，不可以欺瞒，这是融资当中很重要的一条。银行和我们公司是借贷关系，我们把钱存进银行，银行能得到存款收益。我存款越多，他们收入也就越多，放贷出去就能赚钱。那个时候，我把公司的美元全部存在交通银行。浦发银行成立时遇到困难，需要存款，我们也积极帮助他们解决困难。在我们融资的过程中，上国投是无名英雄，在我们最艰苦的日子里雪中送炭，我们永远也不会忘记。

再次，前任做的事情，成绩要充分肯定，有不足的地方要悄悄改进和弥补。这个世界是长江后浪推前浪，青出于蓝而胜于蓝，后任应尊重历史。国有企业最怕内耗，要团结一致从发展的眼光看前景，这样才能更上一层楼，使浦东金桥未来的发展更美好。

此生无悔入金桥

【口述前记】

池洪，1965年2月出生。1990年12月至1994年9月，历任上海市金桥出口加工区开发公司总经理秘书、办公室主任助理、副主任、主任；1994年9月至1997年3月，任上海金桥出口加工区联合发展有限公司总经理助理、副总经理，上海金桥出口加工区企业发展总公司总经理；1997年3月至1998年6月，任上海金桥（集团）有限公司总经理助理。1998年7月至2003年1月，任上海市外高桥保税区三联发展有限公司党委委员、副总经理、总经理。2003年1月至2011年5月，先后任虹口区委常委、副区长，上海市发展和改革委员会党组成员、副主任。2011年5月至今，先后任上海国盛（集团）有限公司党委副书记、总裁，东浩兰生（集团）有限公司党委副书记、总裁，长江经济联合发展（集团）股份有限公司党委书记、董事长。

口述：池洪

采访：年士萍、严亚南

整理：严亚南

时间：2020 年 3 月 13 日

我是 1984 年大学毕业来上海读研究生，1987 年硕士毕业，1990 年工学博士毕业。1990 年 4 月 18 日，党中央、国务院宣布浦东开发开放的时候，我正好博士即将毕业。9 月，浦东金桥、外高桥、陆家嘴三大开发公司成立，引起了我的关注，听说金桥开发公司第一次招聘应届毕业生，我就去应聘。后来经过面试，我被录取了，报到时才知道一共有两位硕士、两位博士被同一批录用。

1990 年 12 月，我到金桥开发公司上班的时候，公司在浦东由由饭店。那时候由由饭店的五楼是陆家嘴金融贸易区开发公司，六楼是金桥出口加工区开发公司，七楼是外高桥保税区开发公司。浦东最初成立的三家开发公司都在这幢楼里，这里也就成了我开启职业生涯、投身浦东开发开放的起点。我在金桥开发区工作了八年多，亲眼目睹了金桥“一年一个样，三年大变样”的飞速发展，在浦东开放开放 30 周年之际回顾这段工作经历，特别有意义。在我看来，金桥开发区之所以能发生翻天覆地的变化，有五方面经验值得回顾总结。

经验一：以战略规划统领金桥发展

开发区的建设要一张蓝图干到底，那蓝图是什么呢？蓝图就是战略与规划。朱晓明总经理作为金桥开发公司的首任总经理，一上任就开始编制《论金桥出口加工区开发与规划的战略》。为什么要撰写这份战略规划呢？

首先，因为金桥开发公司的员工来自五湖四海。公司的领导班子成员也都是经组织调动，来自不同单位。朱晓明总经理原来是上海市纺织局副局长，周伯华副总经理原来是上海溶剂厂厂长，丁文虎副总经理原来是川沙县建设局局长，严和海副总经理原来是上海五矿进出口公司副总经理。领导班子一正三副四位成员都没干过开发区。金桥开发区怎么做？大家都没概念。朱晓明总经理撰写的这份战略规划，既包括了金桥出口加工区总体规划、专项规划的指导思想，也包括了金桥开发公司的组织架构、发展战略等内容，并且设专门章节阐述出口加工区的由来、背景、特点以及出口加工区与国内当时的经济技术开发区的异同，国外案例与经验等，对统一金桥开发公司干部员工的思想，提升大家对出口加工区的认识至关重要。

其次，这份战略规划对宣传、介绍金桥出口加工区非常重要。因为那时候金桥出口加工区还是一片农田，如何让投资者、合作伙伴相信这里有美好的未来？与其口头讲，不如写出来，让人看到一个经过系统思考、有说服力的规划，特别对来自欧美日等发达国家的投资者，更是“对症下药”与意外惊喜，因为他们发现金桥开发公司用一样的理念、方法与他们对话。所以，编制战略和规划，对我们宣传、介绍金桥，对提升金桥的影响力，对招商引资有很大帮助。

第三，这份战略规划具有很好的前瞻性和科学性。20 世纪 80 年代，南方沿海地区引进了大量的三资企业，以“三来一补”的方式生产劳动力密集型产品。金桥是模仿，还是跨越？模仿有现成的模式与业态，难度小、风险少。跨越需要明确方向，发展什么？如何实现？朱晓明总经理在 1990 年底制定的这份战略规划中作了明确的回答，提出了“在积极参与亚太地区第二次产业梯度转移中，争取最大限度地获取‘后发性’利益”的发展方针，明确了中高档产品进口替代、中档产品出口导向的产业定位，要求聚焦现代通信、家用电器、食品医药、汽车及零部件等等金桥出口加工区重点发展产业引进项目。对于这些产业，金桥开发公司领导与招商部门积极主动去寻找项目信息，千方百计让它落地，同时对落地项目的规划、建设提出要求，这样自然而然就抬高了进区投资项目的门槛，也阻挡了低端项目的进入，对金桥后续产业的发展起了关键的作用。

在项目落地的时候，朱总还要求集约化布局，一是要考虑产业需求与基础设施的容量匹配；二是要考虑产业相互之间的相容性，也就是要注重产业生态，尽可能为他们提供便捷的上下游产业的互动和合作，避免产业之间的不相容。比如说食品医药项目的周边环境要求干净、没有污染，因此就不适合放一些可能会产生污染物的产业。这也是金桥公司坚持产业按大区块集聚的创新之举。如果当时我们欠缺长远考虑“摊大饼式”的安排，就不可能形成好的产业生态。

对于产业生态，我们当时是从两个维度来思考的，一个维度是正相关维度，要大力地去强化，使得产业之间能相互配合，协作更加便捷、高效；另外一个维度是负相关维度，要尽量去减少、降低这种负相关性，使得企业与企业之间的相互干扰和负面影响大幅降低，这里就包括了环境问题、物流问题等。比如说，集成电路产业不仅要求比较洁净的环境，对抗震要求也非常高，要求周边没有大型车辆的通行，因此我们就不能够在它周边布局需要大容量物流进出的企业，否则就会严重影响集成电路企业的生产制造。

三十年过去了，实践证明这份融合前瞻性、科学性与可操作性的战略规划，对开发区的可持续发展起到了非常重要的作用。

经验二：激活土地资本筹措建设资金

金桥开发区的首期开发面积是4平方公里，这4平方公里都是毛地。开发公司首先要做的事情就是征用农民土地。要征用农民土地，就要给农民补偿，包括青苗补偿费、土地征用费等。另外，还要建造动迁房，用以安置农民。农民原来是以种地为生，如今土地被征用，生计没有着落，我们还要尽可能为他们安排工作。对年长的不能再工作的，要每个月支付生活费。这些，统统都需要钱。

在征地动迁之前统计给农民的青苗补偿

金桥的开发建设，按当时的土地开发成本测算，一个平方公里需要7亿—8亿元的投入，所以募集资金就成为一个很重大的挑战和任务。金桥开发公司筹措资金的第一步是上海国际信托投资公司代表市政府注资3000万元，再以每平方米土地60元的作价，通过“支票背书、土地空转”的方式获得了金桥开发区4平方公里土地的开发权，这样金桥开发公司的资本金就有2.7亿元。第二步，是以2.7亿元资本金引进四大银行的2亿元资金，总计4.7亿元资本金组建了上海市金桥联合投资开发公司（以下简称“联投公司”），这样就从一个市政府全资的上海市金桥出口加工区开发公司发展为中中合资企业。第三步，以联投公司的4.7亿元资本金占股75%，与中银集团（香港）有限公司、招商局集团合资成立了中外合资的上海金桥出口加工区联合发展有限公司（以下简称“联发公司”），其中，中银集团（香港）有限公司占15%股权，招商局占10%的股权。中外合资公司的成立进一步缓解了公司资金紧张的困局。

但是，开发资金紧张始终是浦东几家开发公司面临的一大挑战。我记得1992年，我们去向当时的市建委主任吴祥明汇报。吴祥明主任说：“我也没钱，要不这样，我给你们‘粮票’。”什么“粮票”呢？他说：“你们发行股票吧”。当时听说上市可以筹到钱，也没想那么多，那就上市。1992年，公司启动上市募资工作，先A股，后B股，发行股票募集资金。当时所有的焦点都在为开发建设筹集资金，没想太多，后来才发现，上市伴随着资本市场投资者对上市公司业绩回报的压力。联发公司的外方说：“我们投资的钱是要有回报的，我们需要利润，需要分红。”

从1990年到2002年，金桥开发区的工业地价基本没涨过，而且出让价格和土地开发成本经常倒挂。项目投资额越大、技术水平越高，地价就越便宜，当时的工业地块，经常卖一块亏一块。在金桥开发区里面，所有“七通一平”基础设施都是金桥开发公司投资的，包括路、桥及其下面所有的管线，还有雨水泵站、污水泵站、3.5万伏变电站等，这些设施规划、设计水平又很高，投资建设完成以后，金桥公司无偿移交给专业运营机构。比如3.5万伏变电站建成以后，移交给供电局运营，这笔投资成本无法直接收回，需要计入土地开发成本。因此，金桥公司大量的资金都沉淀在开发区内的基础设施里。

由于工业地块的出让价格长期难以覆盖土地开发成本，从1990年金桥开发公司成立开始，就一直面临资金筹措、开发建设和招商引资、业绩回报的压力，这些压力一直持续到2003年，随着上海城市化进程和房地产业的发展，地价、房价迅速上升，金桥开发公司资金、业绩的压力逐步减轻。

事实上，金桥公司引进中外方股东，不仅筹措到了非常珍贵的开发建设初期资金，而且接触、学习、引入了国外先进的企业经营理念和方法。同时，也正因为中外投资者股东有很强的业绩回报要求，倒逼金桥公司干部员工持续艰苦创业，不断强化管理、降低成本、提高效率，金桥开发公司发展成为有很强核心能力与竞争力的浦东王牌军之一。

经验三：创新开发建设的模式

金桥生活区的开发建设在 1993 年就启动了。金桥开发区首期规划开发的区域内，西面是生活区——碧云社区，中间是一个以绿化为主的办公区域，就是现在的新金桥大厦所在地，包括对面的 Office Park；过了新金桥路就是工

金桥碧云别墅

业园区。

朱晓明担任总经理的时候，就已经启动了金桥生活区的开发建设。而且采取了先引进教育、卫生设施再做房地产开发的逆向开发思路，公司先后引进了宋庆龄幼儿园、平和双语学校、中欧国际工商管理学院这三所标杆性的学校，还有华山医院东院、瑞金医院东院等优质医疗资源。杨小明担任总经理后，引进了家乐福大型超市、美格菲体育休闲中心，还有协和国际学校等，又建了一座天主教堂、一座基督教堂。因为生活区居住者最关心的就是生病就医以及孩子的教育问题，有宗教信仰的人还关心做礼拜的问题。随着这些高端教育、医疗资源及其他国际化生活服务设施的引入，碧云国际化社区的生活环境有了雏形。

在碧云社区开发建设中，特别值得一提的是碧云别墅项目。在策划碧云社区住宅项目时，是建高端物业，还是建中端物业，有不同的意见。当时（1996年）上海的房地产市场还在沉睡，浦东以陆家嘴为核心向外辐射的城市化还远远没有延伸到金桥生活区，现在知名的联洋社区还没有影子，在农田环绕的金桥生活区建设、经营高端住宅项目，风险很高。杨小明总经理决定投资建设高端住宅，以国际家庭为客户对象，魄力确实很大。有一天我接待了一位澳大利亚来的城市规划师，我向他介绍了金桥开发区和准备开展的生活区国际招标项目，他回国后不久就递交了项目规划方案，岛水相间、墅树相衬，每栋别墅均享有绿地和水景，绿化率高达70%，人和自然和谐的低密度、高品位规划方案一下子就吸引了我们的眼球，在参与竞标的四个方案中脱颖而出。在项目实施过程中，杨小明总经理创新提出先造景（人工岛）、再种树、后建屋的建设思路，以及“只租不售”的经营思路，保证了碧云别墅项目在小区环境、房屋品质、客户群体和物业管理等方面的完美组合，在市场上取得了极大的成功，成为碧云国际社区的旗舰项目。碧云别墅建成以后，金桥公司又投资建设了碧云公寓。两个碧云项目的成功，极大地提振了市场信心，后来陆续有外资、中资房地产开发商来碧云社区投资，外资企业外籍高管、海归华人趋之若鹜，纷纷入住碧云国际社区。

经验四：注重提升金桥的对外形象

1990 年 12 月，我到金桥开发公司工作。几个月后，我担任总经理秘书兼办公室机要秘书。除了服务总经理之外，我还负责机要文件的收发、传真件的登记，包括订机票、订酒店等服务工作。

在我在办公室工作期间，公司差不多隔一年多就要换个办公地点。1990 年 9 月，公司刚成立的时候，在由由饭店办公。1991 年，公司搬到位于杨浦大桥桥堍下的申佳宾馆，这里原是海军 4805 厂的招待所。那时的金桥开发区是一个原生态的农村，开发区内最宽的一条路就是路幅 10 米的上川路，没有适合办公的楼宇，进出交通也很不方便，不具备马上入驻办公的条件。为了方便工作，我们就搬到了离金桥出口加工区近一些的申佳宾馆。在申佳宾馆办公的时候，公司的主要任务是研究、编制各种各样的规划，特别是总体规划和专项规划，做征地动迁的前期准备工作，策划基础设施建设。

在申佳宾馆工作了一年多，就搬到了位于金桥出口加工区里原属上海禽蛋公司的一个养鸡场。我们把养鸡场作了简单装修后就搬过去了，这个养鸡场后来成为杉达大学最初的校址，也是现在金桥集团总部所在地。到 1993 年，金桥开发公司自建了一幢办公楼粼粼大厦，我们就从养鸡场搬了过去。在粼粼大厦工作了三年后，新金桥大厦落成，公司总部迁入后将粼粼大厦整体转让给了农业银行。从由由饭店到申佳宾馆，到养鸡场，到粼粼大厦，再

新金桥大厦

到新金桥大厦，金桥开发公司办公场地数易其址，这个过程也显示了公司不断发展的轨迹和公司实力的增长。但无论在哪里办公，打造良好的公司形象，始终坚持不懈。比如那时候的电话总机都是人工接线的，朱晓明总经理要求所有打到金桥公司总机的电话，铃响 3 次必须接起来，这是一个细节，但这个细节反映了金桥公司的与众不同。

在办公室工作期间，还有一项很重要的工作，就是接待方方面面的领导、国外政要及其他重要的来访团组及客商。公司将这项工作视为提升公司知名度和国际影响力的重要抓手，予以高度重视，并在办公室配备了专门的接待人员。由于党和国家领导人非常关心金桥，每年都要来视察工作进度，所以我在办公室工作期间，参与接待的党和国家领导人非常多。从 1992 年至 1997 年，时任中共中央总书记江泽民同志曾六次视察金桥，李鹏、朱镕基、乔石、李瑞环、胡锦涛等中央政治局常委都多次视察金桥。每一次党和国家领导人的到来，都是对浦东开发开放的关心和支持，都是对我们工作的肯定，能极大地提振公司上上下下的信心。

金桥是制造业先行，是浦东最早出形象、出功能的地区，拿现在的话讲，是最早有显示度的。那时候，凡是到上海来的国外政要，市里一般都会安排他们来金桥参观。大量国外政要来访，迅速提升了金桥的国际知名度和影响力。我记得，在办公室工作期间，由我直接参与安排并近距离接待的国外副总理以上的政要有72位，包括德国总理科尔，日本首相村山富士、细川护熙，以色列总理拉宾等。

在参与接待的过程中，有一些事给我留下了深刻印象。我清楚地记得，1993年5月11日，江泽民总书记第二次视察金桥开发区，在金桥公司模型室发表了《中央开发和开放浦东的政策四坚定不移的，不会改变的》的重要讲话。在接待以色列总理拉宾时，我才28岁，第一次强烈感受到国外政要安保措施之严苛，安保人员装备之精良，我第一次见到每个安保人员的耳朵里都塞有小耳麦。日本首相细川护熙来金桥访问前，我们事先得知首相的书法写得不错，就给他准备了墨和毛笔。当时办公室的工作人员考虑到要服务好领导，在他来之前就用毛笔蘸好了墨，以便他提笔就能写。但碰巧那天，细川护熙首相的行程延后了，到我们模型室的时候晚了半个小时，结果在他拿起毛笔准备题词的时候，发现毛笔干了。事后，朱晓明总经理告诫我们，今后对这种细节问题要考虑得更周全些。

此外，组织宣传报道也是办公室的一项硬任务。在浦东开发开放初期，金桥并不那么知名，要吸引关注就要加大宣传报道力度。当时，朱晓明总经理一直有一种紧迫感，要求金桥出口加工区在浦东率先有影响力。因此，对金桥出口加工区和金桥开发公司在媒体的曝光率有量化要求，要求经常“报纸上见文字，电视里见图像，电台里有声音”，这对我们来讲，既是压力也是动力。当时公司要求，对每一个项目的签约、奠基、开工、竣工活动都要进行报道，这样我们就需要频繁地邀请报社、电视台和电台的记者。但是因为全市发展的热点很多，所以要做到件件有报道，确实不容易，媒体的记者、编辑非常支持，给了许多帮助。

经验五：重视人才战略和企业文化

金桥开发公司从一开始就很重视人才发展战略，将其视作公司的核心竞争力。正因为重视人才，所以我很幸运地成为金桥开发公司第一批招录的四位应届毕业生之一。

在金桥开发公司，专业的事交给专业的人来做是一条原则。1990 年公司成立的时候，朱晓明总经理就要求公司人事部从上海各大经济口，特别是产业部门去招聘、引进干部人才。公司先后从当时的市经委、市科委、市教委、机电局、仪电局、纺织局、轻工局等部门和国有企业引进专业干部，这些人熟悉行业，信息渠道和人脉广阔，能迅速获取上海企业各种合资、投资信息，并开展艰苦但富有成效的招商引资工作。中比合资的贝尔程控交换机、中日合资的日立电器、上汽集团和美国通用汽车公司合资的上海通用汽车、德国西门子移动电话基站、日本夏普家用电器、理光传真机，还有美国惠尔浦洗衣机、惠普计算机、柯达，庄臣、可口可乐等项目在他们的努力下先后落户金桥开发区。

在浦东开发开放初期，工作条件非常艰苦，但大家身上都有一种激情。他们离开浦西的工作岗位到地方偏远的浦东金桥，每天扑在开发区，没日没夜地干。特别是朱晓明总经理以身作则，全身心投入和付出的精神确实感染了公司上上下下。他在金桥工作5年，累到两次住医院。他的眼界和胸怀，令人折服。他对青年员工的关爱、培养和指导，令我们受益终身。以金桥开发公司办公室为例，20世纪90年代初在办公室工作过的员工，郭伟、桂华况、陈建明、陈恩华、杨晓、戴红、陈建勋、朱宏伟、伊琳、黄静、丁邵琼、吉方等，都在此得到了历练，为后续成长发展打下了很好的基础。30年来，金桥开发公司为浦东新区、为上海培育、输送了许多干部和人才。

金桥开发区的辉煌是一代代金桥人“五加二、白加黑”干出来的，其中蕴含着一代代金桥人的奉献精神和创新能力，蕴含着一代代金桥人的与时俱进、追求卓越，蕴含着一代代金桥人的以人为本、精心运营，这也是金桥公司企业文化的底色。

依靠人才、拼搏和创新
旋劣转优、异军突起

【口述前记】

陈建明，1954年9月出生。曾在上海市汽车运输公司下属车队任装卸工、汽车修理工，基层团支书、团委书记等职。1990年12月至1999年2月，先后任金桥出口加工区开发公司人事部科员、办公室秘书、主任，研究室主任，投资管理部总经理，财务结算中心主任，副总经济师及公司党委委员等职。1999年2月至2016年，先后任职上海市人大常委会办公厅正处级机要秘书、上海化工区发展公司总经理助理、总经济师。

口述：陈建明

采访：年士萍、唐旻红

整理：唐旻红

时间：2019年11月2日下午、29日上午

1990年，党中央、国务院向全国、全世界宣布了开发开放浦东的重大决定，立即引起了国内外的深刻回响和热烈关注。当时我在上海市汽车运输服务公司工作，担任组织科主持工作的副科长。周边的同事、同志们都在纷纷议论浦东开发开放的事宜。大家似乎觉得浦东的未来可能就是深圳、珠海。但到底怎样发展，怎样开发，怎样开放，还是模模糊糊讲不清。“宁要浦西一张床，不要浦东一套房”，传统的浦东是乡下和落后，这种意识还是深深影响着大家。所以，虽然党中央、国务院宣布的浦东开发开放在国内外引起广泛关注和影响，上海以及我周边的同志们，反应也很热烈，但当时真正踊跃奔赴浦东，参与浦东开发开放的激情，并未像后来那样，被完全激发出来。

当然作为我个人来说呢，当时对浦东开发开放，还是非常向往的。主要是我看到浦东开发开放是党中央、国务院的重大战略决策，也是国策。它的开发建设有一个过程，但它的目标、方向一定像深圳、珠海那样，甚至会超越深圳和珠海。因为我1985年的时候曾经去过深圳、珠海，那里所迸发出来的改革开放思想意识，以及突破传统、不拘一格用人才的人才观、价值观，市场经济释放出来的巨大潜能、快速的经济发展，都令我深深震撼。

反观当时我们部分传统国企，相对落后甚至萧条，思想观念、管理模式比较迟滞，经营境况比较艰难，还有大量的企业人员下岗，或等待下岗。所

以当时我觉得浦东开发开放是一个伟大的事业。当时我过去的大学同学，在市委组织部工作，组织部正好也在选拔推荐干部参与浦东开发。就这样，自己在同学的推荐下，在金桥开发公司的政策感召下，经过了政审、考核，最后在1990年的12月份，我到了上海金桥出口加工区开发公司，正式投入了浦东的开发开放。

不拘一格“抢”人才、“用”人才

我到金桥开发公司的第一份工作是人事部的主任科员。这个职务现在想来有点奇怪，企业怎么按公务员来确定职级？这是考虑到，当时调选人才需要照顾到大多数同志是从国企和机关来的人才，心理的认同和调整的确需要有个过程，所以也算暂时按传统的干部管理模式来过渡。我们第一批去的基本都是如此。

记得当时金桥公司刚开张，没钱，借了200万元作为行政开支，所以像我这样原单位比较支持的还是原单位发工资，个别原单位实在不肯，就商量垫付，等金桥公司有钱了还给他们，这种状况持续有两年时间。最初到金桥创业的一批同志，工作很累，但工资待遇并不高，原单位能够给你基本的一些工资奖金就已经很不错了。主要还是靠浦东发展的前景和能发挥才能的岗位来吸引人。

当时，国务院出台了开发开放的方针政策，上海市委、市政府也在积极的具体贯彻落实中。我记得当时出了十大政策，包括15%的所得税优惠、两免三减半、允许外商办三产、允许外商在保税区从事转口贸易、允许增设外资银行、土地使用权有偿转让等。政策是出来了，但是在具体的执行和落实，还是有一个认识和实践过程。我记得有许多在浦西工作的同志到浦东去一看，都是农田、农舍，就是一个乡下，社办厂、养鸡养鸭场、牛棚猪圈、鱼塘，一下雨就水一脚泥一脚的，什么时候才能实现宏伟目标、伟大理想？大家虽对未来充满信心，但当时还是有疑惑有顾虑的。犹豫、观望、等待，是早期引进人才的主要困难之一。

我们到金桥公司，一开始做干部调配选拔工作还是比较艰苦的。往往一个人就要谈好几次，有的同志还要来实地看好几次。在当时那个新的历史时代，新的事业，新的公司，新的人事部门，新的干部政策，怎么来做？应有全新的人才引进思想，所以当时公司对引进人才拟定了两条主要的工作方法。

一是弘扬“四千精神”：千方百计、千言万语、千辛万苦、千山万水去引导人、说服人、感动人、带动人来参与浦东、参与金桥的开发建设。其间，既要谈远景、谈理想、谈事业、谈人生规划，也要谈引进人才的具体条件、措施和优惠政策。对此，我们花了很多工夫，有时为引进一个人才，可能就要跑十次二十次。

那是在1991年，朱晓明总经理去美国参加一个短期的培训班，大概也就一两个礼拜的时间，他做了两件事情。

第一件事情，是他事后把一位培训老师，一位在美国，在规划思想、理念及规划实践上都是非常有影响的规划专家，请到了金桥，给我们全体，几十个员工，扎实地上了几堂课：为什么要做规划？当代规划的理念是什么？区域经济的规划如何打造？如此等等，进一步提高了大家对规划领先重要性、基础性、实践性的认识。

另一件，就是从陕西西安设计院挖来一个工程师、规划专家，周绍拯，大概是65届的大学生，原来是上海人，好像大学毕业后分配到西安，当时可能也正作为访问学者到美国参加这个培训。朱总从美国回来后，带我们反反复复做了许多工作，真是千方百计、千言万语、千山万水啊，不仅把他挖到金桥，而且还帮助把他家人也调到上海。后来金桥的那本规划图册就是在他的具体主持下完成的。

二是选拔人才强调专业，强调实践，强调能解决开发建设迫在眉睫的具体问题。这方面，我们当时有两个“不拘一格”。第一个是不拘一格“抢”人才，“抢”规划领先方面的专家，像周绍拯；“抢”基本建设方面的专家，比如我们抢到了早期基础建设上的三位专家，这是非常不容易的一件事情。

第一位是袁深扬，在建设工地上工作40多年，曾经负责了许多很有名的项目，包括援外工程，比如约旦的皇宫建设、荷兰的中国项目。他离开荷兰时，荷兰的副首相还和他一起合影。还如贵州的大三线国防工程等。回上海后，他曾一度负责市政府重大工程，在黄浦江两岸许多建筑都留下了身影和汗水。像这样一个同志，被我们抢过来了。我记得他是担任第二任工程部经理，为金桥早期的基础设施建设花了大量心血。

在建中的金桥大厦

第二位是王泽仁，是上海两座大桥——杨浦和南浦两座斜拉桥的建设功臣。两座桥一造好，就被我们挖了过来。

第三位是袁峰，钢结构大厦建

设专家。我们当时挖他过来也是非常不容易的，好像改革开放后我们自己建设的上海第一座钢结构高级商务楼国贸大厦，其钢结构就是他负责的。他那边一做好，我们就通过各种关系、各种渠道，把他挖了过来，过程是非常艰难的。为什么呢？金桥开发区有许多大楼等着他来盖，现在金桥最高的楼——新金桥大厦，就是他负责建造的。

在抢人才方面，当时三大开发公司里，金桥公司最突出的就是抢大学毕业生。本科生肯定是要进一大批的，抢博士抢硕士我们是最积极的。1990 年 7 月份，我们的班子成员才刚刚一个个到位，到 11 月份的时候，我们已经招了博士、硕士。我记得 1990 年我们就抢到两个博士，一位是当年上海交通大学毕业的王涛；还有一位东华大学的池洪，很年轻，才 25 岁。当年的硕士生也进来了七八个。人家都认为开发区需要的是紧缺人才，你们怎么抢应届研究生？只有我们金桥这么做。我们认为，博士虽不一定能马上派用场，但作为衔接的高端储备人才，未来的发展一定需要。

在人才结构上，金桥公司坚持老中青相结合。老的出谋划策，中的实践经验，但更需要青年人冲在第一线。当时要把这些人才引进来，其实是蛮困难的。我自己在人事部工作，深有体会，跑了几十个、上百个企业，和无数人谈，有的谈成功，也有的没有谈成。

当时外地的硕士、博士，户口问题无法马上解决，但我们人事部门是有承诺的，并千方百计尽快去解决。随着上海人才制度的逐步完善，两三年之后都解决了。

我们的第二个“不拘一格”，在于“用”人才，老中青搭配合理，且都能发挥各自优势和特长。班子成员本身也是老中青搭配，比如杨云良、叶廉芳、白文康，朱晓明、柳孝平，罗伟德等的老中青搭配。

首先是充分发挥老同志的潜力，让他们做好传帮带。经历过八九十年代的人都知道，当年讲干部年轻化，到了50岁基本就不提干了，甚至还要你下来，后面年轻的30多岁的同志上去。我们到了浦东以后大吃一惊。公司有两个副总，都是55岁。杨云良同志，我们人事部的第一任经理，以前是十多万人的大公司——上海印染公司的党委副书记。还有一位叶廉芳同志，他比杨云良还大一些，是财务方面的专家。他们有实践经验，到浦东金桥一样能焕发青春。杨云良同志长期搞干部人事工作，来了之后，他“抢”人才那个活呀，人脉也广，对金桥早期的人才引进贡献很大。叶廉芳同志来了之后，具体分管财务工作和筹建上市公司。这种财务上的经验，确实需要老同志，年轻人没这么快上手的。还有就是老专家，比如60岁的白文康，副总经济师郑毓琪等。

反过来对年轻人呢，也是充分培养、破格提拔。比如我们刚讲到的池洪同志，1990年来的时候还只是个刚毕业的博士，3年后，1993年，他就担任了上海金桥出口加工区开发公司办公室主任了。之后不久，下面成立一个新公司，又派池洪去做总经理，在第一线锻炼。还有罗伟德、柳孝平任副总都不到40岁。后来的实践证明用得都对。

这种大胆勇敢的用人措施，在整个上海都很少有，就是在深圳我想也很少。说明什么？说明金桥公司思想解放，不拘一格用人才。我本人的工作经历也是很好的说明。我在金桥公司第二份工作是办公室的秘书，然后是办公室副主任、主任，研究室主任，1994年任公司党委委员，1995年任公司副总经济师，从行政转到了经济。从原单位的副科到金桥的正科，后来只四五年时间就到了相当于正处的岗位，连我自己也非常吃惊。所以就我的亲身体会，浦东金桥，对国家而言是一个改革开放的战略基地，对个人而言，则是学习、锻炼、成长的一个非常非常好的舞台。

四个故事演绎“四个一点”创业精神

在金桥出口加工区早期开发建设中，我觉得另一个值得书写的，就是当年的那种艰苦而又坚韧不拔的创业精神。

在早期浦东开发的三大开发公司中，先天条件最差的是金桥。陆家嘴叫金融贸易区，金融贸易这4个字本身就熠熠生辉，给人感觉就像华尔街和香港，当年也确实是以此为目标。而且陆家嘴地理位置离外滩又近，就隔一条黄浦江，看得见，摸得着，“地利”上比我们金桥远远有优势。论“天时”呢，自然是外高桥保税区啊，人们的印象和概念就是中国大陆第一个自由贸易区，是一个“境内关外”的概念，很容易让人联想到新加坡、香港，用今天的话来说是非常“吸引人眼球”的。

所以说，在浦东开发的初期，无论在人才引进，还是项目投资上，金桥的基础、条件都更差，要面临更大的困难与挑战。加之浦东开发开放，“一年一个样、三年大变样”，全市人民也在看着我们，上海市委、市政府的要求又非常高，公司领导们压力也是非常大。但为什么后来金桥开发区反而走得最快？我想也是压力使然、拼搏使然吧？我总结了公司奋斗的“四个一点”：胆子再大一点，办法再多一点，步子再快一点，勤奋努力更拼一点。金桥公司要比陆家嘴、要比外高桥更加努力，更加拼搏，才能完成上海市委、市政府交给我们的艰巨任务。这里我讲几个小故事。

第一个故事，1991年，香港中银集团、招商局到浦东。当时由由饭店有3层楼面分别是我们3个开发公司，5楼是陆家嘴开发公司，6楼是金桥开发公司，7楼是外高桥开发公司。香港中银集团和招商局去了5楼后，经过6楼金桥公司，过门而不入，就直奔7楼外高桥公司，谈港资和陆家嘴与外高桥如何来联合开发。我们从领导到员工，看在眼里，急在心里，决定主动出击——“你不理我，我来找你”，一次次地贴上去、迎上去，人盯人，持久战，牢牢黏住不放手，你跟陆家嘴、外高桥谈好了以后，我在他们门口等你，主动和你谈。就这样，通过很长时间的磨合，最终使他们感动，最后是我们三家公司一起签这个合同的，就是港资的中银集团、香港招商局出资金，我们三家拿出土地作为资本，分别联合成立一个联合发展公司，极大加快了三个开发区的开发建设。后来，中银和招商局的领导风趣地说：“你们金桥公司就像追情人一样地追求我们啊。”

第二个故事，是关于贝尔公司。1991 年，贝尔公司将在上海投新的项目，我们听到这个消息已经太晚，贝尔公司已和漕河泾开发区签署了有关程控交换机公司土地转让的意向书。当年的漕河泾开发区，经过近十年的开发，已初具规模，基本成型，成气候了。而金桥才刚启动，只是一块土地，刚刚开始基础设施建设。论专业，漕河泾叫高新科技园区，贝尔项目可说“对号入座”。而金桥叫出口加工区，又容易引起误解，人家以为你是传统企业，低技术劳动密集型企业的聚集地。所以很多人说，算了吧，他们意向书也签了，我们再去做工作也晚了。但当时金桥开发公司不这样想，“市场经济还在于事在人为呢！”大家觉得不服气，还是要全力以赴去试试，于是全线出击，夜以继日，攻克项目，最后甚至“打”进了他们的中层干部会议厅，向他们慷慨陈词，做关于浦东开发的宣传，讲金桥的优势和未来，并立下军令状：保证在你贝尔公司规定的期限内交出所需的工业用地。最后，由于我们的真诚、努力，谈判终于获得了突破。两年后，在金桥开发区，贝尔漂亮的钢结构厂房熠熠生辉，就像是金桥人拼搏的丰碑。

第三个故事，1992 年，公司听说国家正在研究布局传真机生产基地，上海听到这个消息后，迅速行动，刘振元副市长带一个小组到北京去争取项目。

这件事情其实和我们没有关系，我们也不是在北京争取项目小组的成员。但我们一听到这个消息，马上也买了机票跟着一起到了北京。在刘振元副市长那个代表团在向北京、向中央争取这个项目、宣传上海的同时，我们就跟着他们代表，一旦这个项目定在上海，就争取把这个项目基地定在金桥开发区，“如果你放在上海的话，我们金桥欢迎你们！”我们拿出了一套北京和上海都满意的方案。最后，上海市把这个项目争取到了，我们又争取到这一产业基地项目落户在我们金桥。当时我虽不在招商这块，没有一起去，但对这件事印象很深。

第四个故事，是讲公司顾问白文康同志。他原是上海市经委工业处的处长，对上海的工业很熟悉。那天，他已经在下班路上，听说市领导在宴请丹麦的企业家，也来不及跟公司领导商议，就直奔市政府招待外宾的宴会厅，请酒店服务员找到了那位丹麦企业家的桌号，拿个椅子在那位企业家边上坐下来，拿出金桥的宣传资料，向企业家滔滔不绝地宣传起金桥开发来，而全然不顾自己身处市政府的宴会厅，周围宾客云集，面面相觑，然而又不无敬佩金桥开发区的拼搏精神。

应该说，当时金桥领导干部的奉献精神、带头作用，是最重要的。我作为办公室主任，感同身受。朱晓明总经理经常很晚回家，那时通讯不像今天发达，他爱人担心他身体，常半夜到公司来催他回家。有时见到我们，总是希望我们也能关心他按时吃药。还记得1992年，好像是下半年，冬天，朱总发高烧，撑到第三天进了瑞金医院。但当时他已经和美国医疗保险公司约好了，要到美国去开会，谈在金桥建立合资医院。去还是不去？结果，他家也没回，在医院直接拔掉吊针去了机场。

当时领导干部这种表率，确实激发了青年人，也包括我们。1994年，黄菊同志出访，朱晓明总经理也是代表团成员。为了宣传好金桥开发区，他希望能编订一本宣传画册。金桥1990年开张，1991年开始规划，真正实际动工是1991年底1992年初，到1994年的时候，才3年多，怎么做画册呢？我接到这个任务，两个多月，50多个晚上，每天下了班八九点钟就直接冲到广告公司，就跟他们每天一起设计图片、内容、版块、篇头、结尾，最后翻译。最晚的时候弄到次日天亮，最后终于在领导出访前完成了《崛起的金桥》画册，成为代表团的礼物之一，向世界宣传浦东开发开放和金桥开发区的建设。

早期的金桥，可以说所有的干部，所有的员工，在公司班子的坚强领导下，都是充满激情、努力拼搏。所以金桥开发区才能在先天条件不如陆家嘴和外高桥的情况下，靠着“四个一点”，做到了一年一个样，三年大变样，异军突起，最早出成果。当年王安德同志在一次和朱晓明同志会后聊天时，就曾调侃地说：晓明啊，现在金桥走在前头，这5年看你，那5年后你就看我的了啊！所以在三个开发公司的起步阶段，当时的金桥确实走得快，成绩最突出。这也是响应市领导要求浦东开发要高起点、高标准、高速度，对上海人民、对党中央要有个交代的号召。我觉得这是公司班子领导和全体员工共同努力的结果。

高起点开发建设原创、独创四项成果

接下来我要谈的，是早期金桥在全国经济开发区中的原创性、独创性。主要有四项成果。

首先，是首创规划领先、战略先行，这是金桥能够逆势而起的关键。公司领导层面就极为重视规划。1991年，在公司基础设施建设全面启动前，就全力以赴地进行开发区的规划编制，以期待建设一个更科学、更合理、更规

金桥出口加工区规划模型

范、能够面向21世纪的新型开发区。但当时上海的改革开放在推进，浦东的开发在兴起，上海城市规划设计院任务很重，顾及不暇，而我们的开发建设迫在眉睫，规划领先，但图纸不出来，怎么办？于是我们想了个办法，在一个小型酒店租了几个客房，把床什么撤掉，搬进几个工作台，请规划院的工程设计师晚上过来，加班为我们的规划编制。当时的设计还不是现在的电脑制图，当时都手工画图。我们都准备好工具材料，做好后勤，让他们集中精力加班。最有意思的，那时我们基本都晚上八九点钟才下班回家，这时，每每看到朱晓明总经理拎着水果点心出门，我们就知道，“朱老板今天晚上又要到酒店去削铅笔、去‘慰问’了”。他往往以慰问的名义，聊几句，守在那边，给那些加班的工程师削铅笔倒茶水，其实是督促他们加快设计，也顺便交流一些规划思路。规划院的工程师们也都蛮感动的，背后都翘着拇指说“你们老板，行！”

金桥作为工业开发区，怎样体现现代高新技术的工业开发区？在浦东这样一个区域里面做工业开发区，怎么个做法？金桥写出了当时全国经济开发区中的第一本《论金桥出口加工区开发与规划战略》，从一开始就提出了四个面向，即面向21世纪、面向国际、面向高新技术产业、面向现代化城市。这是一种高起点的战略智慧。它包括了基础设施建设规划、产业规划和社会发展规划。这三个规划下面具体还有二三十个具体操作层面的专业规划。像这样从大到中到小系统的规划，一般开发区没有这么考虑过，这在当时的全国绝无仅有。我觉得不要说当时，就今天的很多开发区都不一定有这样的规划意识。

还有一个很重要的文件，是对这个规划加以完善、深化的，就是《浦东金桥迈向 21 世纪发展战略研究》。这两个规划出来以后，通过 30 年开发建设的实践，直到现在的发展成果，都证明了，金桥开发区建设总体上是沿着早期的发展思路、按照这一规划布局和建设的，基本没有脱离这个规划，在全

金桥的集中供热供电供气排放设施

国开发区中具有独特性、创新性、引领性。

那么第二个原创性、独创性成果，我个人觉得，就是金桥的一个烟囱、集中供热。

习近平总书记讲“绿水青山就是金山银山”。这就是现代中国的环境、环保理念。我们金桥践行这个理念很早，早在浦东开发的20世纪90年代初期，就在践行这个环保理念，并贯彻在整个开发建设的进程中。我觉得这是非常了不起的。现在讲起来容易，但在当时，这样一个环保理念，绿色工业的理念，是非常前卫、非常先进的。此前中国只有两个版块的产业可能做得到，一个是大石化，一个是大钢企。但作为经济开发区，没有过这样的先例。就是在今天建开发区，也很难做到一个烟囱集中供热。所以，这一节能规划，要比那个分头供热要好得多，而且它排放出来的烟气指标，也远低于传统工业排放指标。

为此，金桥公司专门找了国外的公司，当年世界上最先进的、专业做环保的企业和我们合作。此后又不断进行设备改造升级，同时我们不允许任何企业随意排放。这也成为金桥“九通一平”之一。当时开发区差的园区有仅“三通一平”，好一点的园区有“五通一平”，一般最好的园区也仅有“七通一平”，而我们多了这个节能环保的集中供热一个“通”，和智能化的VSAT卫星通信服务系统一个“通”。我因为后来管过一段时间对外投资，在对外介绍金桥的现代工业园区时，就可以非常自豪地去交流这一先进的经验。当年很多国外工业家来投资，也是看中这一现代化的集中供热排放，认为甚至超过了国外的一些园区。所以说，这一举措是真正具有独创性和原创性的，对全国开发起到了引领性和示范性的作用，我们今天无论怎样评价它都不为过。现在想想，若不是它，如果是传统工业园区，技术不高的工厂企业，烟囱林立，环境污染，生态被破坏，那么在今日的浦东，这个位置，是绝对不可能保留着这样一个各种工业种类都有的工业园区的。

我觉得也正因为有了这样一个环境，为此后国际社区的建设打下了环境基础，像妇产科医院、华山医院、中欧国际工商学院等，才可能建在这样一个工业园区。所以说我们一开始这个规划真是非常了不起，就是面向 21 世纪、面向现代化城市。

第三个原创性、独创性成果，就是现代工业开发区与国际生活园区、生活社区联动发展。这在全国工业开发区、经济开发区中是首创，至今无人打破。人们会奇怪，搞工业开发区怎么会引进国际社区这个概念，怎么想到要引进医院、学校？这就要讲到，金桥在规划领先、战略先行这样一个指导思想下，首先厘清了四个关系，即现代工业区与高新技术园区的关系、与跨国公司的关系、与区域经济的关系、与现代城市的关系。

厘清了这四个关系，也就厘清了传统工业区与现代工业园的区别，以及高新技术企业与跨国公司的联系。要让现代工业区带动城市发展，以城市发展推进现代工业区的完善。所以在整个规划当中，把最好的地段留给了生活社区，而不是工业区，从而在最好地块建设了上海著名的国际社区——碧云别墅，真正做到了现代工业高科技化与社区生活国际化互为推进、互为建设、互为发展。后来碧云社区在上海、在全国也是出了名的。这也是金桥作为现代工业园区对上海、对全国开发区的示范和贡献。

那么第四个原创性、独创性成果，我觉得就是经济建设和社会建设同步发展、融合发展。或者用今天的话来说，就是用二产带动三产，而三产又服务于二产，真正做到了工业的高科技化、教育的现代化和系列化。在金桥开发区这样一个经济开发区里，有完整的学历教育，可以从幼儿园、小学、中学、大学，一直读到研究生，学校有宋庆龄幼儿园、平和双语、杉达、中欧，后又有协和国际、德威英国，医疗则有浦东华山、妇产科等。这又是一个全国首创，我觉得可以说是前无古人。金桥开发公司早期这四个方面的创新突破，它的原创性和独创性，非常值得今天的工业经济、区域经济的，包括地区经济的专家领导来关注和研究。

我本人在金桥 8 年，金桥开发至今 30 年。对金桥，我是既深感自豪，又深怀感情，离开金桥后也一直在关注、关心它的发展。我看了几个数据，不一定准确，大致能勾勒出金桥的发展概貌：入驻企业数近 4000 家；吸引外资数大概在 250 亿美元；2019 年年产值约 2400 亿元人民币；年营收可能达到 7200 亿元；年税收近 400 亿元，30 年累计下来，大概上交国家的税收在 4000 亿元左右。总的来说，在全国的开发区当中，金桥如果不是第一的话，那肯定能算一流，许多数据在全国都是排第一的。而对我个人来说，浦东金桥这 8 年的工作经历，在我 40 多年的工作经历中，可谓是最精彩、最艰苦也最难忘的。这 8 年，是我学习、锻炼的 8 年，转型、成长的 8 年。可以说是伟大的浦东开发开放，是艰苦拼搏的金桥建设事业，照亮了我的青春和理想，照亮了我的人生和事业。对此，我深怀感恩！

浦东大开发成就中国通信行业巨头——上海贝尔的发展之路

【口述前记】

李大来，1933年出生。曾在邮电部设计局、邮电部北京设计院、西安设计院工作。1984年开始参加筹建上海贝尔，是上海贝尔创立及搬迁浦东的历史亲历者。后历任上海贝尔中方总经理、董事长，上海贝岭公司副董事长等职。

【口述前记】

郭兰路，1952年出生。1989年至2000年，先后任上海贝尔有限公司生产部副经理、经理，中央计划部经理。

【口述前记】

张华贵，1942年出生。1990年至2000年，先后任上海贝尔生产部经理、工程部经理，上海贝尔浦东工程项目总指挥。

【口述前记】

朱懋，1962年出生。1984年进入上海贝尔。1991年担任浦东开发工作小组成员，后历任上海贝尔新产品领示经理、国际局扩容项目经理等。

口述：李大来、郭兰路、张华贵、朱懋

采访：年士萍、宋晓东

整理：宋晓东

时间：2019 年 10 月 29 日

过去外宾到了上海就要看浦东，到了浦东就要看上海贝尔。上海贝尔为什么这么有名？因为它是中国最早的一批合资企业，占据了中国程控交换机市场的 35%，其规模世界第一。上海贝尔一个企业交的利税相当于广东省的六分之一，被朱镕基亲切地称为“my baby”。上海贝尔的成就离不开浦东开发开放，是浦东开发开放使得上海贝尔发展成中国乃至世界知名的企业。

改革破局，贝尔诞生

邓小平南方谈话前，中国的通信产业特别落后，当时的电话普及率不到 0.5 部 / 百人。但这还不是最大的问题，最主要的困难是长途电话不行。当时打长途电话要先打到人工台，对面登记，帮你接过去，过一段时间才能打回来。比如一个人要和美国打个电话，不能直接接通，需要话务员先进行登记。登记好了之后，话务员再把美国那边接通，然后才能通话。这完全满足不了改革开放来华投资的外商的通信需求。通信产业的落后成了影响改革开放深入推进的一个大问题，亟待解决。当时哪个城市想改革开放，哪个城市想外资进来，都要有程控交换机。所以当时国内各大城市都想有一万门的程控交换机，有了万门程控交换机，外商就愿意进来。万门程控交换机变成了招商引资的好条件。

因此，改革开放要推进，国家首先考虑要发展通信产业，要改变中国落后的通信面貌。20 世纪 80 年代初，邮电部决定从国外引进数字程控交换机生产线。经过反复考虑，最后确定与比利时贝尔公司合作成立合资公司，生产数字程控电话交换设备。当时，数字程控交换机尚属于新生事物，我们国内大多数用的还是纵横制交换机。我们比较之后，果断选择了最新的 S12 系列数字程控交换机技术。从纵横制到步进式、到半电子、到全电子、再到数字式，要经过几代的发展，而我们直接从纵横式跨越到数字程控交换机。如果没有改革开放，我们还不知道要发展多少年。引进数字程控交换机虽然要面临掌握新技术的困难，但是这为我们后面保持技术优势长期的发展奠定了基础。1984 年 1 月 1 日，由中国邮电工业总公司、比利时贝尔公司和比利时王国合作基金会合资建立的上海贝尔电话设备制造有限公司正式成立，中方占股 60％。上海贝尔是中国最早的一批合资企业，编号第 008 号。1985 年 10 月，上海贝尔正式开工生产，年设计生产能力 30 万线。

抓好国产化，扭亏为盈

上海贝尔刚成立的时候，还是遇到了不少困难。这包括资金的压力、技术的问题，还有产品自身的竞争力问题。当时我们采用的大量进口零配件价格很高，产品没有优势，不好卖。而市场上的外国同类产品卖得却很好。因为外国产品销售时一方面有外国政府为客户提供贷款，解决他们的资金问题；另一方面还有很高的佣金回扣给到客户。而这些我们都没有，所以那时候上海贝尔的日子并不好过，持续亏损。

时任国务委员、中央财经领导小组组长张劲夫和时任国家经委副主任朱镕基当时定下了一个调子：要国产化，把成本降下来，把国内的需求拉起来。

朱镕基在上海的时候对我们的国产化抓得很紧。朱镕基对我们和上汽这两个重点企业提出要求，产量要搞得最高，成本要搞得最低。于是，我们开始从建立自己的原材料采购队伍、制订国产化计划及加速配套等方面入手进行零配件国产化努力。我们在互惠互利、技术共同进步的基础上，把大部分元器件和零部件的加工放到这些配套厂家，同时也利用自身的窗口作用，把这些厂家的产品介绍给其他海外客户。这样既促进了零配件国产化的进程，降低了我们的采购成本，又推动了这些零配件厂商的发展，推动了国内配套产业链的建设。通过一系列的举措，上海贝尔带动了近百家国内相关配套企业的发展，产业链逐步完善，产品国产化率逐年提高。到 1996 年的时候，上海贝尔的产品国产化率已经超过了 70%。国产化率的提高，降低了产品的成本与售价，大大提高了产品的市场竞争力。

大规模集成电路是程控交换机的核心部件。为实现国产化，在中央、邮电部及上海市领导的支持下，上海贝尔与上无十四厂合资组建了上海贝岭微电子制造有限公司。经过不懈努力，上海贝岭成功生产出 S12 系列数字程控交换机使用的 3 微米专用大规模集成电路，啃下了产品国产化的硬骨头。1992 年，邓小平参观上海贝岭的先进设备时说，这台设备原来姓“资”的，现在姓“社”了。“社”可以变成“资”，“资”也可以变成“社”。

经过几年的艰苦创业和不断进行的国产化建设，更由于邮电部和上海市政府的大力支持和帮助，上海贝尔的经营状况终于有所起色。1989 年开始扭亏为盈，提前达到了年产 30 万线的既定目标。恰逢此时，由于特殊的国内国际形势，外资和外国专家都撤走了，国外也开始进行技术封锁，这对于整个通信行业影响很大，对我们影响也很大。面前的形势迫使我们只能靠自己，在技术上、生产上、市场上都得自己来。不过也正是因为国内国际形势的变化，国外的竞争对手也走了，市场上出现了难得的空白期。因此形势的变化没有成为阻力，反倒成了上海贝尔发展的机遇。我们抓住有利发展时机，国产化又进一步提升了产品竞争力，于是上海贝尔开始迎来了发展。1990年之后，我们的产品销量开始增长，产能也逐年提高。1990年达到了45万线，1991年72万线，1992年翻一番达到了136万线。到了1993年前后，我们的产能再翻一番，达到了300万线。

在推动国产化的进程中，我们深切感受到，引进技术不是目的，只有把引进的技术切实地消化吸收，通过国产化，才能将引进技术转化为自己的生产力，才能实现国内技术、管理水平和产业化的迅速升级。

响应号召，搬迁浦东

上海贝尔的产品质量好，价格又便宜，即使达到了年产300万线的规模，依然不能满足市场需求。全国各地大量的订单等着提货，客户往往都是提前半年一年打全款过来，产品供不应求。这种局面客观上要求我们进一步扩大产能，但是浦西老厂已经没有发展空间了。此时，国内国际的大环境也好了起来，国外的竞争对手又回来了，我们也迎来了新的竞争挑战，客观上也要求我们进一步提高产能占领市场。综合考虑，中比双方股东研究决定扩厂迁建，但是迁到哪里并没有定。

这时候，正值浦东开发开放的序幕拉开，时任上海市委书记吴邦国想要我们搬到浦东去。因为对上海来说，上海贝尔是高新企业，是国内第8号注册的合资企业，也是效益最好的合资企业。上海贝尔影响很大，很重要。所以市里面希望上海贝尔带头搬迁浦东，起到带动效应，这对于浦东开发开放是个促进。我们去浦东看了看，当时杨浦大桥没造好，浦东条件也不好，浦东金桥我们厂里现在的地方那时还是果园、稻田，坑坑洼洼的路也没有，吃饭都没有地方。也有人邀请我们到漕河泾开发区去，我们也去看了，觉得那边地方太小。最后，还是吴邦国把这事儿定了，说你们就去浦东吧。于是我们也就响应市里号召搬到浦东去，带头支持浦东大开发。后来我们在浦东发展很快，这中间市里面也给了我们很多帮助。

1992 年 8 月 29 日，国务院批准了上海贝尔公司扩产项目建议书。1992 年 12 月 8 日，上海贝尔举行了搬迁新厂奠基仪式。上海贝尔浦东新厂投资 1.73 亿美元，设计中的生产规模、技术装备、生产效率均达到国际一流水平，是上海市重大工程项目，市里特别重视，也给予了最大程度的支持。厂里一开始的建设用地不够，但是另外一块看中的地已经有别的企业预定了。吴邦国当即安排协调，最后把土地批给了上海贝尔，保证上海贝尔的新厂建设。

1993 年 5 月 1 日，上海贝尔浦东新厂建设打下了第一根桩。当时的建设条件特别艰苦，一切都从零开始起步。时任上海市副市长蒋以任四次到上海

上海贝尔工人对产品进行全功能测试

贝尔建设工地视察，遇到问题及时帮助解决。金桥建设工地当时连水、煤气都没有，都是蒋以任帮助协调解决的。可以说，上海贝尔新厂的建设与市政府的大力支持是分不开的。我们当时的建设，也是不遗余力地投入。设备只要是好的，我们就买。比如我们在 20 世纪 90 年代初期建新厂时用的空调就是无氟的，所有的灯都是节能灯。这些都是按照打造世界一流制造工厂的标准去做的。而新厂的建设也体现了世界一流工厂的建设水准。新厂的建设工地上，各国工人都有，有法国的、德国的、美国的、比利时的、韩国的，当然也有中国的。上海贝尔的工地就像个小联合国。各国工人通力合作，高标准严要求建设世界一流工厂。

浦东新厂建设的同时，浦西老厂依然开工生产满足市场需求。经过两年多的边建设、边生产，浦东新厂初具规模。1994 年下半年，浦西老厂第一条生产线开始拆迁，到 1995 年新厂正式建成搬迁完毕，开始了上海贝尔的浦东新篇章。上海贝尔浦东新厂设计年产 500 万线，结果 1996 年生产能力就达到了 600 万线，提前达到设计能力。上海贝尔成为当时世界上规模最大、技术最先进的程控电话设备制造商之一。当时我们使用的很多技术都是国内最先进的，比如国内第一批使用机器人生产等。技术的进步、规模的扩大，带来了产品成本的不断下降，也大大降低了国内交换机的市场价格，程控交换机的国内市场普及率也越来越高。这对于国内通信行业的发展是非常重要的。

优质产品，优质服务

好的产品离不开好的服务。为适应市场竞争形势，满足用户需求，上海贝尔以市场为导向，以用户为中心，以快捷周到的服务和优秀的质量促进市场销售，架构完善的用户服务体系。为了更快地向用户提供服务和得到用户的反馈，倾听用户的声音，上海贝尔在全国各省设立了组织结构完善的分公司、办事处，形成了辐射全国的营销服务网络，使公司更加贴近用户，更好地为用户服务。在功能上，分公司除了销售功能外，还增加了售后服务功能，使分公司能全方位地满足用户的要求。同时还建立了总部、大区和分公司远程支援中心，对用户进行远程支援，迅速便利地解决系统出现的故障，从而为用户赢得时间。

当时沈阳有个电话局设备出现了故障。对方电话过来后，我们马上就派人去了现场。技术人员第一时间到一线排查问题，后勤保障接到通知后马上包邮政专列车厢把程控交换机送过去，很短的时间内帮对方重新开通，解决了问题。沈阳电话局的人非常感动。他们说，买外国的机器，这么短时间根本解决不了问题，以后在邮电部的订货会议上，我们一定要号召大家订上海贝尔的货。还有一次，福建省在福州市的一个长途电话总局烧掉了，整个福建省的长途电话都打不了。他们用的是日本 NEC 的设备，邮电部要求 NEC 来修，但是合同一直谈不拢。而我们的产品质量又好，服务又到位，所以福建省最后用了我们的设备替换了 NEC 的设备。除了做好服务保障，作为国家控股企业，我们的国家意识还是很强的。国家需要的时候，我们往往是不计成本，不计报酬的。记得有一年发大水，在国务院会议上我们就表态，全国任何电话局设备如果被淹了，我们不计报酬、不谈价格来解决问题。作为企业固然要以赚钱为目的，但是国家需要的时候我们也是义不容辞。

上海贝尔还做了很多大的项目，比如铁道部的长途电话系统。铁道部当时下面每个局的程控交换机都不统一，铁道部没有办法直接打长途电话到各个局。如果要打长途电话，只能通过邮政部门的长途电话系统去打。我们就提出给铁道部建一个铁道系统的长途电话网，但是铁道部当时没有足够的预算购买我们的交换机。为了解决这个问题，我们和铁道部下属的中国铁路通信信号总公司合资成立了北京贝尔通信设备制造有限公司，来进行铁路系统所需要的程控交换机的生产。实际上，等于我们先出了一部分资借钱给铁道部来搞生产。经过这样的努力，在不到两年的时间内，铁道部的长途电话系统就建成了，全路长途自动电话网实现了全国车站间的相互直接拨叫。再比如国家的红机专线系统，现在也还是贝尔做的。我们现在用的实际上还是三十几年前的技术，但是我们的保密性比较好。

用户培训是服务好用户的重要体现。在自身发展创造利润的同时，我们也为整个中国的通信行业培养了大量的人才。当时我们卖程控交换机的硬件给客户，但是软件维护还是得我们的技术人员来搞。为培养各省自己的技术人才，上海贝尔专门成立了培训中心，把各省的高级人才招到上海贝尔做 1—3 年的正式职工，进行内部技术业务培训。在此之前，国内几乎没有人懂程控交换机是什么东西，国内真正懂这方面的人才都是我们培训出来的。上海贝

外商参观上海贝尔

尔成了国内程控交换机人才的“黄埔军校”。我们的培训，全部是英语授课，既培训了业务，又学习了英语。而且，上海贝尔的待遇比这些人原来的单位还要好。进入上海贝尔A级培训的都是各地比较优秀的员工，这些人回去后对当地通信发展起到了引领作用。通过培训，各省对于我们的产品更加熟悉，也进一步促进了产品的销量。同时，我们的技术也在国内开放，一系列的行业企业发展了起来。大唐、巨龙、华为等企业真正第一次接触到国外的技术，都是从上海贝尔的A级培训开始的。所以说，上海贝尔的发展不仅是一个公司一个点，而是带出了整个中国通信产业的产业链的发展，整个产业的上下游因为上海贝尔的发展而发展起来。

改革开放，辉煌十年

1990—2000年这十年，是上海贝尔辉煌发展的十年。纵观这十年的发展，总结起来是几个方面：

首先是产能大变化。从建厂初期和田路的小作坊到搬迁浦东世界领先的大厂后，产量由原来的30万线发展到300万线、500万线，到2000年已经发展为等效线1500万线，成为世界上规模最大的程控交换机生产商，全国35%的程控交换机都是上海贝尔造。

其次是效益大变化。从建厂初期产品卖不出去，经济非常困难，持续亏损，到1989年后抓住机遇逐步扭亏为盈，产品供不应求，再到新厂建成后规模的扩大带来成本的下降，利润率提高。上海贝尔已经成为产值过百亿的大型企业，每年上缴国家税收十几亿，同时解决了大量的就业问题。国家得益，员工也得益。当时《经济日报》评比的全国十佳合资企业，上海贝尔连续五年进入榜单，后来更是常年保持第一的位置。

再次是成立分公司，铺开销售网络。随着公司不断发展，我们陆续在全国各地建立了几十家分公司。加上上海贝尔控股和参股的多家企业，上海贝尔的市场网络遍布全国，并向海外延伸，建立海外办事处。销售网络的建立，将工程、售后服务与销售合并，将服务送到用户的家门口，大大提高了产品的市场占有率。

第四是成立了以事业部为基础的事业部制公司结构，推动产品研发到市场供应链的发展。在与外方进行技术合作引进的过程中，上海贝尔锻炼了队伍，走出了从引进技术到消化吸收再到自主创新研发的道路。上海贝尔成立了国家级的技术开发中心，仅1997年申报承担的国家级重点科研开发项目就有14项之多。公司在比利时也建立了研发中心，积极参与国际最新通信技术的研究开发。

这十年，上海贝尔成为那个时代的缩影，经历了这一时期内中国改革开放过程中的所有大事件。上海贝尔的发展，也从侧面印证了改革开放加快了中国现代化的进程，尤其是浦东开发开放让上海贝尔更上一层楼。

开拓中国半导体行业新篇章——亲历华虹“909”工程

【口述前记】

夏钟瑞，1949 年 6 月出生。1995 年起担任上海市政府信息办主任。1996 年起担任上海“909 工程”办公室主任。1998 年 4 月起，历任上海华虹微电子有限公司总经理、华虹集团总裁。2001 年起，到华虹国际（美国）工作。任职期间，亲历了电子工业部与上海市合作建设国家重点工程——“909”大规模集成电路项目的全过程。

口述：夏钟瑞

采访：贾彦、宋晓东

整理：宋晓东

时间：2019年12月10日

我和很多人一样，之前都不是做半导体的，对半导体行业不了解，也是边做边学，在工作中不断了解半导体对国家的重要意义。虽然半导体产业的直接产值不是很大，但是以它为基础，在国民经济中的系统连带作用非常巨大。然而中国的半导体产业却长期落后于发达国家，究其原因是半导体行业产业链很长，产品门类又很多，技术、市场有着独特的规律，而这又与我们改革开放的政策息息相关。直到改革开放，我们具备了与国际接轨的条件，才迎来了半导体产业发展的契机。浦东大开发，进一步促进了这个有利条件，才有了之后“909工程”的建设和发展。浦东开发开放已有三十年，华虹集团也已伴随着浦东的发展成长为全球排名第五的大型半导体加工企业集团。这些企业深深扎根在浦东这块热土上，见证了浦东开发开放三十年走过的风雨历程，与浦东一起成长。

吸取教训，“909”落地上海

中国的半导体起步不晚，从20世纪60年代开始建设，比日本还早。然而经过30多年，我国半导体产业在规模、技术水平上与发达国家的差距不仅没有缩小，反而不断扩大，产品产量和档次难以满足国内对半导体产品的需求。在“909工程”之前，国家在半导体建设方面还有“907”（绍兴）、“908”

（无锡）工程。之所以要做“909 工程”项目，是因为前面的两个项目遇到了很多问题，并没有解决中国半导体产业远远落后于世界先进技术水平的问题。1995 年底，时任中共中央总书记、国家主席江泽民出访韩国，在三星公司考察半导体工厂的时候非常感慨。以前我们认为半导体产业美国、日本很强，现在连韩国都起来了。所以回国之后，在一次专门会议上，江泽民说就算砸锅卖铁也要把我们国家的半导体产业搞上去。时任国务院总理李鹏在此之前就是电子振兴领导小组组长，时任国家副总理朱镕基此前在国家经委和上海工作期间也亲自推动半导体方面的工作。三位主要领导定下来要上“909 工程”，实现中国半导体产业的大发展。

当时国内的技术至少落后国际主流技术 10 年以上，为此“909 工程”摒弃亦步亦趋的常规发展思路，采取超常规、跨越式发展新思路，引进世界先进的微电子技术，高起点建设，实现中国微电子发展史上的大跨越。1996 年 3 月 29 日，国务院正式批准“909 工程”项目立项，其核心工程是投资百亿元建设一条 8 英寸 0.5 微米超大规模集成电路生产线，达到国际先进水平。这也是中国电子产业有史以来最大的投资项目。“909 工程”体现的是国家意志，所以前期是政府推动，进入轨道后回归企业和市场运作。4 月 9 日，具体承建“909 工程”的上海华虹微电子有限公司正式成立。11 月 27 日，上海华虹微电子有限公司超大规模集成电路项目奠基仪式在浦东金桥开发区举行。

作为国家项目，“909 工程”选择在上海落地，体现了中央和电子工业部对上海的信任，同时也是吸取了以往工程的经验教训。之前“908 工程”遇到的一个问题是：光是可行性研究报告审批就搞了 5 年。而根据“摩尔定律”的规律，在这期间国际半导体产业升级了两代。国内的审批流程赶不上半导体产业的发展速度，造成了工程投产即落后的局面。所以最后把“909工程”项目落地上海，还是考虑了上海的行政效率。上海的管理能力和效率都比较高，而且也有半导体产业的基础。实际上，后来“909工程”项目18个月即建成投产，也印证了项目选择落地上海的正确。当然，“909工程”项目落地上海还有一个原因，就是为了促进浦东开发开放，推动浦东大发展。所以公司一开始起的名字就叫“华浦”，后来考虑上海方言的发音才改为“华虹”。浦东大开发中，金桥的定位是出口加工区，张江的定位是半导体和医药。但是当时金桥开发区较为成熟，前期积极地做了大量工作，所以最后定下来华虹生产线项目落在金桥。张江开发区发展起来了之后，我们才按照市里面的布局把华虹集团总部从市区搬到了张江开发区。

特事特办，全力保障“一号工程”

为建设“909工程”，电子工业部和上海市都成立了领导小组。电子工业部是时任部长胡启立担任组长，上海领导小组组长由时任上海市市长徐匡迪担任。我当时是上海市信息办公室主任兼办公厅副主任，被任命为“909工程”办公室主任，负责项目日常的支持协调工作。我长期在政府部门工作，让我去做“909工程”办公室主任，也是便于部市和市内多部门之间的沟通协调。当时我提出一个建议，把计委、经委、浦东新区、海关等相关部门的人抽调来成立了一个专门的工作班子，这里面大部分人都是兼职。办公室主要有几项任务：一是与中央各部委联络，汇报工作；二是负责工程与本市各方面的协调；三是督促检查各项工作的进展。“909工程”的重大决策都是由部市领导的联席会议拍板决策的。

为推进项目迅速开展，也借鉴了之前相关工程的经验教训，所以“909工程”很多事情都按照“特事特办”的原则，实施落地非常快。“909 工程”投资巨大，总投资额超过百亿元，是当时中国电子行业最大的投资项目。这么大一笔钱，能否及时到位用于建设非常关键。最后，这笔钱采用部市联合出资的形式，60%由电子工业部代表中央出资，上海出资 40%。为保证建设资金尽快到位，“909 工程”的中央资金采用了专门立项、特别管理的办法，由李鹏同志直接从总理基金中调拨了一笔钱到电子工业部的账户上，保证随时使用。上海的资金到位由时任市政府副秘书长韩正亲自调度，钱款到位和审批流程并行，为我们顺利开展工作争取了时间。还有，按照当时的规定政府官员不能在企业任高层，但是考虑到项目的特殊性和重要性，中央决定让胡启立担任董事长，华建敏（时任上海市副市长）、张文义（时任电子工业部副部长）担任副董事长。再比如当时我们投资的很大一部分是用于进口设备采购，按照法律规定都要在海关缴税。这是个很大的数目。为节省开支我们申报海关总署，后来经国务院批准，给予我们减免税的政策。这些都体现了特事特办的原则。

在中央、上海和浦东新区多层面对工程的重视和关心下，“909 工程”项目建设的一切需要不仅“开绿灯”，而且还提供“开道车”。华虹 NEC 建设之初，时任副市长兼浦东新区区长周禹鹏经常听取项目建设的需求，主动安排华虹科技园的建设用地和落实浦东的各项优惠政策；时任副区长胡炜亲自帮助解决从外地调来干部家属和子女就业和就读问题。浦东其他工作部门也积极配合我们的工作，如浦东经贸委帮忙协调工程建设中存在的问题，浦东海关则主动上门落实国家有关设备的进口关税优惠政策等。全市各有关部门积极配合，提供各方面的保障，从而确保了工程建设安全、按质、提前完成。事实证明，“909 工程”项目放在上海、放在浦东，是完全正确的决策。

技术合作，华虹 NEC 逆境发展

工作班子搭起来了，公司成立了，工厂也投入了建设，但是我们还面临一系列重大的现实问题需要考虑，那就是我们缺少核心技术，缺少主流技术的设计订单和有经验的管理和技术人才。半导体在中国特别是在上海的市场应用，还是跟着世界前列走的。当时中国整机需求很大，比如计算机、电视机、通信设备等行业都有大量的市场需求和规模很大的整机企业，但是这些企业没有自主的芯片，本质上都是制造装配厂。这归根结底是我们的半导体产业不行，没有核心技术。我国半导体发展要用应用带动产业，最重要的就是发展核心技术，而“909 工程”就是要解决这个技术问题。但问题是我们并不掌握国际先进技术，因此就必须进行技术合作。对华虹来说，就是解决如何起步和选择合作伙伴的问题。

当时我们接触了很多国外的著名电子企业，有德国的、美国的、日本的。日本 NEC 和我们接触的时间比较晚，但是他们很积极，主动寻求和我们合作。当然，当时也有很复杂的国际背景因素。NEC 的合作条件既提供技术，又负责员工培训，并且还提供订单，保证我们能尽快盈利。在当时的情况下，这些条件对我们来说是非常有吸引力的。最后反复权衡，经部市领导决策，我们选择了与 NEC 合作，并迅速完成了项目的可行性报告、合资合同等大量文件。经过上报国务院，批准了华虹和 NEC 的合作。1997 年 5 月 28 日，中日双方正式签订合资合同，决定合资成立上海华虹 NEC 电子有限公司，建设一条 8 英寸 0.5—0.35 微米技术水平的芯片生产线。从 3 月份开始接触，到 5 月份正式签订合同，在短短的两个月的时间，双方完成了当时中日之间最大的一笔合作项目，速度惊人。1997 年 7 月 17 日，华虹 NEC 公司正式成立。公司注册资本 7 亿美元，其中华虹集团出资 5 亿美元，占 71.4%的股份；NEC 出资 1.3 亿美元，占 18.6%的股份；日电（中国）有限公司出资 0.7 亿美元，占 10%的股份；合资期限 20 年。

“909 工程”建设面临的另一个重要问题就是缺乏人才。当时，国内高端半导体人才非常稀缺，我们就去美国招聘人才。去了好几个城市，见了很多留学生。留学生们听说国家要发展半导体产业，都很踊跃，希望回来参与建设。但是，我们评估下来，这些留学生虽然都很优秀，但是都没有足够的管理经验。经过综合考量，我们招聘了一批复旦大学、上海交通大学等著名高校的应届毕业生选派去日本，由 NEC 负责进行培训。后来日本 NEC 退出管理运营之后，我们又陆陆续续地招募了当年那批留学生。现在他们很多人都成为国内半导体、LED、太阳能行业的领军和骨干专业人才。

然而，华虹和 NEC 的合资新厂刚开始建设，就面临了一个重大的考验。此时，国际半导体行业正处于周期性的低潮，国际市场上半导体价格急速下滑。国外很多工厂都限制产量，新生产线下马或暂缓的消息不时传来。而我们的新工厂刚刚开始建设，何去何从是个巨大的挑战。我们反复权衡，认为半导体行业有其自身的发展规律，周期性的跌宕是正常现象。而且国家投入了这么多力量建设华虹，如果这时候停下来，不仅影响到华虹，而且影响到国家发展半导体产业的信心和决心。部、市领导承受了很大压力，但还是坚持下来，毅然决定知难而进，继续建设。我们成为了当时世界上唯一的一个不断赶工、加快建设的半导体工厂。事实证明，我们的坚持是正确的。由于市场的低潮期，工厂的建设成本大大降低，也加快了我们的建设速度。我们仅用 18 个月就把工厂建成，比预期提前了 7 个月，体现了上海的效率与上海的速度。1999 年 9 月 28 日，华虹 NEC 浦东新厂正式建成投产，规模月投产 2 万片。经验收，产品性能指标全部符合设计要求，工艺技术达到 0.35

1999 年华虹中方人员访问日本 NEC 公司总部

微米，比计划提升一代，达到了当时的世界先进水平。华虹 NEC 的建成投产，标志着我国从此有了自己的深亚微米超大规模集成电路芯片生产线。更令人兴奋的是，工厂建好之后，正好赶上行业新一轮高潮到来。我们低潮进，高潮出，所以建厂当年投产就盈利了，这也为华虹未来的发展开了个好头。

自主研发，转型发展创新篇

通过与 NEC 的合作，我们建立了 8 英寸硅片的生产线，缩小了与国际的差距，跟上了世界先进水平，华虹的发展进入了快车道。但是，事情并不是一帆风顺的。合资之后新公司叫华虹 NEC，华虹微电子成为了控股公司。我们这时的生产线放在了华虹 NEC，管理也是 NEC 派团队负责，订单也全由 NEC 提供，俨然成为了 NEC 的产品代工厂。而如果没有自主开发设计的产品在生产线上加工，只满足于成为NEC公司的产品代工厂，就不能掌握核心技术，不能起到带动中国半导体产业、整机业及信息产业发展的作用。这就把独立自主发展的要求摆到了华虹面前。

此外，虽然日本NEC曾经是世界上名列前茅的半导体公司，但是就在我们合作以后的这个时期，它的DRAM存储芯片在国际市场上的地位急转直下，能为我们使用的技术也并不是国际上最先进的。半导体行业有个规律，18个月技术更新一代。我们经过一个半导体行业的高潮之后也马上要面临一个低潮。对华虹来说，在这种情况下如何利用中国市场的优势，推动高端集成电路设计，为华虹NEC提供加工订单的问题就摆到了面前。集团层面在做好对NEC方面生产加工的支持工作的同时，决定把工作的重点放在产品设计开发、生产工艺自主开发和自主知识产权保护上来，开始走自主开发之路。

经过考虑，华虹确定了以IC卡、通信、信息家电类芯片三大类市场为主攻领域，以IC卡为突破口进行产品自主设计研发的发展路径。1999年后，华虹陆续开发了一系列具有自主知识产权的产品，如非接触式IC卡芯片、接触式CPU卡芯片、金融CI卡芯片COS、金融POS机、LED显示控制电路等。以华虹和复旦大学、中科院上海冶金所共同组建的上海华虹集成电路有限公司为载体，利用已有的研究成果，在半年多的时间内，我们成功地设计完成了国内首块具有自主知识产权的非接触式IC卡芯片。以这块非接触式IC卡芯片为基础，华虹开发了国内首个具有自主版权的非接触式储值智能IC卡，连同用于POS机的ASIC芯片、POS机具和结算、清算系统、自动售票检票系统一起，构成了国内第一个具有国际先进水平的城市公共交通现代化管理付费系统——上海公共交通卡“一卡通”系统。1999年底，“一卡通”正式在上海地铁、公交和轮渡线路上试用，上海成为建设部全国试点第一个实现公交“一卡通”的城市。

公交“一卡通”的成功，让我们看到了机遇和优势。此后，我们凭借自己的技术又相继拿下了上海市社保卡、第二代居民身份证等项目。通过这几个项目，我们掌握了从IC卡芯片设计、制造到系统集成的整体能力，既为华虹的芯片加工提供了市场，也实现了企业的转型发展。1999年的时候，华虹已经从当初华虹微电子一家企业发展成拥有多家企业的企业集团。2000年1月，按照现代企业制度的要求，上海华虹微电子有限公司更名为上海华虹（集团）有限公司，下属7家全资或控股子公司，初步形成了集成电路芯片设计、制造、销售及相关整机应用的能力，成为中国半导体行业名副其实的领军企业。

半导体的自主发展必须具有自主的研发能力和知识产权，完全靠买技术是寸步难行的。在当时的条件下，许多国家对我们的技术合作还是有限制的。所以公司于1999年成立了技术中心，并参加了欧洲开发半导体技术的联合组织“IMEC”，派遣技术人员参与前沿技术的开发，共享知识产权。经过不断地坚持，华虹研发中心成为了当时唯一的国家级研发中心，不仅在自主生产工艺的研发方面，而且在设计、设备制造方面都发挥了重要的作用。

华虹“909工程”是国家发展半导体产业的重大举措，“909工程”的成功为中国半导体产业的发展奠定了基础。“909工程”的成功与国家改革开放的政策环境，中央和部市领导的关心支持、身体力行是分不开的。“909工程”积累了建设经验、培养了人才、掌握了行业发展规律，建立了产业链和产业配套的环境。后来中芯、宏力等半导体企业的发展，乃至国内设计、测试封装、设备制造产业链的发展都得益于国家“909工程”项目带来的产业布局和配套环境。如今的华虹集团已经发展成具有三条8英寸生产线（月产17.5万片）和三条12英寸生产线（月产11.5万片），排名全球第五的大型半导体加工企业集团。华虹的成长与发展，与浦东开发开放息息相关。值此浦东开放开放三十周年之际，我为曾经参与“909 工程”项目和浦东改革开放建设的经历感到欣慰，也祝愿浦东新区发展和半导体事业更加欣欣向荣。

曲折坚韧的上汽通用之成长

【口述前记】

陈祥麟，1944年10月出生。1984年1月至1986年12月，任上海汽车工业总公司总经理；1987年1月至1991年5月，任上海市计划委员会主任；1991年5月至1994年4月，任上海市人民政府副秘书长及中共上海市委副秘书长；1994年4月至1995年8月，任上海市海外公司总经理；1995年8月至2007年4月，任上海汽车工业（集团）总公司总裁、董事长。是上海汽车工业发展的见证者和当事人，亲历了上汽通用的建立和发展。

口述：陈祥麟

采访：年士萍、严亚南

整理：宋晓东

时间：2020 年 1 月 14 日

1984 年蒋以任同志和我一起从上海市机电一局调到当时的上海汽车拖拉机工业联营公司工作，分别担任公司党委书记和总经理。1986 年 12 月我调离上汽，1995 年 8 月再调回上汽担任上海汽车工业（集团）总公司总裁。这期间，党中央和国务院做出了浦东开发开放的重大决策，拉开了浦东发展的大幕，上汽也借浦东发展的春风迎来了新的发展。1995 年 9 月 1 日，时任市委书记黄菊在上汽集团成立大会发表重要讲话，肯定改革开放以来上汽已经取得的成绩，要求 20 世纪最后五年上汽要起点更高、气魄更大、质量更好、步子更快，建设成为体现国际特征、中国特色、上海特点的特大型企业集团，成为中国汽车工业的主要基地之一，成为上海名副其实的第一产业。而上海通用汽车项目就是上汽集团落实市委市政府这一目标要求的重大举措。通用汽车项目落地浦东金桥，成为浦东开发开放的重大标志项目，与浦东开发开放紧密联系在一起。作为亲历者，我有幸参与了上海通用项目的筹备和建设工作。

决定：突破制约

上海大众汽车项目落地后，对上海工业和中国汽车工业的作用是巨大的，上海桑塔纳轿车国产化成效显著，零配件配套三分之一上汽自已造，三分之一上海配套厂提供，三分之一全国各地提供，对全国轿车零部件制造的带动效应非常明显。

1991 年 2 月 6 日，中国改革开放总设计师邓小平同志来上海大众汽车视察。这时桑塔纳轿车经过 6 年艰苦奋斗，已经从起步时的年产三四万辆达到年产 6 万辆，国产率由 2.7％提高到 60％。参观中邓小平同志说："我看你们的车间很空，生产线布置得很稀，说明你们还有潜力。我看你们可以生产 100 万辆。"

我们领会邓小平同志说的 100 万辆，不仅仅是一个流水线布局的问题，实际上他看到的是一个现代化汽车企业的规模效应问题，没有规模成本就降不下来，竞争力就上不去。邓小平同志来上海之后，我们最大的收获就是要坚持改革开放，把经济搞上去，把汽车工业搞上去，所以上海抓汽车产业的决心更大了。邓小平同志视察后的当月，上汽召开振兴上海汽车工业万人誓师大会，上海市委书记、市长朱镕基到会发表重要讲话；1992 年 1 月，上汽召开第二次万人誓师大会，上海市长、上海发展汽车工业领导小组组长黄菊到会发表重要讲话。两次誓师大会均号召上海汽车工业加快发展，建成上海第一支柱产业。

1993 年上海大众汽车创造第一个年产轿车 10 万辆的中国记录，上汽建成中国最大的轿车生产基地和上海第一支柱产业，在国内形成轿车制造的领先优势，桑塔纳轿车成为"一枝独秀"。但当时外部和内部都遇到新的挑战和问题，对上汽进一步发展形成制约，必须进行突破。

突破外部环境制约主要是一汽和二汽明显加快了轿车建设的速度，他们本来就是"国家队"，实力强，上汽是"地方队"，只是轿车启动早了一些，形成了先发优势。国家队上来了，真正的竞争就到来了。上汽必须在加快上海大众汽车发展的同时，启动新的项目，才可能继续保持领先优势。

突破内部环境制约主要是建设支柱产业。首先要有新的车型，因为光靠一个桑塔纳车型，实现规模跨越是不现实的。同时，桑塔纳属于 A 级车，上海汽车工业要发展，还需要 B 级车这样的中高级轿车。但是，上新车型没有那么容易。上海大众汽车虽然中外双方各占 50％股份，但是技术和产品在外方手里。而且德国大众在中国有两家合资企业，明确中高级车在一汽大众生产，对上海大众汽车上中高级轿车积极性不高，对上汽发展形成一定制约。所以上海市委市政府考虑，必须要在汽车合资领域创造竞争机制，再找一家合作伙伴，而且要搞中高级轿车，并且要强化自主开发，不能受制于人。1992 年，时任市委书记吴邦国明确要求上海汽车工业在继续加快上海大众汽车发展的同时，进一步对外开放，再高起点建设一家整车合资企业。

选择：通用胜出

要想搞第二家合资企业，首先要得到国家批准，当时这方面国家管控非常严格。我们当时就想出去看看，去考察。1994 年 3 月至 4 月，蒋以任市长带领上海汽车工业总公司总裁陆吉安和上海市政府相关部门组团出访韩国、日本、美国、德国、法国、意大利和加拿大 7 国 10 多家跨国汽车企业，就整车合作等事项进行洽谈。

考察团在美国考察了通用和福特。早在引进大众项目的时候，我们就和通用打过交道。一开始我们想技术引进，当时通用给我们提出建议，用合资形式双方合作更好，后来才有了上海大众汽车。在底特律考察的时候，通用和福特都非常积极，很有诚意，并都成立了专门的项目组。

经过深入洽谈，1994 年 6 月两家公司分别就各自产品、规模、投资、股比、技术开发、CKD价格、国产化和外汇平衡等问题提出合作意向。这些意向基本符合中方提出的合资项目建设指导原则，包括新建一个中外合资企业，双方股权各占50%；生产纲领第一期年产10—15万辆中高级轿车；工厂建在浦东，建厂时间在1996年；1998年建成投产，起步国产化率为50%；实行外汇总体平衡；同时建立一个合资的技术开发中心，首期目标是车身开发等。

上海市组织各方力量从各个角度对通用和福特的方案进行比较。分析下来，还是比较倾向于通用。比起福特，通用有几大优点：一是引进价格的优势。一开始谈的时候，通用和福特开价都是1亿多美元，后来都谈到了5000万美元。不过通用的这个报价包括两款车型，福特只有一款，这无疑是个优势。二是车型优势。福特当时拿来的车型是金牛座，造型比较时尚，但是我们考虑引进的中高级车型主要还是作为公务车使用，这样金牛座就不是很合适。而通用的别克轿车，造型比较稳重得体，适合公务使用。三是通用有完整的零部件体系，整车配套能力强，这对于我们后面要进行的国产化是个优势。综上几点考虑，市里面决定和通用进行合作。

随后，黄菊同志亲自带队进京汇报，对于最主要的资金问题，黄菊表示上海上第二家汽车合资企业，所需要的资金完全由上海自己解决，不要中央一分钱。国务院副总理邹家华明确如果这样国务院可以同意。

合作对象确定之后，吴邦国同志在会见美国客人的时候就向通用公司的代表表达了确定合作的意向。确定了与通用合作之后，就要对福特方面“送客”了，我们专门到美国向福特说明了情况，不再继续谈了。

1995年7月，邹家华和吴邦国两位国务院副总理主持召开上汽与美国通用汽车公司合资建设轿车项目汇报会，肯定上海轿车工业发展取得很大成绩，规模成本和管理在全国处于领先地位，有条件进一步发展新车型，符合汽车产业政策；同意上汽与通用合资建设生产中高级轿车项目，填补国内空白；要求抓紧前期工作，继续进行比较，尽早组织审批立项。

决定选择通用送走福特后，项目还要送中央正式批准，拿到批文才行。这期间我们有个顾虑，如果通用没有竞争对手“翘尾巴”怎么办？得稳住通用。时任机械工业部副部长的吕福源就建议我们先和对方签一个备忘录性质的基础性协议，把谈判的结果白字黑字落实下来。因为政府还没有批，所以这个协议对政府没有约束力，但是对合作双方有约束力。只要双方正式合作，就按这个基础协议的内容来办。和通用方面沟通后，他们也同意签这样一个协议，于是定下来在 1995 年 10 月到美国底特律签协议。

临要走的前两天，问题来了。黄菊叫我和蒋以任两个人到他办公室。我们了解到中央对上海与通用合资有不同的声音。黄菊建议此次去美国仅作为企业行为，让我自己去美国签协议。我觉得这样不合适，因为如果政府代表不出面，可能会引起美方不信任。何况吕福源副部长和很多政府相关人员已经在美国那边等了，临时有变，怕会有所影响。所以我当时表示，此次作为企业行为我代表企业去签协议是没问题的，但是蒋以任代表上海市政府还是要出席的，要保持信誉。黄菊反复斟酌，最后决定还是让蒋以任去，并提出了三个要求：一是去和通用谈一下，价格再往下压低一些，福特和通用的报价都是 5000 万美元，对外没法体现通用的优势；二是不要宣传，因为项目政府还没批，所以一定要低调，避免不必要的麻烦；三是这个协议是约束两家企业的，如果政府批准了就按这个协议来办，如果政府没批准那就算了。

来到美国后，我和通用方面沟通，提出价格上希望再让 200 万美元。通用研究后表示同意。这样，以 4800 万美元的价格敲定了合作协议。1995 年 10 月 30 日，中美双方在底特律举行了基础协议签字仪式。虽然之前我们已经告知美方，要低调，不宣传。但是对方在此次竞争中击败了福特，肯定想大张旗鼓宣传。所以在我们不知情的情况下，签字仪式现场有美国记者进来了，并做了报道。而在国内，上海的媒体也迅速根据国外的报道进行了转载，《解放日报》还做了头版。我们在美国并不知道这个情况，等到一回国，才知道事情大了。没几天，中央领导的问责就下来了。上面并不清楚基础协议和合同的差别，以为我们越过中央批文直接就和美国签了。这下子我们很被动，几番解释后，北京方面似乎对此无异议了。

报批：曲折坚韧

1996年春节，国务院领导来上海，提出中央已经同意上海与日本NEC合作搞总投资10亿美元的微电子项目，即“909工程”，上海新的汽车项目就不要搞了。我们分析这可能是之前基础协议风波以及当时国内对这个项目有不少反对声音造成的影响。对此，黄菊同志表示要有坚韧性，慢慢来，继续做工作。

在市里面的支持下，我们咬定青山不放松，不断通过各种渠道做工作，事情开始慢慢起变化。在这个过程中，时任中央办公厅主任曾庆红和国家计划委员会副主任曾培炎两位领导对我们支持很大。黄菊同志向时任中共中央总书记江泽民同志作了汇报，江泽民同志十分理解和支持这个项目，至少三次在全国人代会等不同场合谈汽车问题。他说，我们这么大的国家，总需要搞一些好一点的轿车，好一点的轿车技术含量也高，还说汽车合资也要搞竞争，可以从另外的系统引进技术，博采众长。

从1996年春节做工作做到了当年夏天，黄菊同志说，差不多了，可以尝试向国务院领导作一次汇报。正好李鹏总理来上海听取“909”工程进展汇报，我们就争取连同汽车项目一起由徐匡迪市长和蒋以任副市长去汇报。李鹏同志听完汇报问：“有没有市场啊？”蒋以任说：“有市场，能销10万辆，我们作过市场调研。”国务院秘书长何春霖同志也说我们现在有的轿车质量不太过硬，老坏，是应该自己造些好点的车，也不要老是四只呼啦圈（指奥迪）。李鹏同志频频点头，表示赞同。就这样，我们的汇报被通过了。

从1994年春天出去考察，到1996年10月国务院通过项目的可行性报告，两年时间中，在审批没有进展的情况下，上海一边做上面工作，一边进行项目的筹备准备工作。总体上既要遵守规矩，也要追求效率，有时候会产生冲突，冒点风险。在这一点上，我们上海的领导是很有担当的，看准的事情，坚持不懈做下去。这就是黄菊同志说的“坚韧性”。

1995年10月，我们决定安排正在美国学习的集团副总裁胡茂元兼任上海通用总经理，并让其提早结束学习回国主持上海通用项目。项目组夜以继日紧张工作，一个月就完成并上报可行性报告，有关部委研究后一致认为，该合资项目是国内汽车合资项目中合作条件最有利的一个。

1997年1月1日，李鹏总理主持国务院办公会议听取并通过曾培炎主任关于上海轿车项目的可行性研究报告。而后，蒋以任、曾培炎和我们再到美国，和通用草签了合营合同，并约定趁3月25日美国副总统戈尔访华期间，请李鹏总理和戈尔副总统出席正式签约仪式。不料，上海报到中央的计划得到的回复是，这次还是草签，等10月份江泽民主席访美的时候再正式签约，原因就是上面还是反对声音很多，领导压力很大。

上海通用项目经过两年的曲折经历，眼看即将水到渠成，结果依然面临不确定因素。蒋以任向黄菊汇报，黄菊担心继续和美国人草签，反反复复失去信用容易功亏一篑，所以提出还是要坚持“坚韧性”，蒋以任带领胡茂元等同志火速进京，“跑部”前进，争取支持。3月22日，他们一天之内跑了6个部委，与9位部长进行沟通，将项目文本送进了国务院。

与此同时，我们也联系美国通用公司，请他们尽最大努力做美国政府方面的工作，争取让戈尔参加通用合作项目的签字仪式。美国通用积极努力，争取到了戈尔的回应，同意出席签字仪式。消息反馈到外交部，外交部回馈：既然美国副总统要参加通用项目签字仪式，那么原定的草签就改成正签！

1997年3月25日，上汽集团与美国通用公司合资项目正式签字仪式在北京人民大会堂举行，国务院总理李鹏与美国副总统戈尔出席。至此，当时最大的中美合资企业、总投资额超过15亿美元、双方股份各占50%的上海通用项目终于尘埃落定。

建设：上海速度

建设上海通用项目，就要考虑在哪里建厂的问题。当时有好几个区来找我们，给了很好的政策。但是黄菊希望我们这个项目带动正在进行中的浦东开发开放。他说浦东需要有大项目支撑，不能完全算经济账。我们也同意落地浦东，但是浦东的开发成本是很高的。美方开玩笑说，你们的地价比巴黎还贵。我们向市里反映，最后徐匡迪市长定下来给了我们一个非常低的价格，美方也表示认可。但是浦东当时有几个开发区，项目具体放在哪里，又成了需要考量的事情。外高桥是保税区，进口设备可以免税，这是非常大的一个优势。所以很多人建议项目放在外高桥。但是外高桥保税区地方太小，如果放在外高桥我们几个厂有的还得放在保税区外面。这样的话，每天不同厂区之间车辆货物进进出出，等于“进出口”，很不方便。最后，确定放在金桥开发区，给了我们两平方公里的土地。当时金桥的自然资源并不好，地都是荒地、沼泽，路也没有的。谁也没有想到我们就是在这样的地方用了23个月的时间就建设好了上海通用。

1996年12月，黄菊到上汽现场办公，要求上海通用项目做到“1998年年底出车，1999年4月批量投产，同时国产化率达40%”两个“后墙不倒”。现场办公之后，上汽集团立即组织力量专题研究加快上海通用汽车项目建设，落实做到“两个后墙不倒”的具体措施。时任上海市经委主任徐志毅和副主任俞国生先后带队到上汽集团帮助指导，完善方案措施。1997年3月，市委市政府召开专题会议，肯定上汽集团落实“两个后墙不倒”的措施，决心大、思路清、行动快、措施实。会议对上汽集团提出的需要协调的问题，提出支持意见和落实要求。

1997年到1998年两年时间，要在一片荒芜的沼泽地上从无到有建设一个世界级的现代化汽车工厂，这似乎是一个不可能完成的任务。为了达到既

1998年12月17日，上海通用汽车公司生产的首辆别克新世纪轿车驶下生产线

定要求，上海通用中美双方负责人胡茂元、墨菲和陈虹带领1000多名中外员工，在浦东金桥克服重重困难，打破常规、大胆创新进行建设。在工作步骤上，采用并联操作，各工作步骤同时开展，并行运行；在施工步骤上，采用立体操作，上下项目同时进行。这些举措都是为了抓时间、赶进度。在大家的共同努力下，冲压、拼焊、油漆、总装等几个车间同时平行操作，既节省了时间，又提高了效率。上海市重大工程办公室也花了大力气，及时协调各种问题，推进项目落实。

1998年12月17日，上海通用总装车间举行了第一辆别克新世纪轿车下线仪式，美国通用董事长史密斯亲自来上海参加。黄菊同志启动别克轿车生产线按钮，史密斯和我一起坐着第一辆别克车缓缓驶下总装线。这时距离1997年1月工厂建设打下第一根桩，仅仅过去了23个月。23个月建设一个新厂，上海通用创造了又一个“上海速度”，这在世界汽车工业发展史上也是一个奇迹。史密斯觉得我们的建设速度非常了不起。他说，我们把美国通用的管理和技术带到了中国，而你们把中国速度带到了美国，我要让我们通用的人都过来学习。

作为1998年上海市一号工程的上海通用项目正式竣工，实现了黄菊同志要求的“两个后墙不倒”的第一个目标，也为第二个目标——1999年4月正式投产奠定了坚实的基础。1999年4月12日，上海通用如期正式投产。这时投产的车型不仅包括别克新世纪，还有别克GL、GLX两个变款车型。上海通用的产品采用当时国际市场上主流的技术，产品定价还非常具有性价比，所以订单不断。上海通用建成当年即盈利，又创造了一个新的速度。

1999年底，上海通用又迅速推出了别克GL8商务车。GL8商务车是一开始和通用谈合作的时候就包含的车型，只是因为种种原因没有公开。GL8是当时全球排名第一的商务车，我们的商务车产品一推出，国内车厂的其他品牌商务车也都推出来了。原来和美国通用约定的投产车型现在生产出来了，美方觉得我们还是很守信用的。

作用：产业升级

上海通用项目对于上海乃至国内汽车工业发展意义都是巨大的。通过中外合资的方式，我们引进了国外的先进技术，并且消化、吸收及国产化攻关，加速了国内汽车工业的技术进步，并带动了国内汽车工业体系整体制造技术和产品水平的大跨越，缩短了与国际先进水平的差距，促进了我国汽车产业的升级。这里面，最重要的一方面是提高了零部件的国产化水平，另一方面则是提升了自主研发能力。

国产化是上海通用在项目之初就重点考虑的内容。朱镕基同志在上海的时候就特别重视抓产品的国产化。之前抓上海大众的时候，就是一手抓整车，一手抓零部件国产化，必须都达到德国标准，不能“瓜菜代”。经过上海大众十几年的发展，带动了上海乃至全国零部件配套体系的发展。这使得我们的别克轿车在首辆投产时即达到了40%的国产化率，开创了国内汽车工业国产化的新高度。不仅要国产化，同时质量也要达到美国水平。为此，上海通用按照美国汽车行业严格的质量体系标准，结合原有国产化的成功经验，制定了严格的零部件认可程序，与相关的70多家零部件供应企业紧密协作，认真攻克技术和工艺上的难关。经认证，上海通用的别克轿车甚至超过了北美同类车的质量。

不仅要生产，还要有研发能力。合资引进项目的另一个重要目的就是要提高自主研发能力，这一点也是在上海通用成立之初就通盘考虑的问题。所以，在与通用谈合资的同时就包括了后来的泛亚技术中心。作为上海通用的配套工程，与上海通用同时成立的泛亚汽车技术中心投资4000万美元，是国内首个合资的汽车技术研发中心，也是当时国内最先进的汽车技术研发中心。泛亚汽车技术中心不仅仅为上海通用提供车身设计、开发及整车研发等支持，它还是通用在整个亚太地区的研发中心，对于通用的全球布局来说至关重要。泛亚汽车技术中心的成立对于培育和建设上海汽车工业自身的开发人才队伍，加速发展上海民族汽车工业及轿车品牌的形成与发展，逐步形成具有国际水平的自主开发技术能力都具有重要的意义。而且，泛亚建立起来之后，对于大众也是个刺激。德国大众也开始同意和我们联合开发，搞技术中心，推动了上海大众自主研发能力的提高。

此外，上海通用还坚持产学研一条龙发展，开展校企合作。通过成立专门的基金会，与上海交大、同济、复旦、上海工大、上海大学等高校一起资源共享、联合研发。大学里面的设备可以为我们测试使用，科研成果给我们汽车公司用，汽车公司的招标请他们来公关，他们的科技信息和我们交流，他们的优秀毕业生上汽集团提前半年招生。这样，我们就既有了一大批优秀的员工，又有了技术开发能力。我们还与通用合作进行上岗培训，通用项目出来的人英文都特别好。美方代表到上海通用，感觉像到了美国工厂，说我们的员工英语比他们美国工厂的工人还好。

风起金桥：中国第一所国际商学院的创建

【口述前记】

翁史烈，1932年5月出生。1952年交通大学造船工程系毕业后留校任教，1962年获得前苏联列宁格勒造船学院科学技术副博士学位，回国后继续在上海交通大学工作，先后任讲师、副教授、教授、系主任、博士生导师；1984—1997年任上海交通大学校长；1988—1992年任上海市科学技术协会第四届委员会主席；1995年当选为中国工程院院士；1998—2003年任教育部科学技术委员会主任；曾任2010年上海世博会中国馆主题演绎总策划师；中国动力工程学会会长和名誉会长。翁史烈在出任上海交通大学校长期间，推动、见证了中欧国际工商学院的创建和发展，于1994—1999年任中欧国际工商学院首任董事长，离任后被聘为名誉董事长。

口述：翁史烈

采访：年士萍、胡迎

整理：胡迎

时间：2019 年 11 月 22 日

中欧国际工商学院的创立是浦东开发中一个重要的亮点，对于它在中国现代管理教育方面的影响要有足够的估计。中央支持中欧与上海交通大学联合办学的决策是很正确的。

联合办学的全新探索

中欧国际工商学院选择了上海交通大学联合办学并非偶然。当时，学校的条件都很困难，一个铜板要掰两半用。这种情况下，上海交大的方针对策，就是合作办学、联合办学。这个对策的本质，就是利用社会上一切可以利用的资源来帮助我们办学，来发展我们的教育事业，这也是我们的一个很重要的实验。联合办学的力量是很大的，上海交大与中国科学院签订的联合办学协议，挽救了当年风雨飘摇中的上海交大生命科学系，成就了今天上海交大生命科学学院的辉煌。所以对于合作办学我们是非常能够接受的。

管理是一门非常特殊的学科，它很重要，没有一流的管理，就没有一流的大学，也没有一流的国家。但是改革开放以后，在社会主义市场经济的背景下面，管理学跟过去大不一样。当时我最担心的就是管理学这个学科，体系、内容、方法这些问题怎么解？他山之石，可以攻玉。因此从联合办学这一思想出发，我们积极探索，采取了多种措施。比如，跟以管理学著称的美国宾州沃顿商学院合作，举行计算机和管理双学位的培养。再比如，我们跟德国的巴登—符腾堡州联合办学，培养中小企业的企业家。德方派教师过来教学，每年我们的优秀学员可以到巴符州的中小型高科技企业里面去实习，这是非常好的条件。学员不仅可以学到外国企业是怎么管理的，而且双方企业家还能建立起联结。这个项目完全由巴登—符腾堡州出资，办了16年，非常不容易。另外在国内，我们和锦江集团联合开设宾馆管理专业，锦江集团下面所有的宾馆，都是我们的实习宾馆，这样教学条件一下子就提升了。我们还请到香港中文大学的潘光迥教授来这里跟教师讲课，介绍香港中文大学的管理学科是如何建设的。

意识到管理学科建设的重要性，又感觉到自己老的一套基本上是不能用，迫切需要改革，所以我们尽力了解管理科学最前沿的相关知识，不断积累、博采众长，希望最后能够打造一个适合我们国家实际情况的国际化的管理教育体系。为了实现这一设想，我们做了很多努力。一天晚上，上海交大管理学院的名誉院长、上海市人大常委会副主任李家镐同志，和我们那时党办的张国华同志，还有欧共体派来的一位代表杨亨博士，三个人一起到我办公室里面谈，谈的内容就是欧共体与上海交大合作，筹建一所国际化的商学院。在当时的背景下，这是非常好的一个机会。不管学院将来是不是属于上海交大，这么一个国际化的学院搬到上海来，是把一个完整的体系带过来，让我们作为参考，我们可以吸收很多的经验，所以我答应下来。第二天我们向市教委、市政府汇报，这件事情后来在上海推进得还是比较顺利的。而且当时的一批上海市领导，对管理教育的改革创新都非常重视，他们也考虑到上海交大在合作办学方面所做的种种努力，因此市委、市府、市教委各方面对于上海交大与欧共体联合办学都给予了极大的支持。

攻坚克难开启新篇

总体来说，在中欧国际工商学院的筹建过程中，我们与欧方合作得很好，欧方曾表示这是一个最愉快的合作。我们双方没有大的分歧，当然，特别在初期，还是会有一些难处。大体上碰到过这五个难题。

第一个问题最难，就是领导权，这个新的学院是谁领导？如果它是上海交大的一个两级学院，那就不能是独立法人。如果它是一个独立的学院，上海交大作为中方办学单位，管理上与学院是什么关系？这是非常复杂的问题。在这个问题上，我们的解决方案是比较巧妙的。后来签订的《中欧国际工商学院财务协议》，指出学院“享有充分的法人资格，以使它能够执行所有财务、行政和契约活动”。这样一来，学院就能够承担起相应的所有责任。同时，学校在董事会的领导下开展工作，上海交通大学的校长，一定是董事会的董事长，外方最高只能做到副董事长。欧方第一任副董事长——比利时的原副首相，满头银发的德克莱尔先生，年纪比我大很多，相当有政治家的风度，任期内发挥了很好的作用。他一来就说，你放心，我们一起把学院搞好。领导权的问题就这样比较顺畅地解决了。

第二个问题，外方后来想要扩大学院规模，到北京去办学，这个叫异地办学，教育部当时是不允许的。后来经过协调，化解的方案出来了。学院可以在北京办学，但不是独立办学，学员必须有一段时间到上海来完成一部分学习任务。异地的学员本身也有必要到本部进行了解，所以这个方案也很合理。这样教育部就通过了学院在北京办学，外方非常高兴。

第三个问题，就是教师队伍的建设组成。当时学院在国内聘请的教师不多，大部分教师来自欧盟各国，好处是可以博采各家之长。从欧盟聘请的著名商学院教授，他们所带来的教学经验、教学内容等丰富了我们的课程体系，为我们积累了大量最新的教学材料，这是上海交大的管理学院无法做到的。但从长远看，这样一个师资队伍流动性很大，不够稳定，我们觉得要办好这个商学院，必须要逐步培养起自己的教师队伍，而且这支队伍必须是在社会上有一定影响力、高水平的教师队伍。

第四个问题，是在课程设置、教学标准等教育理念方面。本来我以为双方在教育理念方面可能会有很大矛盾，但结果却出乎意料。学院的第一任执行院长 Frohn（冯勇明），他来自德国，非常务实，办学上兢兢业业。他把在教研上的一些安排和想法跟我谈了谈，结果我们两个人非常合拍。可能是因为不管国内还是国外，办学是有共性的，所以我们没有太大的冲突。如果预计开董事会时会产生什么矛盾，他也会悄悄地跟我说，使我有个准备。因为董事会就应该讨论怎么解决问题，如果争论不休，这不解决问题。学院外方的董事基本上来自企业界，就办学方面来说，中方的董事更有经验，所以总体上大家沟通起来还是比较容易，对于如何办学没有很大争议。

最后一个难题就是办学的场所。1994 年 11 月 8 日，上海交大和欧洲管理发展基金会签署了《办学合同》，同时正式宣告中欧国际工商学院在上海成立。但这时我们面临一系列难题，如教学大楼在哪里？学生和老师住什么地方？特别是外国来的教师怎么安排？如此等等。后来经过努力，我们在很短的时间内，从连最基本的教室、宿舍也没有的情况，到运作起一个完整的办学实体，并在社会上打出了形象，这个效率是非常高的。我们第一个高层经理培训课程在学院宣布成立当年年底就开始了。1995 年 5 月份，首届 MBA 和 EMBA 班开学。我们把上海交大闵行新校区由莫若愚先生捐资、江泽民总书记题名的学术活动中心拿出来作为办学和生活的用房。学术活动中心有报告厅、教室、餐厅；边上有标准房，可以作为宿舍；还有一个小花园，可以

1994 年，中欧国际工商学院在上海成立

用来室外活动，配套全部解决。包玉刚图书馆，我也拨出一部分给学院。所有这些都是我们上海交大最好的建筑。这样就解决了办学场所的问题，大家都很满意。

我担任董事长期间所经历的这些大大小小的事情，不仅见证了中欧国际工商学院的创建和发展，也是中国改革开放的一个缩影。一开始，外方认为自己都是来自世界著名的商学院，对我们并不十分信任。经历了中欧建院的过程，他们认识到我们办事有能力，工作效率高，遇到问题也容易沟通，就从不太信任到后来慢慢相互尊重，我觉得这还是比较愉快的一个合作。

中国管理教育的特区

中欧国际工商管理学院整个办学体系为我们国家的管理教育提供了一个可供参照、分析的样本。时任国务院副总理李岚清要求中欧“办一所不出国也能留学的学校”。学院从成立之初就充分利用“教育特区”的政策支持，积极探索办学体制机制的创新。“教育特区”到底特别在什么地方呢？我的体会有三点。

第一点，学校有充分的办学自主权。我在交大做校长，和在中欧国际工商学院做董事长，感觉是不一样的。中欧国际工商学院有充分的办学自主权，在董事会领导下开展各种各样的教学实践、教学活动，这一点从全国范围来看都是独一无二的。

第二点，中欧国际工商学院在极短的时间内，发展成为一个崭新的教育基地。所谓崭新，就是教育内容崭新、教育模式崭新。当时国内还只有MBA，没有EMBA。中欧国际工商学院的EMBA是中国第一家，很受企业家、企业界的欢迎。已经有工作经验的企业家在这里进修EMBA是最合适的，所以尽管当时费用很高，EMBA仍旧非常热门。教学上我们进行案例教育，使用大量国际上有名的案例，这种教育模式也是崭新的。中欧国际工商学院为我们国家管理教育革新所提供的参照，是系统的、完整的、有价值的。并且，中欧国际工商学院带来的国际化的办学理念与方法对我们国家培养自己的人才起到了卓有成效的作用。这一点我们必须头脑清晰，不是为外国培养人，是为中国培养人。尽管有充分的办学自主权，但我们董事会，特别是中方的董事们，始终紧盯为中国培养管理人才这一目标，没有迷失方向。

第三点，中欧国际工商学院的国际化发展得非常快，在很短的时间内就与国际上十几家著名的商学院建立了合作关系，开展了学生交流项目。像英国伦敦商学院、西班牙IESE商学院、加拿大不列颠哥伦比亚大学商学院、美国沃顿商学院等，都是世界一流的。这一点跟我们的合作办学形式有关系，跟我们的教师来自四面八方有关系，所以学院国际化程度提升迅速。

大力争取引凤金桥

中欧国际工商学院初期在闵行交大办学，中外双方对教学条件都很满意。但我们与欧方那时已经开始研究新的校区到底放在哪里以及新校区选址确定以后怎么建设的问题。当时徐匡迪同志向我建议，新校区选址最好要考虑学院的相对独立性，以利于它进一步的发展和提高国际国内影响，我记忆犹新，我充分理解将学院从上海交大搬出去的意见。搬出去以后，学院的影响力一定会不一样。参照市里面的意见并经过讨论，我们做出了两个决定：第一，浦东新区金桥开发区是新校址的首选。第二，校园的建设委托贝聿铭设计。

为什么首选是金桥呢？选择浦东新区可以理解，它是改革开放的新热土。为什么没有选浦东其他地方？这里有一小段故事。当时浦东一片农田中唯一的一栋高楼，叫由由宾馆，是农民办的。农民种田出头了，就是“由”，所以宾馆取名由由。我们跟外方开会一般都在那里。一次会上讨论学院的选址，金桥开发公司总经理朱晓明带着人“冲进”我们的会场。我说你要做什么？

由著名华人建筑大师贝聿铭领衔创办的P.C.F建筑师事务所设计的中欧国际工商学院全景

他就说我要介绍金桥的条件，很坚决，一定要把中欧拉到金桥，而且开出的条件都是比较优惠的。当时上海交大还在金桥办了一家公司，也是朱晓明同志提供的条件。那家公司专门请了清华和北大加入进来，一共是三所大学，所以公司名称取了“三大”的谐音“杉达”。有了这三所大学的进入，金桥开发区的地位就不一样了，如果再加上中欧，社会影响就更好了。朱晓明同志是上海交大的博士生，后来还成为了中欧国际工商学院的中方院长。我认为他很有眼光，当时外方也被他的闯劲打动了，最后将学院落户在金桥。

为什么请贝聿铭设计呢？当时我还是有点意见的，我觉得请贝聿铭太贵了。但是，外方非常坚持要请贝聿铭。他们认为学校将来一定需要募款，如果校园是由贝聿铭设计的，募款就会容易，我也理解了，最终就确定由贝聿铭先生领衔创办的 P.C.F 建筑师事务所设计浦东校园。他们的设计确实出彩。我们开始的 50 亩土地经过布局，一点也不局促，反而让人感觉内容非常丰富。这块地当时是比较靠近农村的，记得第一次在浦东校园举行开学典礼，周边的环境可以说相当简陋。25 年过去，现在那里是大不一样了。

金桥开发区给我们提供了很好的条件，贝聿铭的设计展现了独特的风格，我觉得这两个重大的决策，还是对的。

25 年再出发

25 年来，中欧国际工商学院与中国经济共同成长，在中国管理教育界屡创第一。中欧国际工商学院在 2019 年美国 CEOWORLD 杂志全球最佳商学院排名中位列 23，并且是亚洲唯一一所 MBA 和 EMBA 同时进入英国《金融时报》全球排行榜 5 强的商学院。中欧国际工商学院所取得的成绩，是浦东开发开放的成果。进入新时代，中欧国际工商学院要凝心聚力，再创辉煌。

第一，要建设一支相对稳定的教师队伍。这支教师队伍中可以有中国人可以有外国人，他们需要在学校长期任职。我们再聘请国外著名的学者，他们可以有一定的流动性。这样两者相结合的模式应该是我们师资设置的发展方向。师资队伍建设是百年大计。我们要大力提高学院自身教师队伍的水平、知名度、社会影响力等，师资建设不能全部依靠流动性的教师。

第二，现在的教学内容，要大量收集中国发展的案例。国内过去没有案例教育，中欧国际工商学院使用的案例多数是从外国来的。中国在这么短的时间内有这么大的发展，管理方面一定有很多经验可以总结。如此丰富的中国案例，不论是成功的还是失败的，都可以成为科学研究的重要课题，我们应当下功夫把它们组织好、利用好。

第三，学院要结合我们国家战略发展的需要，开展研究工作。中欧的研究工作要聚焦发展的重点热点问题，向国家献计献策，从而扩大学院的社会影响力，提高知名度。作为国际一流的商学院，中欧国际工商学院应该更多地参与到国内的各类咨询事务中去，发表自己的看法，为国家提出宝贵的意见。我希望中欧国际工商学院能够逐渐发展成为服务上海、长三角，乃至中国经济社会发展的重要智库之一，为国家的科学决策助力。

实践中历练：亲历金桥的房地开发

【口述前记】

朱守淳，1950年8月出生。曾任职于上海市人民政府教育卫生办公室干部处、党委办公室、教育处、秘书处。1994年调至金桥出口加工区开发公司工作，曾任上海金桥（集团）有限公司副总经理，兼任上海金桥出口加工区管委会副主任，主管碧云国际社区和商用房产开发、招商引资和工业房产开发建设、金桥南区（出口加工区）开发建设等工作，见证了金桥开发区的成长与发展。2004年任上海张江（集团）有限公司副总经理。

口述：朱守淳

采访：唐旻红、胡迎

整理：胡迎

时间：2020 年 2 月 26 日

我们这代人，从来就是按照国家分配去工作的。离开市政府教卫办“下海”去浦东，是我职业生涯中唯一一次主动选择，现在看来这是非常正确的一个选择。它使我亲身体验了浦东开发，见证了金桥开发区的成长与发展，也丰富了我的人生经历。

从机关干部到职业经理人

20 世纪 90 年代初浦东开发时，市政府教卫办内设置了浦东开发办公室。我在市教卫办秘书处工作，教卫办的浦东开发办公室业务归口在秘书处，我也因此开始熟悉、关注浦东的发展。当时遇到了几件我印象比较深的事情。第一件事情，我随同教卫办主任王生洪同志去拜访浦东开发办公室主任杨昌基同志，杨昌基同志介绍了接下来浦东发展的宏伟蓝图。他说浦东新区将比特区更特，要求市政府给予浦东新区更多的教育授权，以适应改革开放的需要。那时我已经在教卫办工作十多年了，80 年代教卫办用很多精力抓教育改革，现在遇到浦东的开发开放，我觉得会是很好的机遇，非常振奋。

第二件事情，1992 年教育部所属 36 所重点高校在上海发起创立了中国高科集团。在千鹤宾馆举办的集团成立大会上，金桥开发公司总经理朱晓明同志来路演，那时候叫宣传。朱晓明同志介绍了浦东和金桥快速开发的情况，并邀请高校校长们去参观考察。实地参观考察后大家亲身感受到了热火朝天的开发激情，很难不产生触动。

第三件事情，我随王生洪主任参加了一次市长办公会，议题之一是决定启动张江开发，因为那时要引进“908”微电子等项目，金桥的土地已经不够用了。在教育系统，一项改革工作的起动和见效周期较长，而浦东的开发真有“一天一个样，三年大变样”的劲头，这是完全不一样的感受，不由得让我产生了要去浦东试试的愿望。还有一点，原先纺织工业系统在社会力量办学方面地位重要，所以几乎每次教卫办组织召开教育工作大会，都会有纺织局发言。朱晓明同志就是纺织局分管教育科技的副局长，他去主持金桥开发后，几次邀请我去金桥工作。就是这么一个氛围和机遇，促使我下定决心“下海”到浦东去了。

我在金桥分管过比较多的业务，房地产开发、工业招商、金桥南区的开发建设和管委会筹建及运行，我都参与了。现在回想起来，从教育行政机关突然来到一家开发企业工作，跨界巨大，面临的挑战自然也是很大的。浦东开发的一项重要创新是政府成立开发公司，向其注入土地资源并授予土地开发权，开发公司从市场上筹措开发资金，吸引社会资本，实施“滚动开发”。金桥开发公司先后设立了四大公司，有与工、农、建、交四大银行组建的联合投资开发公司、与香港中银和招商港务组建的联合发展公司、上市成立的股份公司等，我担任了联合投资开发公司的副总经理。联合投资开发公司又与上房集团及总工会系统的科教实业联合组建了金久置业公司，主要在浦西进行房地产开发，我是董事长、总经理、法人代表一身兼，就这样一头扎进市场经济的大海里了。

在那几年中，我真切体验到了企业经理人的压力，经常是白天忙做项目、研究市场、筹措资金、组建团队等经营管理业务，晚上想着年度计划目标该怎么完成，眼睛看着天花板睡不着觉。预算目标的硬约束，是实实在在的“压力山大”，这和在机关工作是两种全然不同的感受。压力会逼迫人学习、适应和进步，历练和付出定有回报。小小的金久置业公司年年都能较好地完成发展目标，我也就是在这短短二三年中，完成了从机关干部到经理人的转变。那个时候的金桥，不像现在这么强大，要钱有钱、要资源有资源、要经验有经验，那时发展很辛苦。特别是做工业地产，到了1996、1997年的时候，一是金桥的土地卖得差不多了，二是市场竞争越来越激烈，我们没有突出的优势，公司的财务状况不容乐观。这样的情况下，我们就想到了启动生活区的开发。

宜居宜业的国际社区

金桥开发区是浦东四大开发区中最早出形象、出功能和出效益的区域。1996年，金桥的现代通讯、家电、汽车和医药四大制造业产业群已见雏形，大项目都已落地，大部分企业已经建成开始投产，进入园区的大部分是合资和外商独资企业。但是，当时的浦东是生产和工作的区域，生活、消费和服务设施非常贫乏。金桥园区规划中4平方公里的作为产业区配套的现代生活园区，也尚未规模化地开发。杨小明总经理到任后，金桥集团成立了房地产事业部，我兼任房地产事业部的总经理，负责现代生活园区和集团房地产业务的系统整合及管理。那时候我们没有房地产开发方面的专家，大家对于现代生活园区的概念也是很模糊的。

开发区初期的经营模式主要是通过招商引资快速奠定产业基础，房地产开发也是招商卖地模式。1992年国家宏观调控后，房地产市场迅速降温，早期进入园区并已建成的楼盘经营惨淡，招商卖地也卖不动了。我们更希望能联合一家大型的、有经验的、有资金的、有客户的开发商，将现代生活园区进行整体合作开发，但最终没有找到合适的投资人，只剩下自行开发这一条路了。

好在我们有一个现成的国际社区的样本，就是长宁的古北新区。20 世纪 80 年代，随着虹桥商务区、漕河泾高新区和闵行工业区的开发，那里引进了第一波外资企业，造就了古北新区的成功发展。浦东新区开发的规模更大、立意更高，能不能也做一个类似的社区，让在金桥、在浦东工作的外国人同时在金桥生活呢？这就要看我们是否能够满足他们的需求了。

当时我们做市场调研时，获得了不少增强我们信心的信息：金桥有西门子、徕卡等一批德资企业，很多德国人住在松江新桥名为“家天下”的别墅小区。我们走访交流时获悉，如果在金桥建有类似的小区，他们是愿意来住的。浦东科技局梁桂局长也讲起，有美国朋友告诉他，在上海找不到美国人想住的房子。我们去北美考察时，了解了美国人的居住生活方式，意识到在上海房地产细分市场中还是有很多机会的。1997 年，在上海工作生活的外籍人士约有 8 万人，而纽约、伦敦、东京和香港等国际化大都市外籍人员的比例都在 15% 左右。浦东已经引进了 4700 家外资企业，未来高端居住的需求足够巨大。

因此，公司下决心自行开发生活区，边学边干，参照古北新区再作差异性、竞争性的安排。我们的开发目标一是打造上海一流的城郊型住宅区；二是适合在沪的高阶外籍经营管理人员和外籍专家的生活居住要求。我们邀请了美国、日本、澳大利亚和新加坡的著名设计公司进行规划方案竞赛，最后选择了澳大利亚布里斯班的首席规划师对金桥生活区的首个开发项目（就是现在的碧云别墅）进行设计。我们还对整个生活区的规划进行了优化调整：把容积率调下来，布置了大片的别墅，集中安排了商业中心，优化了道路景观系统等等。

当时就“金桥城市花园”规划方案组织专家评审和论证时，好多专家对此并不看好。他们不认为在浦东、在工业区旁能够建成面向外籍人士的高端社区。但我们自认为对开发区的了解和对市场的研判是正确的，坚持了开发定位。现在回想起来，当时的坚持或许是唯一正确的选择。

我们把现代生活园区的容积率降下来，除了靠杨高路一侧保留小高层建筑，其余基本都是低密度的别墅群，颇有北美风格，与古北形成了明显的差异。用现在的眼光看，降低容积率的选择损失是很大的，容积率就是钱嘛，当时金桥开发区缺的就是钱。规划确定后，碧云别墅采用了开放式、全木结构的设计。这是上海第一个商业化、大规模建设木结构别墅的案例，在当时也是一个很大的挑战，国家都没有相关的建筑规范和验收标准。木结构的房子比较环保、温馨，施工容易、建设周期也短。建筑原材料我们都是从加拿大用集装箱运回来的，最终建成的房屋呈现出原汁原味的北美风格，外国人一看就感到很熟悉。区域的独特性和产品的唯一性是碧云别墅获得成功的关键基础。

我的个性比较谨慎，在没有多少房地产开发经验的情况下，要负责推进那么大的项目，也是战战兢兢、如履薄冰。好在碧云别墅开盘后，市场反应很理想，我才如释重负、放下心来。当时市领导到浦东视察时说，国企也能开发出碧云别墅这样的项目，不简单。这是对我们最大的肯定和鼓励。后来各个房地产公司纷至沓来，考察取经，多处复制我们的项目。

碧云国际社区的成功，是金桥人不懈努力的成果，很多坚持是不容易的。只租不售就得放弃现金流和眼前的利润，但能换来目标客户的快速集聚。建设国际学校能提高产品对客户的吸引力，但得放弃个别地块或项目当下的利益最大化。要让住户满意，就得花费更多投入，持续提高服务品质。外界对碧云社区的评价很高，市场反应非常之好，这都是源于我们当初的战略思考和选择。尽管一开始我们对于国际社区的内涵并没有十分清晰的认识，但金桥人对于开发愿景的坚持，持续不断的改进和完善，最终呈现出了有着浓厚现代时尚韵味的真正意义上的国际社区。曾经万科的王石来金桥考察，有意收购金桥股份。他说，万科只会做楼盘，而他看中的是金桥的区域发展能力。

产品、服务、功能如何应对城市化挑战

1999 年公司班子工作调整，我开始分管招商工作。那时金桥进入快速产出期，工业产值接近 400 亿，成为浦东乃至上海新的经济增长点，但土地资源已经很有限了。政府最关心的是区域持续发展的价值，吸引的投资、技术的进步、产值税收的贡献和就业岗位的提供等。而作为开发公司，必须关注企业的经营质量，关注股东、股民的利益，开发公司的特殊性就在于要平衡好两者的关系。

公司当时已经意识到金桥属于普惠型开发，没有特殊政策照顾。招商引资既要面对张江（全市聚焦）和外高桥（转型加工贸易）等兄弟园区的竞争，更受到来自上海郊区和周边省市开发区的挑战。并且，金桥的土地价格受开发成本所限，不具有竞争力。综观上海的城市演化过程，开发区内的制造型企业随着城市的发展调整或退出，出让的土地要再次开发利用难度陡增。因此公司形成了共识：珍惜土地，不再卖地；避免无谓的竞争；抛开粗放型的土地招商模式；打造工业楼宇经济；产业升级，发展总部经济。

我们充分发挥金桥已形成的核心产业和龙头企业的优势，按产业链组织招商，推动配套企业向核心企业集聚，帮助核心企业缩短供应链。比如康宁的汽车尾气净化器项目，既产生了“范围经济”效应，又提高了开发公司的议价能力，形成了多赢的招商格局。

我们采取楼宇招商模式，通过订制或预制厂房，提高土地集约使用率，帮助配套企业快速进入园区形成产能。去德国考察时，我们发现西方很少拆

楼，都市中的传统产业退出后，原来的工业厂房改造成多种用途的楼宇，而且改造得很漂亮，楼内是商务公司、设计公司等，业态也提升了。所以金桥的工业楼宇也都只租不售，为公司以后的持续经营留下空间。

我们根据跨国公司发展的趋向和目前产业的形态，研究配套企业的潜在需求，规划设计与周边地区形成差异的产品。周边很多工业园区厂房租金报价仅 5 毛钱一个平方，成交价就更低。我们多次去新加坡裕廊学习，研究建造适合流水线作业的大型通用厂房，差异化开发，避免与周边开发区轻型厂房发生恶性价格战，提高公司工业楼宇的投资收益。

我们的招商对象从加工制造业转向产业链高端，先后引进夏普、柯达、可口可乐、华为、拜耳等总部和研发中心等项目。我们帮助惠普从电脑生产制造向亚太订单中心发展，还开发了 OFFICE PARK 新一代物业形态，朝着开发区产业转型升级目标稳步迈进。

社会效益与企业经营效益平衡兼顾，金桥公司年年完成新区下达的招商引资任务，企业经营效益持续提升。

金桥的招商和高新技术创业中心是放在一起的，我管招商的同时还兼创业中心的法人代表。金桥有 5 个多平方公里被划为高新技术园区，我们引进的项目中 50%以上是跨国公司，大部分都是高新技术企业。根据国家科委的标准，高新技术园区须设立孵化器，这个孵化器就叫创业中心。金桥开发初期引进的三位博士之一李广新是创业中心主任，记得当时在孵企业也有二十多家。我们虽然没有孵化出非常成功的企业，但也做了积极的探索和实践。李广新现在是德丰杰龙脉中国基金的执行董事，他的创业投资生涯就是从金桥开始的。上海当时的工业总产值里，高新技术大概占 15%～20%，金桥的这个比例要高得多，有将近 50%。

2003 年金桥的工业产值超过千亿，在全国开发区中排名第二，排名第一

上海金桥出口加工区的通用厂房群

的是天津滨海新区，但它的面积比浦东新区更大。金桥产业区单位面积吸引的投资额、工业产值和税收在全国也始终名列前茅。区区10平方公里的产业区，完成了全市十分之一的工业产值，为上海工业的技术进步、产业转型和经济发展作出了重大贡献，作为一名金桥人我由衷地感到自豪。

从南区推向整个金桥的管委会

我在金桥还有蛮长一段时间是做管委会，管委会是开发区发展体制的一个探索。2000年，国家为发展并规范加工贸易，鼓励各地设立出口加工区。以出口加工区命名的金桥园区已经没有什么土地了，浦东新区将王桥公司划归金桥集团，我们就在王桥工业区还没有开发的土地上规划了一个封闭型管理的出口加工区，称为金桥南区。金桥出口加工区（南区）于2001年9月经国务院八部委批准设立，2002 年 6 月验收通过，正式封关运行。根据国务院八部委的规定，出口加工区要设立管委会，负责加工区各项审批和管理事务。当时南区管委会完全是政企合一运行，由新区分管副区长王安德同志任主任，金桥集团总经理杨小明同志是常务副主任，我兼任负责日常工作的常驻副主任、南区开发指挥部常务副总指挥、南区开发公司总经理，负责出口加工区的筹备、建设、验收、经营和管理。

那时候新区的领导真是非常实干、开明、有魄力，管委会成立时新区主要领导要求我们说，金桥成立管委会不是让你们换一个手来盖图章。市、区政府授权给管委会是为了改进服务，提高效率，提升园区竞争力。所有企业的报批事项不允许不回复，同意也好不同意也好要马上拿出意见，不能不批。但是一百件审批里头允许你批错三件，只要把事情做成。政府对我们这么信任，我们也很有信心，一定要把服务干好，让企业满意。

上海金桥出口加工区（南区）卡口

南区当时的效率非常之高。南区总规划面积为2.8平方公里，一期封关区域面积为1.55平方公里。封关很重要的一条就是海关要进，检验检疫局要进，办公楼、基础设施、监管设施全部要建成。当地镇政府负责动拆迁，开发公司从元旦开始打桩建楼到最后完成所有筹建工作并通过国家八部委验收，仅用了半年时间，就是这么一个效率。

经过半年的实践，政府认为我们的工作做得不错。2003年1月，管委会的管理权限延伸到整个金桥开发区。我们感觉到提高开发区的竞争力，还是要靠服务，要把管理融于服务当中，减少企业发展的阻力，从而提升效率。当初那个环境里，所有的决定都是以把事情做成为导向，杨小明主任对管委会审批制度的要求是24小时办结制。好多单位、管理部门都不太相信。我们团队是怎么做的呢？我们把24小时当成3天来用，白天晚上连轴转，确保一天内就批复，就是这样一种干劲。

24小时办结这条规定并非好大喜功，我们是经过深思熟虑的。一是开发区的项目，比整个浦东新区肯定少得多了，审批量不会太大；二是我们的管理对象大部分是外资企业、跨国公司，自律性很强；三是我们并不是看到企业的报告才了解项目的，从招商引资开始我们已经同他们打了很长时间交道，项目引进的过程中双方已经有了充分的了解和沟通；四是与企业天天在一个园区里，我们可以加强批后的监察和管理，所以审批不是最最重要的事情。重要的是能站在园区企业的立场做好服务，毕竟开发区的成功是建立在园区企业的成功之上的。

在管委会运行过程中，园区企业的满意度很高，很少有抱怨和投诉。我觉得当时开发区“政企合一”、“一张皮”的探索是很有价值的，是政府行政资源与开发公司市场化优势的成功结合。到了2004年浦东建设功能区以后，园区管委会就被慢慢吸收掉了。虽然它存续的时间很短，在浦东开发的历史上还是值得书写一笔的。

在“中欧”的学习促进思考与历练

上海在20世纪80年代进行第一轮开发区建设时就是采用企业化推进的模式，浦东开发成立四大开发公司时引入的市场化要素就更多了，促成了浦东新区快速、大规模、高水准的开发。开发企业本质上就是综合性的城市开发公司，金桥的团队深信国企也能做成一流的市场化企业，可以在开发区持续发展中深入耕耘。只要认准自身核心价值、培养企业专业能力，开发公司不光能做地产，还可以伴随开发区的城市化进程演生出更多的业务，再进一步，可以在各地有发展价值的区域做成新的开发区项目。像新加坡的腾飞公司，它在中国、印度以及东南亚许多地方做开发区，实现了开发公司的持续经营和发展。金桥集团的事业部制建设就是为提升公司的专业化能力所做的尝试。开发公司的专业化能力尤其体现在是否能够实现开发区的持续发展，金桥在这方面是做得很不错的，因为我们能够以战略性的眼光和负责任的态度把开发区的建设看得更透，想得更远。

开发公司的领导干部大部分来自机关，在执行政府意图上会有天然的自觉性，但是没有足够的专业能力，企业开发的价值就很难体现出来。各地的开发区是在市场上充分竞争的，我在开发公司工作十多年，感受很深，机关干部要做好企业管理，除了本身素质要好以外，必须要学习。

我还在教卫办的时候，曾经参与过中欧国际工商学院前期落户上海的工作，对中欧很熟悉。中欧有一个培养对象的取向，它想要帮助中国的政府官员和国企干部尽快熟悉市场经济条件下的经济管理，所以早期有很多的政府官员和国企骨干在中欧就读，而且中欧对这些对象的收费标准是比较低的。

当时金桥的领导非常开明，公司的财政还是很紧的，但我提出来要去中欧读书，领导都赞成。我们那时连续有 4 位管理干部就读中欧，我是中欧第二届的学员，中欧的学习对我的职业经理人生涯有非常大的帮助。

大学毕业我就到机关工作，然后一下子跑到一个市场化的开发企业，尤其最初在经营金久置业的时候，没有什么可依靠的，也没有经验，好多事情都只能自己琢磨，碰了鼻子再倒回来。中欧的学习就是告诉你有关企业经营的所有问题及其思考方式。我的课程作业大都是写的开发区的实际业务工作，通过 2 年的学习，大大提高了我对企业经营和开发区业务的理解，拓宽了眼界，受益良多。我也向新区政府建议过，开发公司的主管一定要去学习企业的经营管理，中欧很好，别的大学也可以。后来中欧各届学员中都有政府官员和国企干部。我们面对的是市场化的发展建设，不懂经济、管理不专业怎么做得好呢？这也慢慢成为大家的共识了。

离开金桥到了张江以后，我分管过招商引资、客户服务、公共关系、对外宣传、园区开发、招投标、采购中心、建设管理等各项工作，并兼任了十多家投资企业的董事长、董事和理事等高管职务，这些都是得益于金桥的这段历练而获得的信任和机会。因为有过金桥和张江十多年的工作经历，对开发区事业就有了一个更为深刻的理解。城市功能会不断地变化，开发区是一项综合性非常强的业务，开发区发展有很多可能，是可以持续经营的。要去了解城市的发展，每个城区都有不同的定位、不同的功能，针对性地进行开发，可以让开发区创造更多的价值。

有生之年能生活在这样的时代是幸运的，能投身浦东开发的热潮更是难得的机遇，我深感荣幸。感谢给予我信任、支持和帮助的领导、同事和朋友们，衷心祝愿开发区的明天会更好！

碧云社区：一场工业开发区内城市价值塑造的社区实验

【口述前记】

杨小明，1953年2月出生。先后任市浦东开发办处长、浦东新区组织部副部长、外高桥新发展公司总经理，1996年10月至2004年5月任金桥集团公司总经理。2004年5月至2012年5月任陆家嘴（集团）有限公司总经理。

口述：杨小明

采访：唐旻红、严亚南

整理：唐旻红、石婉卿、周潇粤

时间：2019 年 12 月 23 日

金桥开发区是 1990 年浦东开发开放之初，经国务院批准设立的国家级经济技术开发区。经过 30 年的迭代升级，这片区域不仅高速度、高水平地完成了从农业化到工业化的文明进化；而且这个过程中，始终围绕产城有机融合，以城市化价值塑造为主轴，聚焦于以人为本的公共资源的开发和集聚，最终实现了这个区域经济价值和社会价值的双赢。

这种价值不仅仅体现在金桥实现了从“金桥加工”到“金桥制造”再到“金桥智造”的转变，不仅仅体现在如今的金桥以占浦东新区 1/50 的土地，贡献超过 25％的工业经济规模，更体现在金桥崛起为一座宜业宜居的现代化新城，体现在碧云社区荣获住建部“中国人居环境范例奖”，体现在碧云别墅在“建国 50 年上海经典建筑”评选中荣获唯一的“新中国 50 年上海最佳住宅小区”大奖，体现在碧云社区对于城市化价值塑造的实验意义。

作为浦东开发开放的一个缩影，金桥碧云之所以成为碧云，得益于那个年代浦东特有的鼓励创新、鼓励改革、鼓励建功立业的英雄情怀，得益于上海这座伟大城市 200 年城市文明的积淀和浸润、在改革开放的新时代产生的新的文明根基，更得益于建设者探索新理念、创新机制体制并高效执行的结果。

回顾碧云社区的开发历程，这是一场可以视之为工业区的突围实验。

突围，被逼出来的改革

碧云社区，这是一个值得经常回味的城市价值更新的社区实验。碧云社区在金桥30年的发展历史中，具有特别的意义。从社会经济发展规律来看，一个地区从农业化发展至工业化的后期，会逐渐产生增长极限甚至衰退。而金桥碧云在工业化的早期就开始有意识地思考产城的融合发展。

1995年，我有机会到一线开发区工作，从浦东新区机关到外高桥新发展公司担任总经理。1996年10月，我又被调任金桥公司，真正的挑战才刚刚开始。

那时金桥开发已有5年，正是一片热火朝天。我自己43岁，也正是跃跃欲试、渴望建功立业的年纪。记得那年，浦东5个100亿元重大投资项目中，有2个在金桥，开发建设、产业升级的主体任务非常繁重。一方面是红旗招展、声名在外，另一方面却实际承受着内外部的双重压力。

外部压力，主要是来源于长三角兄弟开发区之间的招商地价竞争。土地价格战，刺刀见红。我们屡战屡败、屡败屡战。之所以如此，是因为各地的开发模式不一样、商业模式不一样。我们是“以地养地”模式，他们是“以税养地”，地价不够税来补。所以地价收入对我们是性命交关。那时，在我们和苏州、松江等开发区的招商竞争中，地价之争是常态。不管我们出价是多少，总是输多赢少，致使我们的项目大量流失，特别对吸引中小企业、零部件项目、配套项目缺乏竞争力。

此外，从1998年开始，上海市政府宣布聚焦张江的战略，许多优秀的项目要优先落户张江。即便是一些我们已经谈好要准备签约的项目，也被要求礼让在先。过去金桥是一面旗帜，是浦东开发的代表。此后金桥可能风光不

金桥出口加工区早期区域规划图

再，我们的产业升级设想和团队信心多少受到影响。

内部压力，主要是我们的资金压力。金桥作为工业开发区，产业升级任务很重，金桥第一轮开发引进的外资项目，大多以政府的技改规划和产业规划为主，投资强度有局限。在“土地空转”模式下，随着基础设施投入加大，土地开发的投入产出平衡不能够满足投资的需求。公司负债变得非常重。重到什么程度？我刚到金桥大概半年，有一个和香港招商中银的合作，需要去香港开董事会，大概去十来个人。公司财务提醒我，十来个人的差旅费是很重的负担。我们没办法，只能坐20多个小时的火车到香港，连夜开会，半夜靠便利店速食充饥。此外，就是在外部招商和内部资金的重压下，整个公司的士气有些低落。在现有的开发模式下，项目越大，我们的供地能力越差。大家看不到金桥长期在这样商业模式下，土地一级开发的投入产出平衡机制怎么建立?

所以，当时我想金桥必须“突围”。只有赢得一场胜仗才能鼓舞士气，只有打胜仗才能突围成功。当时的思路是，突围成功的标志就是要转变工业区发展模式，创造新的发展模式，创造自己新的比较优势，创造工业化和城市化的新结合，创造一个特别适合先进制造业发展的区域，使金桥不止成为通向财富的金桥，而且本身就是一个财富的金山。

当时核心的价值观就是“戴着镣铐跳舞”，舞要跳得好，镣铐也不能去除。在这个基础上，有三点思考：

第一，坚持把金桥作为主战场，再难也不能退却，不能“走出去”，这是金桥公司的历史使命所在。

第二，工业区要创造新的土地资源配置方式，坚持产业促进和区域开发投入产出平衡。新的供地原则之一是对于规模大、能级高，产业带动性强的项目，要实行按需供地。比如通用汽车整车基地、华为无线通信研发基地、“909”超大规模集成电路项目等，无论多少低价，都要充分满足项目的用地需求。二是对于零部件项目、配套项目，采取供地供房相结合，充分满足项目降低建厂成本。提高建厂效率的要求，部分供地、部分供房，供房就是定制厂房和租用标准厂房。三是针对研发中心和科研创新项目，按照客户定制的模式开发有特色的研发园区，OFFICE PARK。这三条执行后，受到了很大的欢迎，一改产业招商沉闷的气氛，也平衡了工业区土地开发的投入产出。工业区的土地开始有了较为固定的收入。

第三，调整提高金桥生活配套区的市场定位。当时杨高路北侧的金杨新村，高层住宅商品房价格大约不到3000元每平方米。我希望通过产品定位调整，使生活区的房地产卖得更贵一些。毕竟这片生活区的土地是我们唯一可以作商业开发的地方。用胡炜同志的话说，“不要把大衣料子做成背心”。这就是我们当时的想法，让生活区卖得更好一些，赚更多的钱。在 1997 年，碧云社区开发之初，我们的想法其实就是那么朴素。碧云要做出国际社区的定位是两年后才逐步产生的。当时没有那么伟大的设想，也没有那么城市化的理解和认识。

无心插柳柳成荫，曙光在前方

碧云社区的开发从 1997 年起步，到 1999 年第一个产品碧云别墅供应市场，再到 2004 年我离开金桥，前后我参与了 8 年的开发时间。这 8 年可以看作是碧云社区第一阶段的开发。8 年中，碧云社区的开发有很多故事。最主要的是实现了从金桥工业区配套生活区的定位，转变为一个以城市化改造为主轴，以国际化为市场定位的国际社区。这个转变是一个很重要的转变，在当时的全国经济技术开发区中间，是有先行者的意义。

碧云别墅供应市场后好评不断，既有对产品风格的赞美，也有对其商业模式、运行方式的赞赏。碧云社区开发当时有两个定位：一是长期持有、只租不售；二是国际化。

记得碧云别墅一期开盘时，第一个顾客是个美国人，说要买下来。我们听说后开心得不得了，还请他吃饭。他 60 多万美元买了一栋，300 平方米不到，当时差不多相当于 580 多万元人民币。过了两个礼拜，我就后悔了，因为后面的顾客支付的租金价格都非常高。想收已经收不回来，所以就和他合同约定，将来他的房子卖掉，我们公司有优先购买权。5 年后我们花了 80 多万美元才把它买回来，保持了碧云别墅全部出租经营的体制。2000 年，碧云社区被评为建国 50 周年经典建筑。

这个项目的成功给大家很大的鼓舞，各方面好评如潮。业界很多朋友一改过去的态度，反过来希望和我们合作，参与开发。当时，在一片赞扬声中，我们就在思考一个问题，如果我们继续复制下去，要不了几年，这个区域就开发完成了，是一片碧云别墅集聚区，这个区域开发的目标是不是就算胜利完成？或者反过来说，我们原定的目标是不是就是这样？金桥这个工业区将来工业化后的增长动力在哪里，持续增长的机制在哪里？

这里其实存在一个增长极限和与时俱进的问题。所以我们认为碧云社区的目标不仅仅是一个项目的成功，而应该是城市化的实现，创造一个城市化的社区才是工业化发展的后劲所在。

城市化最大的问题是功能的配置。最主要是三方面功能：第一个是城市产业功能，支撑整个城市社会经济的发展；第二个是城市公共服务业，支撑着城市的生存；第三个是城市的居住功能，支撑着人口的集聚。现在居住功能开始变好变强了，但是社会经济发展的功能和公共服务业的功能还差得很远，这不是指小区开发中规定的商业配套。所以我们就着手进一步规划配置这两大功能。

社会经济功能主要是配置金桥开发区在制造业发展过程中衍生出来的高科技产业，包括研发中心、创新技术等等。这一部分我们专门划出地块，创造差异性比较强的环境，开发了一个高层建筑和低层建筑相结合的 OFFICE PARK，为当时的金桥开发区吸引了很多的外资研发中心和内资创新投资项目。

公共服务业是我们当时规划的重点，按照过去生活区的规划要求，只需要按照千人指标配建公办中小学就可以了。但是我们把这个地区作为一个城市公共服务业功能的集聚区，先后配置了高等教育、中欧国际工商学院、大型综合性医院华山东院、浦东妇产科医院、平和双语国际学校、协和国际学校、德威国际学校等，还有全国最大的社区文化体育服务中心、大型商业中心。这些设施极大提升了碧云社区的城市化强度。更重要的是，这些项目全部出自社会投资、民间投资，和政府投资的学校、幼儿园形成强烈的互补。这是一个实践中逐步认识的过程，是实践给我们提出的新挑战。我们在做具体房产项目的时候，不一定每个项目都成功，但是这不影响这个区域整体的城市化功能。

除了三大功能以外，还有这个区域道路交通系统的改善。这个区域的交通系统与原先工业区的道路系统一脉相承，所以不适应城市化氛围的需要。主要表现为以车为本、以快速通过为基本功能要求，很少考虑人们生活和城市服务业的需要，因此我们对它进行了比较大的改造。对一个城市化的区域而言，道路不仅承担着交通功能，也要承担城市化氛围的营造，为邻里交往休闲、居民社会生活提供方便，是城市公共界面和私人界面的温柔联结。

国际学校中的各国学生们

改造时难度非常大，因为道路已经建成，要涉及公共城市道路系统，审批手续非常繁杂。所以我们那时利用道路修缮的名义，逐条道路进行改造，把道路的宽度、强度降低，把大地块隔成小地块，改路的断面等，改成以人为本的道路系统，逐步改了明月路、碧云路、云山路。试验下来效果很好，人气和城市氛围有了明显的提升。后来新区政府看到后，也给予了很高的评价。

金桥碧云取得上面这些发展，离不开浦东新区政府的支持。当时，市、区聚焦张江，虽然新区对张江给予了非常高的关注和重视，但也并未削弱对金桥的支持。关注度小、自由度大，反而为金桥带来了较大的创新空间，也成了金桥再腾飞的一种激励。就是你想做什么、怎么做，障碍和困难反而小一点。当时我们推动改规划，改很多已经既成事实的东西，要做一些新事物，浦东新区对此都非常宽容。

这里尤其要感谢当时浦东开发开放的价值观。开发公司在浦东拥有特殊的主力军，所有的委办局对我们都比较支持。浦东新区的历任领导都有个特点，思想很开明，以战功论英雄。那个时候搞开发就像打仗一样，只要你能想出来，能去试，能干起来，领导都很支持，哪怕是有一点跟规章制度不一致，容错的肚量比较大。那些年，开发公司的领导是可以直接跟区里最高领导请示汇报。如此一来，决策和执行效率就会很高。对于碧云社区项目，周禹鹏、胡炜等浦东新区领导都很重视。有个周末，周禹鹏亲自跑到社区去看现场，却被保安拦在外面，他的秘书讲这是周禹鹏，保安还是说什么也不放，领导不仅没有批评，而且给予了表扬。这就是那个时候领导的风格。

期许未来，建立城市更新机制

碧云社区开发时，我们的团队很年轻，也缺乏经验，不说区域开发的经验，即便是做房地产项目开发的经验也很少。但是这支团队有一个很可贵的学习精神和勤奋精神，有向上的精神和创新的勇气，决心自己干，自力更生。赵启正同志对此非常赞赏和鼓励："好！你们有这个志气就好。"

碧云社区开发已经是20多年前的事。我因为工作调动，只参与了8年时间，没有机会继续做下去，但是离开后和社区居民、企业还是有往来。我也经常在想，如果我有机会做下去，应该把它做成什么样子？哪些问题是比较重要的问题？现在回过头来看，最大的问题是与时俱进，如何突破城市化发展的生长极限，努力满足日益增长的人民群众对城市的需求，这是我们没有想明白的问题。

我自己觉得，解决这个问题最重要的是要建立城市更新的机制。我们很难想象30年、50年以后，这个地区城市生活会产生哪些新的变化，但只要我们建立这样一个机制，就可以不断地解决新问题。比如说，我们经常强调这个区应该是富人区，其实这个看法，慢慢在发生变化。城市生活是由各类人

美丽的碧云社区

共同创造的一种生态，包括富人、穷人，包括老板、职员，包括老人、小孩。在开发这些城市功能的过程中，应该注意满足各类人等对城市的需求，老有所养、幼有所教，各类服务业的从业人员都能够从中获得幸福感。我们在规划碧云的时候，想这些问题想得还不够周到，很多人要在路上花1小时时间到这里来从事他们的终身职业。此外，现在社区管理全部依靠政府管理，能不能建立社会自治、民间参与的管理体制，可以根据每个社区的特点和特殊需求，做好服务供应工作？

我到陆家嘴后，是在一个更加城市化的地区工作，也同样有城市更新创新的问题。

总而言之，开发碧云社区给我的最大体会，就是注重城市化价值发现，注重城市功能与时俱进的更新。金桥地区从一个完全的农村地区，到工业化，到现在的城市化，这个过程中，不断地思考和实践如何突破增长的极限，如何追求新的价值，从中蕴含的勇敢的创业精神，这是金桥发展留给我们的思考和财富。当年，碧云做了一个传统意义上不需要去做的事情，领导没有布置的事情，而且做成功了。领导布置的要去做，领导没有布置的，我们认为正确的也要敢于实践，敢于做前人没有做过的事情。这不是什么伟大的觉醒或者崇高的理想，而只是为了做得更好一点，为了比别人做得更好一点，积小胜为大胜。

这是我们浦东早期开发重要的一个价值观，所以才有了当年那样一个创新的时代环境和工作氛围。我们为身在其中而感到欣慰和自豪！最后，我也要将这篇口述文章献给可爱的金桥、可爱的碧云！

筚路蓝缕：一所民办大学的探索与追求

【口述前记】

袁济，1932年10月出生。1959年至1994年任上海交通大学材料科学及工程系助教、讲师、副教授、研究员、常务副系主任；校科研处副处长、实验室处长、校学术委员会秘书长、校长助理。1992年至2012年任上海杉达学院常务副校长、董事会副董事长、校长、党委书记。袁济是上海杉达学院创办人，推动并见证了上海杉达学院[①]的诞生与发展。现任上海杉达学院董事会常务董事。

① 1992年8月，经上海市高等教育局批准筹办试招生，校名为“杉达大学”；2002年3月，更名为“上海杉达学院”。

口述：袁济

采访：年士萍、胡迎

整理：胡迎

时间：2019 年 12 月 4 日

如果没有浦东开发开放，也不会有杉达学院。浦东这块热土，对杉达学院的成立、发展都非常重要。上海敢为人先的城市气度和大量优质的教育资源，为杉达学院的孕育提供了深厚的根基。

知识分子的理想与担当

我们这一辈人，总觉得做的事情太少，都想多做点事。浦东金桥开发区刚起步的时候，那里的干部也是同样的想法。所以在这种氛围中很容易做成事，遇到困难大家都能相互理解，工作推进起来就比较顺畅。当时的金桥开发公司总经理朱晓明同志是一名非常努力、非常杰出的机关干部。他经过调查，做了细致的规划，把金桥开发区的基础工作先都做好。投资者一来，只要选中位置，马上就可以开工。浦东有四个开发区，金桥的前期准备工作做得比较充分、周到。

金桥开发公司举行开业典礼时，我们上海交大的翁校长和我应邀参加，我当时是校长助理，负责学校科技开发工作。典礼上朱晓明同志对我说，要给我们两间房子。我讲无功不受禄，给我们两间房子是什么用意？他谈了一个看法，浦东的四个开发区，投资者都在观望中，他希望交大的科技公司进驻金桥，起到带动作用。1992 年初，邓小平同志发表了振奋人心的南方谈话，讲到浦东是最后一个机会，希望各行各业都来支持浦东开发。这对知识界绝对起到了动员的作用。所以我就给朱晓明同志提了一个建议，可以邀请最好的学校联合起来支持浦东开发。当时清华、北大都开始做有关科技研发、成果转让的项目，这对高校来说是一块新业务，上海交大也经常与他们交流切磋，三家学校还是比较熟的。我想三校如果能够联合起来支持浦东，一定会产生推动作用。我就去联系，结果讲成了，三所大学决定进驻浦东，联合成立上海杉达高科技公司。“杉达”是“三大”的谐音，指三所大学。杉树刚直挺拔、成才快还防腐；达有发达、达则兼济天下的意思。选用这两个字，我们觉得很有寓意。最后公司就在金桥开发区注册，确实在开发区起到了一定的引领作用，金桥很感谢这三所学校，在公司的基础建设上也给予我们很多帮助。

注册了公司以后，我们碰到一个问题，拿出什么样的产品比较好呢？当时上海交大有很多老教授对我说，我们现在都要退休了，但自问还是有用之材，你是不是能办一个学校？我就做了个有心人打听了一下，三所学校当时退休的教授、副教授，有将近800人，800位教师办一个学校条件是相当好了。另外我们了解到，像日本的很多著名私立大学，都会从一流高校聘请退休的老师去他们那里工作，这种方法值得我们借鉴。请退休的优秀教师来我们创办的学校执教，也可以算作高校知识分子延长工作年龄、继续发挥作用的一条有效的途径。如果他们一到60岁就退休回家了，还是很可惜的。于是我们把三校准备办一所大学的想法告诉了朱晓明同志，他说行。朱晓明同志认为金桥既然是一个开发区，必然有强大的集聚效应，教育的配套、医疗的配套都应该跟上，这个理念当时是很超前的。于是他给我们批了土地用于学校注册，教师我们可以请三校的教师来做，但其他像办校的许可、校舍、经费等条件，我们都不具备，怎么办呢？

克勤克俭，奋力起步

20世纪90年代初，全国只有公办的高校。要申报一所全日制的民办大学，国家教委不会批准的。我们当时提出办学的想法，上海教卫党委非常重视，让我们赶快上报。后来我们才知道，上海已经在考虑打破单一公办的教育体制，试点民办学校。1992年6月26日，在一次筹备会议上，我们具体提出了创办“杉达大学”的设想，得到了三校领导以及市教卫党委的肯定；7月12日，我在市教卫党委主持召开的民办高校设置专项会议上，汇报了杉达组建的情况，会议评委纷纷投了赞同票；8月11日，市高教局正式下文，同意筹办“杉达大学”，学校可于当年在全国范围内按国家高考语数外三门成绩直接面向社会招生。这整个过程，仅仅用了45天，创下了新中国高校教育史上办学审批速度之最。新办一所民办学校，实现了体制上的巨大突破。幸亏我们注册在浦东，中央有政策上的照顾，开发区内的事项市委就可以作主。如果不是这样，办校的设想就无法实现。

我们一边对举办民办高校进行申报，一边还要考虑另一个难题，校舍到底在哪里呢？上海这座城市确实潜力很大。“文化大革命”以后，上海的工业发展在全国还是比较领先的。纺织、冶金、造船等几个支柱产业在全国都有一定的影响力。为了弥补本行业职工在文化上的短板，不少行业都成立了职工大学，其他小城市是做不到这一点的。上海纺织业就有将近10所职工大学，其中最好的一所，配置优良，教室、图书馆、食堂、招待所一应俱全。我们去看的时候，这所学校的历史任务差不多已经完成了，空在那里。办学要有自己的校舍，上海为我们开了一个口子，允许我们租用校舍。我们就把纺织职工大学租下来，虽然只有20亩土地，但教育设施齐全，我们觉得很满意。

校舍问题解决了以后，时任市高教局局长、教卫办主任王生洪同志来找我，问我们准备请谁来做校长？说实话这个问题我们还没有想过，所以就请市里面推荐一位真正热心教育的人来做校长。学校的日常工作由我们来做，责任由我们来负，但我们希望能请到一位比较有影响力的校长。王生洪同志说这个想法很好，就推荐了李储文同志，他认为如果请李老来做校长，办学资金的问题就比较容易解决了，李老在这方面非常有影响力。

我那个时候还不认识李老，就到办公室去找他，请他做新学校的校长。李储文同志人很实在，他回答我的第一句话，就是他对教育还是很有感情的。李老曾经在西南联大做过学生服务社的负责人，他说如果中国从上到下，从官到民都重视教育，那么中国的文明昌盛指日可待。但是李老又说，我没有做过教育工作，做校长不合适。我还是希望李老加入我们的办学队伍中，就对他讲了一件事情。我说美国第三任总统杰斐逊的墓志铭谈到了三条：第一条是参加了独立宣言的起草；第二条是起草弗吉尼亚宗教自由法案推进了政教分离；第三条就是创办了弗吉尼亚大学。杰斐逊认为自己对国家的贡献就这三条，并没有讲自己做过总统。李老听了，说行，我也参加，但是我不做校长。我说您做董事长那也很好。

李老马上又给我介绍了一位爱国人士，瑞兴集团的古胜祥先生。古先生心系教育事业，联系上以后他说，想不到你们一经同意就把学校办起来了，这件事情，我决定给你们帮忙，你们需要什么？我们要了通讯，快速印刷，计算机、语言实验室等所需的基本设备，隔了一年不到就全部到位了。

李老后来还跟我建议，校长就到你们上海交大请一位。我们最后请到了杨槱院士做我们第一任校长。在 1952 年中国高校院系调整、裁撤所有私立大学 40 年后，经评估核准，由北大、清华、上海交大部分教授发起举办的全国第一所具有学历教育资格的全日制民办大学就这样办起来了。

我们在纺织职工大学的校舍待了两年，后来遇到了问题，对方不允许我们继续租借了。这一难关又是朱晓明同志帮助我们度过的。1994 年 6 月，金桥开发公司以捐赠 40 余亩土地并低价转让旧有用房的方式，支持杉达办学。此举圆了杉达师生的校园梦，结束了学校初创时期没有校舍的历史。有了自己的土地和校舍，我们又在古胜祥先生、曹光彪先生的捐助下，先后建起了古胜祥教学楼和光彪综合教学楼。光彪综合教学楼落成的时候，我们请了曹先生，他对我说，你们预计一下学校的规模，还需要多少资金，我来出。我和李储文同志讲了这件事情。李老说，我们不能全部躺在人家身上，你算一下这几年学校的开支和盈余，不够的部分再问人家要。这就能看出李老先生的为人，真正是严于律己、以诚待人。最后曹光彪先生捐资 5700 万元，我们学校的发展逐渐步入正轨。

学校慢慢发展起来之后，还有一小段插曲。杨槱院士做了 5 年校长，上海交大提出能不能请杨老回去，为造船系再培养出一位学科带头人。我们觉

1994 年 6 月，杉达大学金桥校区揭牌

得这是应该的，那么再找谁来做校长呢？当时正好谢希德先生从复旦大学退下来，我们就准备邀请谢先生出任校长。谢先生问，杨老师很好，你们怎样安排？我们告诉她，杨老要回上海交大造船系培养带头人。谢先生就同意了，第一是参加探索；第二，她说我也为中国的民办大学做一点事情。谢先生做校长，影响一下子就大了。时任浦东新区管委会主任周禹鹏同志知道了，说有 10 亩土地，要作为见面礼感谢谢先生做杉达的校长。这样一来，学校在浦东一共拥有了 50 余亩土地，这是我们的立足之本。

以诚信对待社会

杉达的办学理念有三条，以诚信对待社会，以严谨的教育管理取信于社会，以较高的教育质量回报社会。第一条就是讲诚信。所以我们学校安排了专人督促毕业生按时归还银行助学贷款，走好踏入社会的第一步。杉达毕业生的按期还贷率持续保持在 100%。建校初期，学校遇到了学生考试作弊的问题。我没有想到，居然发现 10 多个学生考试时夹带学习资料。按照当时教育部的规定，作弊是要被开除的。但我们觉得用开除把学生推向社会，并没有彻底解决问题。让学生明白做人不能作弊，学校应该担负起一定的责任。因此我们采取了“中止学习”的处理办法。中断的中，而不是终了的终。凡是作弊被发现，学生一律“中止学习”不少于半年，但保留学籍。也就是说，犯了错误的学生，不能来学校上课，但是可以问同学借笔记，把相关的功课学好后，学校会给予一次参加期终考的机会。小年轻们也都要面子的，痛定思痛，回去就铆足一股劲，争取尽快回到学校。我们通过施加压力，让学生知道不能靠作弊取得成绩，用这种方法帮助学生去除不良的习惯、培养诚信的品质。

1996年开始，新加坡著名爱国华侨、企业家莫若愚先生和夫人在学校设立了“智瑾奖助学金”，专门资助品学兼优但家庭经济困难的学生完成学业。有一名学生因为家庭变故生活上比较困难，得到了资助。一段时间后，这名学生的生活条件稍有改善，就主动提出终止领取助学金，把助学金留给更需要的同学。对此莫若愚先生非常感动，亲自带着当时刚刚面世、价值不菲的笔记本电脑从新加坡赶到上海，在学校专门举行的仪式上将电脑奖励给这位学生。他说，中国只要有5%这样的诚信青年，国家就大有希望了。这件事情在校园中传为美谈。莫若愚先生过世后，我们学校凡是享受过智瑾奖助学金后来留校的教职员工，每年都去祭扫，一直延续到现在。一所学校应该以这种诚信、感恩的氛围感染学生、教育学生。

以严谨的教育管理取信于社会

我们办校还坚持一项原则，以严谨的教育管理取信于社会，就是要做到公平。学校对违纪学生的处理决定都是要上会的，校规有所规定的，照章办事，校规没有涉及的违纪行为，处理办法必须上会讨论，然后再补充到学生守则中去。不论是谁要进校，我们都不收赞助费，这个口子不能开，杜绝一切利益交换。当时浦东给我们学校土地、给我们优惠支持，我们也想有所回报。采取什么方法呢？民办学校还是有一定自由度的，我们和市招办、考试院商量，只差录取线一分的浦东考生，学校招进来。但是，所有报考杉达差一分的学生，我们一视同仁，都招进来。这样就不会违背公平的原则。

谈到杉达与浦东的关系，又有一段插曲。浦东校园扩充时，当地农民动迁非常快，300多亩土地15天就动迁完了。我们还准备买下毗邻学校的一座社区公园，作为学生活动场地和学校绿化配套，并继续对周边居民开放。同时我们承诺，当地居民子女报考杉达时，在同等条件下优先录取，不收取任何赞助费。一开始当地政府以每亩 8 万元的优惠价向学校收取土地款，没想到周边居民联名给镇政府提建议，要求将地价再降下来一点。最后土地价格调整为每亩 5.6 万元，学校节省了一笔不小的开支。后来了解下来，很多居民之所以出面反映情况，都是因为子女享受到了倾斜政策而考进了杉达。当地居民给予我们学校的都是实实在在的信任与支持，学校与浦东是在互帮互助中共同发展进步的。

杉达创办初期，师资队伍中有不少是来自上海各个高校的退休教师。有一次古胜祥先生问我还要什么东西吗？我就讲要小型面包车。老师们住得比较分散，来学校上班不方便，学校应该用车接送他们。古先生就捐给我们 5 部面包车。当时包括委属院校在内的上海高校都没有接送老师上下班的，我们开了这个先例。尊重老师不是空口讲的，必须付诸行动。我们学校副教授及以上骨干教师配置一人一间的办公室，讲师配置两人一间的办公室，要为教师发挥才干创造良好的工作环境。李储文同志还讲过一句话，教师的待遇就高不就低，学费的水平就低不就高，这一条我们一直在坚持。

以较高的教育质量回报社会

杉达成立时是一所大专院校，但我坚持教师必须要请一流水平的。学校教育、教学质量的高低取决于教师。假如我们请的都是一本院校水平的教师，教出来的学生绝对不止大专水平。不同水平教师的教学习惯、思维方法、培养学生的模式还是有所区别的。我们如果只是解决把教职填满的问题而不论教师质量，这不是办教育。把最优秀的教育资源用在教育学生上，中国的教育才能真正有所发展。想方设法把最好的教育资源集中到学校，这所民办大学一定能够办出名堂。

杉达创立之初，数学学科不用大专教材，按照本科水平授课，但是需要补考的学生还是按照专科的水平来要求。最困难的时候，我们也尽量坚持英语小班化教学。学生基础不够，我们就把学时加倍。1994 年杉达第一届两年制专科毕业生大学英语四级通过率是 80.4%，六级通过率是 20.1%，领先于国内同类院校。办教育，就是要为学生创造更多的学习拓展空间，而不是算一本“经济账”。追逐金钱的人，是办不好教育的，只有真正热爱教育的人才能把教育办好。

1994 年和 1995 年，杉达从两年制毕业生中选派 11 名学生到清华大学、北京大学、复旦大学插班学习。这些学生经过努力，全部获得了就读大学的本科文凭和学士学位，而且部分学生的毕业成绩还是位列前十名的。2000 年开始，我们学校在专科班尝试中外合作办学，开展全球教育项目，学生考取英、美高校并完成了本科学习，更有学生继续深造，获得了诺丁汉大学、曼

镌刻在杉达校园内的学校办学理念

彻斯特大学等学校的硕士学位和博士学位。所以你看，只要我们的教师优秀、学生努力，哪怕起点不如别人高，学生照样可以成材。

杉达创办之时，外媒就有报道："中国政府一经决定开放浦东，就伴随有私立大学的诞生，这充分证明了上海有着深厚的文化和经济底蕴。"事实确实如此。2002 年 3 月，我们学校经国家教育部批准，成为全日制普通本科院校，是上海第一所本科民办高校。我们充分相信，杉达学院将和其他民办学校一起，在上海教育发展的大潮中，沿着正确的航道，驶往理想的彼岸。

1990—2000

外高桥

追逐“自由”的保税区

【口述前记】

阮延华，1947年出生。1990年至2000年任上海外高桥保税区开发公司总经理、上海外高桥保税区管委会常务副主任、浦东新区管委会副主任等职，推动了上海外高桥保税区早期的开发和建设。

口述：阮延华

采访：任姝玮

整理：任姝玮

时间：2012 年 11 月 14 日

1990 年，我第一次来到上海外高桥保税区时，看到的是遍地“碉堡”、农田和芦苇荡，唯一看中的就是当地的友好小学，因为学校邻近杨高路且有三层楼房建筑，可以作为保税区的临时指挥部。十年后，我离开时，这里已经是一派东方大港的繁华景象，而这一切与保税区内自由贸易的快速发展息息相关。外高桥保税区得到了许多在当时看来几乎不可思议的“特别待遇”，但是如何享受到优惠政策，却是靠外高桥保税区一步一步突破探索、不断创新得来的。作为外高桥保税区第一位总经理，无论从工作还是私人感情角度，讲述一下保税区如何突破政策、创新发展，我认为是一件非常有意义的事。

外高桥保税区的命名

刚到保税区时，第一件事就是关于保税区如何命名。首先要确定的是保税区的英文翻译。“保税区”这是中国自己创造的具有中国特色的名词，在国际上使用的一般是 Free Zone（自由区）、Free Part Zone（自由港区）、Bonded Port（保税港区）、Bonded House Zone（保税仓库区），但是国际通行被使用最多的称谓是 Free Trade Zone（自由贸易区）。

当时，从中央给我们的政策来看，可以归纳出三个自由：贸易自由、货币自由和货物进出口自由。第一是贸易自由。那时国家实行贸易限制，尤其是限制国外的贸易公司投资，但是保税区是唯一可以设立贸易公司的地方，进出口货物不受许可证管理免征关税。第二是货币自由。当时外汇的管制很严，但是贸易离不开各种货币的结算，所以在外高桥保税区每个国家的货币都可以在里面进行流通。外汇管理局专门出了一个外汇管理条例，实行外汇自由。第三是货物进出口自由。国外所有的货物、商品，包括国家限制进口的要许可证和配额的汽车、办公用品、家用电器、药品等，在保税区内都可以自由进出。

在1990年，对三个“自由”的归纳算是很胆大的，对照这三个“自由”，我们觉得其中最重要的就是贸易自由。这也是对当时非常严格的贸易管制的一个重要突破，尤其是打破了仅在生产型企业的招商引资，在贸易和服务贸易方面招商引资有所突破，因此权衡下来我们认为还是用“自由贸易区”的翻译比较好。这样的翻译从对外宣传、国际接轨等角度看，都很容易让人接受，毕竟自由贸易区才是国际上通行的。当保税区翻译为自由贸易区后，当时浦东开发办的几位领导都认为这样的翻译很好。朱镕基市长看后，也觉得这个名称翻译得蛮好。于是，英文名就定下了。

此外，我们还曾提出将中文名称也改为外高桥自由贸易区。想了很久的朱镕基同志最终还是叫秘书打电话通知我们：保税区的中文还是不要更改，按国家文件就叫保税区。所以中文名为上海外高桥保税区，英文名为Shanghai Waigaoqiao Free Trade Zone。

1990年9月11日，上海市政府在锦江小礼堂举行新闻发布会，国家海关总署署长戴杰就《中华人民共和国海关对进出上海外高桥保税区货物、运输工具和个人携带物品的管理办法》作了说明。该文件作为会上由国家海关总署直接颁布的文件，标志着全国首个保税区——上海外高桥保税区正式命名。

诚信铸造的铁丝网

保税区也是开发区，首先需要开发建设，而且里面不能有人居住，这样就加大了征地动迁的难度。然而要享受保税区的优惠政策还必须通过海关的验收，而当时我们缺资金、缺时间、缺手续，困难重重，但是我们统一思想坚定信心一定要尽快通过验收。建设是从1991年开始启动的，当然不可能10平方公里全面启动，我们规划了启动面积0.7平方公里，到1992年通过海关验收时，只同意0.453平方公里。我们想不管多少，哪怕只有0.1平方公里通过验收，那么中国第一个保税区就诞生了，我们就可以享受保税区的优惠政策，因此我们排除万难力争半年通过验收。

临近验收时，分管保税区的赵启正副市长提醒我们说：你还是让海关提

建设中的外高桥保税区

前来预验收一下吧。于是，我们就请来海关先行预验收，结果当真发现了问题。

保税区是海关监管区，“境内关外”是以铁丝网为界，而铁丝网的高度规定为3米。开建时，我们以当时的杨高路为基准，杨高路海拔标高为4.2米，我们就以此为标高，修建铁丝网。结果到了1992年海关验收时，新的杨高路建成，而新杨高路标高为4.5米，这样我们的铁丝网就比要求矮了30厘米。预验收时，海关将这个问题提了出来：你们铁丝网怎么矮了30厘米?

事情同时也汇报给了赵启正副市长，他问我说：这30厘米你怎么看？其实少了30厘米也无所谓，人要爬铁丝网也是爬不过来的，但不管怎样，与国家规定相比这就有了缺陷。我解释了由于标高发生变化的问题，并保证，一周内坚决改正。一周后我们将铁丝网基础拔高了30厘米。当真达到了要求。

事后，赵启正副市长对我说，你们这么做，在海关方面树立了非常好的信用，保税区的隔离设施都建得这么认真，以后对国家的法规执行也会同样认真。这反映了我们对国家规定、海关规定不折不扣地执行，让国家放心，上海的保税区不是走私区，是海关的监管区。

1992年3月10日，外高桥保税区通过了由海关总署和上海海关组成的验收小组会同上海市政府浦东开发办的验收，正式启用。

现在回想，这虽然是一件小事情，但对保税区以后的发展却是意义重大，就是这道铁丝网树立起外高桥保税区的诚信标杆，也是外高桥保税区在海关的监管下健康发展的标志。

第一家外商独资贸易公司成立

铁丝网一拉，保税区通过验收，保税区的优惠政策也可以享受了。在实际运营过程中，因为有海关的管理方法和外汇管理局的外汇管理方法的保障，货物进出口自由和外汇结算、兑换自由运行比较顺利，而允许外资设立贸易公司的政策突破却难度很大，因为当时所有法规条例都是限制贸易公司设立的。

伊藤忠作为日本八大商社之一，在我们再三鼓励后，他们抱着试试看的想法，于 1991 年底投了一份开设贸易公司的项目建议书。建议书提出以后，我们马上按程序转交给了上海市政府，再由上海市提交到国家对外经济贸易部。当时，外经贸部处室里的人说，我们还没有这个先例，要按照程序经过国务院讨论通过才可以。

接下来正好是邓小平同志南方谈话，也要求改革开放要有新的突破。1992 年国家对外贸易部审核后发出了标志性的 1 号文件，于是，我国第一家外商独资贸易公司——日本上海伊藤忠商务有限公司经外经贸部批准在外高桥保税区注册。

伊藤忠经营范围广泛，对其他企业有示范效应，事实上亦代表着外高桥保税区未来的招商引资对象：以外资企业为主，以国际贸易为主。1993 年 9 月，第一个中外合资物流企业——上海外红国际物流有限公司成立，突破了服务贸易领域引进外资的瓶颈。

“自由”概念的争论

1992 年 9 月，第一次全国保税区工作大会在天津召开，会议由国务院特区办公室主持，全国沿海开放城市的市领导和 14 个保税区、海关、财税、外汇管理部门领导参加会议。我代表外高桥保税区、赵启正同志代表上海市参加会议。会议的主题就是交流，到底中国的保税区在管理方面应该怎么创新，招商引资方面怎么迎合国际的潮流。

由于当时我们外高桥保税区已封关运营了半年多，颇有体会，在开发建设和招商引资上算是做得比较好的保税区，所以我最先发言。在发言中，我阐述了三个“自由”的特殊政策，以及我们要抓住贸易作为突破口，按照国际惯例发展我们中国的保税区。

那时，“自由”一词还是挺敏感的。我们理解，“自由”就是作为保税区必须跟国际接轨，从管理、招商引资、法规等方面，应该和国际接轨，特别是我们的审批制度，营造更适合与国际接轨的投资环境。

因为大家都是同行，我们一讲保税区的三个“自由”，得到了与会 14 个保税区代表的共鸣。主持会议的特区办主任胡光宝首先认同上海外高桥保税区的发展，但也提出这三个“自由”的提法是不是可以用其他词来替代？海关同样也提出了疑问：应该翻译为 Bonded House Zone 保税仓库区，你们这个翻译有什么依据，到底是谁翻译的？我就说，这个翻译是我们请了很多国际

上海外高桥保税区——外高桥大厦

方面的专家，了解国际的整体情况后定下的，而且这个翻译是经过朱镕基同志同意的。当时朱镕基同志已经在国务院工作了。

我发言后，紧接着就是赵启正同志交流发言。他非常强调必须跟国际接轨，保税区对外翻译应该是自由贸易区！他用了很大的篇幅，并举了很多案例进行说明。他说，上海市的口岸不是作为人家的通道，商品货物一到就走，而是要把货品留下来，在港口停一停进行二次加工，进行贸易往来，这样才能对上海的经济有促进。而我们的发展之路不能局限于老的思维，没有创新的话，就无法迎接20世纪90年代新一轮的招商挑战。他的发言将我们的自由贸易区概念表述得非常清晰，而在20年前，这方面的理论研究还很少。

赵启正同志力挺我的观点后，反响非常非常大。他还不放心，对我说："阮延华，我们晚上再去看看胡光宝主任，给他说明一下，为什么我们的英文要这么说。"晚上我们专门过去解释，"自由"不是免税而是暂时不征税，主要是按照国际惯例让货物自由进出，接轨贸易全球化，从而使上海发挥像香港一样的国际自由港的功能，同贸易保护主义相对。

第二天，报上就登出了保税区的三个"自由"特殊政策。在这个会议以后，全国所有的保税区的英文翻译都变成了自由贸易区。

政策突破　万商云集

外高桥保税区能有今天，还和接轨国际惯例，先行先试推出一系列政策有关。

那个时候保税区问题多，但又缺乏经验，很多东西以前都没有遇到过，不知道怎么做。赵启正同志就对我们说，作为第一线的人，如果你们故步自封，想要发展是绝对不行的。要把老的、束缚你们发展的问题罗列出来，看国际惯例借鉴经验，包括行政管理。例如，当时贸易分国际贸易和国内贸易，国内一般企业没有进出口贸易权，有进出口贸易权的企业又不能做国内贸易，这样把国际贸易和国内贸易分离使保税区贸易公司的运营产生了很大困难。

与此同时，我们召开座谈会，听取各大公司反映的问题。我们发现各贸易公司业务需要一个中间的平台，来作为国际贸易和国内贸易结合的承载平台。这也就要求我们在服务方面有所创新突破。1993 年 11 月，全国首个保税生产资料交易市场落户保税区。事实证明这个平台对贸易自由化起了促进作用。

保税区政策也使现代物流业有了新的发展。记得在 1994 年我随国务院特区办公室葛宏升主任参观访问欧洲汉堡、利物浦等自由贸易区，很受启发，我结合中国保税区的政策，专题汇报了利用保税区政策发展物流分拨现代服务业的报告，得到特区办和李鹏总理的肯定。

一系列的政策突破后，跨国公司纷至沓来。当时我们是不放过任何一家企业。一次佳能公司的总裁来浦东，在赵启正同志的行程安排中没有接见的计划，但他还是要去见，所以当天很晚的时候双方才见了面，见面后赵启正同志就鼓励佳能公司来浦东，后来佳能公司的分拨中心就来了。

1996 年 12 月，上海公布《上海外高桥保税区条例》，外资企业更是大量涌入，可以说是万商云集。随着保税区贸易功能日趋成熟，以跨国公司为主导的贸易企业纷纷在原有业务的基础上大规模开展分拨现代服务业，分拨面也从单一的国内市场逐步向国际市场拓展，使外高桥保税区成为跨国公司跨区域的货物集散中心之一。

现在回想起来，外高桥保税区得到了许多在当时看来几乎不可思议的“特别待遇”：产品进入境内或运往境外可豁免许可证；可兴办贸易机构经营转口贸易和第三国贸易；境外人员、货物出入自由；境外运入保税区货物、物品免征关税和进口环节税……这是一般经济特区和经济技术开发区都无法享受到的优惠政策。但是如何享受到优惠，却是外高桥保税区一步一步突破探索出来的，也是通过不断创新得来的。

勇闯敢试造就港区保税区跨越式发展

【口述前记】

仲伟林，1948 年 10 月出生。曾任上海港客运总站站长，上海港客运服务总公司总经理。1990 年 6 月任上海港外高桥港区（筹）主任。1990 年 12 月至 2008 年 12 月先后任上海港外高桥港务公司（后变更为上海外高桥港务公司）法人代表、总经理，上海外高桥保税区管委会副主任兼控股公司总经理，上海外高桥功能区管委会党工委书记、主任。参与和见证了外高桥港区和外高桥保税区区港联动跨越式发展的全过程。

口述：仲伟林

采访：黄金平、许璇

整理：许璇

时间：2019 年 11 月 18 日

浦东开发开放前，我在上海港客运服务总公司任总经理。1990 年 6 月 30 日，上海港务局局长张燕到总公司办公室宣布成立上海外高桥港区（筹），由我担任主任，并作为建设方的代表，负责港区建设和营运的一切工作。1996 年 6 月，我奉调至上海外高桥保税区管委会任副主任兼控股公司总经理，参与和见证了外高桥港区和外高桥保税区区港联动跨越式发展的全过程。

闯禁区　劈风斩浪建成新港区

港口城市有句名言——城以港兴，港为城用，说明了港口对城市发展的重要作用。浦东开发开放前，浦东地区没有一个集装箱码头，而当时世界各国都在高速发展集装箱码头，散货和件杂货码头的建造极为少见。上海港跳出黄浦江后，只是在吴淞口内侧的宝山和罗泾造码头，而浦东开发开放极其需要一个能停靠大型船舶的现代化码头。为配合外高桥保税区的发展，选址在高桥游泳场。那里是传统的 A 级航行区，地形复杂，风高浪急。但水文条件好，地理位置适中，海面开阔。游泳场后面是一片芦苇荡和养鸭场，便于建造场地，又可以与已划定的保税区连成一体，特别是它的前沿水深达 12 米，可以停靠第三代集装箱大型船舶，大大减少船舶在黄浦江调头和停靠的时间；可以弥补上海港深水泊位不足的弱点。而其左右都还有可利用的岸线，为以后的发展留有余地。在长江口风口浪尖上造码头显示了上海港改革开放的魄力，是对上海传统码头建设选址的挑战。码头建设是浦东开发开放的重中之重，没有码头，则会大大影响整个浦东的经济发展。时任上海市委书记、市长朱镕基称之为浦东开发的龙头，浦东开发的排头兵，浦东开发的一面旗帜。这个选址的成功为以后上海港在外高桥选址以及进军洋山港建造码头提供了有益经验。

筹备公司成立后，先是在客运站借了一间办公室。当时我从客运总站抽调了三个中层干部，局里调来两个人，总共六个人，借了一部标致小车，搭起公司架子。我们六个人什么事情都干，我自己有时就当驾驶员，跑执照，跑项目，组织研讨会，现场调查等。到了 1991 年初公司已有二十多人，就借用杨家渡东昌装卸公司六间房，于 3 月 15 日正式挂牌宣告成立上海外高桥港区（筹）。这个挂牌仪式十分隆重，倪天增副市长代表市政府揭牌，这在当时是少有的。

在长江岸边建造码头是第一次，当时的情况是“时间紧，任务重，条件差，资金少”。筹备公司成立后主要是抓两件事：

一是码头工程建设。我们都很清楚，这个码头是要建成现代化的码头，而不是一般的件杂货码头。一期码头长 900 米，拥有四个可停靠万吨级以上船舶的泊位，以作业件杂货船舶为主，其中有一个泊位按作业集装箱船舶配备机械。按专家测算，这个港区的合理工期为 42 个月，若投产使用则要四年左右的时间，而建成集装箱码头则需要更长的时间。对外高桥港区的建造，朱镕基同志立足加快浦东的开发开放，斩钉截铁地指定工期，明确要求 18 个月后进行试生产，28 个月初步建成。他还批示：“建成了为你树碑立传，完不成唯你是问。”用这么短的时间造万吨级集装箱码头，在上海港建港史上是史无前例的，更不要说是一下子就封死后路建港。往年上海港新码头竣工，工程扫尾用上一年半载也是常事。时间紧、任务重，我们真有一股子拼命干、加油干的豪情。倒排工作计划，所有工作都卡在28个月这个刻度上。由于新港区是边设计、边施工，相关的程序还没有完备，所以我们先在七一港区试打桩。打桩开始后，由于我们办公地点所在的杨家渡路离外高桥有近三十公里，我提出指挥部要前移，先后在高桥敬老院、高桥水文站，利用闲置的房间关注着码头的建设，目的是向国际高标准的码头看齐，随时对扩初设计中不完善的地方进行修改，保证建设成一个高质量、高水平的现代化集装箱码头。比如，考虑到世界集装箱发展的趋势，我们提出四个顺岸式码头必须按照建造三个集装箱码头的标准施工，还预埋了轨距为30米的桥吊轨道。当时上海港桥吊的轨距多为26米，外高桥多了4米跨度意味着新桥吊的负荷量将更大，这就为以后港区转型打下了基础。

码头建造的问题解决后，堆场问题又凸显出来，陆域50万平方米的堆场，前身是芦苇荡、养鸭场及农田，地面需抬高1米至1.5米，按扩初设计，要求全部采用宝钢电厂的大宗废料粉煤灰回填，但开工6个月只填了10万平方米，远远跟不上进度。我们与施工方共同提议改为吹沙回填，得到了倪天增同志的批准，仅用了4个月的时间就高速度地完成了40万平方米的场地回填任务。之后，在堆场上的单体建设也时不时冒出新问题，港区内将建造面积为1.1万平方米的两座仓库，按计划是凝土砖墙仓库，工期长达两年，不但要拖整个工程的后腿，而且这种结构在国际码头上早已被淘汰。我们果断采用跨度约60米的新型轻钢结构，只花了8个月就建成了，满足了生产的需要。这里还有个插曲，当年上海各港区的办公楼都不超过4层楼，外高桥港区按6层楼设计已经是出格了。我当时感觉到这还是太低，这里地域宽阔，与码头较远，最后改成9层楼高。后来在楼顶上我还搞了个观港台，成为参观港区和保税区的主要看台。

筹备公司做的另一件事是为以后的生产做准备。到1992年10月，人员基本上全进驻港区调度楼，为试生产做准备。

我们做生产准备可以说是白手起家、人少事多，我就提出港区的人员配置是“一岗多职，一人多岗”的岗位责任制，实行的是“无功便是过”的考核方法，把大家的积极性统一到为生产做准备上来。搞生产准备第一个难题是没有启动资金。我利用建设与生产的间隔时间，先后办了旅游公司、房地产公司、国贸公司、货代公司，利用当时的政策积蓄了一点资金。我跟有关同志讲，现在是三产支持港区，明天才会有港区支持三产。正因为有这几百万元启动资金，生产工具才在可能的范围内得到补充，工作逐步走上正轨。后来港区箱量达到两万箱以上，没有计算机管理不行，我们利用这笔余钱购买了20多台电脑，解了燃眉之急。另一个突出问题是没有作业机械，配套的大机械远没到交货期，已到的辅助机械不能上阵。我们从东昌公司借来2部电吊，又让上海港机械修造厂赶紧先把2部龙门吊安装到位（按计划是5部）。借的吊车白天不能走，只能晚上用拖车拉到三号公路，那时张扬路、杨高路都在建造之中，一条备战的三号公路和防汛的小路成了主要通道，最后通码头的三公里泥泞路，人拉肩扛，足足用了十七八个小时把电吊安装到位，龙门吊加电吊耸立在码头上，缓解了没有作业机械的问题。

码头竣工前后，港区受上海市有关部门委托先后举办了两场具有国际影响力的活动。一是1993年5月9日第一届东亚运动会火炬传递起跑仪式在港区举行，领跑的是4个开发区的老总，300多辆自行车放着烟火在港区绕圈，场面十分壮观。二是1994年7月环太平洋帆船比赛举办，几十艘来自世界各国的帆船停泊长江江面，令人瞩目。这两个活动的共同点在于向世界宣告，浦东开发的港口正式投产了。

竣工验收合格，我们立即投入正式生产准备，开港做国轮还是做外轮？

1994 年 10 月来自日本大阪三井船公司的开港第一条集装箱船

浦东开发讲的就是高起点，我们坚决选择外轮。这时外高桥海关已成立，但其只管保税区的事，港口的事不管，海关不到位外轮是不能作业的，擅自操作是违反海关法的。我们特事特办，经与上海海关多方协调，服从浦东开发的大局，将这里暂时划归吴淞海关管辖，由他们派员管理。要知道吴淞海关在浦西张华浜，要绕很大的圈子才能到港区，每逢来船，港区便派小车专接专送。解决了海关船监的事，就是打开了能作业外轮的最关键点。港区开港的第一条船就是 2 万吨级的装钢板的俄罗斯船，这里正式成为外轮港区。通道打开后，上海海关在外高桥保税区海关设立港区办事处，正式接收港区业务；1995 年 6 月，正式成立上海外高桥港区海关，从此，外高桥船舶作业走上了正规之路。

巧筹资　横空出世好马配宝鞍

1994 年 5 月 5 日操作了第一条全集装箱船，填补了浦东历史上没有专业集装箱港区的空白。这时又出现新的问题。由于各种原因，外高桥港区一期按照全集装箱码头建造，900 米岸线，规划中只配备一部桥吊，其他机械配备是按散货作业，在采购有关设备的时候我已经尽可能地关照要采购集散两用的机械。比如我们的拖车从美国进口，采购时要求也能拖集装箱。但码头建成后还是出现 90%的机械与集装箱作业不配套，不能装卸集装箱。当时一件事特别刺激我，世界上集装箱码头已从讲单机量到仓时量，又发展到船时量，就是以做一条船用多少时间来衡量你的能力。船期是船公司的命脉，我们的一部桥吊根本不够用，何况这部桥吊的单机量只有 11 个标箱，大大影响港区效率。没有高速度作业量的增加，集装箱码头只是空壳子。为了更快更多地装卸集装箱，我们异想天开用两部龙门吊来抬箱子，极不安全，一两只箱子还勉强可以，再多的箱子就违反了集装箱操作规程。我当时就拍下了这个镜头，这既是对我们干劲的鼓励，也是对港区集装箱作业的讽刺。抬集装箱下船也是闻所未闻。后来局里专门给我们指派自带吊车的船舶，弥补我们装卸能力不足。这个抬箱子下船的情景我至今难以忘怀。然而当年港区购买一部桥吊要 400 万美元，按规划要求，局里不可能用自由资金来为外高桥增加集装箱机械，后来总算从其他地方给增配了一台集装箱正面吊配合作业，但不能上船作业，所以也是杯水车薪，没有实质性的进展。当年，振华机械厂成立不久，虽说是合资企业，但在整个制造企业中还名不见经传，造的机械质量不够高。但是，港区订购的第一部桥吊是由局里指定他们造的，是个试验品。港区试用下来质量还可以。他们采取“洋为中用”的办法，造桥吊的核心部件全部采购进口零件，港区属于保税区企业，所有进口设备是可以免税的。1995 年底，我对振华港机厂总经理管同贤说，以你们的名义向银行借钱，尽可能购国际上最好的机械配件，为港区再造一部桥吊。桥吊正常使用后，连本带利由港区一并付清。他们那时也是到处找任务，想着法子要打开局面，提高桥吊质量，创出品牌，就同意按我的意见做。1996 年 2 月，刚过完春节，在港区有航线作业的欧洲联盟、东方海外、大阪三井、美国 APL、日本 NYK 这 5 家船公司主动跟我们提出，用世界银行最低的利息，集体贷款给港区 400 万美元，用最快的速度购买桥吊。所有贷款分 5 年还清，每年以集装箱作业的增量费用抵扣。港区如能在一年多一点时间里有 3 部桥吊同时作业，确实可以解决一点问题。

但这样做是违反港区购买设备的有关操作规程的，企业间私自货款，还自己找制造商更是不允许的；再加上不经外管局批准向外商借用外币，更是有悖外资管理法。好在浦东开放初期，大家都在大胆想、大胆做。我就采用先斩后奏的方式，在第一部新增桥吊合同签订后向局里作了汇报，作了检讨。而第二部桥吊有关方面举棋不定，一会儿说可以谈，一会儿又说不能谈，多次向领导作请示，做还是不做就是没有最后的意见。我感觉到这是一次难逢的贷款机会，不能轻易放过，一边请示，一边让会谈的人员保持联系。没有想到这几家船公司将这件事看得很重，各自召开董事会进行确认，最后又联合出面与港区签约。1996 年 6 月底我即将调离，担心事情会有反复，就对接班的人说，第一部桥吊我作了检查，估计不会有大问题。第二部桥吊涉及外资，如果有什么法律问题就说是仲伟林拍板的，所有的责任我来担。我刚调走，此事果然遇到麻烦，桥吊所需的资金外方按计划于 8 月 16 日凌晨打进港区账户。8 月 16 日，局有关方面来文明确通知港区，这是违反外资管理法的，必须违约。听说钱已到账，局里开了办公会议，要派人来要具体处理。没想到就在举棋不定的最后几天里，上海国际航运中心上海地区办公室就 400 万美元的筹集做法写了一个简报，夏克强副市长看后非常赞同这个做法，当时全中国建设都缺资金，有人主动筹资金给我们，这不是好事吗？批了以后，有关方面还犹豫不决，毕竟这是关系到外资管理的创新办法。他将这份简报转给徐匡迪市长，徐市长正在国外访问，回来后马上作出批示：这个办法好。一锤定音。事情到此结束。幸亏我们购买的工作做在前，马上按进度汇款给振华机械厂。振华机械厂充分利用进口设备免税的优势，加快步伐，新增的两部桥吊提前半年先后到位，揭开了港区作业集装箱的新篇章。正是我们的大胆尝试，为之后上海港建造新型桥吊和新型吊具提供了有益的经验。现在振华机械厂制造桥吊的技术已经领先世界。如果没有当初我们吃蟹的尝试，可能还要摸索一个时期。更重要的是，融资新办法为后面建港提供了有益的经验。

刚开港，轮船公司对在外高桥港口作业非常害怕，一是风浪大，可作业时间少；二是新码头设备少，船期难保证，有的公司在局调度室不肯走，希望改变指定停泊点。现在3部桥吊屹立于长江边，让人直接感受到外高桥港区的优势。原来2万吨的大船在黄浦江要调头作业，现在一次成功，大大缩

1999年的外高桥港区

短了船期。经过多年的实践，证明当年的选址是十分正确的。1993年上海港与和记黄埔全资成立上海集装箱码头有限公司（SCT）时，有个不成文的规定，上海港除合资公司外只能完成作业总量的5%的规定，这就意味着上海港的集装箱，无论怎么增长，只能做5%。而外高桥港区1994年两个多月作业了9000标箱，1995年达到11.7万标箱，1996年达到33.7万标箱，2000年首次突破100万标箱，远远超过上海SCT原定的5%的界限，成为当时上海港增量的主要接纳者。这个口子的打破，直接为上海港集箱装卸量的不断上升打开了通道。

大胆想　区港联动讲实效

20世纪八九十年代，上海港所有的港区在名称上都冠有“上海港”三个字，而唯独外高桥港区一期不同，它直接名为上海外高桥保税区港务公司，这个港口不仅是上海港的，更是保税区对外的重要窗口，所以最后去掉“港”字，将上海港改为上海。为了配合当时的形势，港区有17万平方米场地专门划为保税区A区，A区、B区是规划时对地块的划分。港口因此也享受了保税区的各项优惠政策，比如我们生产用的进口设备全部免税，免税进口十几部小客车。但是，如何实行区港联动一直是一个问题，如果港区不能为保税区服务、为保税区发展作贡献，也就失去了其作为保税区A区的作用。而联动就涉及物理网之间货物怎样流动。我们从开港之日起有自己的国际贸易公司、报关公司、货代公司，但都与保税区关系不大。为冲破这个框框，1993年11月就在港区刚刚完工不久，我们以保税区名义在港区建立了4个保税交易市场，其中二、三、四3个市场直接放在港区，并且二、三市场还让港区参股，四市场单独由港区经营。一市场由外高桥联合发展公司在保税区内投

建设中的保税物流园区

资单独建。生产资料保税交易市场，这在全国是首创。当年生产资料保税市场开张，上海市委书记吴邦国前来鸣锣宣布，为区港联动先行一步。在开张仪式结束后吴邦国同志专门召开了一个座谈会，参加的有上海海关、保税区和港口主要领导，各开发区以及浦东新区的主要领导。吴邦国同志在座谈会的开场白里意味深长地讲了句话：在上海我们没有办不成的事。他的意思很明白，区港联动涉及的事很多，上海市会克服困难有所作为。这之后保税市场发展很快，在社会上产生了很大的影响。

物理网的存在是区港联动的一道坎，离真正地实现区港联动还有差距，上海市领导多次讲要区港联动，却一直动不起来。特别是当港区蓬勃发展、箱量骤增的时候，保税区 B 区始终冷冷清清。港务局局长屠德铭和管委会主任胡炜专门进行了一次关于区港联动的会谈，还签了一个“三统一”的纪要，强调区港联动要统一领导、统一政策、统一规划。但到底怎样动还是在云里雾里，所以当时有人戏称是“糊涂会谈”。1996 年 6 月底我调任到保税区，先后任外高桥任控股公司总经理、管委会副主任、常务副主任。我的任务就是促进区港联动有实质性的进展。这时突出的问题是，港区与保税区 B 区生产经营形成了极大的反差。两个区域近在咫尺，分别用铁丝网围着，相隔一条十来米宽的小路，业务上互不往来。一边是港区热火朝天，生产节节高，集装箱作业用上了电脑控制，场地不够用。另一边则是 B 区两幢烂尾楼，将区内的场地分割得七零八落，看了非常不舒服。打开保税区 A 区与 B 区的通道成了一个难题。我到保税区后，首先想到的就是要先打开这个通道，让区港箱子联动付诸实际。当时港区的箱子不报关是不能出港的，于是我大胆提出拆除铁丝网，让港区未报关的箱子，送到 B 区来储存，为港区生产提供更好的作业环境，让保税区的场地活起来。拆网可是大事，直接关系到海关的管理，关系到保税区的管理，这一关很难打通。我提出灵活的拆网管理的办法：封死两区间的小路，港区箱子出港区，没出保税区还是在海关的监管之下，港区在 A 区设一道门，使 B 区的集装箱专道进入，无箱子操作时，这道门关闭；有箱子进出则开门。海关与保税区达成“只做不说”的协议。这一通融，直接解决了港区场地不足的矛盾，也为 B 区提供了货源，当时为了能堆更多的箱子，外联发直接拆除了两幢烂尾楼，将 B 区内的场地尽可能地全部改造成集装箱堆场。在港区任务最忙的时候，B 区为港区解决了一万多只箱子的堆放问题，大大缓解了港区的压力。而 B 区也因此得到发展，打破了近在咫尺却没有箱子作业的窘况。

更可贵的是 B 区“只做不说”的办法，即有利发展的就做，不要宣传张扬，为保税区的管理打开了一个新的思路。人的思路往往容易为常规所束缚，这“敢试”的做法，为探索区港联动积累了经验，打开了另一扇门。后来洋山保税区开设了“直通道”，很有成效，尤其在当时物流企业的痛点是非保税货物不能进保税区，形成区内仓储量不足，我们与海关协商突破了这个制度，允许非保税货物也能进保税区，将人气带起来，盘活了区内仓库，创造了港区与保税区货物进出储存的新局面，极大地推动了保税区物流的发展。

“直通道”的成功运行为保税区的物流发展创造了良好的营商环境。早在1991年，港区与世界500强的日本丸红组建了全国第一个外资占大股的外红国际物流公司，当时国内对“物流”知之者不多，根本不理解其真正含义，日本人找我们谈，基点有两条，一条是外资占60%，另一条是中方三家，分别是外联发、外运和港区，其中港区一定要参加。我就不解日本人为啥这么重视港区。他们告诉我，搞物流有没有港口差别很大，有了港口的支持就能保证物流畅通。外资在中外合资企业占大股这在全国是没有先例的，也涉及外商投资法有关法律，外方这一条上海有关方面多次讨论定不下来。此事最后报到中央，由江泽民同志与朱镕基同志拍板，特批成立了这个公司。这说明中央对物流的发展是极为看好的。港区占15%投资75万美元，由港务局专门拨款。我到了保税区后，外高桥港区三期工程即将开工建设，我就想到这个事，能不能搞个保税物流园区，将港口与物流真正联在一起？后来，外联发与港区共同组建了全国最大的保税物流园区，港口与保税区直接联在一起，形成区港一体化的新模式，这是当时吴仪副总理批准设立的全国第一家保税物流中心。

这些年保税区的物流发展很快，我们还及时将企业在物流过程中创造和提出的方法进行归纳总结，根据多年的实践，保税区物流监管制度便利化程度不断提高。遵循“一线放开，二线安全高效管住，区内自由”的监管基本原则，先后制定了“先进区、后报关”“批次进出、集中申报”“集中汇总征税”“区内自行运输”等政策，其叠加效应明显促进贸易链顺畅高效运作。这几种做法对以后自贸试验区的政策制定有很大的影响，基本上都延续下来。

目前一线实际进出境平均通关时间较上海关区分别缩短78.5%和31.7%。第三方联合评估显示，保税区创立的“先进区、后报关”制度被企业评为最重要、企业受益最广、影响力最大的改革之一。保税区创立的国际大宗商品保税交易、国际贸易“单一窗口”、货物状态分类监管等制度也得到高度评价，认为达到国际先进水平，也被上海自贸试验区继续使用。保税区内的物流企业从1997年的100多家发展到现在的1600多家，真正撑起了保税区的大半片天。

回顾走过的历程，我深深地体会到改革开放的举措给了上海港和外高桥保税区的发展无穷动力，我作为这两大区域发展的参与者，见证了其跨越式的发展。在建设过程中，党和国家领导人多次亲临现场视察，给予了我们极大的鼓励。我们所走过的路充分证明，思想解放大胆闯，无所顾忌大胆试，这是造就事业的唯一途径。有专家评论道：上海港集装箱从1995年世界港口排名第十位到现在的第一位，发生了翻天覆地的变化，这其中外高桥一期现代集装箱码头建设成功对这个变化起了关键的作用，从此上海港开始了大规模建设集装箱港区的新起点。上海外高桥保税区一路走来，更是克服种种陈规旧矩，推动了区港联动，敢于给物流业用武之地，创造出很多可复制的好经验，为以后的自贸试验区提供了一笔极宝贵的财富。今后的路还很长，新东西层出不穷，只要坚持改革开放，敢于在深水区遨游，就一定能有所发现、有所发明、有所创造，达到新的境界。

外高桥保税区：追逐“自由”，为“新”而生

【口述前记】

舒榕斌，1955年8月出生。历任上海市经济信息中心国际部主任，上海市人民政府浦东开发办公室项目处负责人，上海市外高桥保税区管委会经贸处处长、主任助理。1998年6月至2016年2月，先后任上海市外高桥保税区联合发展有限公司党委书记、总经理，上海市外高桥（集团）公司党委书记、总经理，上海外高桥（集团）股份有限公司董事长。作为最早投身浦东开发的“十八勇士”之一，参与见证了浦东开发开放和外高桥保税区的建设发展。

口述：舒榕斌

采访：黄金平、赵菲

整理：赵菲

时间：2019 年 12 月 20 日

遥想 30 年前，正值浦东开发之际，上海市委组织部在各委办抽调工作人员时，我作为第一批 18 名公务员被选中，后来我们这 18 名公务员，也被称为“十八勇士”。我至今还清楚地记得，1990 年 4 月，上海市经济信息中心的领导通知我说：“组织上定下来，你被抽调到浦东开发办。”当时，刚休完婚假的我听到这个消息，一时间还没反应过来。说实话当时是有一些思想斗争的，一是我对经济信息中心的工作非常熟悉，很舍不得；二是家里原本离办公室很近，骑自行车只要 5 分钟，而到浦东上班的话路途非常远；三是那时刚结婚，考虑到很快有小孩，就没办法照顾到家庭了。不过，当时我从内心深处觉得浦东开发有着关系到上海，乃至国家未来发展的历史性意义，浦东有着极大的发展空间，我有一份改变它的渴望，也觉得自己应尽一份责任。

开发办写得满满的告示板

1990 年 4 月 18 日，时任国务院总理李鹏在上海宣布：中共中央、国务院同意加快上海浦东地区的开发，在浦东实行经济技术开发区和某些经济特区的政策。5 月 3 日，上海市人民政府浦东开发办公室揭牌，第二天全班人马就在浦东大道 141 号上班了。其时的浦东开发办门庭若市，前来询问政策的国内外客商络绎不绝。第二天《解放日报》刊登了题为《浦东开发办的第一天》

的文章，讲述浦东开发办项目处的负责人就像是一位门诊医生，一房间的人都在等着跟他对话，他甚至连喝口水的时间都没有。记者笔下的“门诊医生”说的就是我。

这一场景在开发办的老同志、年轻同志心中都留下了无比深刻的印象，也成为支撑我们走过浦东开发开放初期那段艰苦岁月的动力之一。当时开发办的办公条件非常艰苦，为了在大热天也始终能保持穿西装、打领带的形象，开发办负责人沙麟破例批准在接待室安装空调，这也是整个开发办唯一的一台空调。有了空调，大家还不忘省电。一次沙麟主任要接待一个世界500强的企业，事先提了一个要求，就是他跟客户讲到哪儿，工作人员就要把录像切换到相应的镜头，我们的工作人员在前一天就已经做好了准备。第二天，当沙麟接待外商时说请看我们浦东开发影像时，录像机却怎么都打不开。那个时候天气很冷，可工作人员急得连贴身的衣服都湿透了，后来技术人员说就是因为气温太低，而我们在外商到场之前不舍得提早打开空调，需要提前预热的录像机就临阵罢工了。

那时候，开发办的办公笔记本是统一的土黄色粗纸封面，印有机密的字样，表面十分粗糙。但是我们项目处经常要接待一些世界500强的客户，客户当时来洽谈，拿的都是很精美的笔记本，相形之下我们的牛皮纸笔记本显得有点寒酸。领导经过研究，给我们项目处特批采购了一些彩色塑料封面的笔记本，3.5元一本，人手一本，走出去也神气一些。后来我们确实也本着节约的态度，接待外商用塑料封面的本子，内部开会继续使用工作手册。开发办的办公室也很紧张，一个处合用一间房、三张办公桌；我们项目处只有一张办公桌，几个人合用，有的办事员只能分配到一个抽屉，里面存放的还都是各种各样的材料；到了夜晚，办公桌就变成“床铺”，刚刚毕业的大学生把办公室当做了“家”。虽然很累，但每个人都很投入自己的工作，因为在这里，理想都有化为现实的可能。

尽管浦东开发办开张的时候场面挺热闹，但实际落地的项目却并不多。主要是因为当时一方面外商对中国的改革开放还抱有一些疑虑，另一方面浦东开发是区域性开发，初期的浦东四大开发区内满目尽是农田，基础设施尚在建设阶段。直到 1992 年邓小平同志南方讲话，更进一步表明了中央的开发开放决心；加之中央企业带头落户浦东，才真正开启了浦东开发的投资大幕。那时候，大概半天时间里开发办就要谈成 4—5 块土地批租，而 15 到 20 分钟内上海市规划局即批复完成。当时开发办底楼有一块小告示板，从早到晚，项目处的接待任务都排得满满的。

第一块变土为“金”的地方

浦东开发办挂牌 1 个月后，1990 年 6 月，国务院批准成立我国大陆第一个保税区——上海外高桥保税区。这是中国大陆最开放的区域，具有特殊的区位优势和政策优势，它的设立标志着中国改革开放进入了一个新的起点，这里日后又成为了上海自贸试验区的诞生之地。

当时，浦东开发的创业者们遇到的第一个难题就是钱从哪来？上海市的财政收入除了上交中央之外，剩下的基本只够上海人吃饭。而当时浦东开发涉及 350 平方公里，巨大的开发成本，成了浦东开发难迈的鸿沟。时任上海市委书记朱镕基当时说要从捉襟见肘的财政中拿出 3 亿，作为陆家嘴、金桥、外高桥三大开发公司的启动资金，每家公司 1 亿；后来降到三家公司共 1 亿、每家公司 3000 万，但事实上也没有完全到位，浦东开发一时间陷入了僵局。

我们没有钱，但我们有土地，要想办法让土地变成黄金。当时，上海市政府提出土地可以批租，吸引内外资进行开发建设，这在当时突破了禁区，

外高桥保税区第一楼，“土地实转”在这里酝酿

可谓石破天惊，外高桥也从中找到了破解之路。当时外高桥需要有一定的注册资本成立开发公司，但没有任何财政支持，若拿土地作价入股，首先就要拿到土地使用许可证，要得到土地许可证就必须付钱。怎么办？浦东创造了堪称 MBA 经典案例的“资金空转、土地实转”的创新做法。首先是开发公司跟土地部门签订一个土地转让合同，当时外高桥规划 10 平方公里，先期开发 4 平方公里，每平方米是 60 元人民币，也就是 2.4 亿元人民币；其次是请一家金融机构提供资金。当时银行认为这件事情不具操作性，他们无法给一个没有注册资本的公司提供贷款。此时，上海投资信托公司勇敢地参与了此项运作。土地管理局、金融机构和开发公司在 2.4 亿付款凭证上同时背书，那么土地使用许可证就可以发给开发公司，这张土地使用许可证又可以作为投资信托公司出资 2.4 亿的抵押；最后开发公司拿到土地许可证后，到工商局顺理

成章地完成注册。一步原来看似的死棋，就这样满盘皆活了。

土地实转之后，实际上还是没有可运转的开发资金进行“七通一平”，为破解这一难题，1992 年 2 月，我们与中国银行、香港招商局、香港中银集团联合组建上海市外高桥保税区联合发展有限公司，内资 75%，外资 25%，这样一来就可享受外资企业待遇。有了资金流之后就开始动拆迁，搞滚动开发，开发完成后又可以进行新一轮的土地批租。1993 年，外高桥和中国远洋运输公司签订了土地转让合同，中国大陆第一块保税土地 25000 平方米，给了中国远洋运输公司。外高桥保税区的开发就这样启动了，实现了从向政府要钱转到向市场筹钱，从资金投入实现回报产出，这是保税区开发史上的重要一笔，在全国来说也是打破困境的创新。而此时，在浦东开发办工作两年后公派赴美学习工商管理的我回到了国内，在浦东新区管委会经贸局和外高桥管委会之间，义无反顾地选择了后者。那时的我心里满是创业的激情，迫切想要投身到改革的最前沿去，把国外所学变成对外贸易中一个个从无到有的增长点。

继成立合资企业后，外高桥保税区发行 A 股和 B 股共 10 亿股，为保税区的基础设施建设、产业配套建设提供了资金保证。之后，又进行了资产重组，外联发、三联发和新发展公司的优质经营资源进入上市公司，资产质量得以提高，为外高桥新一轮开发积蓄了动能。如今，外高桥以“弹丸之地”创造年税收 1000 亿元，创造了保税区的奇迹，真正把土地变成了黄金。

追逐真正自由的贸易

外高桥保税区，是中国大陆第一个开放度和自由度最大的“境内关外”区，是比 20 世纪 80 年代的经济特区更加开放、更加自由的升级版。它促进了中国经济与世界经济的融合，为中国的开放发展作出了重要贡献。

在长期的计划经济体制下，我国的对外贸易是受管制的，只允许外资加工类企业，可以从事自营产品的进出口贸易。1990年9月30日，朱镕基同志在浦东开发开放的新闻发布会上，宣布了10条优惠政策，其中第7条讲到外高桥保税区——在浦东新区的保税区内允许外商贸易机构，可以从事为区内代理自营产品和零部件的进出口代理业务和从事转口贸易。短短50个字，却是一种前所未有的突破：第一，外商可以设立贸易公司，而20世纪80年代的时候，外商只能够设立实业公司；第二，没有自营产品的贸易公司，可以为保税区内外实体企业的产品、零部件做代理；第三，外高桥可以从事做转口贸易。

这条政策在外资企业里掀起了轩然大波，也可以说是振奋人心。1995年到1996年，浦东掀起了一波外资企业落户的高潮。作为当时外高桥经贸处处长，我带领我们的团队不断地接待客户，他们不断地提出诉求，我们考量其是否符合国际惯例和中国国情，也许一个新的诉求就能够推动管理政策甚至法律的改变。就这样，在外高桥创业初期的每一天都会逼着你去学习与思考，去寻找答案。1996年，上海出台了我参与制定的全国第一个保税区货物出入境管理规定——《上海外高桥保税区条例》之后，落户外高桥的外企达到了2000—3000家。

在浦东开发开放过程中，日本企业是敢于创新、突破陈规的。由于当时不允许外资在中国内地设立外贸公司，作为日本九大商社之一的伊藤忠商社得知在外高桥保税区可以设立贸易公司后，积极与相关部门沟通，敢吃第一只螃蟹。伊藤忠商社是第二次世界大战以后，为重建日本战后经济而建立的，在新中国成立后一直与中国保持着密切的贸易往来，尤其是在纺织品方面。他们向上海市政府提出在外高桥设立贸易公司的想法，由于上海从未审批过第三产业的外资贸易公司，所以慎重地将报告提交给经贸部。经贸部通过几个司的会签之后，对伊藤忠商社进入中国发出了具有改革开放标志性的外商独资贸易的批准证书。如获至宝的伊藤忠商社，设立了上海伊藤忠商事有限公司，成为第一家落户中国的外资贸易公司，在中国取得了贸易的法人地位，这与之前只能够通过外贸公司代理、仅设立一个办事处的地位有着天壤之别。此举为日后外资贸易公司进入中国打开了大门，奠定了保税区现贸易产业结构格局，也形成了外高桥保税区未来的招商引资对象：以外资企业为主，以国际贸易为主。我在外高桥工作23年，外高桥6000多家企业，一家一家都是我看着如何引进来的。

在上海伊藤忠商事有限公司获批后不久，一大批日本企业纷纷仿效。做贸易和房地产的丸红株式会社是日本的一家综合公司，在运输方面有着很强的实力，有自己的船队。他们很希望中国的服务贸易能够更加开放，虽然优惠政策中没有谈到物流公司，但他们认为可以开拓。丸红的首席代表拜访了时任上海市委书记兼市长朱镕基，朱镕基说由于10条政策里没有谈到物流，那么审批权显然在北京。丸红的董事长特意飞到北京求见时任国务院总理李鹏，提出想在外高桥保税区成立一家物流公司。李鹏专门请经贸部和交通部研究这件事情，研究的结果是同意设立合资公司，外方可相对控股。于是日本丸红株式会社与外高桥保税区联合发展有限公司、中国外运上海公司和外高桥保税区港务公司共同出资，丸红以60%相对控股，三家中资公司40%，于1993年8月成立上海外红国际物流有限公司，这是我国第一家专业从事第三方物流业务的中外合资企业。

“落地大鸟，引来众多飞鸟。”伊藤忠、丸红的入驻成功带动了日本及其他国家的成千上百家贸易公司蜂拥而至。目前外高桥保税区已有1000多家物流企业，全球排名前20名的物流企业均在这里落了户，如今外高桥保税区每年在创造1000多亿美元货值的物流量，现代物流已成为保税区的一个强大支柱产业。可以说，外红物流是保税区物流发展的缩影，见证了现代物流在中国的发展。

外高桥保税区现在每年基本上大概创造8000多亿元人民币进出口额，是整个上海的1/4，单单进口就是6000多亿元，是整个上海的1/3。这个巨大的进出口额跟贸易便利化、贸易方式的多样化是息息相关的。今天我们在很多方面的功能创新，实际上就是在那段时间打下的基础，到上海自贸区的设立又实现了一个新的飞跃，包括制度的创新，政府职能转变，贸易便利、金融方面的创新，而这其中我认为最关键的是观念的创新。

世界高端企业的汇聚地

外高桥保税区最初设计的功能并不涉及物理、化学形态变化的加工制造，10平方公里内没有制造业企业，在功能布局上显得不够完善。生产性制造业原来在外高桥并不是放在很优先的位置，不仅是因为保税区只有有限的10平方公里，而且从它的地理环境来看，也不是很适宜引进大型的制造型企业。但是，市场却有外向型的需求，即原材料进口、在保税区做成产品后出口。世界著名跨国公司日本JVC就是这样一家外向型企业，在全世界拥有近百家公司及工厂，每年销售额达80亿美元，主要从事音响、录音机等产品的生产，在国际市场上的占有率很高，其中迷你型台式音响曾荣获过英国金奖。在我们团队的精诚努力下，JVC进驻外高桥，实现了1992年当年谈判、当年签约、当年动工、当年投产，因为速度很快，甚至来不及办理土地批租手续，采用了土地租赁的形式。JVC确是开了保税区设立外向型加工企业的先河。

20世纪90年代中期，东南亚金融危机的爆发导致劳动力成本不断提高，国际跨国公司面临着第二次战略转移。而此时的中国，市场环境、法律环境、

1992 年 12 月 21 日，外高桥保税区首家高技术工厂投产

劳动力素质等已经达到了承接跨国公司高端制造业的水平。外高桥保税区的产业集聚迎来了先机。原本在新加坡做打印机的惠普公司，希望把生产线转移到外高桥来，并表示他们可以带动一批惠普的供应商共同入驻园区。惠普打印机生产线正式上线后，就在当年，真的是一下子带动了 18 家加工厂从新加坡迁移到了外高桥保税区，成为入驻园区的第一家世界 500 强的实体企业。惠普带动了一整个产业链、供应链、价值链入驻，其影响可想而知。

在惠普公司的集聚型招商大获成功后，我们开阔视野，抓住了机遇，终使全球封装巨头英特尔入驻园区。开工典礼那天，英特尔总裁千里迢迢赶到现场，他说英特尔在上海浦东以这么快的速度落地，是英特尔在全世界这么多的工厂中最快的，实实在在体现了浦东速度。英特尔巨大的示范效应显而易见，飞利浦、IBM 等，紧随其后入驻保税区。这些高端跨国企业的生产工厂形成了具有一定规模的先进制造产业园区，其工业产值占保税区的 75%，出口值占 70%。这个数字很能说明问题，海关税收从 1994 年、1995 年的

0.45 亿元和 3.40 亿元，到 1996 年锐增至 16.97 亿元，几乎翻了 5 倍。伴随着英特尔上海生产线扩容即二期工程在外高桥保税区的扩建，又有一大批高端企业纷至沓来，外高桥保税区形成了世界高端企业发展的汇集地，这也正是中国参与国际贸易、国际竞争分工的缩影。

建立高端企业的贸易流通中心、利润结算中心、技术研发中心和货物分拨中心，是保税区发展的必由之路，这不仅能有效地解决经费紧张、管理成本高、销售困难等问题，也对统筹国内外资源、促进区域经济整合、加快高端研发等起到了巨大的作用。我们经过长时间的对外合作，发现这其中建立分拨中心是降低成本、提高效率的典型。与第三方物流提供专业供应链服务不同，分拨中心的物权是属于自己的。很多合资企业的产品，实际上都非常需要有一个集中分拨的中心，由分拨中心统一调配、统一分拨、统一供应。那么，这些高端企业把分拨中心的总部放在上海的话，就意味着这家公司所有生产的零配件、产品及其遍布全球的采购都可以放到分拨中心，也就是说，无论市场和原产地在哪里，其全线产品都可以与中国相关联，这就又极大地带动了中国的贸易，同时还可以为企业的整个供应链提供便捷。全国的第一家分拨中心就是外高桥的松下公司。松下公司在中国投资巨大、拥有众多产品，完全可以摆脱第三方物流，在外高桥保税区设立自己的物流流通中心。事实证明，成立分拨中心是一个非常好的做法，松下公司从数据中看到，效率陡增的同时成本在大大地降低，他们感到很满意。后来，我们把松下公司这个案例带出去以商招商，效果出乎意料的好。

这些高端外商企业的经营理念、管理理念，对投资环境的要求，表面看起来很挑剔，但最终反而成就了我们投资环境的改善和自我理念的更新。物流就是如此，我们先学习外商的经验，然后不断地实现自我发展完善、开拓创新。1998 年亚洲金融危机，对外高桥吸引外资影响很大，保税区的几栋写字楼空空如也。当时我想到，外高桥有多家外资物流公司，但唯独缺少自己的第三方物流公司，我觉得可以创办自己的第三方物流公司。作为当时外高桥保税区联合发展有限公司党委书记、总经理，我开始频繁地给公司各业务部门上课、一起研究可行性，从开始的反应并不热烈到最终赢得了支持，并最终说服董事会寻找合作伙伴。最后我们拿出7000多平方米的一栋楼，打破了当时看来的一切壁垒，和上实集团合资在外高桥创立了第一家国有的第三方物流公司。公司成立第一年亏损了250万元，但我对物流公司总经理说别着急，还送了他一本书《利润再增》为他打气。到了2012年，这家物流公司净利润就达到了8000万元，目前它已成为保税区最大、功能最完善的供应链平台公司，业务遍及海内外。作为国有开发公司来说，我们的任务不仅仅是造好房子、引进客户，更重要的是要肩负起培育国有产业的责任。只有这样，才能抢占更广阔的市场。

把国际市场搬到外高桥

如今的外高桥保税区，进出口总额占整个上海的1/4、浦东的1/2，占全国所有保税区进出口额的半壁江山，之所以能取得如此巨大的成绩，20世纪90年代我们开创的生产资料交易市场是其中关键的一招制胜棋。

当初50个字的优惠政策对外商贸易公司而言，其实只是打开了一扇窗，还没有打开一道门。外商贸易公司只能通过代理，才能与国内贸易公司发生关系，当时的外高桥保税区就像一个贸易孤岛。建立生产资料交易市场，不仅可以连接海外市场，实际上还能够连接国内市场，外资企业可以通过保税区开发公司设立的进出口市场平台，顺理成章地借船出海到国内市场。

应对这样的市场需求，我们希望利用自身优势，诸如信息集聚、客户集中、交易成本低等进一步提高贸易便利度。由此，1993年11月29日，上海

1994 年 12 月，上海保税生产资料交易市场展出法国高速火车模型

保税生产资料交易市场在外高桥保税区正式开业，这是中国大陆第一家保税生产资料交易市场。上海保税生产资料交易市场，既有 10 平方公里封关的保税区，又有直接与国际航线挂靠的港区，完全有能力将国际市场搬到上海的大门口来。开业当天上海市委书记吴邦国讲了一句：办市容易兴市难。确实，生产资料交易市场一成立就遇到了冰冷期，招商显得步履维艰。我们虽作了很大努力，但收效甚微，由于政策不配套，海关、税收、检验检疫都遇到了问题，国外企业完全不了解如何进入市场。后来，随着国家宏观环境的开放，我们的市场才逐渐开始回暖了。

尤其是于 1999 年开启的专业市场的服务，给外高桥带来了全新的发展视域。时任上海市委书记黄菊、市长徐匡迪从天津保税区考察回来后，专门到外高桥保税区来，要求我们把汽车市场和钟表市场等专业市场建设好。后来保税区一时间汽车市场最高库存量达到 6000 多辆，2 万平方米的仓库，6000 平方米的堆场，仓库旁的绿化带上也停满了进口轿车，场面蔚为壮观。此外，市领导还对我们提出要更加专业化、规模化、规范化的要求，所谓专业化对于我们开发公司来说，就是管理和服务要更加专业、更加有的放矢；作为企业，按照专业市场的要求，要分门别类、有效集聚。生产资料交易市场的建立，使得中国在加入WTO以后，我们外高桥不仅没有流失客户，反而为客户提供了更加优质的服务。我们没有停止追求，在原有保税生产资料市场的基础上，又拓展建立了化妆品、医疗器械、药品和酒类等专业性市场，更精准地聚焦国外同类商品、更精准地聚焦区内同类客户、更精准地提供专业性的服务，使市场的交易额逐年攀升，国内商品销售额数年来一直维持在1.5万亿元以上的规模。

与此同时，国务院常务会议还讲到要发展进口商品，以满足人民日益增长的物质文化生活需求，作为公司总经理，我兴奋地跟公司董事会讲，这不就是我们外高桥一直以来在做的吗？我们外高桥制定的发展目标恰逢其时，生产资料平台的建设更加如鱼得水。随之而来的是，我们创立了进口商品的直销中心，创建渠道让进口商品在这里跟国内的消费者零距离见面；我们利用场馆优势，在商品展示交易功能开发上率先一步，场内既设有长期的商品展示交易平台，又可举办专业展览会，在长期商品展示交易平台方面，引进了美国游艇、日本数控机床、英国厨房橱柜、意大利卫生洁具、日本办公自动化机械、飞利浦家用小电器等产品，使进入场馆的客商有一种“不是出国胜似出国”的体验；在举办专业展览方面，先后举办了西班牙家具展览、日本JVC数码技术展示会、罗马尼亚家具展览等。不管是长期展示还是专业展览会，都取得了非常好的经济和社会效益。第一届中国（上海）进口博览会也借鉴了我们外高桥保税区做专业市场的经验，有的同志开玩笑说为了进博会，外高桥准备了20多年。现在外高桥还打造了线上跨境电商平台，线下直销中心，引进大数据营销的概念，服务更加精细，坚持做到“人无我有，人有我优，人优我廉，人廉我真”。建立生产资料交易市场是外高桥保税区一个里程碑的创举，连接国外国内两大市场的接口，至今还在发挥强大的功能，这也正体现了我们的价值：开发和引领。而这一切，都源于外高桥人内外联动的不断创新。

外高桥保税区跟浦东开发开放一样，都是为改革而生、为改革而新，外高桥的基因密码就是创新，每一个细胞、每一个因子都是创新的，这让外高桥始终保持先发效应，永远领先一步。外高桥保税区在开发建设、经营管理中逐步成为全国保税区的先行者，在先行先试中积累起来的经验，辐射推广至全国、影响至今。外高桥保税区最初的十年，是改革的十年、创新的十年，是源头活水、继往开来的十年。

一流电厂为浦东开发开放提供充足动力

【口述前记】

蒋林弟，1967年9月出生。1992年12月至1998年12月先后任上海电力安装第二工程公司浦东分公司工程部主任工程师、总工助理、副经理、经理。1998年12月起，先后担任上海电力安装第二工程公司吴泾电厂八期工程项目经理，上海电力建设有限责任公司（由原上海电力建设局改制而成）经营计划部经理、总经理等职务。现任上海电力建设有限责任公司党委书记、董事长。参与了外高桥电厂一期项目建设的全过程。

口述：蒋林弟

采访：黄金平、许璇

整理：许璇

时间：2019 年 12 月 13 日

如果说外高桥电厂的建设是一场战役的话，我当时就是其中的一个小兵。我作为上海电力安装第二工程公司浦东分公司工程部的主任工程师，后来做总工助理，然后是分公司副经理、经理，全程参与了这项工程的建设。

精兵强将进外高桥

1987 年 2 月外高桥电厂一期“初可”批准，1990 年 4 月，国家计委批准外高桥电厂正式立项兴建。第一期工程为 4 台 30 万千瓦国产引进型燃煤机组，并留有扩建二、三期工程的余地。1991 年 6 月外高桥电厂一期 4 台 30 万千瓦机组工程通过扩大初步设计的审查。1992 年 8 月 13 日，经国务院批准，国家计划委员会下达《关于上海外高桥发电厂设计任务书的批复》，同意建设外高桥发电厂。工程建设规模为 120 万千瓦，安装 4 台 30 万千瓦国产引进型燃煤机组。该工程被列为国家和上海市重点工程，同时也被列入电力工业部首批优化工程和部基建达标试点工程。

上海外高桥电厂一期工程位于上海市浦东新区东北端，与外高桥保税区相邻。外高桥电厂选址的时候，有自然条件的要求，就是要靠长江口，运输方便。因为火电厂要烧煤，煤通过铁路可以运输，但铁路比水运要贵。外高桥电厂用的是陕西神府的东胜煤，先由大庆铁路运到秦皇岛，秦皇岛再通过水运过来。上海的电厂都是建在黄浦江沿线或长江口，这样水路运输方便。外高桥岸线比较长，适合建电厂码头。当时最优的选址是现在外高桥港区这个地方，水比较深。但是考虑到港区当时已经有规划了，然后选址就选到了旁边，也就是现在外高桥电厂的地方。除了它的地理位置适合造电厂外，选址也跟推动浦东开发开放有密切关系，为浦东开发开放提供充足动力。当时上海电力方面的缺口还是挺大的。即便外高桥 4 台 30 万千瓦的机组全部投产发电后，上海还是缺 40—50 万千瓦的电。所以说，外高桥电厂的建设，第一个是正好契合浦东开发开放的需要，保障能源电力供应，第二个也是为全上海经济发展提供充足电力，第三个是在改革开放初期，对于我们国产设备性能提升，从引进消化到自己制造意义重大。这 4 台 30 万千瓦机组做完后，上海电气订单不断，引进技术消化后，已经变成我们自己的产品，推广很快。

1991 年 12 月 27 日，
外高桥发电厂一期工程打第一根桩

工程的投资单位为上海申能股份有限公司、华东电业管理局、上海市电力工业局。工程由华东电力设计院设计；上海电力建设工程承包总公司，它与上海电力建设局（1998 年改制为上海电力建设有限责任公司）为同一单位、两块牌子，承揽主体工程施工，其中土建、安装分别由所属上海电力建筑工程公司与上海电力安装第二工程公司承担，上海电力建设启动调整试验所负责调试。为确保外高桥发电厂一期工程优质高效建成，1992 年 11 月 17 日成立上海电力建设工程承包总公司外高桥分公司全面负责工程的施工管理。上海市电力工业局的副局长胡寿弗做指挥长，我们施工方上海电力建设局的一位副局长挂帅，担任这个工程的副总指挥。

我是 1992 年刚做完吴泾电厂六期两台 30 万千瓦机组项目后转战外高桥的。我 1989 年从上海交大毕业，学的是材料专业，毕业后进入上海电力建设局下属的上海电力安装第二工程公司担任焊接技术员。当年我们安装二公司有句话是——精兵强将进外高桥。因为这是 4 台 30 万千瓦机组的大战役，是电力部和机械工业部两个部的示范项目、重点工程，也是上海市的重点工程。电力部要求我们基建达标，以前做工程，建设安装完之后到移交生产是有时间的，电力部要求工程建好交给业主测评的时候就要达到可以正常生产的标准。对于我们施工建设方来讲，在投产的第一时间，基建达到生产的标准，还是很有挑战的，也是个很好的机遇。所以当时我们建设局挑选了精兵强将参与工程建设，成立了外高桥承包公司，同时成立了两个项目公司上海电力建筑工程公司浦东分公司，上海电力安装第二工程公司浦东分公司，被挑中的同志都觉得很高兴可以去参加这个重点工程建设。1992 年 10 月 15 日，主厂房挖土开工。4 个月之后，1993 年 2 月 15 日，我来到外高桥电厂一期项目工地，那天正好是一号炉炉架吊装。从安装角度讲，开始吊装锅炉炉架标志这个工程进入全面安装阶段，由此开始了在外高桥电厂一期奋战的五年多岁月。

各方通力配合打上海牌

工程采用引进型国产燃煤机组，主设备由上海电气联合公司所属各厂商提供。锅炉系上海锅炉厂生产的30万千瓦亚临界控制循环锅炉，是从美国燃烧工程公司（CE）引进全套技术专利，并在国产化的基础上进行设计和制造的。汽轮机系上海电机厂获得美国西屋公司技术转让许可制造的亚临界、中间再热、单轴、双缸、双排汽的凝汽式汽轮机。工程1号、2号和3号、4号机组分别采用第二步、第三步优化机组。发电机系上海电机厂与美国西屋公司联合开发的QFSN-300-2型、30万千瓦、3000转/分水氢氢无刷励磁汽轮发电机。主变压器系沈阳变压器厂采用日本日立公司设计而制造的低损耗变压器。对于这些生产企业来说，是一个引进国外技术进行消化吸收的过程；就我们现场安装来说，也是一个各参加部门通力合作，攻坚克难的过程。那段时间上海电站设备制造的企业跟设备安装施工企业的结合度特别高，打出了上海牌。

生产制造方汽轮机厂、锅炉厂、电机厂等和我们施工方合成一体解决问题，我们各部门通力合作、协同作战。引进型国产机组，引进后还有一个消化吸收的过程，绝大部分是在厂里已经消化解决了。也有一些设备在安装过程中遇到一些问题，再拉回厂里已不可能，我们就现场处理。我印象最深的一次是锅炉受热面组件——一个联箱上的小管子焊接出现了问题，联箱上的N个小管子跟受热面连接，联箱是一个很粗的管子，壁也很厚，一个个小管子插入式焊接，就这个小口子出现问题，没有密封漏了，必须现场处理，要把焊缝挖掉，挖补前要预热再重新焊接和热处理。这是个很不规则的管子，整个挖补工艺和加热工艺都比较难，当时我和锅炉厂的焊接工程师在现场花了两个礼拜完成了消缺工作，后来就变成了好朋友。作为施工方，安装新的产品，结合我们施工工艺和施工设备的实际情况，也会对生产企业提一些要求。比如有些锅炉和汽机的设备，由于现场的安装位置和起吊机械吨位数的限制，我们会提前与厂家商量分段供货的方法，吊装到位后再组合。

到分部试运阶段，从锅炉水压试验、酸洗、点火冲转，到整装启动、机组并网，包括锅炉、汽轮机，还有电气、热控等各个专业的人每天都要值班。外高桥电厂装2号机的时候我和许建华两个总工助理开始带班，她是女同志，我们两个人轮班，一个班是24小时，有来自上述各专业的五六十人值班保障，包括电梯操作工，遇到什么问题立马解决。我们8点钟上班，拿上对讲机，戴上安全帽，工作到第二天上午8点钟。那时候从产品质量到施工，跟现在水平比还是有差距，现在设备成套化、模块化水平比以前要高。当时从国外引进，吸收还需要一个过程，机组并网后要168个小时满负荷连续运行，符合要求，才算通过。当时我们也很紧张，像打仗一样，很多设备厂的工代都在现场，设计院的工代也在现场，大家每天都要开会，保证即将安装的设备到位，保证每天的问题及时解决，有时也会因为技术上的问题激烈讨论。大家苦归苦，但是为了同一个目标，都是为了把事情做好，问题尽快解决，产品的质量也在提高当中。

外高桥电厂一期完成，我回到吴泾电厂八期工作的时候，与锅炉厂、汽轮机厂的总工、副总工和好多工程师都非常熟悉了，我们在外高桥一期项目中结下了深厚的战斗友谊，后面的合作配合也更顺畅。外高桥电厂一期不仅仅是个电厂建起来，更是上海制造品牌形成过程中非常重要的一步，设备供应方、安装方等各方相互之间的配合提升。上海电气集团取得现在的成就，上海电气集团的电站设备成套、形成自己的产品，这个过程还是非常重要的。如今，上海电气的机电产品遍布全国，走向世界。实事求是讲，我们的机电产品质量跟欧美比还是有差距，但是跟欧美之外的其他国家比，我们还是不错的；并且我们的性价比有优势，性能不错，价格便宜。现在上海电气的电站产品出口，尤其是在“一带一路”沿线国家和发展中国家，很受欢迎。外高桥电厂一期的建设与安装为我们上海电建做到今天的规模，奠定了非常好的基础，我们跟锅炉厂、汽轮机厂、电机厂、重型机械厂都建立了良好的协作关系。在这些工程安装的过程中，我们通过设备安装、工艺改进、对工厂的反馈等等，生产得到很大提升。现在我们公司一年做100亿元，50%都在国外，“一带一路”沿线国家居多。

攻坚克难保证工程质量

每台机组从最初的挖土到最后并网发电的时间，是有预规的。我记得外高桥一期的第一台机组比预规要少了七八个月，这也是市里的要求，是浦东开发开放的要求，保证后墙不倒。为了如期保质完成任务，当时加班加点是常事，更重要的是依靠科学的管理、工艺的改进，从优化施工工艺、工序等方面提高效率。

上海电力安装第二工程公司按照工程优化总目标，制定12项具体优化目标，编制实施细则和措施，对职工强化培训，使全公司三分之二以上职工参加并通过市级GB/T9000标准体系专题知识考试，增强质量意识。公司还列出质量通病15项，对重大质量通病，成立QC攻关专题小组，明确责任人；对于一般质量通病治理措施编入作业指导书，作为QA、QC的质量监督内容定期检查，当发现质量问题，随即发出NCR整改通知单。为使设备的质量问题在出厂之前清除，参与汽轮发电机组、锅炉、电气、热控及辅机等设备的质量检查和验收。

电厂的一些管路，特别是主蒸汽管要经受高温高压，承受一两百个大气压的压力，里面的水蒸气温度很高。也有一些管路是相对低压，但一般都是带压的管子。特别是电厂地下管路的安装某种意义上讲要比市政要求高。一旦管子变形裂口或发生漏水漏气等，发电机停掉，会影响整个供电。地下管路，我们叫隐蔽工程，施工有严格的程序。举个例子，电厂有一个循环水系统。三航局承建循环水泵房，从长江里直接取水。到厂区后管子是埋地下的，有 3 米直径的，有 1 米 8 直径的，这些管子我们在地面制作，焊接后为保证质量，还要拍片检测；埋到地下施工操作的时候也是有严格要求的，下面先要填沙，细的沙一进水容易压实，每填一层，旁边的人站着验收，这个叫作旁站验收，隐蔽工程验收多采用这种方式，因为埋下去之后就看不见了。除了大管子外，还有一些小管子，如雨水、污水管等也遵循严格的施工标准。

从细节之处严格控制工程质量。以安装锅炉为例，锅炉本身系统是锅炉厂设计的，锅炉最重要的是讲效率，对于我们安装来讲，就是落实设计院总体的设计和锅炉厂提供的设计，把锅炉装好，不能装漏。我们有施工组织的总设计，指导怎么做。每个专业如锅炉、电气、热控、机修、安监，还有更详细的专业施工组织设计，例如锅炉专业组织设计，涉及锅炉专业里的受热面、钢架、风机安装等内容，每个专业都有技术员针对锅炉厂的要求写出对应的作业指导书，保证把设备装好。各专业都会根据总设计和专业组织设计，编写具体的作业指导书，我们档案室有外高桥一期所有专业的作业指导书，都是在开工之前完成的，根据这个项目、这台机组的要求，根据电厂的图纸，技术员写好成百上千本技术指导书。技术员写好之后专工要会审，最后总工批准。然后施工之前跟班组人员交底，告知具体怎样做，交底之后要签字。在这个过程中，技术员也得到了很快地成长。工人施工的时候质量检查员要去验收，每一道工序都要验收，锅炉最简单的是测量尺寸，尺寸要对，焊接完成后要用射线超声波等无损检测方法来检验质量。程序非常严格，这个不仅我们内部要验收，分班组、工地、公司三级验收，业主也要来验收。

外高桥一期是国产 30 万千瓦的机组，此前，我们做的大多是 15 万千瓦的机组，之前的宝钢自备电厂 2 台 35 万千瓦机组是进口机组。机组变大了它的组件也变大了，我们在安装施工的过程中，也遇到了很多新的问题。比如说，锅炉燃烧产生的高温高压蒸汽，通过主蒸汽管输送到汽轮机，冲转发电。这个主蒸汽管壁厚大概有80多公分，系统中有三通，厂家生产供过来是个锻制的三通，这三个口焊接没什么大问题，但焊接前预热和焊接后的热处理有难度，因为这是个异形三通，呈不规则形，三个方向与管子相接，这就为热处理的测温点布置和保温操作带来了很大的难度。当时专门成立了攻关小组，我们从生产热处理厂的厂家专门定制了电脑控制的热处理设备。组件大了，温控的点比以前要增加很多，否则可能这里温度到了，蓄热量大，那里的温度还没到。所以要有几十个点取温，解决异形三通整体热处理。通过这个热处理设备，设定三个区域的温差不能超过规定的要求。而这些测温点具体设在什么地方，则要通过我们之前的经验，再加上反复试验来选定，比如说在壁厚的地方温度容易不均匀，金属厚的地方容易吸热，肯定要多布一些测温点，薄的地方容易过热。并且这个三通比一般的桌子还大，不可能整体放在炉子里处理，从厂里出来这么大一个东西运输很不方便，只能现场处理，我们跟热处理的技术人员、班组人员一起想办法，有土办法也有新办法。最终通过经验加现代化的设备来解决异形三通的热处理。再一个，锅炉厂受热面用到一些新的钢种，新的钢种对焊接要求不一样。我们公司的电焊工水平还是很不错的，代表上海市参加全国焊工比武拿过第一名。上海焊工手艺最好的是三家单位，锅炉厂、船厂和我们电建，船厂擅长的是铁板焊，我们跟锅炉厂擅长的是小的管子的焊接，我们更强的是障碍焊，在焊接对象旁边有障碍的情况下，保证质量精准完成，现场安装经常碰到旁边有东西的情况。到后来外高桥电厂二期、三期的时候，我们开始用到镜面焊，焊条是直的，焊口在后面被挡住了，怎么办？就在后面放个镜子，对着镜子焊。即使是这样，在遇到一些新钢种的情况下，焊接的时候还是会遇到考验。白天焊好后焊口连夜要做探伤检测，第二天早晨看结果，一旦发生质量问题，马上重新来。

优质项目出优秀人才

外高桥发电厂对于上海、对于浦东开发开放来讲，是一个新的电厂建造出来。对我们参与的每一位同志来说，是一笔宝贵的人生财富，我们积累了大量的实战经验，一大批人都锻炼出来了，很多人现在都在比较重要的岗位上。一方面，作为两个部的重点工程，当初挑选的都是精兵强将，自身素质比较高；另一方面，参加外高桥 4 台 30 万千瓦机组的安装调试，这是一个很好的平台，机会也很多，单位也很重视对于技术人员和工程管理人员能力的培养。我就是从一名技术员做起的，我以前很内向，也不爱说话，但作为焊接技术员要写作业指导书，我必须要告诉电焊班的师傅以及班组长，怎样去操作，过程中还要监督有没有这样做，跟操作的师傅去交流，这也是一个把技术指导书转化成管理的过程。外高桥四台机组，一号机二号机我是担任主任工程师，三号机做总工助理，到四号机开始担任分公司副经理。我们二公司的总工韩英明让我上这个岗位，其实我心里有些忐忑。在这个过程中我得到了很大的成长，学到了很多东西。我跟着项目总工顾刚，他一步步带着我，在现场，从升压站开始到锅炉房、汽机房等各个单体，给我讲解，告诉我施工、调试时的注意事项，跟我讲他以前碰到的问题。作为总工，他知识面很广，面上每个方面都知道，并且有自己专攻的领域。我是学材料出身，在吴泾六期电厂期间主要是从事焊接技术监督、技术检测。到了外高桥一期后，相当于我的专业要扩充了，不仅仅是搞某一个点，还要协调面上工作。整个工程做下来，不仅知识面拓宽，协调能力也得到很大提高。正是有了外高桥一期的经历，后来我去吴泾八期做 60 万千瓦机组的项目经理时心里更有底。

建成的外高桥发电厂

没有外高桥一期，肯定没有我的今天。

外高桥电厂一期项目也出了很多全国劳模、上海劳模，技师、高级技师更多。外高桥电厂锅炉本体班班长孙赵富就是我们上海电建系统的第一个全国劳模，他首创的锅炉加热面管道集箱内窥镜检查工艺，有效减少了锅炉爆管的隐患，获得了全国优秀 QC 成果。他后来带了很多人，专业上都是行家里手，被评为公司的领军人才。

师徒带教是一个很好的传统，我们工会后来成立劳模工作室，就是这种企业文化的传承，不仅把技术传承下去，也把工作作风传承下去，这在我们这种施工单位是非常需要的。我们进单位是签师徒协议的，从公司层面来说，对师傅也是无形的压力。大家有很强的荣誉感，不能给师父丢脸。师父说一句，这个没做好，我眼睛都不敢看师父的。有些员工是技校毕业后直接来工作，年纪比较小，二十岁不到，师傅真的像父亲一样来关心他们。我印象很深的，以前有一个小伙子瘦瘦的，年轻人要好看，冬天不愿意穿棉袄，工地上又很冷。师傅对他的关心不仅在技术上，还在生活中，经常提醒他去加衣服，小伙子不愿穿棉衣，结果就在里面加个背心，我们把这件事当笑话讲。现在我们也把师傅带教的传统传承下来。

施工单位的同志比较直爽，氛围也比较好，单位除了总经理和几个副总经理外，还有一个总工程师作为技术方面的负责人来管好这些技术员。开始是韩总，后来韩总做了建设局的总工。团组织非常有组织力和战斗力，发挥了很大的作用。作为技术员、工程师业务口有总工领导，工地有专工来具体关心，他们是技术方面关心的多一点。组织口有团委在党委的领导下来关心新来的员工，团委书记是思想上生活上关心的多一点，这种关心非常必要且有效。拿我自身的经历来说，外高桥一期的时候我已经比较稳定了，但是几年前我刚进单位的时候，有些心理落差，甚至动过脑筋要换工作。我是从苏州考到上海的，1989 年从上海交大毕业，那年是从包分配到双向选择的过渡年，上海对非户籍的生源入户上海是有限制的。我们班 30 个人可以留 1.5 个，百分之五的比例。上海电建来系里招毕业生，系里推荐我去了。其实我并不了解这个单位，只知道有个上海的单位可以让我落户，我就来了。来到单位后，因为是搞施工的，工作环境等跟想象的有落差。经过一段时间培训之后，我被分到吴泾电厂六期工地。当时住的地方墙是红砖砌的，房顶是毛竹加毛毡，一个房间十几个人。工程处在前期，工地在郊区，到下午四点一刻下班后就没什么人了。当时正好是夏天七八月份，下午四点一刻天还很亮很亮，我当时觉得很迷茫。这个时候组织的关心是非常重要的。当时工地上有个主任，他祖籍也是苏州的，对我很关心。这种关心不是简单地讲道理，他没有教条地说我们单位很重要，我们做的是重点工程之类，而是问有啥困难吗，房间的室友欺负你吗等等，很具体的关心。我觉得心里暖暖的，想着再干一段时间再说吧。工地专工和师傅也从细节上面关心我、理解我，专业上带着我，感觉跳槽不好意思。后来做着做着，心也慢慢定了下来。

现在我们公司有50%的项目是在国外，刚进单位的年轻同志，很多都不是上海人，也没有成家，被派到国外工作，每半年回来一次。比如过年回来，他们把行李放到宿舍就回老家去了，在上海没有归属感。这种情况下，我作为党委书记、董事长，跟他们只简单讲道理是没有很好的作用的。在他们过年回去之前，我跟他们一起吃顿饭，说一声“辛苦了”，这个效果要好很多。对不同的对象要有不同的方法。现在单位的年轻人也有一些流失，这个我也比较能够理解，国家培养的人才可以为你这个企业服务，也可以去为别的企业服务，都是为国家服务。但作为一个企业来说，应该找到留人的办法，要有一些吸引人才的地方。我们公司的员工，从一线员工到技术员到管理人员，适应能力都很强，不同的工程在不同的地方，从吴泾到外高桥，浦西到浦东，上海到外地，国内到国外，面临的环境都不一样，要求也不一样，能力提升比较快，这是我们施工企业的优点。但也有缺点，工作环境、条件差，强度也大，有时承受的压力也大。这迫使我们要有一整套的行之有效的留人、选人、用人的好办法。这么多年来我们一直在坚持这么做着。积累经验、留住人才、提高水平，为上海、为中国电力建设事业作出我们的贡献。

随着业务走向国际以及能源转型的要求，挑战也随之而来。我想上海电建有优良的传统，又处在上海这块改革开放的热土上，一定能再创辉煌。

发挥海关职能　为保税区保驾护航

【口述前记】

李善芬，1943 年 5 月出生。历任上海海关征税统计处副处长、关税处处长。1990 年起，先后兼任上海海关支持浦东开发办公室主任、上海浦东海关筹备处主任。1995 年 4 月至 2001 年 4 月，担任上海浦东海关首任关长，后任上海浦东国际机场海关关长。她积极发挥海关职能，支持和促进浦东开发开放和外高桥保税区建设发展。

口述：李善芬

采访：黄金平、龚思文

整理：龚思文

时间：2019年10月28日

我1962年从上海海关学校毕业后就来到上海海关参加工作，是一名不折不扣的“老海关人”。数十年的海关职业生涯锤炼了我坚韧果敢的意志品质和勇于开拓、敢闯敢试的进取心，也让我有幸能在工作岗位上为浦东开发开放这一重大国家战略付出自己的努力。

1990年，为全面支持浦东开发开放，上海海关在中央驻沪单位中率先成立了支持浦东开发领导小组，当时我担任关税处处长，关税处承担了支持上海改革开放的职责，我也成为领导小组成员之一，同时兼任上海海关支持浦东开发办公室主任。1991年10月，国务院接海关总署专报后特批成立上海浦东海关筹备处，任命我担任筹备处主任。1992年4月，落实上海海关党组关于“东事东办”的精神，浦东海关筹备处在上海船厂附近的一处居民楼挂牌，同年10月对外开办海关业务。我带领筹备处同志们克服困难，打破了海关在筹备阶段不开办业务的惯例，“边筹建、边运转、边完善”，积极参与并支持浦东开发开放。1995年4月18日浦东海关正式挂牌，任命我为关长；2001年担任浦东国际机场海关关长。十多年时间里，虽然自己所在机构、职务有所不同，但通过履职尽责服务、保障浦东开发开放，一直是我所从事和分管的最重要的工作。

在这当中，我想着重谈谈上海海关在浦东开发开放初期，为外高桥保税区的建设发展所做的一系列工作。虽说上海海关外高桥保税区办事处在1992

年 4 月，也就是外高桥保税区首期封关运作一个月后才成立；虽说外高桥保税区海关在 1995 年 4 月才正式挂牌，但是海关系统同志们为它履职尽责，是从保税区“打下第一根桩”的那天起就开始了。

当好“建设者”：固本强基力促封关运作

回想 20 世纪 90 年代初，外高桥所在的浦东东北片区还是成片水稻田，通往长江口的那片区域则被芦苇荡所覆盖。但凡有领导前来视察、参观，我们就在水稻田边向他们展示外高桥保税区 10 平方公里规划图，再陪同他们站到三层楼高的友好小学楼顶上俯瞰，并介绍规划中的外高桥保税区。

1991 年 8 月，外高桥保税区首期开发的 4 平方公里工程开工，作为一个封闭式的综合性对外开放区域，该区域须以铁丝网为界，与外界隔开。因此保税区的隔离设施及卡口，就成为了我们上海海关为保税区规划设计的第一项基础性工程。我们每天安排两名同志赶赴施工现场蹲点守护、实施监管。当年浦东公交线路还很少，我们的同志要骑自行车行进 20 多公里前往外高桥；当地又没有食堂，他们只能从家里带些饭菜或干粮作为午饭，再到周边农民家讨开水喝。即便如此艰苦，大家从来都没有叫苦叫累，而是为自己能成为保税区首批建设者中的一员而充满信心。

建设保税区隔离围墙，这在中国是没有先例的。但上海海关还是本着从实际出发的精神，支持先把 0.453 平方公里的“袖珍一块”做好，等积累经验以后再逐渐扩大。隔离设施和卡口的设计要美观、经济，而且要能管住。为此，我们翻阅了大量资料，借鉴国际上的通行规范，花了很大力气设计出保税区建设标准，在向海关总署汇报、同市有关部门沟通并征求各方意见的基础上，拟订出“验收外高桥保税区的必备条件”，提供给建设单位——上海市外高桥保税区开发公司作为工程建设标准。包括地基和围墙有多高、铁丝网有多高、铁丝网怎么布置、通道卡口怎么建立，以及查验场地如何设置、查扣物品如何监管等等具体问题，我们都一一进行了标准化设计。我记得很清楚，首期 0.453 平方公里区域的隔离围墙总长度是 3.35 公里，围墙总高度是 3 米，围墙下部是 50 厘米的水泥砖墙，中部是 215 厘米高的金属网，水泥砖墙与金属网之间距离为 5 厘米，顶部是三道刺铁丝、间距各为 10 厘米，共 30 厘米；在 D 纬三路西端与杨高路相交处设置海关卡口一个，卡口处建 21 平方米检查房一幢，卡口附近设置 900 平方米的货物查验场地，D 纬三路作为进出通道实现“人车分流”，人行通道和车辆通道宽度分别为 4 米和 12 米。

当初为了方便建设单位施工车辆的进出，我们大胆提出设想：施工期间增设两条临时通道，专供施工车辆进出，用开启式铁门加以封闭。这样对于我们海关派驻现场监管的同志而言，虽无形中增加了成倍的工作量，但却为

1991 年 9 月，外高桥保税区围墙工程开工建设

工程建设节省了大量时间。我们还要求派驻现场的同志“三天一汇报”，并及时协助建设单位解决一些疑难问题。我们遇到的其中一个问题就是：隔离围墙在建设中需要越过四处河段，对河流的封闭又该如何进行呢？我们的同志通过现场调查研究，创造性地提出用草包和铁丝网拦到河底的做法，以确保全封闭、不留缺口。建设单位采纳了上述建议。后来，外高桥保税区首期隔离设施工程提前完工了——1992 年 1 月，上海海关收到了外高桥保税区开发公司提交的《关于申请验收上海市外高桥保税区首期隔离设施的报告》。

1992 年 3 月 7 日至 9 日，由时任国家海关总署副署长刘文杰同志带队的验收小组，对外高桥保税区首期隔离设施进行了验收。验收组人手一份《外高桥保税区首期 0.453 平方公里地域隔离设施验收项目》表格，通过实地勘验，一项一项对照检查，并提出“符合”“基本符合”或调整改进意见。在验收评审会议上，验收小组认为，隔离设施基本符合海关监管要求，同意经海关总署正式批准后启用。当然，也提出了一些问题。比如，有同志问“隔离围墙高度为什么缩短了几厘米”？后来才知道，由于工程是建在水稻田上，提前完工后又放置了一段时间，所以下沉了一截。建设单位闻讯后立即整改。再比如，大家普遍认为查验场地面积不足，查验设施也过于简单；检查房实在太小，只能临时派派用场。诟病最多的事项要属海关办公用房了——当年的外高桥地区，连像样的房屋都很少见。我们暂时使用的潼港新村一套房屋只有 70 平方米，距离保税区还挺远，确实不利于海关监管。这也从一个侧面反映出在保税区建设初期的艰苦条件下，“边建设边工作”、“先因陋就简，后逐步改善”是我们的工作原则。我们相信随着保税区范围的扩大，各项基础设施会及时得到改扩建，并逐步标准化、规范化，以适应保税区发展及海关工作需要。3 月 9 日，外高桥保税区首期 0.453 平方米通过验收，正式封关运行。

有了首期验收的经验之后，后面的几次封关就顺利多了。到1993年3月，由外高桥联合发展公司建设的新一轮总长9.36公里的隔离设施也已基本完成，这次验收的事项很多，包括仓储区、管理区的全部，以及加工区D纬四路以北部分等等，都顺利通过了，封关后总面积约2平方公里。4月17日，中共中央政治局常委、国务院总理李鹏为外高桥保税区2平方公里区域封关营运典礼剪彩。中共中央政治局委员、上海市委书记吴邦国，市委副书记、市长黄菊，以及国务院特区办主任胡平、海关总署署长钱冠林等领导同志都出席了仪式。李鹏总理在讲话中指出，无论是保税区、浦东新区还是整个上海的对外开放工作，都应该和国际接轨，要按国际规则办。到1994年底，保税区新建3.5平方公里区域经海关总署验收合格，使外高桥保税区封关运营面积达到5.5平方公里。这时的外高桥保税区，已经由雏形趋向成熟，一大批现代化的生产厂房、商贸大楼、仓储库房拔地而起，成为全国开发建设速度最快的保税区。

当好“引航员”：主动服务推动政策落地

浦东开发开放启动后，上海海关参与拟订了《中华人民共和国海关对进出上海外高桥保税区货物、运输工具和个人携带物品的管理办法》。1990年9月，在锦江小礼堂举行的市政府新闻发布会上，时任海关总署署长戴杰同志亲临现场，就《管理办法》作了说明。上海海关还参与《上海市外高桥保税区管理办法》等规范性文件的研究制订工作，以保税区监管部门的身份拟订相关条款或提出意见建议。在这之后，我们还结合上海实际情况，制定了《上海海关对进出上海外高桥保税区货物、运输工具及个人携带物品的监管和征免税实施细则》《上海海关对进出外高桥保税区货物、运输工具及个人携带物品的海关须知》，并针对企事业单位在浦东落户推出了“进口减免税货物审批操作规程”等20余项工作制度和优惠措施。

然而，我们在调研中却发现，在成立之初的保税区里，许多部门和企事业单位对这些优惠政策并不熟悉，更没有把这些政策用足、用好。有些企业负责人不仅自己对政策不了解，还对上门开展调研的海关同志冷眼相待，这令我感到忧心和焦虑。“在浦东实行经济技术开发区和某些经济特区的政策”是中央明确宣布的要求，力度空前的一系列改革举措都是经过有关领导批准和同意的；关于关税减免优惠、流程手续简化等许多特殊监管措施，也是我们认真研究制订，并且向上级部门反复请示汇报后争取来的。优惠政策得不到有效落实，小而言之是增加了企业单位运营成本，影响业务发展；从大的方面讲，意味着营商环境得不到实质性改善，那是要错过开发开放大好时机的呀！我很快意识到，当务之急是要将大好政策广为宣传。

于是，我们的同志四处奔波，利用当时浦东地区还为数不多的影剧院、社区广场等场馆或公共空间，接连举办了各种形式的大型宣讲会和咨询接待活动，将浦东开发开放以及保税区的优惠政策向社会各界传播，受益群体数以万计。浦东开发办和海关在东昌电影院共同举办了大型宣传会，千余人的场馆座无虚席，上千家企业的书记、厂长、经理来聆听政策宣传。那天黄奇帆副主任和我宣讲了两个多小时，散会后仍有许多人走到台上来围住我和海关同事，要我们帮助他们答疑解惑，还邀请我们到企业去宣讲政策。我们同时也注重发挥报纸、电视等传播媒介的作用。1991年秋，上海电视台连续播出了四集关于保税区海关优惠政策的电视宣传片，在社会上引起强烈反响。有些企业负责人看过之后才恍然大悟，说：“不看不知道，一看才知道；不是没政策，而是不会用”。宣传片播出后半年，差不多是外高桥保税区首期封关启动之际，统计显示0.453平方公里的区域内已有92%土地被批租或征用，投资及意向投资项目达11个，投资总额约1.4亿美元，还有许多企业想方设法要“挤进去”。我们的及时宣传在助力保税区“筑巢引凤”方面起到了立竿见影的效果。

同时，我们也意识到，保税区的一系列优惠政策只有在一个个具体的项目上得到体现，才能显示出对中外投资者的吸引力和竞争力。在他们举棋不定时，海关只有主动提供服务，为他们释难解惑，才能帮助他们增强落户浦东的信心和决心。进入保税区的第一家外资企业是日本著名的JVC公司。1992年，上海广电公司想同JVC合办电视机生产企业，历经旷日持久的谈判，日方却迟迟不肯拍板。原来，他们主要担心的是政策有变。广电公司后来找到海关，希望我们能提供咨询和帮助。那天在花园饭店，JVC公司派出一个规模不小的代表团前来咨询。他们先是给了我一张很大的纸，上面密密麻麻写满几十个问题，然后像连珠炮似的轮番提问，大多数问题关乎具体事项，也有些是虚虚实实的试探性提问。我在回答他们的时候把握好几条大的原则：一讲我国推进改革开放的坚定性；二讲浦东开发开放大趋势；三讲保税区政策的优惠力度，先解除他们心中的疑惑；在此前提下再对各类细节问题一一予以解答。外商很明显释怀了，当场拍板签合同。此后，我们的经办关员还继续保持与JVC公司的联系，加速验放该公司所需的各项装潢材料、机器设备，推动其“当年立项、当年基建、当年投产、当年出口”；第二年还帮助该公司利用出口优惠政策解决了产品积压等问题。1994年初，JVC增资1000万美元。

看到闻名于世的JVC公司在浦东外高桥安营扎寨、蓬勃发展，众多中外企业也纷至沓来，短短数年间，通用汽车、贝尔程控交控机、东芝电脑、华虹NEC集成电路等一大批项目相继落户浦东，海关都做到提前介入，耐心解释海关规定，引导他们将减免税等优惠政策落到实处，对于企业缩短生产周

1993 年 5 月，上海浦东海关筹备处等部门负责同志共同商议封关工作

期和加快资金周转起到了很大的作用。汤君年先生当年在外高桥保税区内建设 10 万平方米的仓储场所和汤臣国际贸易大楼，我们海关也充分运用好各项政策，给予了大力支持，帮助这位生于浦东的台湾商人回到家乡投资实业。外高桥开发公司决定建设一批标准厂房和仓库，但在钢结构的进口上遇到了难题，我们经过研究并报请总署批准，对这批钢结构特案予以放行，为保税区完善功能添砖加瓦。不仅仅是外高桥保税区，浦东的其他几大开发区、核心商务区、配套功能区、中外企业，以及机场、港口，等等，我们都多次实地踏勘、深入调研、宣传政策、提供服务。我坚信，只要政策能够落地，企业能够受益，浦东的发展就一定会有更好的前景。当年戴杰署长到浦东考察时，曾这样评价浦东海关："浦东海关有两个特点：一是介绍浦东，对三大区、六小区、数百个大小项目，发展进度，如数家珍；二是带着一种感情在介绍，感情上、思想上与浦东融合在一起。"

当好“守护人”：积极探索新型监管模式

海关在外高桥保税区建设中的职能作用，既体现在保障封关运作、确保顺利验收上，又体现在加强政策宣传引导，服务企事业单位上，同时也体现在探索与国际通行惯例相衔接的新型监管模式，积极支持外高桥保税区的加速运转上。

对企业，我们着眼于发挥区域性监管优势，在流程和手续上给予快捷和高效的服务。比如，对进区仓储的转口货物，企业只要到保税区海关办理一个转运申请单，就可将货物（集装箱）直接运入保税区仓库；对于对转口到第三国货物，特殊情况经海关批准，货物可不进区，以单证报关流转审核，海关派员到口岸验放；对加工贸易货物，海关按审定的单耗定额实施总体核销，取消登记手册和减免税审批表，保税区货物运往非保税区时才按常规办理海关进口报关手续。同时，我们较早地实现了保税区内企业与海关、银行等部门和单位的计算机联网，既有效发挥海关监管职能作用，又最大限度地免去企业奔波之苦。

对保税区本身，则按照“一线放开，二线管住”的原则，实施综合性监管，推行以海关管理为主，企业自管，并辅以社会共管的综合性监管制度。我们首创“境外出入保税区货物申报备案制”，凡是自境外进入保税区或由保税区直接运至境外或其他保税区的货物，一律实行申报备案制，简化了手续、加速了通关。我们推进实施“四个就地”监管模式，即就地办理报关手续、就地办理转关运输手续、就地办理减免税审批手续、就地办理加工料件审批手续。我们还落实了一系列便利措施，如报核报验24小时不间断；个人携带物品属暂时进区的，以进区时的申报单位作为出区凭证；对区内经营加工贸易的企业实施总体核销；区内的企事业单位相互之间转让、出售或移作他用的物品事先不必向海关申报，事后向海关备案即可，等等。这些措施在20世纪90年代的保税区落地实施，可以说都是首开先河，也为后续的海关监管模式改革创新打下很好的基础。

有意思的是，随着越来越多不直接销往国内市场的货物都存放入保税区里，保税区仓储规模显著扩大后，原来关于“所存货物储存期限为1年”的规定，实际上是被突破了。这样可以更好地顺应全球供应链管理的特点，增加企业经营的自主性、灵活性，对吸引跨国公司选址上海设立分拨中心将带来极大助益。这项突破后来被纳入浦东开发开放首部地方性法规——《上海外高桥保税区条例》中，“一年期限”再也不提了。到1998年，海关在保税区开始对分拨企业试行“分批出货、集中报关”模式，促进保税区分拨服务能力大大提升。2001年我赴浦东机场海关担任关长后，从空运出入境货物量增加的趋势出发，利用外高桥保税区业已具备的通关便利化条件，探索开展“空运货物直通式”试点，实现保税区生产型企业进境货物通关时间由原来的3天缩短到6小时。2002年，外高桥保税区又率先探索实行电子数据交换（EDI）无纸化报关试点，进境备案通关时间被进一步缩短到5至10分钟。

令我印象深刻的，还有我们海关助推外高桥保税区在全国范围内率先设立生产资料交易市场。当年市政府办公大楼还在外滩时，上海海关大楼就在旁边，上海市有关领导经常同我们一起讨论。在讨论中，黄奇帆同志较早就提出建立生产资料交易市场，将国际市场交易放到国内来进行的设想；我们也意识到发展生产资料交易市场对拓展保税区内贸易公司的经销渠道、加快保税区贸易功能开发和同国际接轨等具有重要意义，真可谓是“一拍即合”。生产资料交易市场成立后，既是现货展示的平台，又是谈判交易的平台，保税区内企业生产出的产品可在市场内进行保税展示，区外的贸易商看中后可直接签合同，海关则通过现场办公形式或计算机网络实施监管，一来一去，节省了大量时间和物流成本。后来，外高桥联合发展公司还同一家外资实业公司成立了一家中外合资的贸易公司，专为生产资料交易市场服务。我们推进的这项工作实属“超前”，后来也得到了海关总署认可。1994 年 5 月李鹏总理视察上海浦东时，专程前往保税区生产资料市场观看所展示的保税商品，还仔细询问保税生产资料市场的作用。实践证明，生产资料交易市场真正成为了连接国内国外两个市场的重要平台和桥梁，积极推动了保税区进出口贸易的开展。同年 12 月，保税区“国际商品展示交易中心”正式落成启用，成为国内规模最大的国际商品展示交易中心。随着对外开放政策持续推进，保税交易平台的商品范围日益扩大，国际化妆品、酒类、医疗器械展示贸易中心等专业贸易平台相继建成，功能也得到不断拓展。

我们奋战浦东开发开放的日日夜夜，现在回想起来仍历历在目；能通过

呈大写字母“M”形的外高桥保税区五号门卡口

发挥海关职能，为保税区建设发展保驾护航，是我们海关人的巨大荣幸。大家现在看到位于洲海路的外高桥保税区五号门卡口，呈大写字母“M”形，这正是来自我们的创意和设计。从拼音上念，字母“M”代表的是“门”：它的一层含义是外高桥保税区敞开大门，欢迎中外客商前来投资发展；另一层含义是海关要切实做好把关服务，在保税区这片热土上守护好国门。从这个意义上说，这座“M”形卡口，以标志性建筑的形式，将上海海关作为保税区建设者、引航员和守护人的职能作了很好的诠释。

杨高路：用青春和理想创造的市政工程奇迹

【口述前记】

吴念祖，1948 年 8 月出生。历任上海市市政工程管理局局长助理、副局长、局长，上海市人民政府副秘书长，上海机场（集团）有限公司董事长、党委副书记等职。1992 年担任杨高路工程常务副总指挥，为浦东的基础设施建设作出了贡献。

口述：吴念祖

采访：黄金平、赵菲

整理：赵菲

时间：2019 年 12 月 2 日

杨高路工程于 1992 年元旦启动，并于当年完成通车，到今天已经有 27 年了，虽然时光已很久远，但我时常能想起那些动人心魄的场面，那是一段激情燃烧的岁月，是所有参与这个工程的人都无法忘却的记忆。

浦东开发催生“头号工程”

杨高路工程的实施，是基于浦东开发开放的时代需求。当时的上海正处于改革开放初的恢复期，整个城市的发展非常困难，被过江难、行路难、住房难等严重的基础设施问题所困扰。1990 年 4 月，时任国务院总理李鹏到上海宣布，中央决定开发开放浦东。一时间，外高桥、金桥、陆家嘴等开发区都要上马，但面临的最大问题就是基础设施不行，这是严重制约浦东开发开放的一个因素。浦东当时只有两条像样的路，一条是浦东大道，一条是浦东南路，两条路沿黄浦江而建，道路设施简陋，周边只有零星的居住区，其他都是农田，在浦东开发开放起飞发展中，显得太狭窄和窘迫了。

1991 年 12 月 8 日，已胜利在望的太浦河工程的工地上，正在参加劳动的上海市委书记吴邦国和市长黄菊在休息间歇时，与市建委主任吴祥明谈及按照太浦河工程的这种建造方式，动员全市的力量再建造一条道路的设想。黄菊市长当即提出，浦东开发开放以后，基础设施跟不上，能否在浦东集中精

20 世纪 90 年代初拓宽前的杨高路

力把杨高路建设起来，满足外高桥、金桥等几个开发区进一步发展的需求。当晚吴祥明主任就打电话找到我，转述了白天市领导的谈话，并告知我做好去管这个工程的准备，还希望我所在的上海市市政工程管理局能在最短时间内拿出切实可行的方案来。

第二天，市政工程管理局王永良局长找到我，表示这是一个非常光荣而艰巨的任务，说市委、市政府领导专门研究一条路的事情，并把这一项工程列为上海市一号工程，在上海市政工程历史上是没有的，所以一定要团结协作把这个工程做好。他还说市政局要出人出力出装备，全力支持，其实那时候其实也没有什么像样的机械装备，只有人员可以做到随时调配。此外，市政局的领导还希望通过杨高路工程的建设，可以带出一支善作善成的工程建设队伍来。

随后，市政局紧锣密鼓地召开会议，对杨高路的具体情况进行专题研究，并迅速拿出了杨高路拓宽改建工程的具体方案。1991年12月20日，工程方案得到了黄菊市长的认可。同时他还指出，杨高路工程一定要在1992年年内开工、年内竣工通车，并提出了四个“当年”——“当年动迁，当年施工，当年绿化，当年通车”。不久，在1992年上海市政府计划工作会议上，杨高路工程被确定为上海市当年的一号工程。

杨高路工程量之巨大、时间之紧迫都是上海市政工程建设有史以来之最。工程南起杨思路上南镇，北至外高桥江海路，全长24.5公里。当时最早定的方案是34米，4个快车道，2个慢车道，再加上中央绿化带和人行道。同时还要新建12座桥，相应的各类供应管线全部要铺设下去以适应未来浦东开发开放的需要，如通信、电力、煤气、自来水、雨水管道、污水管道等。此外，还有80多道过路的涵管，加上水泥混凝土路面、桥等，工程量非常浩大繁杂，再加上要实现当年通车，这其中的困难可想而知。

全市总动员勇担历史重任

浦东开发开放启动后，杨高路工程进度显得尤为重要。所有人都意识到这项工作时间紧、任务重，且关系到浦东开发开发乃至上海发展的大局，所以时不我待。市政局从各处调配相当一部分人员，作为指挥部的班底，于1992年1月17日正式进入杨高路工程现场。这条建筑于“大跃进”前夕的郊区公路，位于浦东腹地，整条路弯弯曲曲，没有一处是笔直的，路面的宽度大概也只有4—6米，并且有相当部分还是由细煤屑作面层，属于等级非常低的四级公路。看完现场之后，指挥部的同事们都深感任务确实很艰巨，但势在必行，无论如何也要迎难而上。

1992年1月，全部项目组进驻现场，工程指挥部就建在工地上，其实就是一个简陋的两层小楼，大概有六七个房间，透过窗户就能看见工地，等于是把指挥部放在了现场。工程指挥部所有部门的领导都在现场，指挥部有一部分是非常有经验的老工程师，而大部分是年轻的大学生，朝气蓬勃。那个时候条件很差，指挥部特地买了10辆自行车，到工地上去都是骑自行车去，而其他项目部门都是在临时搭建的工棚内工作。

1月底，杨高路工程项目在浦东的张桥影剧院召开了动员大会。倪天增副市长作动员，市政府副秘书长兼浦东开发办主任夏克强任总指挥，我当时是市政工程管理局局长助理，任该工程的常务副总指挥。与此同时成立了7个分指挥部，包括川沙县的动迁分指挥部，以及电力、自来水、煤气、通信、动拆迁、工程建设等。7个分指挥部全部在现场，实行统一指挥、统一领导的机制，每周就在指挥部工程现场开工程例会，对施工一周的情况作总结，发现什么问题就当场解决，工作效率非常高，大家一心一意要把这个工程按照要求做好。这在当时的体制内是前所未有的。

那个时候，领导提出用太浦河精神和太浦河建设方式来做浦东的这个重要干道，全市上下齐动员来保障杨高路工程，全力保障一号工程。比如说工程推进途中遇到7个碉堡要拆除，6个是民国时期造的，1个是上海解放以后造的。碉堡当时都是战备需要，不可以随便拆除，如果拆除上海解放以后造的碉堡要到南京军区报批，解放以前造的要到中央军委报批。后来上海警备区司令部帮忙，搞审批手续，最终很快由部队来完成爆破。如果不是这么重大的一个工程，拆掉一个碉堡需要花很长时间。又如，电话局两天内帮指挥部装好了10部电话，这在当时也是惊人的速度；电力部门派出一个现场小组常驻工地，随时提供电力抢修。那时候就是急事急办、特事特办。

此外，全市各单位还组织人员到工程现场进行义务劳动，当地的部门也非常支持。杨高路这个工程要征地2000多亩，涉及动迁超过650户人家，其中一部分是农民动迁，一部分是居民动迁，还有将近150家单位要动迁，限定在很短的时间内全部搬掉，给工程让地。川沙县成立了一个分指挥部，县长挂帅，进行动迁。不仅如此，当地的农村生产队、农民也都非常支持这个项目，克服各种困难，为全线工程当年完成创造了条件。

1992年3月，黄菊市长在北京参加人代会期间打电话给杨高路工程总指挥夏克强，说现在看来浦东开发开放的进度要加快，而且必须要从战略性的角度考虑浦东开发开放，从今后的一个规模和中央对上海的要求来看，杨高路最初设定的34米宽度是不够的，要做成50米，6个快车道，3个慢车道。但是，“当年动迁，当年施工、当年绿化，当年通车”不能变，今年一定要完成。当时杨高路工程已经开工了，桥梁也开始打桩了，管道也都准备做了，我们接到任务后马上对整个工程进行了调整。而此时离项目完成的最后时间只剩下9个月了，但是我们也深知浦东开发开放的重要性，所以无论如何排除万难也要把这个项目做成功。

上海市领导对这个项目确实倾注了很多心血和关怀。1992年的大年初一上午，天寒地冻，吴邦国书记到工地上慰问建筑工人。工地上正在挖沟道，原本结冰的路面被太阳晒得化开了，变得泥泞不堪。当天上午还要参加新春团拜会的吴邦国书记，坚持要走过一片农田，到施工现场慰问坚持在一线的工人，他的皮鞋踩得一塌糊涂。返回后，他就在施工现场旁边的指挥部，站在垫子上，一边擦鞋子、一边跟我们聊天，真的是一种很温暖、很亲切的感觉。

黄菊市长开完全国“两会”从北京回来以后，3月初就到了项目施工现场。那天下着很大的雨，我们还在施工，他撑了把伞坚持要走到施工现场。但是那时候一些桥梁尚未建成，施工工地是一段一段的，没有连接上。他看完一个工地后再绕路到前面另一个工地，从龙阳路开始一路看到了外高桥，就这样冒着雨在施工现场待了整整半天。他一路都在向施工现场的工作者致以亲切的慰问，并嘱托大家要千方百计把这个工程做好。后来，黄菊市长又陆续来了几次，都是大雨天，但他仍坚持撑着伞查看下水道施工，与一线工人握手；酷暑之时，他又顶着烈日到工地上慰问一线建设者。领导的关怀和激励，对当时杨高路工程的建设者来说，是一个非常大的鼓舞。

没有硝烟的技术强攻战场

杨高路工程现场当时汇聚了11支施工队、4支桥梁队，近3000名建设者，配备了21台挖掘机、18台压缩机、14台推土机、16台打桩机，展开了集中优势兵力攻坚克难的阵势。除了前面提及的时间紧、任务重之外，当时还遇到了很多需要依靠技术提升来克服的难题。

工程所在的浦东地区土质情况比较复杂，它由泥沙冲击而成，由于靠海比较近，本身土质就比较松软，加上全都被挖开后排铺上管道，土质就变得更加松软。同时，因地下水位又比较高，土质的含水量很大。这在工程上叫做软土地基，这种软土地基处理起来难度非常大，加上杨高路工程本身工期紧、规模大，所以一定要采取科学的态度和工程技术措施，既要保证道路的质量、桥梁施工的质量，又要达到压实度的要求，以保证水泥混凝土路面的整体强度要求，那么基础就必须要做得很好。

沟槽挖好、管道排完以后，要回填土。管道的深度基本上在1—2米，回填土直接影响着工程质量。土路基施工、桥梁施工中有一个术语叫“工后沉降”。其原理就是，由于土壤在物理上由三部分组成：水、空气和颗粒，既要达到压实度，又要使它不沉降，关键就在于把水排干，把空气挤掉；如果剩下全是颗粒的话，压紧就不会沉降。要控制工后沉降是一个非常艰难的事情。

建设中的杨高路

比如浦东机场做跑道，跑道面积很大，而且对沉降均匀度是以毫米来计算的，要求非常高，如果不采取自然沉降的话，工程代价非常大。所以最终采取的办法是，提前4、5年做堆载预案，就是在跑道的位置上堆起来很高的土，用压力让它自然沉降。沉降了几年，达到压实度的要求以后，再把上面堆起来的土全部卸掉。

那么，道路沉降也是类似的情况，但杨高路工程工期这么短，没有时间留给我们等待它自然沉降，为此就必须采取科学的工程措施。比如沟槽、下水道挖下去1米多深，管道排好以后，在这个管道的中心线以下的部分用黄沙，或者石灰和土拌好以后填实，生石灰可以把周边的水分吸干，这个土就会压缩。然后分层夯实，当年全是靠人工夯的，4个人拎起木夯一下一下压实。再比如大面积的对土的处理，用粉煤灰、干石灰和土进行搅拌后再铺在里面，把水分吸掉，再分层、再压实。压好后还要进行取样，先打下一个钻孔，把里面的土样取出来，看压缩度达到了多少，如果达不到标准，就要继续做。我们还利用了很多工业废料，比如钢渣粉，把钢铁厂出来的钢渣磨成粉，用到现场做钢渣桩。还利用造价比较低的石灰，在降低成本的同时，保证了工程质量。沟槽施工的时候，雨水比较多，大家都是看着天气干着急，雨一停就急着去继续挖，就是强攻，因为担子太重了，这个工程是浦东开发开放特别迫切的需要。

杨高路到最后竣工时全是水泥路，投资全部控制住了，工程质量确保了，绿化也种起来了，工程也如期完成了。1992 年 12 月 8 日通车那天，上海市领导都来了。那天一开始天很阴沉，我们很担心会下雨，结果还好，一直到领导剪彩一刀剪下去，车子开动、人员都散去后，才下起了瓢泼大雨。

黄菊市长提出的四个“当年”，全部实现了。通车后的杨高路，大大提升了连接几个开发区的能力，原来需要一个小时的车程，缩短至仅 20 分钟。当时有个形象的说法，叫“金丝穿明珠”。杨高路就是“金丝”，穿起来的“明珠”就是几个开发区——外高桥、张江、金桥、陆家嘴、六里，一共 5 颗“明珠”。杨高路成为连接浦东 4 个国家级开发区的交通大动脉，对浦东开发开放起着举足轻重的作用。

除了“金丝穿明珠”之外，杨高路还把南浦大桥和杨浦大桥连接了起来。南浦大桥通车以后，在杨高路工程设计之初还同时规划了两座立交桥，一座是南浦大桥下来的龙阳立交，一座是杨浦大桥下来的罗山立交，立交桥的位置事先都预留了出来。在杨高路工程的建设后期，罗山立交和龙阳立交已经开工了。1992 年杨高路通车以后，1993 年市政府就把罗山立交和龙阳立交列为当年的重点工程，并要求罗山立交跟杨浦大桥于当年同步通车。罗山立交是当时上海最大的全互通式立交桥，也是第一座立交桥，龙阳立交是第二座大规模的全互通式立交桥。1993 年，罗山立交和龙阳立交就实现了全部贯通。此外，杨高路也是中国第一大保税区外高桥港区的主要疏港公路。

首创的监理机制和平台管理沿用至今

杨高路工程的重大意义，不仅仅在于技术上保障了工程的质量和工期，还在于这个工程的建设管理模式的变革，从制度上全方位地保障了工程质量。杨高路工程中所使用的质量监理制，是上海市市政工程中首次推行质量监理制，这本身就是一个历史性的突破。

那个时候上海没有监理公司，我们就到同济大学、上海城建学院请专业的老师。老师带着学生，再加上市政局、研究所的老工程师，工程现场组成了一支质量监理队伍，严格按照工程质量的技术标准进行监理，非常认真地推行监理制。也就是说，每项工程都必须达到指挥部制定的标准，达到标准后，工程监理人员才会签字，否则施工方就拿不到工程建设费用。此外，工程指挥部也有个质量部门，跟质量监理联合起来，形成了工程质量管理的全效网络。在杨高路工程作总结的时候，监理制得到了高度的评价，并在日后的整个市政工作中得到了大力的推广。科学的方法和严格的监理，让我们在保证工期的同时，相当高水平地保证了工程质量。

从工程管理的角度来说，杨高路工程给以后很多大的工程都提供了很好的范式，杨高路工程统一指挥、形成合力的跨部门的工程管理体制，是做得比较成功的。比如成立分指挥部，各部门一起来研究事情。后来市政工程中大的系统性的工程，都延用了这种办法。

对于我们参与杨高路工程建设的每个人来说，都是第一次碰到这么大的综合性工程，涉及这么多单位，而且要有效地实现跨部门的协作，于是就采取了平台管理的思路和做法，后来这个办法一直沿用了下来。虽然后面市政工程建设的情况越来越复杂，要求越来越高，难度越来越大，但我们在杨高

“老浦东”喜看浦东第一路

路工程建设中，形成的一个适合上海市政工程的质量监督管理的雏形，在后来上海市政工程建设中一直在沿用，并不断提升和完善。

比明珠更闪亮的是青春的崛起

杨高路工程从建设之初，就被赋予了“青年工程”的称号，一大批青年人在这个事关浦东发展大局的工程项目中激情迸发、跃跃欲试，并最终崭露头角、独当一面，也正如市政局领导之前设想的那样，杨高路工程锻造出了一支善作善成的年轻的队伍。

杨高路工程确实是大课堂、大熔炉。在杨高路工程指挥部和各工程施工单位，有一批非常有经验的老工程师，在他们的带领下，一大批年轻人在工程建设中茁壮成长。在誓师动员大会上，11 名青年突击队队长从倪天增副市长手中接过江泽民总书记题写的“青年突击队”队旗，在寒风中挥舞着，随后在杨高路工地的各个角落，突击队员们开展了热火朝天的劳动竞赛，充分发挥了青年的突击作用。时任团市委书记韩正还到施工现场的市政一公司工棚为青年突击队授旗。突击队员们的脑中没有节假日，连大年夜、大年初一都活跃在施工第一线。而且工程动工没多久就遭遇连绵不绝的雨天，但突击队员们深知这个工程没有任何时间可以耽误，所以大家常常是在一场雨和另一场雨的短短间隙里加班突击，测量、挖土，整理沟槽、装卸道渣、铺设沟管……不断有人滑倒在雨后的泥地里，又不断爬起来，一节节管道在冷峭的夜色中递进、延伸。这是体力的拼搏，更是意志的考验。像这样的突击队员，在杨高路工程建设中，可以找出很多很多。

在杨高路工程的施工现场，还有5名女大学生，她们不仅闯入了这块男子汉的领地，而且工作干得很出色，被工地上的人亲切地誉为盛开在杨高路上的“五朵金花”，她们是田赛男、江虹、蒋丽华、林海榕、张慧琴。田赛男当时28岁，任指挥助理，负责施工大纲的审定，设计方案的变更交底，前期工程的协调、落实，以及工程监理队伍等工作。她把各种工作处理得井井有条，对杨高路工程建设功不可没。她曾经说：“对于将来，我们确实没办法把握，可是我们却可以牢牢地把握住今天，现在的我们根本没有权利去浪费时间。”她们用才华和努力，在单调枯燥的施工工地上树起了一座青春的靓丽丰碑。

杨高路工程的质量监理部门是由市政工程管理处、同济大学和城建学院毕业的30多名年轻专业人员组成的，他们是吴青峰、吴文海、王乃平、曾明、吕仁杰、龚伟……个个都是初出茅庐的天之骄子，但却甘当一颗颗平凡的铺路石。他们每个人都抱着对工程极度负责的态度，用“火眼金睛”监测着每道施工环节。他们还一次又一次地下工地协助社会监理进行质量把关，杨高路20多公里的路，他们来来回回走了多少遍，没人数得清楚。

在杨高路工程的建设中，所有人都齐心协力，一心只想着把这个工程做好，要为浦东开发开放尽一份力，要为上海争光，甚至连大年夜都在工地上。我们当时就抱着一个信念，那就是做任何一件事情，最要紧的就是认真，不是喊口号，而是把科学态度体现在每一个细节上，只有这样才能把事情做好。因为这项工程，国家投资巨大，而且这种结构工程要对公众的安全负责，来不得丝毫的疏忽，不能出任何差错。

20 世纪 90 年代初，条件很艰苦，任务很繁重，但却没有人觉得苦，相反我们经常说自己很幸运。上海真正的市政重大工程，都是 20 世纪 90 年代开始的，我们从学校出来以后就有这么好的机会，遇到这么好的重大工程，能用学来的知识为国家作贡献，我们发自肺腑地感到幸运。后来，无论是在建设南北高架、浦东机场 T2 航站楼、虹桥机场 T2 航站楼，还是在建设虹桥综合交通枢纽时，我都感到这是时代赋予我们这一代人的机遇和幸运，让我们能够为这座城市多做点事情，让历史见证我们通过努力给这座城市带来的巨大变化，让我们的这一生没有碌碌无为。

亲历浦东开发开放首部地方性法规的制订出台

【口述前记】

侯旅适，1930 年 9 月出生。历任上海市人民政府副秘书长、市政府研究室主任、上海经济研究中心主任。1993 年 2 月至 1996 年 2 月，任上海市人大财经委员会主任委员，主持《上海外高桥保税区条例》的制定工作。

口述：侯旅适

采访：黄金平、龚思文

整理：龚思文

时间：2019 年 10 月 15 日

自 20 世纪 80 年代中期起，我在上海市人民政府工作，从事调查研究、政策制订及报告文稿的起草等，为市领导重大决策提供咨询和参考。从 1993 年开始，我担任市人大财经委员会主任委员，到 1996 年从工作岗位上退下来。可以说，我有幸先后在政府和人大的工作岗位上见证了浦东开发开放这项重大战略从酝酿形成到启动实施的整个经过。在这当中，令我印象最为深刻的一件事，莫过于历经两年多时间牵头起草了浦东开发开放的第一部地方性法规——《上海外高桥保税区条例》(以下简称《条例》)。

呼之欲出：首部立法聚焦外高桥

1990 年 4 月 18 日，时任中共中央政治局常委、国务院总理李鹏同志亲临上海，代表党中央、国务院宣布，党中央和国务院同意开发开放上海浦东，在浦东实行经济开发区和某些经济特区的政策。在这之后，浦东新区总体规划制订出台，基础设施建设大规模推进。短短几年时间内，包括南浦大桥、杨浦大桥、杨高路等在内的第一轮十大基础工程相继建成并投入使用，陆家嘴、金桥、外高桥、张江等重点功能区初具雏形，浦东大地迎来了历史性变化，经济的跨越式发展指日可待。

浦东的迅速崛起是中国改革开放进程中最引人关注和影响深远的大事之

上海外高桥保税区二号门

一，也是上海及整个长江流域改革发展进入新阶段的重要标志。然而开发开放浦东是一项全新的战略任务，随着各项政策措施深入实施，改革和开放力度持续加大，必然会遇到许多新问题，如土地使用和转让、外资企业经营管理、怎样更好与国际接轨等需要突破，而这些都离不开法律的保驾护航。当浦东开始由大规模基础设施建设为主，逐渐转入基础开发和功能开发并举的阶段时，有越来越多的人大代表和关心浦东发展的人士向市人大进言：浦东开发开放要持续稳定向前发展，重点功能区要出形象、出功能、出效益，特别是要能体现与国际接轨，就必须健全和完善法律法规体系，充分发挥法制的规范和保障作用。“浦东开发开放必须与立法同行”逐渐成为全市上下的共同关切。

事实上，“法规先行”一直是贯穿浦东开发开放全过程的指导方针。早在 1990 年，针对海内外人士对浦东开发开放存在的疑问和不解，时任上海市委书记、市长朱镕基同志就要求浦东开发开放的首批立法必须以中文和外文同时对外公布。在当年9月，就有包括《关于上海浦东新区外商投资企业审批办法》《关于上海浦东新区规划建设管理暂行办法》《上海市浦东新区土地管理若干规定》《上海市鼓励外商投资浦东新区的若干规定》等在内的一大批规范性文件公开发布，并且同时发布英文稿、日文稿。遗憾的是，这些《办法》或《规定》大多属于地方政府规章或“红头文件”，在法律效力及执行的权威性上存在一定争议，这也令各方人士特别是外商投资者心存疑虑。

就外高桥保税区而言，我记得《上海市外高桥保税区管理办法》(简称《管理办法》)也是在1990年9月公之于众的，而当时距离外高桥保税区获得国务院批准成立，才过去短短3个月时间，应该说其制定发布还是很及时的。同一个月内，国家海关总署发布了《对进出上海外高桥保税区货物、运输工具和个人携带物品的管理办法》(简称《海关办法》)。有了这些规范性文件，让初创的外高桥保税区工作初步做到了有章可循，对保税区启动建设、促进开发、吸引投资等起到了积极的作用。但由于《管理办法》诞生在外高桥保税区刚刚起步之际，它对保税区的定性和定位还不够准确，没有理顺外高桥保税区的管理体制，同时在内容上也难以适应和满足保税区开放度日益扩大、功能不断丰富的实际需求。

作为市人大在财政经济方面的常设专门工作机构，市人大财经委员会肩负起了为浦东开发开放立法研究等方面职责。1994年8月，我们开展了一次关于立法计划的集体讨论。讨论中，委员们一致认为，为促进浦东开发开放、加速功能提升，必须迅速启动立法工作。但是选择哪里作为“切口”比较好呢？我们首先想到的就是外高桥保税区。作为浦东开发开放的一扇重要“窗口”，外高桥保税区在整个浦东地区的开放度最高，对于法律法规的需求当然也是最为迫切的；反过来说，由于外高桥保税区最具代表性，通过为保税区立法来求突破，就好比抓“牛鼻子”，能牵一发而动全身，以点带面，效果最好。

于是，我们向市人大常委会作了报告。获得同意后，我们迅速成立了法制建设联合调研小组，由我担任组长；两位副组长中，一位是时任上海市人民政府法制办公室主任谢天放同志，另一位是时任中共浦东新区工作委员会副书记、浦东新区管委会副主任，同时兼任外高桥保税区管委会主任的胡炜同志。这个由市人大财经委牵头，市政府法制办、外高桥保税区管委会、市人大常委会法制研究室、市外经贸委、浦东新区法制办等多部门联合组成的调研小组成立，标志着为外高桥保税区制订地方性法规的工作正式启动了。

对标国际：纵横全球的大调研

我们当初选择对外高桥保税区进行立法，没有任何先例可以遵循，实际上是挑了一块“最难啃的硬骨头”。然而，不管怎么艰难，我们责无旁贷，要为立好这个法而努力。就是为了这个信念，调研小组的成员们默默地开始了为期两年多的漫长工作。首要任务是“由内而外”分层次开展调研，尽可能多地掌握第一手资料，吸收国内外经验，为外高桥保税区立法打下良好基础。

第一步，我们先立足外高桥保税区内部进行调查——先后召开了多次专题座谈会，听取区内中外资企业（包括贸易公司、加工企业、仓储企业）以及有关职能部门（包括保税区管委会、上海海关以及市政府相关职能部门等）对保税区立法的意见和建议。大家普遍反映，外高桥保税区经过这几年的努力，在基础设施建设、吸引外资和树立形象等方面日臻完善，其中的有效做法和成功经验很有必要通过立法来加以固定化。但保税区在实际运作中存在的不足也是显而易见的，比如，对于保税区的性质问题，大家莫衷一是——

作为一个封闭式的综合性对外开放区域，保税区同一般的经济技术开发区究竟有哪些不同？相较于普通行政区又有哪些优势？谁也说不清楚。保税区的管理体制也是一大问题。区内的一些中外企业问我们：他们如果有事找保税区管委会，究竟哪些事是管委会能说了算的？管委会也问我们：他们不能决定的事，是不是需要先上报浦东新区，再由浦东新区上报市政府审批？企业和部门提出的问题，背后反映的是外高桥保税区成立若干年来在实际运作中遇到的困境，也将原来《管理办法》中缺乏关注、没有予以明确规定的一些事项为我们作了提醒。这些正是需要通过此次立法来予以解决或加以完善的重要事项。

第二步，我们着眼于国内其他省市的保税区开展研究，分别对深圳、广州、厦门、天津等 10 个保税区的运作和法制建设情况进行调查，并会同各地的人大常委会相关负责同志，就立法共同关心的问题展开讨论。研究后发现，虽然兄弟省市也有一些好的经验做法值得我们学习和参考，但总体上看，无论是从制度规范还是运作模式上讲，上海的外高桥保税区是走在全国前列的；我们所面临的一系列问题和困境，兄弟省市也同样遇到。由于当时国家还没有出台关于保税区的法律法规，各地在保税区建设实践中缺乏可以遵循的规范，因此全国各个保税区发展情况参差不齐，方方面面对保税区的认识和理解都不一样，这就不足为奇了。通过在国内的学习考察，我感到我们肩负的责任更重了——为外高桥保税区立法不仅关乎浦东开发开放，更是要通过先行先试，为各地保税区的建设发展提供可借鉴、可参考的“上海经验”。

第三步，我们联合调研小组“兵分两路”——由谢天放同志带一组人员前往欧洲，由我带另一组人员前往美洲，开启了对国外 10 多个自由贸易区的考察之行。在这些被列为“考察对象”的国家当中，既有发达国家，又有发展中国家。我们希望通过考察，能够对国外自由贸易区的性质、海关监管方式等等，有一个比较全面的了解，更希望通过吸收借鉴国外经验，使我们的《条例》更好地向国际上的通行规则靠拢，从而进一步彰显外高桥保税区的开放度。我们特别邀请了国务院特区办、国家海关总署、对外贸易经济合作部等单位派员参与我们的考察。这些国家部委派出的人员都和我同在一组，这样也便于适时开展沟通和交流。

当年的出国考察之行非常辛苦。由于我带队的那一组是准备考察美洲的 3 个国家，跟谢天放带队的另一组要去 10 多个国家相比，数量上显得少一些，所以根据有关规定，外事办公室只批给我们两星期的考察时间。然而，我们要去的这 3 个国家——美国、墨西哥、智利，有的幅员辽阔，有的国土狭长，而且分布在南北半球，因此我们行进距离之遥远，出乎所有人的意料。我们先是飞越整个太平洋，来到东岸的美国旧金山对外贸易区进行考察；接着一路向东，横跨整个北美大陆来到华盛顿，同美国国务院相关主管部门的官员进行交谈，学习和了解自由贸易区建设和管理经验；再沿美国东海岸南下，考察位于东南一隅的迈阿密对外贸易区；然后调转往西，再横跨一次北美大陆，来到洛杉矶进行考察。就这样，短短几天时间，我们的考察路线在美国 900 多万平方公里的版图上“画了一大圈”。结束对美国的考察后，紧接着我们从陆上过境到墨西哥——墨西哥是发展中国家中较早设立自由贸易区的国家之一，所以它也被我们列为考察的重点。到了它的首都墨西哥城之后，我们还通过当地的巴拿马使领馆工作人员的介绍，学习和了解巴拿马科隆自由贸易区的一些情况。之后，我们又从墨西哥城乘飞机跨越赤道来到南美洲，到达智利首都圣地亚哥；又从圣地亚哥换乘飞机向北折返近 1800 公里到达北部城市伊基克，考察位于伊基克的 ZOFRI 自由贸易区——那是美洲第二、南美洲最大的自由贸易区。

就这样，在短短的两个星期中，我们在横跨东西半球又纵贯北美、南美两大洲之后，结束了我们的考察行程。整个行程中，我们平均每一两天就要换一个地方、几乎天天都在长途跋涉。说实话，由国家部委派出的几名同志跟随我们一起，也吃了不少苦，好在大家都比较年轻，精力旺盛——更重要的是通过学习考察和交流，大家在明确保税区立法的重点和方向上增进了理解和认同。他们在共同参与考察之后，对我们上海的评价很高，认为我们组织的是“最系统的一次考察”。对于在国外自由贸易区看到的情况以及国内保税区存在的差距，他们也是感同身受，认为国内的保税区确实应当更好地同国际上规范的自由贸易区接轨，为我国参与更广泛领域的全球贸易搭建平台、打好基础；对于我们后来在起草过程中提出的一些改革力度较大的条款也更加认同、更为支持。

十易其稿：“样板式的《条例》”形成

1996 年初，调研小组经过充分准备，开始着手起草条例的最初一稿。既要遵循国家法律法规精神，又要符合上海实际、体现上海特色；既要吸收兄弟省市好的做法，又要借鉴国外成功经验——这就是我们为《条例》起草工作定下的基调。原来的调研小组扩大了规模，“升级”成为起草小组，仍然是由我任组长，谢天放、胡炜任副组长；除原有成员外，又吸收了上海海关、市税务局、中国人民银行上海分行、上海港务局等多家单位的相关人员，共同参与到起草工作中来。

以我多年在人大和政府工作的经历来看，这次地方性法规的起草不同于以往。之前制定地方性法规，通常是由市政府的主管职能部门先负责起草，交市政府法制办审议、修改，再报请市政府领导审阅；经市政府常务会议或工作会议同意后，报送市人大审议，最后通过。虽然法规制定的主体是市人大及其常委会，但市政府及其相关部门在其中发挥的作用是非常关键的。而这次不一样了，是由我们市人大财经委牵头有关部门起草，相当于是由人大直接启动立法，这比以往规格更高；起草小组各成员单位也更加重视，纷纷派出“精兵强将”参与到这项工作中来。就这样，从框架到内容，从章节到条款，大家集思广益，反复研究，多方协调，终于形成了《上海外高桥保税区条例》(草案)。

《条例》草案初稿形成后，我们又先后10多次召集所涉及部门的负责同志召开协调会，以便更好地对初稿进行调整、修改和完善。既然稿件已经形成了，为什么还要开这么多次协调会、作出那么多改动呢？那是因为各单位负责同志都非常关注《条例》内容与本部门的关联，特别是对涉及自己单位的文字内容，都仔仔细细地作了研究和分析，结合自身实际情况，提出各自的意见建议。这些意见有些是可以协调的，有些却是相互矛盾的；有些可以吸收进《条例》，也有些表述不甚恰当。《条例》涉及的不同部门和单位之间，既有理解和认同，又有保留意见或“交锋”，甚至有时候会为了某一个或者某几个问题，反复争论，难以定夺。到后来，基本上都是由我来执笔进行修改，因为越到后面，修改起来难度越大，特别是对于那些争议比较大的条目，一定要恰当地把握文字表述上的分寸，修改之后再交付他们讨论。后来《条例》出台后，时任上海市副市长、浦东新区管委会主任赵启正同志评价说，这部《条例》的整个制定过程是十分认真、严谨的；它的语言、文字水平是相当高的，不仅简练，而且精确，可以说是一个样板式的《条例》。为什么赵启正副市长会给出这么高的评价呢？实际上协调到最后，搞来搞去，我们几乎是字斟句酌，一个字一个字地“抠”，才形成了“十一章五十一条”，也就是市领导口中称赞的“样板式的《条例》”，那可是“十易其稿”的辛勤努力换来的成果呀！

1996年8月12日，在市政府会议室里，时任上海市委副书记、市长徐匡迪同志和其他几位市领导一起，听取了我们起草小组关于《上海外高桥保税区条例》(草案)起草工作的专题汇报。在会上，我就保税区性质、名称、行政管理体制、海关监管方式、港口管理体制及少数超前性质条款六个方面主要问题作了重点汇报。汇报过程中，徐匡迪市长和其他领导不时地插话，对《条例》草案中的一些细节提出自己的看法，对其中的一些问题进行修正。徐匡迪市长在最后的总结发言中指出，《条例》的调研起草抓住了一个好时机，现在保税区政策已水落石出，我们及时制定法规，这样会使外商放心；《条例》的立足点正确，采取不抵触原则，有利于《条例》尽早出台；这部《条例》可操作性强，不是墨守成规，而是向前推进，理顺保税区内管理体制，有助于保税区效率的提高，方便外商投资；要求按照法定程序建议将条例草案提请市人大常委会进行审议。听到徐匡迪市长对《条例》草案的充分肯定，我们与会的起草小组成员感到，经历这么多个日日夜夜的艰辛努力，终于看到了胜利的曙光，太不容易了！

但没过几天，我那颗放下的心又被提到了嗓子眼——就在《条例》草案准备报请市人大常委会审议之前，我反复阅看了文字，回想起之前对稿件进行修改讨论，每一次开会讨论中，上海海关提出的修改意见最多。这可以理解，毕竟保税区是海关特殊监管区，海关是实施监管职责的重要部门。所以，对于他们提出的许多意见我是让步的，但在有些问题上我是一再坚持的；许多意见他们后来也没再提起，似乎是同意了。在《条例》草案的51条中，涉及海关的条目不下10条，从中体现出保税区监管方式的重要性。我不禁想到，海关系统实行的是垂直管理体制；对于成文的《条例》草案，上海海关是同意了，也作出让步了，但是海关总署会不会提出不同意见呢？在《条例》起草修改过程中，我们只是跟上海海关打交道，并没有跟海关总署打过交道呀！这么重要的《条例》，要是在市人大这里通过后，再遭到海关总署的否定，那可如何是好？我越想越觉得不踏实，在《条例》提请市人大常委会审议前，要尽快向海关总署作好沟通和报告才行。

就这样，我找到胡炜同志，拉着他和我一块儿去北京——胡炜同志之前和海关系统打过交道，也比我更加了解海关的工作业务。这一路上我的心情真可谓是“七上八下”——辛辛苦苦搞了两年了，千万不能功亏一篑呀！见到了海关总署领导后，我向他们介绍了《条例》制订经过，对上海海关在《条例》制订过程中给予的支持和帮助表达了感谢。之后，我便小心翼翼地提出那些争议比较大的条款，并且使用容易让对方接受的语气、措辞，恳请海关总署领导对我们上海立法工作理解、支持……可我还没说上几句，胡炜在一旁就插话提醒我，意思是不需要再讲下去了，这些事情他们都知道的。我刚开始还觉得纳闷，后来胡炜告诉我说，其实每一次我们跟上海海关讨论之后，上海海关都会向海关总署请示或汇报；在得到上级同意或反馈意见之前，上海海关是不能轻易答应或答复我们的。换言之，上海海关向我们表达的意见建议，实际上就是海关总署的意见建议；上海海关在参与我们讨论时作出的决定，都是事先征得上级同意的。海关总署同外经贸部、中国人民银行、税务总局等国家有关部委，都是通过他们的下级部门或设在本市的派出机构共同参与到《条例》制订修改过程中，从逐步理解、增进认同到最后给予我们有力支持。这样一来，我终于放心了。

六大特点：助力保税区建设发展

经过两年半的调研起草工作，《上海外高桥保税区条例》在 1996 年 12 月 19 日经市十届人大常委会第 32 次会议审议通过，自 1997 年 1 月 1 日起实施。

就在《条例》正式实施前两天，1996年12月30日，市人大常委会和市政府还联合举行了一场新闻发布会，时任市人大常委会副主任沙麟、副市长赵启正在会上向中外记者介绍了《条例》制订起草等相关情况，并对《条例》给予了充分肯定。我们作为《条例》的起草组成员，都为能够圆满完成这项艰巨任务而感到喜悦和欣慰。

那么，新出台的《条例》与1990年的《管理办法》以及《海关办法》相比，究竟有哪些突出特点呢？我们认为，除了法律地位有差异、法律效力不同外，就其内容来看，《条例》有六大鲜明特点。

一是对保税区的定性更加准确。《条例》第二条明确提出，外高桥保税区（对外译称“自由贸易区”）“是设有隔离设施的实行特殊管理的经济贸易区域”。这就意味着该区域是一个有明显边界的经济贸易区；对它实行的特殊管理不同于国内一般经济技术开发区或普通行政区，主要表现为：“货物可以在保税区与境外之间自由出入，免征关税和进口税环节，免验许可证件，免于常规的海关监管手续。”这正是符合世界贸易组织（WTO）所极力倡导的贸易自由化政策之精髓。

二是对保税区功能开发的定位更加明确。我们通过考察，看到各国自由贸易区五花八门，但是对于自由贸易区究竟是干什么的，总算是有了比较清楚的认识：从事国际贸易和一些仓储、货运等业务，而不是专门搞生产、搞加工。当然，国外自由贸易区也都有工厂，也可以从事一些加工业务，但是“以贸易为中心”是它们的核心要义。这是我们出国考察很重要的一条收获。所以，我们在《条例》第三条中明确：“保税区主要发展进出口贸易、转口贸易、加工贸易、货物储存、货物运输、商品展示、商品交易以及金融等业务”，着重突出了“贸易、仓储、运输”等功能。这样，保税区功能开发的定位就更加明确了。

三是海关对保税区的监管更加符合国际惯例。《条例》第九条明确规定："对保税区与境外之间进出的货物、物品以及保税区内流转的货物实行备案、稽核制度"，并且取消了原《管理办法》中"目的在于销往非保税区的货物不得运入保税区"的内容。这就使海关对保税区的监管更加符合国际规则与国际惯例。

四是将保税区的行政管理体制基本理顺。多年实践证明，外高桥管委会的行政体制不理顺，会给保税区发展带来负面影响。如今，《条例》第七条规定，外高桥保税区管委会"是市人民政府的派出机构，统一管理保税区的行政事务，实行独立核算的财政收支管理""管委会主任由市人民政府任命"，实际上是给了管委会更大的独立自主权。《条例》实施后，外商来外高桥投资，要办什么手续，管委会能批的就批了，不能批的直接找市里的委办局去批，为保税区加快功能开发创造了新的有利条件。

五是保税区的经济运作规范更加完善。原《管理办法》对保税区内经济

建设中的外高桥保税区

活动的规范不够明确、具体，给区内企业的经营活动带来了诸多不便。而现在,《条例》第四章直接把标题定为“经营规则”，并围绕区内外贸易、货物存储、加工贸易、货物运输等方面作出规定；原来通过“内部文件”规定的政策，现在都在《条例》中明明白白地列出。

六是保税区的功能性框架基本形成。从长远来看,《条例》的制订实施，为外高桥保税区高起点、有目的、有规划、分步骤地推进功能开发搭起了一个基本框架，并且为今后保税区向着国际上规范的自由贸易区逐步迈进，留下了充分扩展的空间。

《上海外高桥保税区条例》推动外高桥保税区的管理和运行进一步走上规范化、法制化、公开化轨道，在世界上树立起中国保税区的新形象。这正是我们经过辛勤工作的共同期盼。《条例》正式实施仅 3 个月时间，外高桥保税区内出口加工项目外资量较上年同期增长了 2.5 倍，已投产的加工企业出口额较上年同期增长近三成;《条例》正式实施 1 年零 2 个月，外高桥保税区迎来了浦东新区第 5000 家外资企业的落户——1998 年 2 月，全球 500 强企业之一美国 MOLEX 公司在外高桥保税区投资建立了上海莫仕连接器有限公司。今天，在外高桥保税区的这片土地上，中国（上海）自由贸易试验区建设正如火如荼。衷心希望上海、浦东和外高桥都能牢牢抓住实施这一国家战略的重大机遇，不断书写改革开放新的篇章。

两项开放政策助力保税区腾飞

【口述前记】

徐峰，1965年1月出生。1990年10月至1996年6月，先后任上海外高桥保税区联合发展有限公司经营部科员、经理助理、副经理、经理；1996年7月至2001年5月，任上海外高桥保税区联合发展有限公司总经理助理、副总经理；2001年5月起至今，任上海畅联国际物流股份有限公司董事、总裁。

口述：徐峰

采访：严亚南

整理：严亚南

时间：2018 年 3 月 14 日

1990 年，我从上海海事大学研究生毕业，8 月份面试，9 月份就到上海市外高桥保税区开发公司工作了。现在我所在的上海畅联国际物流股份有限公司也是外高桥集团投资的。迄今为止，我的整个职业生涯都在外高桥保税区。30 年过去了，看到外高桥保税区今天的发展成就，作为一名老员工，我深感自豪。

我是浦东新区第一个拿新区工资的人

1990 年 4 月 18 日，时任国务院总理李鹏来上海宣布开发开放浦东的时候，我就在离浦东开发办公室不远的上海海运学院（现为上海海事大学）念书，学的是港口规划专业，所以毕业后投身浦东新区的开发建设，也是顺理成章的事情。

1990 年六七月份的时候，市里面就为外高桥、金桥、陆家嘴三个开发公司搭好了班子，给每个公司配了 6 个人。我们外高桥公司的总经理阮延华就是属于这批组织部派过来的领导。派过来以后，阮总他们就在浦东开发办公室工作。到 1990 年 9 月，公司正式成立的时候，我们就到由由饭店上班了。

刚到公司的时候，领导原考虑让我在公司的规划部门工作。后来因为招

1990 年 9 月，悬挂于由由饭店外墙的庆祝上海市陆家嘴金融贸易区、金桥出口加工区、外高桥保税区开发公司成立的横幅

商部门缺人，领导就对我说，你先过去做做吧。于是我就去了招商部门，没想到一做就做了二十几年。我是外高桥保税区开发公司第一个通过社会招聘的研究生，当年的工号是 16 号，也就是说在我之前，公司已经有 15 个人了。但是，大多数来浦东工作的同志都是经组织安排过来的，也有一些是从各单位借调的。我从学校一毕业就进了外高桥保税区开发公司，没有工作经历，当时的陆家嘴开发公司和金桥开发公司也没有我这样的情况，所以我是浦东新区第一个拿新区工资的人，还是蛮自豪的。

自广东深圳设立经济特区以后，我们国家又一个重大的改革开放举措就是上海浦东新区的开发开放。那时，我们国家刚开始从计划经济向市场经济过渡，很多在深圳试点的改革措施还没有推广到全国。深圳主要对接香港，而上海要面向全国，成为长三角地区的“龙头”。在我看来，和深圳经济特区相比，我们上海的改革探索更具示范性。在20世纪90年代，在中央和上海市方方面面的支持和阮延华总经理的领导下，我们外高桥保税区开发公司争取到了两项比较重要的开放政策。

政策之一：允许设立外资贸易公司，开放服务贸易

在原来的计划经济体制下，进出口业务全部是由进出口公司负责经营。进出口公司有经营执照，可以做别人不能做的生意。如果国内企业想到国外买东西，就要找进出口总公司，支付3%—5%的代理费。需要进口多少东西，都要按照行业的许可和国家的规定报批；审批完以后，国家给予外汇额度和指标，然后拿着这个外汇指标，通过进出口公司从国外进口。比如，我们要进口设备，就需要先到市经委、市计委等主管部门去批。审批完以后，国家给予配套的外汇额度，我们才能通过机械进出口公司到国外去购买。

浦东开发开放以后，就要吸引国外的企业到这里来投资。1990年以前，外商投资生产型、加工型企业（除了国家保护的一些产业），原则上已经没有什么政策障碍。实际上，上海在1982年以后就已经允许外商独资设立生产型、加工型企业。经过前期8年的改革开放，到浦东开发开放的时候，这已成为常态。比如，耀华—皮尔金顿浮法玻璃厂、易初摩托车厂等，都是上海最早一批外商投资企业。

1990年以后，外高桥保税区的改革开放，主要就是解决服务贸易领域的开放问题。当时，境内贸易性行业的企业都要在香港注册成立公司，通过香港这个跳板，把在香港的货物经由中国内地的进出口公司卖给境内企业。一旦国家允许外商投资设立贸易公司，国外的贸易公司就可以直接和中国的最终用户做生意，这样就打破了原来贸易代理体制的格局。1990年9月，上海

市人民政府颁布的《上海市外高桥保税区管理办法》明确了外商投资企业可以在保税区里注册贸易性公司。这项政策在开放度上实现了很大突破。

在外资企业的审批方面，当年要设立注册资本比较大的外资企业，其审批权都在外经贸部。伊藤忠商事有限公司作为我国第一家外商独资贸易公司如要立项，首先要报到上海市外经贸委（市外资委），然后由上海市外经贸委（市外资委）上报外经贸部。朱镕基在上海任市长的时候，还专门成立了一个外资审批委员会，由当时的常务副市长黄菊直接负责，所以阮总有什么问题都直接报告黄菊同志。

为了争取这项政策，我们在阮总的带领下，经常和市外经贸委外资处一起商量、跑北京去争取政策。在报批过程中，主要碰到两个问题：一是国家不知道怎么审批。虽然国家允许外商搞独资贸易公司，但是没有细则，也没有先例，审批了会对国家造成多大影响呢？谁也不知道。二是不知道应按什么行业进行审批。在计划经济体制下，我国所有的贸易公司都是按行业划分的，但是在日本，综合商社是不按行业划分的。我们当时和伊藤忠商社谈，问他们做哪些行业的生意？伊藤忠商社说，什么行业都有，除了按照中国法律，不能买卖军火、毒品，其他都可以买卖。国际性贸易公司都不分行业的，这与我们原有的管理体制完全不同。当时，国家各个部委都有各个部委的特许经营权，允许外商设立独资的贸易公司，就意味着要进行多方面突破。

一是经营范围。国际性贸易公司都没有经营范围的，除了法律规定不能经营的，其他都可以。但是我们这里要求列出明确的经营范围，当时在报批的时候，就写了金属贸易、服装贸易、纺织品贸易等很多大类。后来日本人也没办法，就让我们写清楚，哪些方面不让经营。但是因为各部委有各部委的要求，我们也写不清楚。如果真要写清楚的话，那经营范围要写一大堆，最后只能笼统地加了一句“有国家特许经营权的除外”，比如像烟酒、医疗、粮食、军火等特许经营商品。

二是注册资金。当时在国内注册公司都要足额认缴注册资金。我们和日本人经过几轮讨论，商定以 20 万美元作为注册资金起步。当时美元兑人民币的汇率官价 1∶8，也就是 100 多万元人民币。这样就确定了外商独资贸易公司的注册资金起步标准。

分管对外经贸工作的上海市副市长黄菊对这个项目高度重视，遇到棘手的事情都由他出面协调。阮延华总经理和市外资委常务副主任叶龙蜚、外资处处长傅有才等都经常跑北京向外经贸部汇报。我们和日本人也有很多回合的交流。日本人说，要报这些东西，我们都没经验。那怎么办呢？我们只能说，你们把数据拿来，我们去和外经贸部谈，谈了以后，再把意见反馈给你们。就这样来来回回，经过整整三个月，外经贸部经审核后发出了标志性的 1 号文件。1992 年 7 月 26 日，我国第一家外商独资贸易公司——上海伊藤忠商事有限公司经批准成立。

上海伊藤忠商事有限公司的成立，意味着中国对外贸易体制的重大突破。获得批文三个月以后，外经贸部就把外贸公司审批权放给了上海市外资委。从那以后，注册资金在 50 万美金以下的外资企业就由上海直接审批了。当时，由外经贸部批准设立的外贸进出口公司只有 5 家，大部分都是日本公司，包括伊藤忠、丸红、住友、日商岩井等。后来，日本的九大商社在一年内全部在外高桥保税区注册了公司。伊藤忠等日资企业领头注册入驻后，欧美企业像 GE 公司、孟山都等都陆续进来了。这样就形成了外高桥引进外资企业的高潮。

在 1992 年 7 月以前，真正来外高桥保税区注册的大部分是中资企业，像纺织品进出口公司，机械进出口公司，还有外经贸部、国家航空航天部及全国其他省市企业。当时连在香港的中资企业都不多，就算是在香港的中资企业，也不知道该怎么批。真正在开放政策上取得关键性突破，开始有外资企业来注册，就是从1992年7月以后开始的。

在争取这个项目的过程中，我们公司阮延华总经理在配合市政府拿下这个项目上，是有很大功劳的。当然，这项政策的突破也不是某个公司某个人能做到的，肯定要经过市领导、市有关委办及中央相关部委等方方面面共同推动。我们下面的人都只是办事的，但是如果没有下面的人努力去推，这个过程肯定也没这么快。

关于服务贸易的开放，伊藤忠商事有限公司是一个案例，另外还有一个案例就是物流行业的开放。1993年8月11日，日本最大的跨国贸易集团公司——丸红株式会社与外高桥保税区联合发展有限公司、中国外运上海公司和外高桥保税区港务公司联合组建了外红国际物流有限公司。这个项目也实现了很多重要突破：

第一，突破了综合物流的概念。原来我们国家的运输行业，搞航运用的是航运执照，搞卡车运输用的是卡车运输执照。在国家原来的计划经济分类里，是没有物流这个行业的，也就无法进行工商注册登记并获得营业执照。我们到工商局，工商局的同志问："物流是什么？在我们工商局的名册登记里没有这个名称的。你们要写清楚，物流是什么意思？"我们就说，在日本，物流两个字意思就是：不管是天上飞的、海上跑的，还是卡车运的、推车推的，所有物资的流动都叫物流。由于我们国家的行业分工完全不一样，那怎么归类呢？交通部原有的管理模式都没办法参照。所以，这个项目从上海市工商局一直报到国家工商总局，最后才批下来。从这个项目开始，之后所有从事与之相关业务的公司都叫物流公司了，从而推动了整个行业向综合化和代理方向发展，在经营范围和行业管理方面实现了重要突破。

第二，突破了股权占比上的限制。外红公司的外方占60%的股权，第一次实现了服务贸易投资外方控股。在1994年之前，物流这个行业是不允许外方控股的，外商可以和中国企业合资，但一定是处于小股东地位。外高桥保税区突破了这一点，在保税区内注册的贸易类、服务类外商投资企业可以由外方控股。当时整个项目投资500万美元，日方出300万美元，中方是由外高桥保税区联合发展有限公司、中国外运上海公司和外高桥保税区港务公司三家组成，占比40%，出资200万美元。公司成立的时候，黄菊市长来参加了剪彩。现在，外高桥保税区最有生命力的两类企业就是物流和贸易。

政策之二：设立保税生产资料交易市场，便利一般贸易

1992年7月以后，外资贸易公司的法人地位是有了，那么接下来外商和中国企业做生意，碰到的问题就更多了。比如说外汇，当时是实行外汇管制的，在进出口贸易中如何结售汇呢？又比如说发票，一开始国家税务局不给开增值税发票，只允许外商做国际贸易，就像在香港一样，把货卖到国外去而不允许货物内销，外商还是需要通过一个进出口公司或者有进出口代理权的公司开展贸易，并不能直接与国内企业做生意。为了打通经贸通道和开放渠道，阮延华总经理带领我们一起进行了政策攻关。在进行这些政策攻关的时候，我们经常到北京的国税总局、海关总署、外汇管理局，包括外汇管理局上海中心，一次次去跟他们商谈，当然一些重要的沟通和协调都是由市领导出面的。

那时，我们要做的第一个突破，就是要求允许在外高桥保税区设立保税商品交易市场。从1992年到1993年，阮总带领我们一直都在争取这个政策。1993年11月29日，上海保税生产资料交易市场在外高桥保税区开业。市场设4个分市场。一分场为综合性市场，二分场以经营建筑、装潢等商品为主，

1993 年 11 月，设在外高桥保税区的上海保税生产资料交易第一分市场举行开张典礼

三分场以经营汽车为主，四分场以经营现代办公用品为主。

上海保税生产资料交易市场由交易厅和仓储设施两部分组成，是国内首家保税生产资料市场。这个功能性平台建起来后，在外高桥注册的外商独资企业就可以在市场里面开有监管的增值税发票。也就是说，这个发票必须在市场里面开，不能拿到外面的办公室开。这样，外商投资的贸易公司就可以通过这个交易市场，很方便地和国内企业开展一般贸易，包括在中国采购和把国外的东西卖到中国来。

关于争取这个政策，前后也经历了两年。在整个过程中，我们碰到最大的困难就是没有政策、没有先例，我们想争取突破的这些政策和当时的管理体制、工作机制以及管理方式完全不一样。很多同志最大的担心就是会不会冲击中国市场。事实上，这项政策的确对原有外贸体制形成很大冲击。1994 年以后，随着这项政策推出，原来有垄断经营权的外贸公司就开始一点一点走下坡路了，因为没人找他们做代理了。原来上海的纺织品进出口公司、机械进出口公司，工资高、待遇好，大学毕业能进进出口公司工作属于“路子很粗”的。这些进出口公司知道，一旦外资企业能够直接和中国做生意的话，他们的效益就会下降，因此就抵触和反对。所以，我们的很多改革，还是需要从上至下推动，这就是利益调整，是又一场革命。

在政策突破过程中，因为没有先例可循，在大家都不知道该怎么做的时候，就很需要有人能够建设性地提出一些意见和方案。像建立保税商品交易市场这样的想法，就是在阮总带领下，我们工作团队想出来的一个折衷方案。因为我们在和各有关部委沟通的时候，一边讲：“我们不能把增值税发票开给你们，给你们以后就乱了，我们没办法控制；”另一边讲：“如果不开放，就要死掉了”。怎么办呢？那就建立一个交易市场，这样政府至少多个监控手段，以后什么时候想收回政策，马上就能收。成立保税区商品交易市场，就像是在水管上加装了一个“笼头”或者说“阀门”，可以进行有序可控地开放。包括像外汇管制，我们也提出了一个方案，给外汇管理做个“阀门”。如果还不放心，那就再加个“阀门”。万一有事，就可以关“阀门”。这样，开多少关多少，都可以由外汇管理局控制，这样一来，他们就放心了。因为一旦闯祸，外汇管理局也会担心被追责。后来通过实践，发现没有出什么问题，也就不用控制，慢慢地就放开了。

从允许外商开设贸易公司到在保税区内开设生产资料交易市场，这个过程凝聚了很多改革创新，除了对外汇管理的改革，还包括对贸易商品监管的改革。保税区刚成立的时候，不少同志都主张一、二线都管严，货物入区先报一次关，货物出区再报一次关。后来“二次报关”就被“一线放开、二线监管”的监管理念所取代。

上海外高桥保税区是 1990 年 6 月经国务院批准设立的全国第一个规模最

大、启动最早的保税区，在过去的30年间获得了欣欣向荣的发展。在全国300多家自由贸易试验区和保税区里，外高桥保税区的交易、税收、出口额都占全国保税区总量的50%以上。而上述这两项开放政策，我们整整用了20年，直到2013年自由贸易试验区成立，上海进行了新一轮的开发开放。在此之前，对于外高桥保税区来说，这两项开放政策是最具有创新意义的重大突破。正是因为这样的突破，才有了上海现在的经济总量。

1990—2000

张 江

瞄准国际一流：从一片农田到高科技园区

【口述前记】

吴承璘，1940年9月出生。曾任上海梅林罐头食品厂副厂长，上海市轻工业局副局长、局长，轻工业部群星集团副总裁、群星工业公司总经理，张江高科技园区党委书记、总经理，浦东新区党工委委员、管委会副主任，上海市外经贸委副主任、市外资委常务副主任等职。1993年5月任张江高科技园区开发公司党委书记、总经理，6月兼任浦东新区党工委委员、管委会副主任，带领张江开发区从一块农田变身为初具规模的高科技园区，是张江高科技园区的开拓者和领导者。1995年9月后，任上海市外经贸党委副书记、市委经贸委副主任、市外资委常务副主任，中国国际贸易促进委员会上海分会会长，上海市会展行业协会会长等职。

口述：吴承璘

采访：谢黎萍、郭继、周奕韵、黄啸

整理：周奕韵、郭继

时间：2018 年 6 月 13 日

张江高科技园区开发公司是 1992 年 7 月 28 日挂牌成立的。那时，我还在北京任国家轻工业部群星集团副总裁兼群星工业公司总经理。1993 年 1 月我回上海休假期间，见到时任上海市委书记吴邦国同志，他听了我在轻工业部工作的情况后，即要我回上海到浦东张江去工作。于是，在这一年的 5 月我辞职回到上海，被组织任命为张江开发公司党委书记、第二任总经理。6 月 25 日，市委、市政府又任命我为浦东新区党工委委员、管委会副主任。从此，开启了我与张江的一段缘。

“三个步骤”成功突破开发困境

张江高科技园区是国家级高新技术产业开发区。成立之初，党和国家领导就为张江定下了坚定不移的目标——建设一个真正的高科技园区，推动我国教育、科研、产业发展，尽快与世界高科技发展接轨。但是，已开发一年的张江高科技园区仍是一片绿油油的农地，白墙黑瓦的农舍零星地点缀在农田间，半点开发区的影子也见不着。我知道，这将是一场艰苦的战斗。

而且，那时我和我们公司的员工对于如何把这片土地开发成高科技园区，如何着手，如何定位，资金在哪里等问题还没有形成清晰的系统的思路。好在市领导非常支持关心我们的工作。记得 1993 年 7 月，黄菊市长和其他市里

开发前的张江风貌

领导先后来考察，吴邦国同志和黄菊同志都曾明确指示：张江高科技园区的内涵在高不在大。黄菊还嘱咐我们，张江要逐步开发，不要急，但是要做好基础工程，及早开展招商引资工程，最好要在半年到一年之内出形象。赵启正副市长也强调，张江不能与其他地方一样，要真正建设一个高科技的园区。

我们针对资金严重短缺、没地可供开发、招商进展困难等问题，采取三个步骤的工作，最终实现两年时间完成 2.33 平方公里土地开发建设的任务。第一个步骤是缩小开发规模，解决资金难题。张江最初规划面积是 17 平方公里，初期决定开发 4 平方公里。市里先期拨付的 1 亿元启动资金由于初期开发规模过大全部用完了。我想了一个紧急办法，给市委书记吴邦国和市长黄菊写信，表示希望拿前期预开发还剩下的 2 平方公里的土地去银行贷款，抵押 2 亿元。这时候国家以整顿金融秩序为重，控制投资规模，银行本身的额度都没有，借款非常紧张。没想到，两位领导收到信后，立即批示中国人民银行上海分行行长毛应樑，让他协调四大银行落实解决资金。工行、农行、建行、中国银行四大银行浦东分行的行长来张江考察后，同意每家银行贷给张江 5000 万元，张江为每家银行抵押 0.5 平方公里的土地。很快，2 亿元资金到位，像给张江打了一针强心剂，救活了张江。

为解决没有土地可以开发的问题，我们采取第二个步骤，依据市政府关于拿到土地以后不动土不招商的可以收回的文件精神，要回早期 4 个公司拿走的 4 块地。因为，到 1993 年为止，这 4 块地静静地躺在那里，一个企业也没进来，一锹土也没挖过。收回的过程遇到了难以想象的阻力和压力，甚至惊动了中央领导。我首先向信源公司提出了这个要求，加拿大方马上就向他们的总理告状了。1993 年 9 月，时任加拿大总理克里斯蒂安访问中国时，在宴请议程中提出要谈谈张江信源事宜。朱镕基并不知情张江土地的事情，打电话让黄菊市长赴京一起参加宴请，直接向对方解释。黄菊市长也不明白张江有这么大的事情。临去北京前一天，也就是 1993 年 9 月 26 日晚上，黄菊市长打电话向我询问情况，我向他汇报了信源公司之前的合同款项和目前的状况，并提出要重新谈判。黄菊市长了解之后就飞北京赴宴。回沪后，黄菊市长告诉我重新谈判可以，价格也可以调整，具体由双方公司谈判，等于把主动权交到了我们手里。不久，我就在浦东新区管委会副主任黄奇帆的带领下赴加拿大与信源公司展开新一轮谈判，花了整整一下午的时间谈地价、谈期权、谈引进项目。我知道这是涉及两国的政治经济问题，所以处理得很谨慎。最后协商下来，地价从原本的 12 美元每平方米提高到 23 美元，拿掉了原本保留作为优先批租的 0.5 平方公里的选择权，现有的 0.5 平方公里，我们帮忙招商，以实现早日开工。1994 年 11 月 10 日，张江信源公司正式挂牌，加拿大总理克里斯蒂安出席了仪式。其他三家公司，也通过不同的方式要回了土地。

我们采取的第三个步骤是调整开发规模，将原来先期开发 4 平方公里的计划缩小至先期开发0.4平方公里，集中有限资源在这0.4平方公里内，尽快实现批租，展现张江形象。我们在市公用局副局长芮友仁的鼎力相助下，接上了水。他是亲自带领自来水施工队勘察现场，由于当时龙东大道已经建好，接管子来不及了，经研究，决定打井。一个月时间自来水公司为我们打好井。没有电，我们在市电力局局长钱忠伟的关心下，半年的时间，在罗山路上建起一个220千伏的高压电站。电话线则是在市邮电局局长程锡元的全力支持下，半年工夫临时搭建起一个通信站，将电话线引进了张江。有了水，有了电，可是没有公交车，交通不方便。我们设想，张江既然是高科技园区，起码要有到沪上知名高校复旦大学和上海交大的两条公交线。正好夏克强副市长来张江现场办公，我们向他反映了这个问题。他立刻批示市公用局副局长洪浩帮忙解决这两条线路的问题，也就是现在的大桥五线和大桥六线。1993年底，一条六车道的龙东大道建成了，而且地下管道俱全，这是张江的第一条交通干线，为园区的起飞提供了有利条件。后来，建设地铁二号线的时候，原本终点站只到龙阳路，不经过张江。我们再次求助夏克强副市长，夏克强副市长了解情况后，经市政府会议讨论，同意二号线造好后再延伸。三年后，二号线延伸段进入张江高科技园区，张江就此拥有了一条轨交大动脉。从此，每天张江高科地铁站人头攒动，放眼望去，进进出出的都是年轻人，这是张江的未来和希望。“三通一平”和交通线的引进，为张江的招商引资打下了良好的基础。

1993年9月，在三维制药总经理黄彦正的介绍下，罗氏公司来张江考察。到现场一看，除了一片农田，什么都没有，顿时犹豫起来。我们就跟他承诺，马上就把水、电、气、通信都落实好。同时，向他介绍杨浦大桥已经建成，内环线也已开工，浦东机场已列上建设日程，交通会很方便。对面汤臣高尔夫球场也马上建好。我们想用尽可能多的资源和信息来提升张江的价值。最终，外方下决心把项目放在张江，但要求半年里建厂地块实现“三通一平”。这半年，在副总毛德明的带领下，张江的员工们真是拼命，并肩奋斗，接水、接电、通电话都在与时间赛跑，最终经受了考验，半年之内把这块地弄成功了。1994 年 5 月，罗氏公司代表威廉凯洛再访张江，立刻同意签约。我们成功迎来了第一家外资企业，而且是世界 500 强的知名药物公司。罗氏公司的引进为张江日后的招商树立了标杆，开启了张江药谷的历史。

凝心聚力打造一支优秀的开发团队

我刚到张江工作的时候，由于起步落后于其他三个开发区，整个公司的员工士气不是很高。那时，我们是在陆家嘴峨山路的童涵春药厂楼上的一间阁楼里办公，不仅离张江现场远，不方便指挥和管理，而且条件拥挤，空气中弥漫着中药味，打扫卫生的工具都放在楼梯口，如果要在这种地方和外商谈判，很不利于张江形象的塑造，员工在这样的环境下工作，心情也不舒畅。对此，我上任后立刻决定搬地方。

可是公司员工告诉我，他们已经找过了，没有地方。我后来在龙东路路口这里找到一块没有拆迁任务的地，但是在高压线下面。我们没有其他选择，必须在半年里造出新的办公场所，哪怕是快装式的现场办公用房也好。建筑外观邀请上海市政设计院院长吴之光亲自为张江设计了一个飞机似的飞翼楼，寓意张江腾飞。后来，吴之光院长凭借这一设计得了建筑设计奖。别看这个快装楼外表简易，但环境干净整洁，内涵也很丰富，门口大堂设计了中华上下五千年文明主题的铜版浮雕，还有四间不同风格的会议室，有法国凡尔赛欧洲风情、美国加州海滩景色、日本樱花风景和中国苏州庭院，体现了张江的世界眼光。

位于龙东大道的新办公楼

办公楼造好以后，张江员工们大受鼓舞。1994 年 1 月搬入新址那天，我们全体员工举行了升旗仪式，正值冬日，天上雪花纷飞，我们的员工却是热血沸腾，激动万分。大家在国旗下宣誓，立志为祖国高科技产业发展贡献自己的力量。

张江开发公司成立初期，员工的文化程度以大专为主，有大学学历的很少，懂外语的人更少，这与国际性的张江高科技园区要求不符。所以，我们就提出来：引进人才。我们采取公开招聘的方式，在报纸上刊登招聘启事，进行评分，最后面谈。用这个办法招了近 20 位大学生和 1 位博士生。同时，我们也给大学生提供良好的工作生活环境。为了引进大学生，我们当年就在龙东路北面杨镇小区买了六套住房，作为外地来沪大学生和硕士生的宿舍。大学生两个人一间，硕士生一人一间。我们每周让全体员工在新建的网球场、游泳池、文娱厅参加文体活动，锻炼身体，保持精力充沛，呈现了一片新气象。这在开发区公司中也是首创。

为了激发大家的工作热情，我们领导班子发动全体员工对张江的企业文化和理念进行讨论，最后归结出“公、信、实、卓”四个字作为张江当时的企业理念，并写入《张江高科技园区开发公司员工手册》。

“公”是公平、公正、公开。这是浦东新区在浦东开发开放的过程中提出的，要求在张江发展过程中坚决制止腐败行为，同时让进入园区的客户和在园区工作、生活的公众获得公正、热情和优良的服务，从中得到最大满足。我自己首先带头。我的工资也是公开的，并无其他收入。

“信”是我提出来的。我一直相信，言必信，行必果，说出来的话要算数。罗氏公司成功引进，很重要的原因就是，在一片农田上，我们对他们的承诺都能实现，说话算数，人家才能相信。所以我们坚定“信”字理念，希望接受服务的客户和公众建立起对我们的信任，从而使公司赢得良好的信誉。同时，我们也倡导员工、部门之间的相互信任并以此激发员工的自信心，在公司不断成长的同时使每位员工的能力和素质得到提高。

“实”，就是一定要干实事，不要空讲，不能光喊口号，要实际干出东西来。鼓励员工在实事求是的基础上勇于实践，通过实实在在的工作将园区开发的宏伟规划一步一步变为现实。

“卓”，在英文中是excellent（超前、超越的意思），不是perfect（完美的意思），因为完美的话，就什么事情也做不成了。所以，我说我们是excellent，就是要做到卓越，就是要激发员工努力追求把张江高科技园区办成“汇聚一流人才，聚集世界高科技顶尖企业，中国领先，世界一流”的高科技园区。

除了这四个字，当时我们还请台湾咨群咨询公司一起设计了司标，该公司里的台湾新竹科学工业园区管理局副局长等专家共同参与，经全公司员工讨论投票通过，是一个由张江两个字组成的卫星加上英文High tec park，以凸显国际化。这些理念对公司当时的氛围营造起了很大作用，公司上上下下正气十足。全体员工在张江最初开发的激情岁月里，为张江无私奉献，挥洒汗水、贡献智慧，留下火热的青春，用诚心诚意、团结一致的实干赢得了投资者的信任，使张江一步一个脚印成长起来。

在我们的努力下，张江逐渐打响了自己的品牌。美国联信增压器、宝钢软件、挪威奈可明离子显影液、摩托罗拉手机、美敦力心脏起搏器、三菱物流仓储、阿尔法泰克集成电路、史克必成疫苗等先后进驻张江，高科技园区初具规模。

一流主体规划为张江发展定下基调

规划是一个园区的核心战略。国家对张江的定位很高，但起步较晚，比起世界上的高科技园区要晚 20 年，比起全国其他地区要晚 10 年。因此，张江如何在较短的时间里实现较快的发展，需要有一流的主体规划作为指导。

为此，我们在努力克服开发中的种种困难的过程中，始终在思考张江发展规划问题。我们花了大量的时间和精力从资料和实地考察世界上著名的科技技术园区，如日本高技术研究、开发的重要基地，新兴的科技、经济中心——筑波科学城、关西文化学研都市；由澳大利亚政府投资兴建的高技术园区——阿得雷德技术园区；前联邦德国最早建立的扶植高技术小企业的机构——柏林技术革新者中心；位于韩国中部的大学、研究所、尖端产业和文化福利设施集中的科学技术城——大德研究园地，高科技园区——汉堡技术园区；以及美国在 20 世纪 50 年代出现得最早的高科技园区——硅谷、波士顿 128 号公路地区、北卡罗来纳三角研究园。总之，我们对当时全世界已有的 200 多个形形色色、大小各异的高科技园区，包括国内的北京新技术产业开发试验区和深圳科学工业园等，都做了认真的研究。

在张江园区的区域规划上，我们非常注重听取来自境内外多方专业人士的意见。1994 年，我们请台湾咨群咨询公司、日本城市建筑设计所、澳大利亚建筑设计师与上海城市规划设计院对原来的规划作了研究和调整。

我们还听取了国内专家对张江发展规划的意见和建议。1994 年 12 月，我们根据赵启正副市长的意见，邀请全国 22 所大学的校长、15 名中科院院士和工程院院士、22 名教授及 36 名上海市有关部门的专家组成张江高科技园区顾问委员会和专家委员会，为张江修订园区规划提供智力支持。这一举动应该是开全国之先河。赵启正副市长亲自写信给全国各大院校和研究院所，请他们为张江出谋划策。清华大学、北京大学、上海交通大学、天津大学、浙江大学、南京大学、华南大学……这么多一流高校的校长、副校长都汇聚张江。在成立仪式上，赵启正副市长热情洋溢地动员他们来支持张江。来自全国各地的专家们对园区的产业规划、发展战略等进行讨论，提供宝贵的建议，为我们的规划奠定了重要的战略思想。1995 年 1 月，经张江专家顾问委员会讨论后，3 月份，我们召开了“张江高科技园区经济与社会中长期发展规划课题研究会”，确定了把张江从原来的高科技产业区提升为科技园区，又称国际化技术城区。这样的制度，后来我们继续坚持下去，每年都会召开一次张江高科技园区顾问委员会、专家咨询委员会，明确一些议题，听取专家们的建议和意见。

综合中外专家的建议，我们在规划的过程中，对张江园区的定位有了明确的认知，那就是张江应该是中国新一代的技术城区，张江园区不能仅仅发展科技工业，否则将是一个经济技术开发区或工业园，也不能只发展纯学术性的教育科研，成为类似日本筑波的科学园，虽然投入了大量的资金与技术力量，但由于生活配套没有跟上和与产业的脱节，造成地区冷冷清清，缺乏生气。总之，张江园区应该是建成一个集产业—学研—居住功能于一体的综合性技术城区。我们吸收并借鉴了国内外同类地区以及发达城市在规划、建设、产业布局、生活配套等方面的成功经验，在开发形态上，提出了产业区、科教区、生活配套区和乡镇区"四区"结合的概念，并聘请美国、法国、日本、澳大利亚以及我国台湾地区的规划专家对园区的不同功能区进行规划设计，使整个园区的建设既体现了国际水准，又融合了不同风格。

在这个规划中，我们对园区的形态和产业都进行了调整。在科研教育方面，张江的目标是瞄准国外的科学城，要把上海一流的院校、科研机构引入张江。我们设想的是把复旦大学、上海交通大学、上海外国语大学、上海大学、上海第二医学院、上海外贸学院等引进来。由于后来市里考虑建松江大学城，所以均未引进成功。1994 年，浦东新区社发局局长张学兵和当时的市政府外事顾问李储文到张江来，说李嘉诚先生有意出资 4000 万元在浦东建一所外语学校，但土地费不在内。我们当即同意，但是提出三个条件：第一条，这块土地只能用于学校，今后不能转为商业用地；第二条，我们张江要派人进入他的教育委员会；第三条，凡是张江和浦东的学生进入这个学校，要同等对待。他们转告李嘉诚先生后，他爽快同意。就这样，上海外国语大学浦东外国语学校在张江诞生了。

在产业发展上，调整后的规划从原来的 10 多项改为重点发展三项，即生物医药产业、微电子信息产业和光机电一体化产业。生物医药产业起因是第一家外商罗氏制药的到来。赵启正副市长认为很好，他说美国有"硅谷"，我们造"药谷"，由此提出了"药谷"的概念。当时我们就基本上抓住了这三项，集中资源集中力量打造这三项产业，都做出了成绩。软件园成功了。"药谷"，随着奈科明、美敦力、史克必成、麒麟等一批跨国生物医药企业聚集张

1995 年 9 月 25 日，上海浦东张江高科技园区内首家高科技企业——美国联信增压器（上海）有限公司投产

江，也基本成型了。机电一体化产业，我们有联信、松下、摩托罗拉、法里奥、阿尔法泰克等一批企业入驻。正是产业规划集中成就了张江后面一路上发展的顺利。

同时，为带动周边乡镇共同发展，我们在产业的配置上注意兼顾不同层次，我们还曾聘请澳大利亚著名设计师尼克·博榭对 2.3 平方公里的张江旧镇进行改造规划，另辟 2.2 平方公里作为科技工业区，结合乡镇企业发展，注入现代技术，加速产品升级换代，以促形成与园区三大支柱产业配套的现代工业小区。

在市规划局局长夏丽卿的关心下，这个规划于 1995 年 12 月成为“上海市高新技术产业开发区‘九五’规划及 2010 年展望”总报告的一个部分。值得欣慰的是，张江在日后开发过程中虽有所调整，但总体上仍以高科技城区为目标，以三大产业为主发展。

20 世纪 90 年代，从张江看浦东，从浦东看上海，那正是改革开放的号角吹响的时代。在浦东开发开放的大旗下，张江人勇担重担，敢为人先，开拓奋进，在这片热土上打造宏伟蓝图，成为上海改革开放大潮中聚焦的新地标。这段艰苦的创业岁月，也成为我终生难忘和自豪的经历。祝愿张江在上海改革开放再出发的征程中越办越好，在世界科创巅峰占据一席之地！

“基础设施先行”在张江

【口述前记】

毛德明，1951年11月出生。曾任上海市公路桥梁厂技术员、党支部副书记，上海市公路管理处党委副书记兼副处长，上海市九四专项领导小组办公室副处长，上海市人民政府浦东开发办公室工程规划处副处长。1992年5月至2004年11月历任张江高科技园区开发公司副总经理，上海张江（集团）有限公司副总经理，纪委副书记和工会主席。曾兼任浦东新区经济文化保卫协会会长，张江高科技园区进区企业联合工会主席。在公司管理层分工负责张江高科技园区的基础设施建设和园区管理以及园区维稳。2005年至2013年调任上海陆家嘴（集团）有限公司副总经理，上海陆家嘴金融贸易区开发股份有限公司董事（执行董事），浦东前滩工程建设指挥部副总指挥、高级顾问。

口述：毛德明

采访：郭继、孙宝席、刘捷

整理：刘捷

时间：2019 年 12 月 4 日

我在浦东工作了 24 年，1990 年 5 月 2 日上海市人民政府浦东开发办公室挂牌成立我就去了，当时被安排在工程规划处工作。1992 年 5 月因“908”工程建设需要，我被安排参与筹备张江高科技园区开发公司的组建。1992 年 7 月 28 日张江高科技园区开发公司挂牌成立，组织上从有利于推进张江高科技园区基础设施建设的角度考虑，我便被安排到张江高科技园区开发公司工作，一干就是 14 年。

负责指挥建设张江第一条“生命线”

俗语说，“若要富先筑路”，这句话放在刚开发的张江高科技园区也不为过。当初市政府批准张江园区开发的总面积为 17 平方公里，一期开发规划面积是 4 平方公里，首期开发一平方公里，涵盖了张江和花木以及北蔡三个乡镇，是上海市区的蔬菜基地，比较有名气的是青咸菜，张江早期的田野风光还是非常美观漂亮的。但是说要建设一个高科技园区，面临的问题和困难确实难以想象。没路没水没电话，三个乡镇共享一个 3 万 5 千伏变电站，基础设施条件实在太差。再由于我们一开始对高科技项目的认知缺乏系统全面的定位，在开发建设方面如何处理好公司和地方的关系也没有经验。在开创之初发展得并不是很好，在征地拆迁农地补偿以及村民安置等方面走了不少弯

1992 年 7 月，张江高科技园区开发公司正式挂牌

路，和当地的镇政府协调、协同合作等方面处理得也不是太好。园区的基础设施建设因为资金的缺乏没取得实实在在的进展，至于说要引进项目似乎有点天方夜谭的味道。1993 年 5 月市里调整了公司的主要领导，吴承璘同志到张江开发公司担任第二任总经理，张江高科技园区的建设和发展开始发生重大改变。

吴总来了之后，以他的人脉和良好的社会关系用最快的速度向工行、农行、建行、中行四大行筹集到 2 亿元资金，为开展园区前期的基础设施建设和动拆迁准备了第一桶金。与此同时，园区发展的总体规划也获得了市人民政府的批准，一个以生物医药和 IT 集成电路产业为主导的蓝图展现在人们的面前，打造一个张江“硅谷”成了每一个张江人的心声。

1993 年上海市政府作出重大决策，成立浦东新区管委会，赵启正副市长任管委会主任，浦东开发办的职责由管委会全面承接。管委会成立后决定的第一件大事，就是要实施“七路”重大工程，并作为管委会开篇的抓手工程。由于这七条道路正好分布在四个开发区的周围，于是浦东新区管委会决定由陆家嘴、金桥、外高桥和张江四大开发区公司分别承担这项工作。而龙东公路正好紧邻在张江高科技园区规划红线的外沿，管委会便将承担龙东公路建设的任务下达到张江开发公司。

龙东公路是一条 24 米宽的郊区道路，是当时市区连接川沙县的一条主要交通枢纽。根据市政府批复张江园区的详规，我们编制的张江区域内道路和“七通一平”的设施规划已取得市规划局认可，所取道路的名称也上报给了市地名办等待获批，只能根据经纬线的走向暂时用 1 到 9 号来命名。我们正在犯愁区域内道路下设计安排的各类地下管线无法与外线连接之时（龙东公路当时是一条实心路），天降大福给我司送来一个大礼！如果在建设新的龙东路之时，能将所有的城市地下管线一步建成到位并与区内管线连接的话，对张江发展的促进作用实在是天大的帮助。龙东路成了张江建设和发展的一条生命线啊！此时此刻只有一个信念，建设龙东路的任务我们领了，龙东路——我们接受你的挑战！

龙东路建设的难度是空前的。其改造建设的总长度是 5.2 公里，从罗山路一直到当时规划的申江路，同时还有三八河和创新河两座桥梁需要同步建设完成，建设总量是“七路”总量的四分之一。根据管委会下达的任务指标和规划参数，龙东路的路幅宽度由原来的 24 米提高到 70 米（50 米路面宽度外加两边各 10 米的绿化带）。由于龙东路不属于张江的开发范围，所以我们也没有做过任何的前期技术储备。当管委会统一部署、统一标准，必须 200 天完成的指令下达后，也就意味要想完成任务就必须是特事特办，必须采用当年动拆迁、当年设计、当年施工、当年竣工的方法，除此之外，别无他法！又因为龙东路是当时市区联系川沙城乡镇的唯一通道，管委会领导的要求是龙东路的改建不能采用断交通施工，只能是半幅开发交通半幅施工。同时，又明确决定“七路”完成之时的通车典礼放在龙东路举行。所有的退路全部被堵死，留下的只有背水一战！为了全力完成龙东路的建设，完成管委会交办的任务，在公司办公会上吴承璘同志决定将龙东路的建设任务交给我去完成，同时为了减轻我的工作负担，让我专心龙东路的建设，将我在公司内部的一切管理事务，安排刘正义同志和王德宝同志代为管理。

时间定格在178天！这个时间是我们从进场开始直至工程竣工完成验收的日子，也是我们工程指挥部30几号人不顾艰辛刻苦奋斗的日子，它包含了所有参与建设的400多名施工人员24小时的辛苦付出，也铭刻了张江镇人民政府在征地拆迁和劳力安置等方面所做出的积极支持和无私帮助。现在想想那时也不知道哪来的那股干劲，178天吃住在工地不回家，24小时连轴转不喊累，大家不讲报酬不谈奖金不辞辛劳一心扑在工地上，即使放到现在这样的大环境中，我想也未必能有那时的境界。

俗话说“兵马未动粮草先行”，说的是要举办一项重大战役或活动并要获得成功，必要的物资条件必须准备充分。用到龙东路建设上来说，这个“粮草”就是要有一个人人讲奉献、不怕艰难、坚强团结能打胜仗的和谐团体。公司抽调了十几位各方面素质都比较过硬的员工到指挥部工作，但是这些同志以前都少有在市政建设上工作的经历，缺乏市政建设管理的经验和技能，我又到当时的川沙县公路管理所，借调了近20位同志参加到指挥部的建设与管理，他们的到来给指挥部增添了新的动力和活力，指挥部犹如猛虎添翼。记得当年吴总跟我说的，这次龙东路建设是张江发展的极好机遇，一定要牢牢抓住不放松，同时锻炼和培养一批基础设施建设队也是一次难得的机会。张江要搞大发展，外部形象很重要，首先的任务就是要快速将园区的规划道路和“七通一平”搞起来，要让人进得来出得去。公司初创招的人员在市政建设领域的人不多，我的任务不仅要不折不扣按时完成好龙东路的建设，更要注重带领好这些同志，让他们从头至尾参与到建设的每一个环节，通过龙东路工程建设的磨合，人人都是行家里手，回来后就可以一带二、二带四，我们这方面就有人员基础了，事实上这些同志通过自身的努力日后都成了独当一面的好手。

龙东路建设是一项复杂的综合工程。首先要获得用地指标的批复，然后要开展征地动拆迁和大量的农民安置工作的谈判，又要抓紧和设计院商谈设计委托，还有就是要选择一批各方面都过硬的施工队并加以考察和培训。做什么、怎么做，必须把规模要求标准等内容让每一个参与者人人心中清楚，大家才会有公共的话语权。指挥部内部为此设立了办公室、工程部、质检部、材料管理部和动迁管理部，做了较为详细的部门设置和人员分工，三个指挥责权职分工到位，明确各自操作分工线条。由于浦东新区管委会下达的施工周期是200天，这是个不可更改的死命令，只许成功，不许失败，没有退路的我们只能背水一战与时间赛跑。根据分工同志们几乎倾巢而动，分别联系各自负责的业务单位。经过千辛万苦复杂细致的联络沟通，鼓励人心的好消息不断传来，很多单位都表示为支持浦东新区的建设和发展，将给予我们最大力度的支持和帮助。比如当时的上海市政工程设计院，在接受了我们的委托后，急我们所急，想我们所想，将道路桥梁设计的相关工程师组成一个团队直接搬到工地，现场设计现场解决问题，与我们一起同吃同住同甘共苦，为工程建设的提前完成做出了重大贡献。

在征地动迁和劳动力安置等方面同样传来令人鼓舞的好消息。龙东路拓宽工程，需要拆掉两个村庄，在和张江镇政府多次沟通协商的基础上，为保证动拆迁不拖后腿镇政府主动担责，由指挥部委托张江镇人民政府包干实施所有征地范围内的动迁安置。镇政府主动担责的举措极大地缓解了我们人手不足的困苦，同时又防止了动迁安置方面可能出现的社会不稳定。得到了镇政府大力支持的我们，才有了更多的精力和人力投放到道路建设管理之中。

事前我们做过一笔测算，如果按正规的程序建设一条与龙东路相同规模的道路，从项目立项到委托设计，从编制概预算到上报审批，从获得审批到进行市场招投标，从施工队伍选择到双方签订合同择日进场，没有一年是做不成的。但上级领导给我们的规定时间是200天，唯一的方法就在于充分挖掘每一个参战人员的潜力，同时指挥部必须靠前指挥。为此，我们在张江路和龙东路转角附近借用了农民的两间民宅，作为龙东路建设指挥部的办公和生活用房，并聘请民宅女主人帮我们烧菜做饭，解决指挥部成员的生活后顾之忧。由于人多地方小，收工回来吃饭的场景煞是有趣，有一屁股坐在地上的，有的坐在为数不多的小板凳上，更多的则是捧着饭碗蹲着吃，条件虽是艰苦，可是从来听不到同志们的一句怨言，乐呵呵的精神状态永远是主旋律。当年最艰难的时候，也是我们生活情感最丰富最开心的时候。在寒冷的冬天，办公室同志白天到张江镇菜市场去买点羊肉、弄点大蒜、买点挂面条，晚上加班的同志回来能吃上一碗热乎乎的羊肉面，大家心里别提有多么的开心。现在回想起那时候同志们付出得太多，作为总指挥的我亏欠大家太多太多。

工程质量就是生命

基础设施是开发区赖以生存和发展的基础。张江高科技园区作为一个以发展高科技产业为主的开发区，对基础设施的质量要求尤其重要。对此，我们在推进龙东路基础设施建设的过程中，始终把抓质量放在首位。这样的例子在龙东路拓宽工程中随处可见。

浦东新区管委会将“七路”建设作为当年的抓手工程，为此还专门成立了新区七路总指挥部，浦东新区建设局局长臧新民同志任总指挥部指挥，田赛男同志作为总指挥部主抓建设工程质量的技术主管。在总指挥部召开的七

1993 年 12 月，张江高科技园区内第一条交通干线——龙东大道通车

条道路技术标准会议上，对龙东路下达的主要技术指标是道路全面“白色”化，要求水泥路面的平整度严格控制在正负 3 毫米，而当时交通部颁布的国标标准是正负 5 毫米，龙东路的建设又遇到了一场新的严峻考验。会后回到龙东路指挥部我们即刻召集会议，同志们集思广益后的意见坚定了我们的信心和决心。指挥部的同志说，一流的浦东要一流的质量，只有自我加压才能体现我们自身的价值。根据要求，为了保证质量，我们决定龙东路 5.2 公里路面使用的混凝土采购部只许采购一家的水泥，避免因采购渠道不一，水泥供货厂家不同，导致混凝土路面出现色差。采购部要采用人盯人的办法从上海盯到材料厂，从材料厂盯到上海，往返中盯住每一个环节，保证供应和用料统一。工程部要从严抓紧各个施工环节的把控，对各施工单位混凝土施工人员加强技术培训，不允许路面施工节点放在晚间施工，防止路面的平整度发生严重偏差。同时，指挥部规定每天下午四点召开综合协调会，各部各施工

单位汇报一天的工作进展情况和遇到的问题，在充分讲解商量的基础上，然后大家继续分头监督和实施。可即使这样，还是发生了不遵守指挥部操作规定办事的情况。

记得有一天的晚上正好我休息，蔡明桥常务副指挥值班，他在巡视中发现三八河桥和创新河桥接坡施工的两个单位，不顾规定依然晚上浇捣混凝土路面，就向他们宣讲指挥部开会时下达禁止晚间进行混凝土施工的规定，以及晚间施工可能带来质量不合规定的危害，让他们立刻停止施工。可施工单位的人员强调工期紧张，晚间施工是不得已而为之的无奈之举，并强调已经采用了许多太阳灯照明，加上各类施工设备配置到位，不管蔡副总指挥怎么劝说还是强行施工，他们就是不停。蔡副指挥跑到指挥部来找我，我立马起身骑个自行车跑去了现场。我和正在施工的同志们说，你们违反了指挥部明令禁止的规定，蔡副指挥让你们停，你们不但不听劝说还在强行施工的行为是错误的。明天早晨我会让质量管理部到现场来检查，如果路面平整度达不到新区指挥部3毫米的标准要求，我一定会敲掉今天浇捣的所有混凝土板块，一切后果你们自负，说完我骑车就走。回指挥部的路上，我暗下决心一定要杜绝不服从指挥的现象，要让那些盲目蛮干造成重大质量事故的施工队痛中觉醒，也要让其他的施工队知道不可跟风，最重要的是要树立指挥部的权威，全体参与建设单位必须要树立服从大局，服从统一指挥的意识。第二天一早，我让工程部通知所有施工标段单位的主要负责人八点钟到三八河施工现场开会。吃完早饭，我叫来质量检测和工程部的同志一块到现场。到现场后我跟施工队负责人说明了本次现场会的来意和目的，随后我让检测部和工程部的同志拿着折尺和塞尺，根据设计图纸分段测量分段比对分别记录在案，请参加会议的同志一起查看检测情况。还没量到20米我就发现到场的不少人在交头接耳，有的在不断地摇头。量了大约一百来米的距离，我让工程部同志宣读测量结果，就如何处理这起重大的质量事故请大家提看法。沉默一片，久久无人发言。这时我抓住时机跟大家说，新区总指挥部要求我们必须贯彻正负误差不超过 3 毫米的标准，为此我们也要求各位在施工中一定要把好各个环节，可有些施工队就是不听指挥拒不遵守，蔡副指挥到现场命令停止施工，仍然拒不执行，造成你们现在所看到的抽样结果，基本全部超过标准，更有的超过标准达三倍，超过 1 公分还多。新区管委会提出的建一流工程，创一流标准的要求，不能毁在龙东路建设者的手里，400 米路段必须敲掉重来，后果自负，费用不补。事后我们顶住了来指挥部哭闹的搅局者，顶住了来自各方各层面的说情，顶住了工期会否拖延完不成任务风险的责讯。总之，从那以后再也没有发生指挥部的命令被打折现象的发生，工期不但没有拖延，而且还提前 22 天。178 天的历程是令人难忘的，它很苦又有太多的难，但在有心人细细地品味后，你就又会发现它很甜很甜。

1993 年 12 月 26 日，浦东新区“七路”工程圆满完成，“七路”通车典礼在龙东公路隆重举行。这是对所有参与龙东路建设者的首肯和鼓励，也是对所有建设者洒下辛勤汗水的真诚回报。再见了龙东公路，再见了所有参与建设的兄弟姐妹们。张江高科技园区的建设在等着我们，让我们在各自不同的岗位上扬起新的风帆，昂首挺胸去征程去远航，去创造新的辉煌！

张江高科的上市融资之路

【口述前记】

刘正义，1954 年 6 月出生。曾任上海仪表电讯工业局干部处副处长、纪委副书记、监察室主任，上海广播电视（集团）公司副总经理。1992 年 9 月至 1998 年 7 月，担任上海张江高科技园区开发公司总经济师、副总经理兼纪委书记，兼任上海张江高科技园区开发股份有限公司董事、总经理，具体负责张江高科的股份制改制上市工作。1998 年 7 月起，历任上海浦东发展（集团）有限公司常务副总裁、党委副书记、总裁、执行董事，浦东新区经济贸易局局长、党组书记，浦东新区经济委员会主任、党组书记，浦东新区区委委员、副区长、区政府党组成员，上海国际旅游度假区管委会党组书记、常务副主任。

口述：刘正义

采访：郭继、孙宝席、刘捷

整理：刘捷

时间：2019 年 12 月 2 日

我是 1992 年由组织调动到浦东的张江高科技园区开发公司的，分管财务、招商引资、综合计划等工作。不过说实在话，那时的我对高科技园区怎么做没有概念。于是，我们这批张江人边思考边实践，风风雨雨走过了张江发展最艰难的七个年头，看着张江高科技园区在一片农田上发展起来。

资金短缺是悬在张江头上的一把剑

回顾开发初期的张江，真的是困难重重，步履艰难。概括起来，我们当时主要有三个“缺”。一是资金严重短缺。那个时候的浦东开发都是用土地空转的方式，张江开发公司的注册资本金是市政府以 4.2 平方公里的土地使用权出让金折合 25200 万元股本金，另外又通过久事公司给了 3000 万元用作启动资金。然而，开发一拉开，动迁征地补偿工程等都需要大量开支，资金紧张到什么程度？偌大的一个承担这么重要职能的公司，最少的时候账面上大概只有几十万元。俗话说八个缸七个盖盖来盖去，我们大概七个缸只有三四个盖，总是不能全部盖住。在资金最困难的那个阶段，我带着几个同志直接跑到工程一线，爬到雨污水泵站及管道下面安排资金计划，看哪部分工程最缺钱，就先付一些，只要工程干得下去就可以。

二是项目紧缺。因为没有经验，一开始我们对高科技概念定义不是很清楚，招商到底要引进什么样的项目心中没底。知名度远不如陆家嘴、金桥、外高桥三个开发区。三个开发区当时已经风生水起了，有形象、有业绩、有项目，我们也很着急。

三是缺人才。最缺的其实是有开发经验的人才。

尽管困难很多，我们这支队伍好像并不害怕，特别是1993年吴承璘同志过来后，我们队伍的士气得到大振。吴总，我认为他是一个有情怀、有魄力、有领导力、有干劲的同志，经验也比较丰富。他一上任，首先强化领导班子的合力，教育整个团队树立坚韧不拔的信念。张江高科技园区的设立，是国家科技部给的第一个批文。开弓没有回头箭，作为国家战略的张江开发已拉开序幕，大家从来没有想过张江高科技园区是不是不搞高科技了，或者搞个别的东西。初衷已经定好了，就奔这个初衷去。按照现在来讲，就是不忘初心、砥砺前行。其次就是提振我们张江人的精气神。当时我们只有30多岁，也敢想敢干，敢于探索，从来没有想过自己将来会怎么样，就是全身心扑在张江高科技园区怎么发展、怎么克服困难、怎么往前走。

1993年7月，也就是吴总刚来不久，市长黄菊到张江调研。其实他是来帮我们诊断的，来看看张江的问题到底在哪儿，到底该怎么解决。那次调研，黄菊同志提了一个重要的指导思想，就是缩小战线、扩大战果。缩小战线就是捏紧拳头，扩大战果就是要集中精力来爆发，通过一些点的突破来带动面上的开发。市领导对张江发展高度重视，1994年1月30日，上海市委书记吴邦国视察张江并题词“开拓奋进”，公司上下备受鼓舞。

吴总的贯彻力很强，当时立马就提出张江要重点抓几个“强化”。第一个是强化功能定位的研究。因为国内没有太成熟的经验，吴总花了一些精力搞规划研究，请了亚太地区几家同类型高科技园区的专家一起研究张江高科技园区的定位问题。第二个是捏紧拳头，强化重点工程龙东大道贯通和重点项目罗氏生物医药公司落地。第三个强化，就是解决资金难题。俗话说巧妇难为无米之炊，缺钱是当时我们面临的最大困难。在市领导的亲自关心下，中国人民银行上海分行积极协调，工行、农业、建行和中国银行在信贷盘子比较紧的情况下，为张江放贷款，支持张江渡过难关。然而，张江持续的融资之路在哪儿？我们开了好多务虚会，统一思想，理清思路，最后找了一条去资本市场上找资金的方向，把目光转向了股份制改制上市融资，其实就是向改革要出路。我们在1993年底明确提出张江改制上市任务的设想，吴总向市、区两级领导都作了汇报，得到了领导的首肯。说实话，因为那时领导也不太清楚公司有没有条件上市，但是只要有路，领导都全力给予支持。

得到市、区领导的同意后，吴总就把这项任务交给我负责，我二话没说就接了下来。之后，我们一边加紧摸索定位、搞基础设施建设、搞招商，一边紧锣密鼓地筹备股份制公司的改制和上市。

成立“股办”开始长约2年半的筹备上市

改制上市是一项十分复杂的工作，要很多部门同意，上至中央部门。为推动这项工作，开始的时候，我们成立了一个股份制的改制小组，抽了三四个业务骨干，我们在一起边琢磨边梳理。首先是去浦东新区的几个部门听取意见，然后到市证券管理办公室（简称证管办）、市国资委，以及当时分管我们开发区的浦东新区经贸局，了解情况和信息，基本上把路径、要义搞清楚。因为张江高科技开发区是经国家科技部批准设立的，要改制的话，首先需要向科技部汇报，请示科技部给予同意，之后才能向其他与改制相关的职能部门提申请。

为了去国家科技部汇报，我们加班加点准备股份制改制方案，没几天，方案成形，这是我们的第一份方案，最雏形的方案。虽然很多地方不尽完善，但我们就是拿着这么一份方案到科技部去谈的。科技部领导很重视，因为这不仅是上海的高科技园区，也是“九五”期间我们国家的一个重点战略。我们是 1994 年 4 月去的，6 月 6 日科技部就给市科委发了批复，明确表示赞同上海浦东张江上市，明确赞成我们可以向国家有关部门申请股份制的改制和上市。批复同时明确：公司所需向社会公开发行的股票额度，由上海在地方盘子内解决。由此，我们公司的股份制改制开始进入到实质性推进阶段。

公司党委决定在原改制小组的基础上设立股份制办公室，简称“股办”。各个部门都雷厉风行，人事部门用最快的速度抽调了包括我在内的 7 名同志到股份制改制办公室工作，我兼股份制办公室主任，开始比较集中精力地做这项工作。

我们 7 个人，除了我对股票和股份制有所接触外，其他的几位同志基本上都没有这方面的经历。我是从仪表局出来的，算是有点感觉。仪表局下属的飞乐电器是全国的第一个股份制公司，而我在上海广播电视（集团）公司任副总的时候，广电正好也在筹备股份制改制。我深知改制上市这项工作的复杂性、合规性、政策性、专业性、时效性很强，涉及方方面面。公司领导和职工对股份制的改制上市期望值也很高。因此，我们“股办”同志必须看清楚我们所肩负的责任，必须很快地进

上海张江高科技园区
开发股份有限公司
（将在上海市登记注册）
人民币股票（A股）
招股说明书
普通股 25,000,000 股
主承销商、上市推荐人
华夏证券有限公司
副主承销商
上海国际信托投资公司
分销商
航空信托投资有限责任公司
中国电力信托投资有限公司

1995 年制作的张江高科的招股说明书

入到角色里面来。

在“股办”工作的日子是艰辛而愉快的，对直接参与的同志来说都是一生难忘的。因为是临时成立的一个机构，我们办公所在地是从张江的“飞机楼”里临时调整出来的，办公室是钢结构，保暖性较差。就是在这样的环境下，我们没有怨言，争分夺秒地工作，白天加黑夜连轴转。由于方案反反复复、几经周折，还要熟悉各项相关法规政策，熟悉各个审批部门的职能、走访相关部门，那时“股办”里最多的就是一箱一箱的方便面，饿了就吃方便面；实在太困了，弄个大衣一盖就在墙角边打个盹，再接着干。

改制上市的申报材料涉及很多规定，我们是边学习边往前走。后来写出来的改制上市文件总共二三十万字，几百页纸。那时也没有计算机，用蜡纸打印，有时弄得满身满地都是油墨。由于材料很多、很重，我们基本上都是用大的旅行箱送到有关部门。由于材料要报送较多的部门，如果北京那边有一个地方要改动，我们不仅要从北京立刻回来，晚上加班改好后第二天再送去，还要同时修改报送其他各部门的材料，可以说是牵一发动全身。

改制上市涉及的许多重大问题的决策判断，更加考验我们的能力和智慧。处理妥否，都会对将来整个公司运转乃至整个开发区的发展产生实质性影响，不能有丝毫差池。比如，张江拟投入资产的性质问题。张江开发公司是国有的，国有公司改制上市分国家法人股和国有企业法人股两种不同性质。如果我们要定前者的话，等于张江股份公司直接对接市国资了，那么张江的整个规划怎么弄？整个债务怎么弄？面对这一系列的问题，我们身处开发一线，感到规划是不能打散了做，规划打散了，两家公司都去各自规划是不行的，划出来的这块土地和那块土地之间谁来统筹？市领导和市有关部门听了我们的汇报，觉得我们的意见有道理，统一规划、统筹开发的原则是不能变的，最后确定为国有法人股。再比如，张江改制上市的路径问题，即A股上市还是B股上市。1993年我们决定股份制改革的时候中国股市进入熊市，国家冻结新股发行。我们经过研究发现，主要问题在于上市公司的质量，即资产的质量和经营的质量，这两个质量不过关，股市就不会健康。因为拟上市的公司本身资产质量不好、效益不好，股价炒上去就是大泡沫，所以国家不得已叫停。我们对自己的公司进行评估，觉得我们是优质资产，应该上市。市证管办给予我们很大帮助，记得市证管办主任杨祥海，副主任张宁、郭银龙，还有严旭、范永进等几位处长，反复帮我们论证，最后提出来发B股，因为B股不要中国证监会批，跟股票发行冻结关系较小，只要上海证管办审核同意了就可以发行。我们回去后又反复权衡，觉得只B股不行，因为当时B股价格较低，远远低于A股的发行价格，这就意味着我们公司能够募集到的资金量会少。我们觉得不行，再去游说。我们当时胆子很大，写了好几份专报报给市领导。最后领导定了调子，就是只B股不行，要先B股后A股，这基本上就把工作路径确定好了。

还有，我们是划出一块资产来改制还是整体改制问题。如果整体改制，公司原来承担的那块政府功能到底谁来承担？因为一旦改制，它就是一个市场化的公司，这么多的政府职能放到哪里去承担？怎么去面对股东？其实我后来到浦发集团之后，更加体会到浦东开发类的公司和我原来在的广电产品类的公司，从性质上、本质上是不一样的，它是政府意志、市场行为，即开发公司要把政府的意志通过市场行为演绎好。广电就是一个产品类的公司，应该直接面对市场，让产品能够在行业里走到领先地位、走到龙头地位，这是核心竞争力所在。所以我们当时反复论证，最后确定张江拿出部分资产和久事公司联合发起。久事公司加入的好处在于它长期搞投融资，在资本运作上有一定的经验，再加上其早期投在张江的3000万元也总要有个交代着落。事实上，我们的改制上市工作也得到了久事公司时任总经理张桂娟同志及公司相关部门同志的有力支持。

类似的问题还有很多，都是不能在根子上弄偏掉的重大问题。不过好在这些重大事项我们都向公司党委逐一汇报，集体研究集体决策，再加上有市、区领导的大力支持，我们工作起来乐在其中，感觉到既艰苦，又难忘，又珍惜，收获很多。

一波几折的上市故事

在我们完成了一系列股份制公司改制方案，包括发行的准备工作之后，我们就开始按照先 B 股后 A 股的方向去做了。

1995 年 1 月，市证管办正式批复给我们，同意上 B 股。紧接着 1 月 16 日，吴总就和我以及其他两位同志到香港去路演。因为当时帮我们做 B 股代理的券商说，形势不好，光靠券商推介不行，要你们公司自己出来介绍、回答投资者关心的问题。因为从来没有直接面对过境外的投资人，所以去之前专门机构还给吴总和我做培训。培训的内容很广，包括战略规划、资源可持续发展、区域品牌营销、危机公共事件管理，还有礼仪、互动、回答问题的一些技巧，怎么面对镜头、媒体，等等。我后来回想起来，这次培训还是蛮受益的。

记得我们到香港的时候是周末，周一开始正式推介，跟 16 家机构投资人、券商和基金进行个别深入的接触，同时还举行了专场推介会，连头带尾共 3 天时间。尽管我们准备很充分，但终究因为大的形势不好，我们和每一家讲得筋疲力尽，对方就是围绕一个核心问题，价格要往下压。我们当时是带着四角几分的价格去的，他们价格一压就是一半，我们怎么也没想到。因为我们去之前开的价格是稍微高一点，是可以让几分钱，但不可能让到两角三分，这对我们国有资产没法交代，另外对A股也没法交代。最后，我们审时度势，觉得如果硬上的话，可能能发成功，但是有可能发好之后股票价格大跌，对张江的整个投资环境起不到一个正向作用，弄得不好还会影响到整个浦东板块。当天，吴总就跟我两个人基本商定暂不发行B股的原则。回来后，吴总向市里领导汇报后，我们就正式叫停了B股发行。

我们“股办”又开始新一轮的拼搏，转向怎么攻A股。当时我们和很多机构有合作，听他们说好像国家要重新开放A股市场，但只给上海三家新上市公司的额度，希望放出来的第一股能对市场起到振兴作用。我们就想，张江在上海又是在浦东，还是高科技，为什么不冲第一股呢？况且，我们的方案经反复斟酌，是经得起检验的。说句夸奖的话，“股办”的骨干同志都快成股份制改制的小专家了。再加上，我们连香港市场都去走过一圈了，回头再做A股，更加自信了。

当然转攻A股的过程，也不是一帆风顺的。股本结构的调整也是一次波折。原来我们准备先发B股后发A股的时候，总股本是3亿股，张江是以1.85平方公里土地折价与久事公司共同发起。B股13000万股，A股2500万股。起先我们想争取增加A股份额。由于A股受额度限制，整个上海没超过一亿股，是不可能再给我们增加的，因为上海还有其他企业也要发展。根据这样的额度，再把张江1.85平方公里土地和久事的资金投进去，国有法人股要超过15000万股，但公开募集的只有2500万股，这显然是八两搏二两，国有法人股太大。后来我们就做了一个大的调整，把总股本缩到1亿股，张江仅投入0.85平方公里土地，久事投入1500万元资金。这样我们再向市场去公开募集2500万股，股本结构就相对合理。这是做出B股暂停、只发A股决定后的又一个重大调整。这个调整也带来改制上市方案的一系列调整，公司的财务报告、募集资金的用途、收益预测、资产评估、土地评估等工作统

1996 年 4 月 13 日，张江高科创立大会暨第一届股东大会召开

重新干一遍。

那时我们的速度非常快，工作效率很高。我们从香港回来后就立马做改制方案的调整，然后去北京过中国证监会这一关。因为准备工作充分，1996 年 3 月 22 日，全国 A 股市场开禁的时候，中国证监会批复同意张江高科改制上市，明确我们可以向社会公开发行 2500 万新股，也同意我们按照上网定价的方式发行。张江高科作为 A 股开禁后的全国第一股，我们深感责任重大，各方面的工作需要慎之又慎，不能有半点差池。上交所的相关领导和部门也高度重视，给予我们许多指导。

因为所有的工作都做好了，3 月 22 日批复下来，4 月 3 日我们就正式启动公开募集工作。我们网上定价是 6.15 元 / 股，募集到 1.476 亿元资金。4 月 13 日，上海张江高科技园区开发股份有限公司（简称张江高科）召开创立大会，并且开了第一届股东大会。当时吴总已经调走了，会上明确园区开发公司总经理钱人杰为股份公司董事长，我是第一任总经理。4 月 22 日，张江高科正式在上交所挂牌交易。交易开盘价是 22.9 元，收盘是 22.62 元，也是创当日各股之首，一段时间张江高科股价都没有太多波动。张江人确实不负所望，不负浦东开发的大背景，不负上海在全国的地位，更不负我们张江人的勇气。

张江高科的成功源自集团业绩支撑和自身准确定位

回顾来看，张江高科改制发行成功，而且有良好的市场表现，赢得社会的信任和支持，离不开张江园区的健康发展和集团的良好业绩。特别是 1993 年聚焦改制上市后，更是捏紧拳头、全力攻坚。我记得当时公司是这么总结的：一个项目——罗氏制药，一条路——龙东大道，一栋楼——我们的办公楼，一项改革——股份制公司改制。当时张江要改制上市转换经营机制的举措，引起中外投资者和金融机构的关注和支持，1994 年集团直接融资达到 2 亿元。一些有影响力的项目，比如罗氏生物医药，我们当时搞生物医药基地的，它是一个领头企业；还有美国联信，后来被霍尼韦尔兼并，生产新材料的；日本松下等都是当时引进的。张江的发展和业绩是支撑我们上市的坚实基础。

张江高科改制发行成功，也离不开股份制公司有良好的社会信任度和市场表现，即张江高科的准确定位。其实张江高科从一开始形象就塑好了，它的市场口碑一直比较好，公司领导层一直崇尚对全体股东负责的精神。记得我们在第一次股东大会上就非常强调市场为导向、效益为中心、管理为基础、稳健经营的理念。按照这一理念，我们花了很多心思去研究公司的定位，张江高科虽然是地产股，但除了土地开发之外，高科技商业化的投资和科技成

2000 年股份公司投资的创业公寓打桩现场

果的培育，是张江高科未来的价值取向和发展潜力。我们第一拨募集到的 1.476 亿元当中，70 % 用在投资张江高科生物医药基地上。另外，在资金紧缺的情况下，我们还探索了对高科技企业的投资。比如复旦大学副教授王海波团队 1996 年带着创业激情和几十万元到张江创办复旦张江生物医药公司。1997 年该公司发展急需资金，我们公司研究论证，决定对其投资 1300 多万元。这家公司也没有辜负我们期望，坚持了几十年，一直聚焦在新药开发上，在业内取得了良好的成果。在当时条件下，我们去投资复旦张江这样科创类的企业，应该说是基于对张江高科的要义理解上，就是要聚焦在高科技。

张江高科改制发行成功，更离不开市、区领导的关心支持和指导。当时赵启正副市长对张江发展给予很多关心和批示。在第一线的浦东新区管委会副主任胡炜，针对张江高科在改制上市中的很多重大问题，如土地评估的原则方法，到底拿出多少土地和哪种性质的土地有利于股份制公司的长期发展和成长，又能跟高科技的定位完全吻合起来等等，更是亲自召集浦东新区的相关部门反复研究，帮我们定原则，有力推进，包括之后的专家评审会，他也亲自来主持。当时浦东新区管委会的副主任张耀伦分管财政和国资，跟我们工作接得很紧密，在指导推动张江上市改制工作方面也给予了很大支持。市、区有关部门为企业服务的效率是很高的，特别是市发改委领导在额度紧缺情况下，帮助我们协调解决 A 股额度问题。

回过头来看，历史总归是后浪推前浪，而且一浪更比一浪强。目前，张江高科已经成长为张江高科技园区开发的一支重要力量，持之以恒地坚持高科技产业的培育和投资，以及整个区域的开发和服务。从我个人来讲，为它健康的成长，也为张江高科技园区的健康发展感到由衷的喜悦和自豪。

拉开张江“药谷”建设大幕的上海罗氏制药

【口述前记】

黄彦正，1946 年 11 月出生。曾任上海第二制药厂厂长。1993 年起任上海三维制药有限公司董事长兼总经理。1994 年 5 月至 2008 年 6 月，任上海罗氏制药有限公司董事长，是上海罗氏制药项目落户张江的主要亲历者。1996 年 10 月至 2008 年 1 月，先后任上海医药（集团）总公司副总裁，上海医药（集团）有限责任公司副总裁。其间，当选为九届市政协人口和健康委员会副主任、教科文卫体委员会副主任。

口述：黄彦正

采访：郭继、孙宝席、刘捷

整理：刘捷

时间：2019 年 12 月 13 日

说到张江高科技园区，必然要说到上海罗氏制药有限公司。那是首家进驻张江高科技园区的跨国制药公司。它的入驻不仅对张江意义重大，对上海的医药产业发展一样意义重大。我当时是上海三维制药有限公司总经理，从 1987 年就开始跟罗氏接触，在工作上与瑞士罗氏集团建立了较好的联系，十分幸运地参与和推动了上海罗氏制药落户张江的全过程，并作为中方代表当选为上海罗氏制药有限公司董事长，一直到 2008 年退休。这头尾 22 年中，前面 7 年，我参与谈判筹建上海罗氏制药有限公司这个企业。后面 15 年，我做上海罗氏制药的三任董事长，5 年一届，见证了罗氏制药促进上海生物制药产业发展，与浦东开发开放共发展的过程。

缘起三维制药与罗氏集团的合作

讲起罗氏集团到张江投资，必须从三维制药有限公司说起。三维制药有限公司的前身是建于 1958 年的上海第二制药厂，这是新中国成立后上海的第一个国营制药厂，1993 年改制为三维制药有限公司。

1982 年，上海第二制药厂开始对维生素 C 的合成工艺进行研究，很快维生素 C 成为厂里的主要产品之一。从世界范围看，当时大规模生产维生素 C 的龙头企业是瑞士罗氏集团。罗氏集团是一个有着 100 多年历史的家族公司，最早是从生产碘剂起家，治愈了很多甲状腺病患者。1930年左右，罗氏首先在全世界大规模生产维生素C，从此全世界的坏血病基本上得到控制。之后罗氏又生产各种各样的维生素产品，逐渐成为全世界生产维生素的一个大企业。同时，它开始朝生物医药方向转变。

总的来说，维生素C都是用发酵的方法制作的，以葡萄糖为原料，用一些菌种来产生化学反应，再把有用的成分分离出来。但比较我们两家企业的生产工艺，还是有所不同的。我们用的是两步发酵法，就是细菌先发酵一次，然后放到更大的发酵罐里再大规模地发酵。这个工艺比罗氏用了50年的工艺成本更低。于是，他们想要购买我们的技术。1987年的时候，我正好担任上海第二制药厂厂长，在改革开放的格局下，国家在扩大产品出口的同时，也想到技术出口。不过当时也找不到什么更好的项目出口。当发现我们这个两步发酵法竟然能够超过有50年制作历史的世界维生素C制造大王罗氏集团的制作工艺，就决定与罗氏集团合作，出口这项技术。这个项目最后是国务院批示同意的，被称作是当时中国第一个大型的软技术出口项目，约550万美元。

技术卖给罗氏集团后，他们要到我们厂进行现场考察、验收，看它是不是达到了我们对外公布的技术水平。当时，罗氏派了一帮专家在我们厂里待了1个月，跟我们的工人、技术人员天天在一起，看我们全过程是怎么弄的。最后他们认为这套技术跟合同上是一样的，就完成验证回去了。在此过程中，双方也发生过猜疑。有一次，一位现场工人跟我说，两步发酵的关键是菌种，菌种在车间里面到处都有，如果罗氏专家随手拿手帕在设备上抹一下就带走了，他们把菌种拿回去，按照我们发酵的方法同样可以做出来，技术转让就没有必要了。听工人这么一说，我觉得也是啊，因此有些担心。加上这个项目是当时全国最大的软技术出口，市里也很重视，于是我就把这个可能性向

1987 年 10 月，上海第二制药厂与瑞士罗氏公司的维生素 C 生产技术转让验证合格证书签字仪式

上面报告。后来证明，是虚惊一场。举这个例子是想说明，最初我们和罗氏互相之间是不太信任的。但通过技术转让，大家逐步开始熟悉。

技术转让工作完成后，上海得到中央的表扬肯定。我们也在技术转让过程中，开始思考双方进一步开展合作的问题。我们考虑，罗氏集团的好多产品和我们第二制药厂是类似的，但我们在技术管理水平上明显比罗氏落后，那有没有可能请他们来帮我们改进技术管理水平呢？经过研究，我们向罗氏集团发出了希望他们派一个专家团队，对我们药厂的工艺技术做全面诊断评估的邀请。罗氏集团欣然接受，派了两位专家在我们厂里蹲点两个月，对我们的安全、技术、环境，包括职工的劳动保护等方面做了全面评估，并为我们提出改进建议。比如，我们当时有一个车间的一个化学反应岗位是严重致癌的，他们经过评估说，在这个岗位上工作的工人，今后基本上都要得肝癌。后来我叫我们的技术团队对他们的这个结论进行再论证，认定他们是对的后，马上就把这个岗位停掉，产品也不做了。可以说，两个月的时间，他们真的是认真建议，我们也认真接受，相互之间的信任得到建立和加强。

到 1988 年，因为双方建立了比较好的信任关系，就开始考虑是不是在上海建立一个合资公司的问题。当时合资公司的地址考虑选择开发环境已经相对比较成熟的闵行开发区，办公用地的定金都付了。然后双方就围绕这个企业到底生产什么产品、怎么生产等问题进行研究讨论。不过受大环境的影响，合资办企业的项目到 1989 年戛然而止。但罗氏集团方面觉得我们上海人还是蛮有人情味的，双方之间反而加深了相互信任。

助力张江力推上海罗氏制药落户

1990 年国家宣布开发开放浦东，从气氛和舆论上，大家感觉又看到了大的希望。1992 年 7 月，上海宣布成立张江高科技开发区，意欲把张江高科技园区打造成具有竞争力的世界级高科技产业园区。这需要把世界著名高科技企业吸引到张江，产生示范集聚效应。我记得，时任上海市副市长赵启正同志曾两次找我谈罗氏的问题。第一次好像是在我们和一家美国企业的合作项目签约会上，他特地把我叫到领导休息室跟我讲："你过去跟罗氏有过合资谈判，甚至准备在闵行落地，你是不是再想想办法，把他们再找回来落地张江。张江如果有罗氏集团这么一个合资企业的话，可能会带动整个张江高科技开发区的迅速发展。"第二次是在 1994 年 5 月上海罗氏这个项目正式签约奠基晚宴前，他又找我说："美国有硅谷，上海的张江能不能建成一个药谷？我在今天的致辞当中，能不能向外宣布把上海张江建成一个中国药谷、世界药谷？"他很谦虚，征求我的意见。我回答说："罗氏今天签约了、奠基了，这是一个领头羊企业，我估计它一旦进来，会有好多中小甚至大的国际制药企业也会跟进来。如果各方面一起合力的话，这个愿望有可能会实现。"他听后说了声："好，就这样。"然后，他就在当天的致辞中宣布张江要建成一个药谷。"张江药谷"这个概念就这样由赵启正副市长在1994年上海罗氏奠基签约那一天正式提出。

也是在那段时间，徐匡迪同志有一次专门对我说："你要把罗氏叫回来，它对我们上海的医药发展会起很好的带头作用，我们上海浦东张江就可能更有希望了。"

带着市领导的这些想法，我想了想，还是要继续做罗氏高层的工作。那个时候，罗氏集团有把合资企业放到广东珠海的想法。我听到这个消息后，非常着急，一旦这个项目真给了珠海，对上海生物医药今后的发展肯定会带来一些不利影响。于是，在张江开发区宣布成立前后，我就动员罗氏集团的第二把手，他们的副董事长、副总裁专门到上海来看一看、听一听，上海改革开放到底是一个什么构想。这位罗氏集团副总裁人很好，应邀前来。我带他访问了浦东，访问了张江，带他到现在罗氏制药所在地的现场。当时那里还是一片农田，什么都没有的。在现场，他很是惊讶，连说了几个"nothing"，反复讲这个地方"all countryside"，最后又向我连续发出几个"why"，问我为什么带他到这里。不过，罗氏集团这位二把手知道我是一心一意想把这件事情办成，了解到我们上海的领导也是真心实意想让罗氏来，就对我说："这样，我一个人是说服不了董事会的，但我可以帮你做一件事，安排一次罗氏集团的董事会会议，你去做一个演讲，介绍上海改革开放的设想，介绍浦东张江的一些规划，你自己来说服他们。"

我知道这已经很不容易了，于是两三个月后，也就是1992年底，我如约参加了罗氏集团的一次特别董事会。为了准备演讲，我去市外资委拿了好多资料、图片，当时张江高科和其他部门的同志都很支持我，给了我不少资料。我就用这些资料做了一个PPT，花了一个多小时的时间向罗氏董事会介

1994 年 5 月，上海罗氏制药有限公司开工典礼在张江举行

绍上海改革开放和浦东张江。现在想想，当时我就像画了一个饼给罗氏集团，就看看罗氏饥饿到什么程度。最后效果很好，打动了他们。我回来的两三个月以后，也就是 1993 年初，他们给了我一个明确的信息，那就是他们最高管理层决定合资企业放在上海张江，后来被实践证明是“具有世界性的战略目光”。

从 1993 年初开始，我们和罗氏就合资办企业项目在原来 20 世纪 80 年代商谈的基础上开始进行深入的谈判，讨论合资企业各种各样的细节。1994 年 1 月 7 日，罗氏集团与上海三维制药公司草签合资成立上海罗氏制药有限公司合约；当年 5 月，上海罗氏制药有限公司举行合资厂奠基典礼。

在这期间，上海市各级政府、相关部门对这个产业的大力支持也是前所未有的，这与当时浦东开发开放的大环境大背景是分不开的。前面说过，罗氏集团曾打算把合资企业放在珠海，为什么后来再回来，我认为很大原因就在于他们感觉到上海要开始更大规模地改革开放，触动了他们、吸引了他们。

举个例子，根据协议，合资公司中方占股30%，要出资3000万元人民币。当时我在的三维制药公司是国有企业，每年的利润都要上交，没有自由资金，因此也就没有对外投资能力。当时刚刚改革开放，银行也是不给企业贷款搞投资的。拿不出3000万元，怎么签合同？当时，浦东发展银行浦东分行的一个副行长，年纪很轻，很支持我们的工作，冒着下岗的风险，把这3000万元作为流动资金贷给我们。整个过程，我跟他没吃过一顿饭。再举个例子，当时这个项目在张江需占地120亩，政府是以每亩30万元人民币的价格卖给我们的，在当时来说也是很低的价格。还有“七通一平”①，张江高科技园区开发公司保证什么时候做到，就什么时候做到，外方很感动，说中国改革开放说到做到。还有，现在上海罗氏的大门是开在龙东路主干道上的。当时的城建规划中，龙东路不给企业开大门，因为它是条高速路。罗氏集团代表坚持说，我这么大的企业，门开在后面的小路上不像话，一定要开在前面。市里方方面面出来协调，最后破例让罗氏的大门开在现在的龙东路上。总之，上海市外资委、市经委、浦东新区政府、张江高科技园区开发公司、张江管委会，都是随叫随到，帮助企业解决问题，这坚定了罗氏集团后来不断投资、不断发展的信心。这也为上海投资环境带来了很多的正面影响。

一个标杆性企业带来张江药谷满园春

在我看来，上海罗氏制药有限公司落户张江，真的非常具有标杆意义。在外国同行看来，罗氏集团把这么一个合资企业放在中国、放在上海，说明它对中国、对上海有信心，看好中国市场。很快，一批大的国际制药企业陆

① “七通一平”，指基本建设中前期工作的道路通、给水通、电通、排水通、热力通、电信通、燃气通及土地平整等的基础建设。

陆续续进驻张江，比如日本的麒麟制药、三共制药、搞汉方药的津村制药；美国的通用制药，德国的勃林格殷格翰制药，英国的葛兰素史克疫苗公司。同时，国内国外的一批制药中小企业也都陆续到张江选址落脚。

早在建厂之初，罗氏集团的最高层就承诺，在上海建立合资公司，要长远稳定发展。20多年来，罗氏集团践行这个承诺，持续不断地在张江推进一系列发展战略布局，持续发挥了领头羊的作用。比如，经过十年初建，罗氏集团在上海罗氏制药进入健康稳步发展阶段后，2003年在张江成立罗氏研发（中国）有限公司，是罗氏集团首个位于发展中国家的研发中心；2007年罗氏集团药品开发中国中心成立，使罗氏成为首家在中国建立研、发、产、销完整医药价值产业链的跨国药企；2015年，罗氏集团又增资9亿元人民币建设上海罗氏创新中心，这是继罗氏集团总部瑞士巴塞尔、美国旧金山之后的全球第三大战略中心。由于罗氏集团带头，后面美国辉瑞中国研发中心、礼来中国研发中心，英国葛兰素史克中国研发中心也都纷纷进入张江。张江药谷研发氛围浓厚，逐步发展起微创、凯利泰、泽生、艾力斯等一批高等级的新药研发创新创业企业。

上海罗氏制药有限公司的标杆性，还在于它对中国医药行业发展，特别是生物医药行业发展的促进上。上海罗氏这个项目产品结构很好，技术含量比较高。当时我们谈判的时候大家就有共识，“把你罗氏最好的最新的药，拿到合资企业来生产”，这是我们的要求，也是他们的承诺。因为一开始就承诺最高的技术、最好的产品、最新的产品拿进来，所以罗氏现在所有的产品都是中国市场上的热销产品。比如单克隆抗体一类的生物药——治淋巴癌的美罗华、治乳腺癌的赫赛汀，以及把肿瘤实体周围的细胞供血阻断的安维汀等，都能比较明显地延长癌症患者生存期。罗氏进入中国以前，我们不大敢搞器官移植，因为器官移植以后排异问题解决不了。自从上海罗氏建成以后，生产了抗排异药——骁悉，中国的器官移植很快就发展起来了。在产品结构方面，罗氏集团还带来了“基因治疗”理念，就是通过诊断试剂，在血液中找到一种针对性的基因靶点，然后治愈疾病。这样的话，除了最新的药之外，罗氏集团还把基因治疗、诊断试剂相结合的治疗方法带进中国。此外，罗氏集团在上海生产的 17 个药品里，有 5 个生物药已进入国家医药保健目录，使得我们中国用到最新药的时间，跟发达国家基本处于同步状态。

上海罗氏制药有限公司落户后，还给我们国内制药企业产生的重大影响是，罗氏高标准质量控制的技术和装备，对我们提升中国制药企业的质量管理水平形成了促进。举个例子，当年，罗氏在张江造了一个高致敏车间，生产致敏药物。它的生产现场没有一点点泄露，1000 多平方米的厂房，是完全排除了有害气体的清洁环境。这种新技术，大大提高了我们药厂车间工人的劳动保护条件。再比如，药厂有个世界通用的药品质量管理规范，叫 GMP，罗氏带进来一套怎么执行这条标准的方法。江苏泰州的扬子江药业从当地一

上海张江生物医药产业集群

个集体小企业发展成几百亿元销售额的中国最大民营药厂，很重要的原因就是它学习了罗氏这套质量管理系统。

上海罗氏这个项目还有一个溢出效应，也是一个故事。2005 年，世界卫生组织（WHO）向全世界宣布，全球将要爆发 H7N1 型禽流感。当时 WHO 不断发布警告信息，全球各个国家都很紧张。应对这种病毒性流感的唯一特效药，就是罗氏生产的“达菲”。当时全世界好多政府都向罗氏采购“达菲”，他们根本来不及做，三年后的订单都已经满了。中国人这么多，很危险，怎么办？大概是 2005 年 3 月的一天，卫生部部长高强突然把我叫到衡山宾馆，跟我说：“现在中央领导非常着急，如果疫情暴发，我们中国人这么多，又没有药，怎么弄？一旦大流行，这已经不是一个健康问题，可能是个政治问题。中央已专门成立了一个特别小组，温家宝总理牵头，卫生部、科技部等部门的部长是组员，要求小组制定一个应对方案。我们知道应对的唯一方法是要有‘达菲’这个药。我们中国不能侵权仿制生产这个产品；政府也没有这么多钱向罗氏采购储备，怎么办呢？我们研究了一下，决定最好的办法是让罗氏把‘达菲’的全套技术转让过来，我们自己生产，越快越好。我今天来就是跟你商量这件事。”说完，他就拿出一份文件，是中华人民共和国卫生部任命我为特别代表，到罗氏去洽谈“达菲”技术转让问题。

我知道这件事情很重要，我要代表国家去谈。当时真的一点把握都没有。高强部长说一定要千方百计完成任务，越快越好，一天都不能耽搁。一旦暴发，那就是不得了的事情。于是，我准备了两天，第三天就飞到瑞士，直接冲到罗氏 CEO 的办公室，跟他说这件事。我向他表明了我国政府这次派我来的意图。我也特别讲了一句话，那就是，为了罗氏在中国长远的战略性发展，我建议你们要处理好这件事情。他听了以后说，好吧，你留下来跟他们谈，我保证让你回得了中国。我听到这句话心里就有底了。我当时就带了一位同志同去，结果就是我们两个人跟罗氏方面谈了3天，最后签下“达菲”技术转让协议。12月11日，我们上海跟罗氏在瑞士同时向世界宣布，罗氏正式授权上海医药集团在中国生产“达菲”。这样，我们带回了包括全套的技术资料、一罐标准品，以及他们生产产品的技术人员。然后马不停蹄地组织人员搞复制、搞报批、搞投产、建车间，其中也有中科院上海有机所一些科学家们的全力配合，还有国家医药管理总局等政府部门一路审批开绿灯。大概过了六七个月，我们生产出大约100万人份的药品后，马上报告北京。不久，北京专程派来一位科技部的副部长。他到上海对我们科技人员说了一段话，我记得关键的一句话就是：“在中华民族最危难的时候，你们上海人又做了一个重大的贡献，我代表国务院领导，谢谢你们！”

这次事件，能够最终和罗氏谈成技术转让，与我们之前上海罗氏这个项目在浦东张江顺利落地、发展，得到各方面的支持、关照，是有千丝万缕联系的。整个事情放在一起来考虑，我觉得可以得出一个结论，罗氏在上海能够落地发展，一方面是罗氏本身的技术、合作诚意；另一方面，就是上海改革开放的氛围环境，各方面的通力合作支持。我们合资的投资比例是3∶7，中方是“3”，他们是“7”，一直到现在从来没变过。虽然中方只是“3”，但是根据合同规定中方派董事长，我当了前三届的董事长，上海罗氏董事会上大的事情上我还是很有发言权的。现在的董事长是上药集团的总裁，就这么一直延续，罗氏也都能够接受。总之，中外双方合作非常融洽，相互非常尊重。罗氏制药企业建成以后，实实在在为上海带来了一系列理念、产品、技术、管理、质量控制等方面的新变化。应该说，它对上海生物制药企业的发展起到了重要的推动作用。

孵化、聚焦、辐射：张江创新创业平台的打造

【口述前记】

沈伟国，1961年8月出生。1992年5月至2004年12月历任张江创业中心负责人，上海浦东创业投资有限公司负责人，张江高科技园区开发公司［2002年改制更名为张江（集团）有限公司］副总经理、党委委员。参与了上海张江高科技园区的规划、建设、发展和招商等过程，参与了张江科技创新孵化平台的建设。2004年至今，先后任上海金桥（集团）有限公司副总经理、党委委员，上海科技创业投资公司党委书记、总经理，上海科技创业投资（集团）有限公司党委书记、总经理。

口述：沈伟国

采访：郭继、孙宝席、刘捷

整理：刘捷

时间：2019 年 12 月 16 日

我是 1992 年从上海市科技党委到张江高科技园区开发公司工作的，之前是市科技党委团委书记。到浦东张江，是我自己的选择，因为在科技系统工作了 9 年，对我来说有一个很深刻的感受，就是科技成果一定要产业化。我是市科技党委团委书记，打交道的都是国家和上海的研究院所，看到他们每年都有很多优秀的科研成果文章发表，但我国的产业水平反而与世界先进水平越拉越远。正巧那时浦东开发开放如火如荼，张江高科技园区正在筹建。我感到，张江应该是一个把产业和科技很好结合的地方，是大有发展前景的，于是，我就选择了张江高科技园区开发公司。我的张江生涯就是从 1992 年 5 月进入张江高科技园区筹备组开始，到 2004 年 12 月离开张江，整整 12 年。

规划为张江确定科技创新方向

我在张江的第一年，开始被分到招商部，主要工作就是招项目。那时园区的土地还没平整好，我依然很清楚地记得，当时我们陪来谈项目的客户到张江去看现场，那里就是一块农田，沟河交叉，泥地上还种着农作物。比如最早谈的两个项目，一个是“908”项目——我国第一个大规模集成电路生产工厂，最后到无锡去了；一个是国家软件产业园项目。两个都是张江立项启动的项目，但大家对到底怎么搞高科技园区还是没有一个基本的概念。

1993年，市里安排吴承璘同志担任张江开发公司总经理。吴总来了以后，抓了几件事情，带领张江突破发展困境走上正轨。第一件事，就是抓4.2平方公里土地的“七通一平”。具体负责这项工作的毛德明副总经理很辛苦，整天盯在工地上。第二件事，就是把我们开发公司的办公室从童涵春药厂搬到张江现场，在龙东路上平了一块地，搭了一个铝钢板的简易办公楼，这样就有现场感了。第三件事，就是开始做规划。关于张江接下去要怎么做，大家有过一些设想，也请专家开过研讨会，但始终没拿出一个非常系统的东西。吴总来了以后，就请了一家台湾咨询公司帮我们做了个课题，就是“张江到底怎么发展?”还专门成立一个新的部门——战略发展部。因为当时在园区工作人员中，我还算高学历，并且有科技工作的背景，吴总就让我负责这个任务，我也就从招商部到了战略发展部。

我觉得，这次咨询工作是张江真正形成一个完整的开发思路、设想、计划的开始。我国台湾方面的咨询方式很好，我们也从中学到了很多。他们首先把全世界高科技园区作了一个鸟瞰式的概述研究，看看全世界有多少高科技园区，它们又是怎么发展起来的。这让我们能够用世界眼光来审视张江高科技园区的定位、设计和发展。咨询团队里有台湾新竹园区管理局副局长童虎和美国算盘创投总经理Richard李，他们既有思路，又有实操工作经验，工作起来效率和质量都很高。整个咨询是分阶段进行的，第一阶段是来研究描述张江应该怎么做，就是为张江发展画出规划蓝图，第二阶段是根据研究探索的描述、确定的目标，来制定实现张江发展规划的施工蓝图。

在规划咨询的过程中，我们组织了多次研讨和实地考察，请了很多外部专家给我们出主意，内部员工也参与了脑力激荡讨论。前后一年多的时间，园区上上下下对“张江向何处去”有了一个比较全面系统的认识。

这一次规划的核心结果是，确立了我们对张江高科技园区的定义是“以科学为基础的工业园区（science-based industry park）”，也就是说，张江高科技园区不是简单地招一些工业项目来，也不纯粹是一个大学和研究所的研究基地，而是要以科学研究为基础、最后落实到工业生产的、有创新活力的新兴产业发展区域，集中发展信息技术（包括软件、集成电路、通信等）、生物医药、新材料等科技产业。根据这一思路，我们在继续做好招商引资工作的同时，开始探索创办孵化器，建立鼓励创新的机制，把创新创业的培育作为开发区的一个重要功能进行培育。

公司成立了一个顾问团，为张江的发展建言献策，我负责的战略发展部负责与顾问团的日常联系。这个顾问团包括清华大学的校长，人民大学的校长，协和医学院的院长、副院长，上海交大的校长，复旦大学的校长，生物医药、计算机信息最早期的院士，还有海外的顶级专家学者等等，半年开一次会。当时在国内，他们都是张江重点发展领域的顶级专家，不仅为张江的发展提出具体项目建议，还在张江的发展设计上贡献了很多真知灼见。

孵化器 + 风险投资的创新创业培育机制

1994 年 6 月，我们开始筹建张江创业中心。筹建张江创业中心，是新制定的张江高科技园区发展规划实施计划的一部分。根据规划，张江园区不仅要引进国内外现有的高科技企业，还要在张江建立科技创新创业孵化器，像美国硅谷和台湾新竹一样，在张江园区培育创新创业的企业。我们希望吸引来自国内外的创业者、创业团队来张江孵化器创办企业，我们提供服务，创造条件，扶植、支持创业企业做强做大。张江创业中心也就是张江园区的第一个科技企业孵化器，选址在郭守敬路 351 号 2 号楼 6 楼，面积是 2000 平方米。我们把一层楼面分割成大小不等的空间，提供给创业小企业使用，同步成立了张江创业中心，负责创业中心的经营和服务。

1995 年 1 月 12 日，张江创业中心开张，公司任命我做创业中心的第一任负责人。尽管张江创业中心开张，但我们对如何办好这个中心其实心里是没底的。不过，吴总非常有远见，在中心缺人手的时候，决定派我到美国去学习半年。

我是在 1995 年 1 月 14 日到了美国得克萨斯州的奥斯汀（Austin）。奥斯汀是得州的首府，是一个大学城，美国得克萨斯大学奥斯汀校区，是奥斯汀市区最大的机构。美国得克萨斯大学商学院（UT Austin Business school）在奥斯汀有一个研究所叫 IC^2（即创新创造与资产研究院 Institute of Innovation，Creative and Capital），是专门研究创新创业、孵化培育的，创始人叫考茨麦斯基。当时有个说法，硅谷叫 Silicon Valley，奥斯汀就叫 Silicon Hills。戴尔是在那里诞生的，IBM、摩托罗拉等大企业在那里也有研发、分支机构。我在那里待了半年，了解了孵化器运作全过程。我先在得克萨斯大学商学院旁听关于中小企业创业和运营的课程，以了解美国关于创新创业的理论思想；在研究所学习 IC^2 创新创业的研究成果，同时去奥斯汀孵化器（ATI）观摩实践运作，看到有的小企业真的就是两三张纸、一个想法，就在奥斯汀孵化器里面开始创业。在美国期间，我还去了斯坦福、伯克利、哈佛、麻省理工等著名大学找相关的教授交流，去纽约、华盛顿、加州拜访那里的风险投资公司。这一圈下来，我对创新创业从理论到实践都有了一个非常体系化的、具象化的、操作性的理解。

张江顾问团里一位姓周的院士，他是国防大学计算机学科的教授，他给我详细讲的一些关于硅谷的看法，对我进一步理解如何办好张江创业中心帮助很大。他对我讲，硅谷不仅是有名校和大公司，硅谷首先是一种创业的文化和生态。大家对创业非常认同，且有创业冲动；一旦你有创业冲动和计划，可以在硅谷找到资源，有风险投资基金提供资金，有专业的人参加创业团队，还可以有最好的服务机构和齐全的供应商体系。从一个创业计划想法到把公司做出来，不同阶段需要不同的人，在硅谷就可以找到不同的人，可以在不同的阶段参加你的创业团队。如果你有了好的产品，虽然不成熟，但是大家会来积极地用，一起培育、一起成长，所以这个就是一种 eco-system（生态链）。听他讲完后我豁然开朗，我觉得张江的目标就应该是这样，首先要有创业冲动、崇尚创业的文化和氛围，到了这里来就有很多人支持，有各种资源，想做事、做成事，想创业、创成业，这就是张江。

从美国学习考察回来后，我作为创业中心的负责人，就全身心地投入到做实创业中心的工作中，招了很多企业进来进行培育。说实在话，那个时候的张江条件真的很差：交通不方便，从公共汽车站走到我们孵化器要半个小时；孵化器所在的地方，孤零零的就我们那一个院子的两三幢楼房，荒凉到我们还能在房子围墙边上的水沟里钓上一大脸盆龙虾。遇到暴雨季节，雨就从窗子、楼顶上哗哗地流下来，办公室里都“水漫金山”。我们就是在这种艰苦的环境下办孵化器。当时有几家企业坚持不住，跟我说，沈经理，我们是很喜欢张江的理念，但我们实在熬不住了，就离开了张江创业孵化器。虽然如此，我们还是精心坚持，培育出很多好的企业。比如常兆华的微创，就是在孵化器培育出来的。微创公司现在已经发展成为国内著名的医疗器械公司了，当年在张江创业中心起步创业时，就是常兆华博士带领几个人，一份创业计划，在一间 90 平方米的房子开始的。还有王海波的复旦张江，也是从我们这里出来的，现在也是香港创业板表现亮丽的成功企业。王海波来的时候就拿了两三张纸，带了七八个人，我们投资了 50 万现金，还将房租作价投资给他。记得当年在创业中心和王海波签合同的时候，因为合同里面涉及无形资产，如果项目做到一半，无形资产没有发挥作用，不能享受全部的权益，

1996 年的张江高科技园区

就在合同里写了一个数学公式，定义权利义务。还有武平的展讯通信，他来张江的时候，我自己开车陪他在张江转。他说他要办一个设计公司，做手机芯片。我们非常高兴，就说你如果落地张江要什么条件，我们都帮你创造；你需要什么帮助，我们帮你协调。展讯通信就这样在张江慢慢发展起来，成为全球能设计手机芯片的为数不多的公司之一。

办了创业中心之后，我们又办了投资公司。因为我们觉得一个好的创新机制，既要有孵化器，还要有风险资本投资。于是，我们张江开发公司和新区经贸局决定合资成立浦东创业投资公司，是当年张江园区唯一一家专业风险投资公司，1996 年筹建，1997 年开始投资。我们在孵化器之外又组了一个创业投资团队，我主要负责具体运作。刚开始钱不多的，第一期只有 1000 万元，去看了很多公司，也谈了很多项目，很艰苦，经常连轴转、谈通宵。现在回过头看那 1000 万元，应该说收益也是很好的。比如，当年投了一个叫奥普的公司，是做检测试剂和临床检测仪器的。当年投了 150 万元，现在值几亿元了。这样，我们张江通过孵化器加创业投资，吸引了很多创业团队，创新创业的气氛就慢慢起来了，为张江园区创新创业机制的建立和发展打下了基础。

创建国家生物医药产业（上海）园区

在张江建立国家生物医药产业园区，是张江发展史上的重要一笔。可以说，建立张江生物医药产业园区是为了引进麒麟鲲鹏项目的副产品，但其意义，远远超过了引进这个项目本身，是生物医药产业生态链在张江蓬勃发展的良好起点。麒麟鲲鹏中国生物药业有限公司是生产促血、促白生长因子的生物医药公司，1997 年准备在中国造地设厂。生物医药是张江园区的重点发展产业，我们非常希望将其引到张江来。为此，我陪钱仁杰总经理去找到了政府主管部门国家科技部当时的主管领导惠永正和社发司的领导，向他们介绍张江园区发展规划，请求他们支持。惠永正部长从国家发展生物医药的战略出发，建议在张江建立国家生物医药（上海）产业园区。这一建议向上汇报后，得到了浦东新区、上海市领导的一致同意和支持。在钱总的带领下，我和张江创业中心的同事，积极投入到产业园区的筹备工作中。这是一个国家级的专

张江“药谷”

业产业园区，建立了由国家科技部、国家卫生部、中科院、国家医药管理局、上海市领导组成的领导小组。成立大会在北京人民大会堂举行。当时我带了同事王关鑫在北京忙了好几天，筹备领导小组成立大会。因为得到了各方的大力支持，国家生物医药（上海）产业园区领导小组成立大会顺利如期召开，为张江建立生物医药创新体系，大力发展生物医药产业打下了良好的基础。按照钱总的说法，这个国家生物医药（上海）产业园区的概念，是一张空白的旅行支票，发展空间无限，我们有多大的计划和能力，园区的生物医药创新产业就可以做多大。

现如今，生物医药的产业链、创新链已经成为张江园区一道亮丽的风景线。

“聚焦张江”后的新发展

经过三年多的发展，张江创新创业平台已经具有一定的影响力。当然，这只是张江创新创业平台建设的初步阶段，张江高科技园区创新创业平台功能建设得到大增强，则是从 1999 年开始的。

1999 年 8 月，全国技术创新大会提出“科教兴国”概念。紧接着，上海也开了科技创新大会，在这个会上市委、市政府做出“聚焦张江”决策，提出要把张江打造成“科教兴市”的一个高地。从这个时候开始，张江真正成为上海的一个焦点和亮点，很多项目、资源开始向张江聚集。这个时候我任张江高科技园区开发公司副总经理，负责项目招商和产业推进，参与了不少项目，其中包括中芯国际和华虹宏力在张江的落地。

华虹宏力落户张江，实际上是市里支持的结果。时任市委书记黄菊到张江视察，曾说过一句话：你们现在给我看住张江这块地啊！你们不要以为现在张江的项目不多，招商的时候就不讲质量。你们给我守住，我心里是要它派大用场的。所以，黄菊同志是很重视张江这个开发区的。为了支持张江，市里把华虹宏力放在张江。

中芯国际能够落户张江，完全是努力争取的结果。当时中芯国际还在到处选址，张江只是备选之一。但这个项目投资非常大，100 亿元，我们以前做的项目都是几千万元、几亿元就完了，因此 100 亿元的大项目对我们来讲极具吸引力，如能落地也能很好地提升张江的产业能级。当时公司领导的决心很大，浦东新区的领导也很支持，我是分管招商部的，为了能够让项目落地，我们通宵达旦做准备，应对中芯国际创始人张汝京的各种需求。最终，我们的诚挚和高效打动了张汝京，中芯国际最后决定就落户张江。我记得是在 2000 年 7 月一天第一缕太阳升起的时候，中芯国际的第一根桩打下去。

中芯国际进入张江园区后，示范效应很快显现出来，带进了一批设备公司、设计公司。芯成半导体有限公司（ISSI）里的一位华人高管浦汉沪曾向我介绍集成电路产业特性。他说，集成电路产业实际上是一个产业链，有两类产业模式的企业，一类就像英特尔这样的 IDM 企业，从设计、制造到销售都自己做；另一类，就是我们引入的中芯国际所代表的“代工模式”，设计公司只做设计不造厂，因为造厂太贵了，不同的设计公司可以委托专业的代工厂生产芯片。他说，张江现在有了制造代工厂，还可以建立产业链。集成电路产业链包括代工工厂、设计公司、设备公司、配套服务公司、耗材公司等等。张江第一个就应该找设计公司进来，这个代工厂就是为设计公司服务的，设计公司在厂边上，大家就相得益彰。那时候他就给我介绍了产业链（industrial chain）、生态链（eco-system）这些概念。听了以后，我觉得茅塞顿开。2001 年初，公司年度务虚会上我提出要在张江建立一个集成电路的产业链和生态链的工作目标。达成共识后，我们按照这个设想开始主动招商。我们把全世界做得最好的设计公司列了一张名单出来，然后主动上门。我们到美国硅谷，到 Xilinx、Altera、Nvidia、Marvell、AMD 等世界上最好的集成电路设计公司，向它们介绍我们张江是以科学为基础的工业园区，集成电路是我们重要的发展领域，邀请你们到张江去发展。刚去的时候它们还没有来中国发展的计划，但现在这些公司在张江都有它们的分支，它们培养了很多中国工程师，很多的创业公司就是从这些分支里面出来的。

有了产业链以后，还要建立创新链。只有以产业链为基础，把创新链培育起来、带动起来，这样才可以形成一个不断滚动向前的发展机制。因此，大概从 2002 年起，我们开始着重打造张江的创新研发生态。当时我们花了很多精力，引进国内外最好的高科技企业研发机构到张江。可以说，当别人在造厂的时候，我们张江在建产业链；当别人开始找大项目的时候，我们张江开始引进建设大学、研究所、企业研发中心，我们一直走在了全国前列。

现在张江有一批跨国公司的研发中心，这当中影响最大的应该是通用电气公司的研发中心。我记得很清楚，有一天时任市政府副秘书长朱晓明主持召开研究通用电气公司（GE）研发中心落户会议，我参加了。比较巧的是，会前我刚读过 GE 前总裁杰克・韦尔奇的传记，感到通用电气真是一个非常有创新活力的百年老店，意识到通用电气研发中心是好项目。会后，我跟通用电气中国总经理交流，向他介绍张江 science-based industry park 的理念。第二天他就到张江看环境了。具体谈的时候，通用电气说要一块很大的地，建设 GE（中国）研发和运营中心，包括 GE 中央研究院中国分部和各事业部的专业研发部门，当时设想的那块地还在动迁，我和同事带 GE 中国的领导和工作人员去看地块。那天还在下雨，大家站在一座小石桥上遥望规划中的地块，小石桥上面还有一地居民晒干的鸡毛。我们用手指着不远处的农田说，以后你们的研发中心就建在那里。他们也真的信了，我们谈得很快，一个星期就

2003 年 10 月，美国 GE 公司全球研发中心落户张江

落定了。后来很快就建成了。

通用电气研发中心落地张江后，很多跨国公司来中国设立研究中心，来访者一定要到张江来看一看，否则回去交不了差。因为张江宣传了那么多年，已经名声在外。还有就是，通用电气在这里落地了。如果不选张江，来访者必须跟老板解释，为什么通用电气选的地方你不选。所以，后来像杜邦、罗门哈斯、韩国SK、霍尼韦尔等等，世界上最好公司的研发中心都到张江落户了。这些研发群体来了以后，把最好的产业研发水平带进来，然后还会带进创业公司。这样，张江上有最高大上的公司，下有不断创新创业的初创公司，创业的创新链慢慢形成。

后来我们还建成了同步辐射光源。这个项目是复旦大学校长杨福家指点给我们的，他曾经担任张江园区发展的顾问团成员，他告诉我们有一个国家大科学装置——同步辐射光源准备建造，杨校长建议张江应该去积极争取。他说，你们不是要建 science-based 嘛，同步辐射光源就是 science-based 啊。有了这套装置，科学就可以做到最好；科学做到最好，产业就可以发展到最先进。当时我们张江都没人知道同步辐射光源是什么。我正好了解第二代同步辐射光源在合肥的中科大，就请钱总及相关人员去合肥看了看。根据张江顾问团成员的建议，我们还去美国芝加哥 Argonne 国家实验室看了当时国际上最先进的同步辐射光源。我们发现这个科学装置的用户范围还是比较广泛的，有大学、科学院、企业、军队，于是，就很起劲地筹划起这个事情来。到 2004 年初，在上海市和中科院的大力支持下，上海同步辐射装置被批准正式开工建设，并正式被命名为上海同步辐射光源，简称上海光源，2009 年 4 月建成。

现在回过头来看张江的这一段历程，我深有感触：很多思路想到不容易，但是做到更不容易。做到不容易，要坚持，更不容易，必须一以贯之。张江一步步走来，现在已经到科学城这样一个概念了。我觉得我们最初设计的 science-based industry park，eco-system 等元素，已经不断地被认识、认同、深入人心，而这应该也是今天张江如此蓬勃发展、始终充满创新活力的原因之一吧！

向东而进：积极投身张江医药产业基地建设的国家队

【口述前记】

陈凯先，1945年8月出生。药物化学专家，中国科学院院士。1968年毕业于复旦大学。1978年考取中国科学院上海药物研究所研究生，1982年和1985年，先后获得硕士和博士学位。1996年至2004年任中科院上海药物研究所所长。2005年至2014年担任上海中医药大学校长。主要从事药物化学和创新药物研究，是我国该领域的学术带头人之一。现任国家重大科技专项“重大新药创制”技术副总师。

口述：陈凯先

采访：贾彦、白璇煜

整理：白璇煜

时间：2019 年 11 月 29 日

1962 年，我考入复旦大学，按照正常学制，应该在 1967 年毕业参加工作，但由于“文革”，我到 1968 年才毕业离开学校。1968 年毕业后，我被安排去安徽军垦农场劳动锻炼。1970 年劳动结束后，我被分配到湖南中南制药厂工作。从此，我跟医药结了缘。

1974 年，我从中南制药厂调到湖南医药工业研究所工作了四年。1978 年，高考招生恢复，研究生招生也开始恢复。我当时抱着进一步学习深造的想法，报考了中国科学院上海药物研究所的研究生。硕士研究生毕业后，我又继续攻读博士研究生。1985 年 2 月获得博士学位后，我于 3 月去法国留学。三年后学成归国，我回到上海药物研究所工作，先后担任研究室主任、研究生部主任、副所长、所长等职务；学术上从助理研究员做起，逐步晋升为副研究员、研究员、博士生导师。

与上海药物研究所共同成长

我在上海药物研究所主要从事计算机辅助药物设计研究工作。过去人们进行药物筛选主要通过试验的方法，比如在动物甚至在人体上做试验，这样的药物筛选方法比较盲目，效率低、成本高、风险大。随着科学技术的进步，20 世纪 60 年代起，国际上逐步兴起了一个新的学科领域，叫“理性的药物设计”。这个领域以分子生物学、计算机科学和理论化学为基础，通过对药物化学结构与药理作用之间的关系做出科学理性的判断和认识，从而引导药物筛选的方向，避免原来那种盲目的筛选。经过几十年的不懈努力，目前我国在这个领域的发展已经取得很大成绩，在国际上有相当大的影响。而上海药物研究所是国际上该领域里重要的、知名的研究单位之一。

1996年，科技部、国家医药局等部门和上海市政府合作建立了张江生物医药科技产业基地。浦东和张江园区的领导希望上海药物研究所能参与到基地的建设和发展中来。我们向中科院路甬祥院长汇报之后，路院长非常支持。我记得当时在人民大会堂举行了科技部、上海市合作签约仪式，国家科委副主任邓楠、上海市市长徐匡迪都出席了。中科院也出席了仪式，但当时还不是签约方。中科院院长路甬祥当即让我陪他去见在场的上海市领导，向上海市表达中科院愿意积极参与张江生物医药产业基地建设的想法。这可以说是中科院加入浦东张江建设发展的重要开端，此后，中科院参与张江生物医药产业基地建设的思路逐步明确，上海药物研究所搬迁张江的计划也逐步形成。

1996年，我担任上海药物研究所所长。上任之后，我和所领导班子就在思考药物所的发展之路。那时上海药物研究所在中科院系统中一直是一家“默默无闻”的单位，人员不多，地方也较小。当时药物研究所的所址在岳阳路，建筑陈旧，设备也落后。我记得有个剧组拍电视剧，需要找一个20世纪二三十年代很落后的实验室场景，导演找到我们所合成化学实验室一看，说：“这个地方很好，很符合要求，不需要改动。”可见，当时药物研究所的硬件环境是一个什么状况。面对这样的条件，作为所长，我必须思考药物研究所未来如何发展，怎样才能争取到更多的优秀人才、更多的项目、更多的国际合作，赢得更高的业内声誉，拥有更多的话语权。

就在那段时间，科技部开始实施推动药物创新研究的“1035工程”。“10”

是指研发10种新药，“35”是指建立一批平台体系，包括5个新药筛选中心、5个安全性评价中心、5个药物临床研究中心，“35”是药物研究重要的技术支撑。在中科院和上海市、浦东新区的大力支持下，我们通过努力，最后争取到国家新药筛选中心落户上海药物研究所。1997年，国家新药筛选中心成为首批落户张江生物医药产业基地的机构。上海医药工业研究院承担的国家药物安全评价研究中心也在差不多同一时期落户张江生物医药产业基地。这两个机构是落户张江生物医药产业基地的机构中最具影响力的国家级研究平台。国家新药筛选中心由中国科学院、浦东新区、上海市科委共同投资，于2000年建成投入使用，它的建成具有重大的意义。

长期以来，我国的新药筛选都是人工开展的，效率很低，所用的模型也比较陈旧。新药筛选中心建成后，我们拥有一个用现代化技术管理的化合物库，里面保存有大量的各种各样的化合物。我们可以建立一个新的代表某种疾病机制的筛选模型，用化合物库中的化合物去进行大规模的筛选，从而发现新药。这就要求这个化合物库的管理要现代化，化合物结构要多样性，同时还要求创建一批分子水平和细胞水平的筛选模型，采用机械手、大规模自动化的方式进行筛选。这比以前通过动物实验、人工筛选的方式先进很多。国家新药筛选中心现已成为国内最先进的药物筛选机构。

随着张江生物医药产业基地的不断发展，在张江落户建设的除了国家新药筛选中心和国家药物安全评价研究中心外，后来还有药物代谢研究中心、中药创新中心、南方基因组研究中心、模式动物中心等机构相继落户，一个生物医药创新研发的技术链、国家新药研究创新框架逐步建立起来，从长远来看意义重大。

与此同时，近年来国内一些医药企业也开始陆续构建自己的创新平台。虽然多数药企研发创新能力还不强，但有一批实力比较雄厚的企业已经走在了自主创新的前列。这些企业对研发创新高度重视，建立自己的研发中心，聚集了一批国内外毕业的博士、博士后等青年研究人员，并且投入很大的资金支持创新研究。这类企业有不少在自主研发上已取得显著成果，通过科研成果市场转化，企业获得了高额的利润回报。这些企业是构建产业创新体系的先行者和生力军。事实证明，只有坚持创新才有出路。相信经过若干年的不懈努力，我国的创新能力能够更加充分地展现出来，结出更丰硕的果实。

搬迁张江是正确的决定

1999 年，上海市副市长兼浦东新区区长周禹鹏找我谈话，希望上海药物研究所能搬迁到浦东张江。当时，张江建设总体还不成气候，落户的单位还很少，张江对外界的吸引力也不大。此时中科院正在大力推进“知识创新工程”，努力寻求和加强与地方的合作。我们向中科院汇报了上海市的想法，路甬祥院长和江绵恒副院长对此都很支持，并积极推动将上海药物研究所搬迁浦东纳入“知识创新工程”。

关于搬迁，上海药物研究所内部也有过不同的声音。上海药物研究所原址岳阳路附近有很多中科院的单位，各研究所之间进行交流很方便，学术氛围浓厚。有的同志担忧，上海药物研究所孤军搬迁至浦东，离开了中科院这个整体的支撑，如何发展？还有一些同志提出一些具体的困难，比如小孩上学问题、上下班交通问题等。一位兄弟单位的老领导也好心地对我说：“凯先，你当这个所长是有责任的，不能让人家说你把所给卖了啊！”当时面临的各方面压力确实很大。我拜访了所里的各位老院士、老先生，逐一跟他们谈，获得了他们的理解和支持。这些老先生都是经历过旧中国各种战乱变故的前辈，看着药物研究所一步步发展到今天，他们在全所会议上明确赞同搬迁浦东，支持药物研究所在新时期开拓创业。老先生们德高望重，他们的态度对于统一全所思想认识发挥了很大的作用。

中科院副院长陈竺主持的人类基因组南方中心当时已在张江落户。一次会议期间，我专程去找他，请他谈谈东迁张江到底好不好。他非常明确地表示：张江的环境对单位的发展很有利，赞同上海药物研究所搬迁张江。陈院长的话更加坚定了我搬迁张江的决心。上海药物研究所搬迁到张江，是站在中科院要进一步融入国家发展战略的角度考虑的。张江的发展是国家改革发展的一个大战略，上海药物研究所的搬迁是融入国家战略的重要一步。

上海药物研究所搬迁到张江，得到了上海市、浦东新区、张江管委会的大力支持。我们选址的要求是希望交通尽可能方便，面积尽可能大一些，建设能达到“20 年不落后，50 年可改造”的水平。张江最初给我们的选址靠近罗山路，刚好在一条高压线下面，这对仪器设备、动物模型都可能产生一定

中科院上海药物研究所全景

的影响。经过和张江管委会商量，最后换到了现在这个地方。一开始张江划给我们的土地面积为 37 亩，我们感觉不够。经过几次商讨，最后张江同意把边界北推 15 米，增加 4000 平方米面积，增加的土地需要由中科院出资购买，但价格低于市场价。建成之初，所区面积感觉还可以，但很快就发现还是太小，不够用了。

2003 年春天，上海药物研究所张江新址建成并投入使用。中科院上海药物研究所是第一家整建制搬迁至张江的生物医药研究机构，对张江吸引更多的机构落户起到了非常大的示范效应。

在张江新址建设期间，我们所领导班子几个成员在这里拍过一张照片，四周还是一片农田。其实，当时我心里也是五味杂陈，既对未来抱有一种希望，希望将来这里能建起一个发达的、先进的药物研究所，但同时心里也有一点忧虑，对搬迁后的上海药物研究所能不能持续发展下去有所担心。因为我曾经看到有一些研究所搬迁后，由于种种因素，单位发展乏力，不断萎缩，逐渐化解于无形了。好在后来的事实证明，上海药物研究所搬迁到浦东张江是完全正确的选择。搬迁后，上海药物研究所有了更好的发展环境，促进了新药研究的进一步创新发展。

上海药物研究所搬迁到张江后发展很好，越来越有活力，以前争取不到的大项目，现在争取到了；以前难以引进的人才，现在也能引进了。上海药物研究所的吸引力越来越大，带动示范效应也越来越强。中科院和上海市的整体合作不断推进，合作建立了上海科技大学、中科院高等研究院等机构，建成了同步辐射光源、蛋白质科学等大科学装置，形成了张江目前的布局和发展态势。

上海药物研究所搬迁后的发展离不开张江高科技园区的大力支持。随着药物研究所工作的拓宽、人才的引进，一些新问题也层出不穷，这些新问题都是通过张江的支持逐步解决的。比如，药物代谢研究中心原有的空间不足，我们所内部无法解决，张江把上海药物研究所马路对面的一幢楼给了我们，解决了大问题。上海药物研究所二期、三期园区，都是在张江土地资源紧缺的情况下支持和帮助我们建设发展起来的。现在，上海药物研究所正在积极申请建立药物科学国家实验室，这个国家实验室比以前的国家重点实验室规模更大，层级更高。张江对此积极配合，对于国家实验室的选址用地等给予大力支持。在资金经费上，我们也感受到张江对园区内单位的有力支持，无论是上海药物研究所的所得税，还是人才的个人所得税，张江都给予一定程度的减免；上海药物研究所申请到国家大项目，张江也会给予一定的配合；张江还设有科创基金，对新药研发项目有一定的支持。此外，浦东新区每年举行大量的科技学术活动和高峰论坛，对于把张江发展为高科技资源集中地发挥了重要作用。这些学术活动上海药物研究所都积极参与，通过交流与合作促进了学术发展。我担任过浦东新区科协副主席、主席，对此有很深的感受。

中科院上海药物研究所实验室内景

积极推动中医药科学发展

2004年底，我担任上海药物研究所所长的第二个任期已经届满，根据中科院的规定，不再连任。市委组织部找我谈话，希望我去上海中医药大学担任校长。我当时的第一反应是“不敢接受”。我从事了几十年现代药物研究，对于中医可以说是100%外行，对于中药是90%外行，怎么能去中医药大学当校长呢？但是，市里的态度很明确，通过中科院领导找我谈话，我最终接受了组织的安排。

组织上安排我担任上海中医药大学校长，是从促进科技与教育融合、现代科技与传统医学融合的角度考虑的。张江集聚了大量生物医药科研与产业机构，上海中医药大学也搬迁到了张江，具备了融合发展、传承创新的良好条件。

2005年3月，我就任上海中医药大学校长。作为校长，我必须思考如何将自己多年的现代科技背景以及资源为发展中医药大学和中医药事业服务。我拜访了很多老中医，召开了多次座谈会，召集各方深入讨论中医药的发展思路。我的想法是，一方面要原汁原味地传承传统中医药的精华，也就是要将老中医以及中医药本质的东西保护好、继承好，决不做把中医精华丢掉的事情，充分发挥中医的特色和本色。另一方面，也要积极推动中医药和现代科技的交叉和结合。上海中医药大学搬到张江，成为“张江药谷”的一部分，还要努力提高学术地位，充分发挥大学对经济发展和社会进步的推动作用。为了实现这些目标，必须建设高层次的人才队伍，产生高层次的研究成果，创造学科间的交叉和融合，以推动中医药学科发展。

我和全校师生一起，以中医药现代化和建设张江中医药园区为目标，推动学校教学和科研发展，积极融入张江药谷建设。上海中医药大学创新平台建设取得了显著进展，先后争取到“中药现代制剂技术教育部工程中心”“部市共建中药标准化重点实验室”等一批研究中心建设项目落户张江，同时还承担了“973计划”“支撑计划”等一大批国家重点研究项目，提升了张江的科技创新水平和影响力。学校还在浦东新区政府领导下，积极参与张江中医药园区的规划和建设。浦东现已成为两个国家级的中医药示范园区之一。

张江园区科教研机构高度密集，有力地推动了上海中医药大学与中科院等单位的合作和交流，有利于发挥传统医学和现代科技各自的优势，在中医药的基础和应用领域开展多学科交叉的综合研究。上海中医药大学与国家航天员训练中心开展交流合作，促成了大学研发的中医“四诊仪”成功应用于欧盟—俄罗斯—中国的国际航天合作项目“火星500”计划，受到国际赞誉。上海中医药大学承担的“中医脏腑理论肾藏精的研究”“基于临床的灸法作用机理研究”等中医“973计划”项目取得了一批有价值的成果，得到很高评价。上海中医药大学与企业合作开展的“体外培育熊胆粉”研究，已经取得关键突破，有望在攻克濒危珍稀中药资源的可持续利用难题上取得成功。我本人牵头承担的国家支撑计划项目“中药有效成分群关键技术研究”，在复方中药关键技术研究中取得重要突破。今天，上海中医药大学正在张江这片创新热土上蓬勃发展，既为张江园区发展增光添彩，也从张江的大环境中吸取了自身发展的活力和动力。

把浦东软件园建成国内一流的软件园

【口述前记】

胡鋐亮，1943 年 11 月出生。曾从事教育、科研和外交工作。1997 年 1 月至 2005 年 6 月，任上海市张江高科技园区开发公司副总经理兼总工程师。1998 年 5 月至 2007 年 12 月，任上海浦东软件园有限责任公司党委书记兼总经理，亲历了浦东软件园建立发展的全过程。2008 年至今，先后任张江集团有限公司软件总监、上海浦东信息化发展研究咨询中心主任等职。

口述：胡鋐亮

采访：贾彦、白璇煜

整理：白璇煜、贾彦

时间：2019 年 11 月 15 日

由原国家信息产业部和上海市政府共同组建的浦东软件园是“国家软件产业基地”和“国家软件出口基地”。它自诞生之日起，就一路见证了中国软件产业发展的全过程，我非常有幸参与了这一进程。我是 1996 年底回国的，1997 年出任张江高科技园区开发公司副总经理，1998 年出任上海浦东软件园有限责任公司党委书记兼总经理。

首先简单介绍一下之前我的工作经历。1965 年我从中国科技大学毕业后，留校工作。改革开放后，1981 年，我第一次走出国门，被公派去德国从事同步辐射研究工作。1985 年至 1990 年，我又去加拿大哥伦比亚大学工作五年，帮助化学系建立起了表面实验室，并担任表面实验室主任。其间，我还到美国加州理工学院工作，从事表面科学的研究。1993 年到 1996 年，我被教育部抽调到中国驻美国纽约总领事馆担任教育领事，任期三年。我在国外的工作经历前后加起来有十年时间。

来张江开启新事业

在驻纽约总领事馆的任期期满之后，我就回国了。上海市市长徐匡迪和副市长赵启正、蒋以任、周禹鹏等领导分别找我谈话。当时，我是联合国教科文组织中国组科学处处长。徐匡迪市长对我说，你可以选择去政府机构，也可以选择去企业，现在张江很需要像你这样的人。周禹鹏副市长对我期望有加，希望我能把国外的相关优质资源引进到浦东。当时给我两个选择，市外经贸委和张江高科技园区。这两个选择都跟我的自身条件和经历有关系。我长期在国外工作，外语比较好，当时上海正在建设地铁，需要从德国引进设备和技术，而我曾经在德国工作过，对国外的情况熟悉，应该说是比较合适的；我从上海中学毕业考入中国科技大学后，一直搞科研、搞教学工作，我本人对此也感兴趣。虽然我有过非常宝贵的行政管理工作经验，做得也很努力，但我自认为不是特别适合，也不太想继续从事行政工作。我的设想是做高科技产业方面的工作，因为我接触面很广，无论在国内还是国外。

经过慎重考虑，我放弃了联合国教科文组织中国组科学处处长的工作，也放弃了国外的其他工作，决定来张江高科技园区工作。

回国除了对事业的追求之外，还有个人的原因。我回国的时候已经53岁了。我是独生子，没有兄弟姐妹，自从我去中国科技大学读书之后，长期与父母分离。在父母身体还好的时候，他们很为我这个儿子骄傲，但随着父母年纪越来越大，问题就出现了。我的父亲脑溢血去世的时候，不在他身边。我平生第一次坐飞机就是接到父亲病危的电话，从北京坐飞机飞回上海。可是，当我见到父亲时，他已经不能说话了。面对这种情形，我感到很难过，很痛苦。我在国外工作期间，母亲病危，我也不能赶回来。经过这些事，我思想上的负担很重。在年轻的时候，我认为对父母最大的孝顺就是自己的成功。在年纪渐长之后，特别是经历了父亲去世，我觉得对父母的孝顺，是在他们需要子女的时候，我能在他们身边照顾、陪伴，要不然，真像我母亲说的那样，有我这个儿子就像没有一样。在母亲多次病危之后，我就决定，不管以后有什么好的事情，我都不要了，我想回国工作，回到母亲身边。

各位领导都了解我的家庭情况，希望我能留在上海工作，这样方便照顾母亲。我只是一个很普通的知识分子，父亲是一个清贫的小学教员，母亲是文盲，家庭出身普通，上海市领导能这样亲自邀请我回来工作，我当时真的受宠若惊。

我刚到张江时担任张江高科技园区开发公司副总经理，直接参与建设了一批技术先进的信息产业项目和企业。当时，张江只有生物医药产业，我来了以后，成立了一个信息产业工作小组，我担任组长。我跟美国的一家信息技术公司联系，在张江成立一个JAVA研发中心，这是我到张江后做的第一项工作。接着，中芯国际的创始人张汝京找到我，开始谈中芯国际项目。张江信息技术项目都是由我出面。信息技术主要有两方面内容，芯片和软件。芯片是“大脑”，软件是“思想”，这两方面是信息产业的核心，所以，我就抓这两件事。我先抓芯片产业，再抓软件产业。软件产业方面，JAVA中心已经建起来了，芯片产业我就抓住张汝京。张汝京当时在深圳和北京之间来回跑了很多次，想找个合适的地方发展芯片代理加工产业。我跟张汝京谈了很长时间，说服他在张江落户，建立了中芯国际。“中芯国际”这个名字是我取的，意为“中国的芯片国际化”，张汝京表示赞同。中芯国际现在应该是全国最大的芯片代理加工企业了。

我一直对半导体产业情有独钟。我在浦东新区管委会作的第一个报告就是“芯片——国力之源”，现在看来，这句话还是对的。我在德国学习同步辐射，回国后，我就在中国科技大学参与建立了一个同步辐射加速器，这是我国第一台800 mev的同步辐射加速器。我到张江工作后，发现张江也在搞同步辐射，这是我没有想到的。我把合肥同步辐射建设的一些经验、教训带到张江，参与了同步辐射光源的建设工作。上海的同步辐射光源是目前国内最好的一台。同步辐射在芯片上的应用主要是光刻，没有同步辐射技术，极大规模集成电路芯片是很难做的。

在我任期内，张江吸引了上百家芯片设计企业落户，现在大概有300家了。上海的芯片产业链在国内是最完善的，不仅有芯片设计、制造企业，还有芯片封装、测试企业，而且已经形成了企业集群。

三个“部市协议”

1998年5月，我到浦东软件园有限责任公司正式上任。我经常对身边的同事说，现在是我们国家软件产业一次难得的发展机会，中国人才济济，我们不能满足于现状。在我到任前后，浦东软件园这个项目经历了一段过程，前后共签了三个“部市协议”。

第一个“部市协议”在1992年3月，由机电部副部长胡启立和上海市副市长刘振元分别代表机电部和上海市政府签署，叫做《关于建立上海浦东软件园的协议》。之前在1991年，机电部副部长曾培炎率工作组到上海，提出要在上海建设一个软件园，发展软件产业。当时，整个中国还没有软件园这样的新生事物，建设软件园这个建议可以说是很先进的。1992年7月，国家计委批准浦东软件园立项。1996年2月，国家计委下达了《浦东软件园项目可行性研究报告批复》。从立项到批复经历了四年时间。《浦东软件园项目可行性研究报告批复》提出成立浦东软件园发展公司，注册资本金4500万元，部市各出一半，总投资1.5亿元。但是，项目一直启动不了，原因在于软件园的管理体制和经营机制不清晰。软件园这个新生事物带有房地产性质，管理体制和经营机制都是需要面对的新问题，当时国内没有可参考的经验。这些问题没有解决，项目就无法落地。软件园建设面临的问题有很多，首先就是地块问题。软件园应该建设在哪里？一会儿选这里，一会儿选那里，地块大还是小，一直都没办法定下来。

第二个“部市协议”在1997年9月，电子工业部和上海市签署了《关于加快建设上海浦东软件园的补充协议》。这个协议突出了“加快”二字，因为距离第一个“部市协议”签订已经过去了6年，项目却一直没有正式启动。在这个《补充协议》里很多问题都得到了解决：比如说地块问题，张江给软件园划了一块地，3万平方米，一个窄长条形的地块，也就是浦东软件园一期；按照《公司法》将原来的浦东软件园发展公司改制为有限责任公司，设有董事会和监事会，实行总经理负责制；中国电子信息产业集团公司（CEC）代表信息产业部出资，张江集团代表上海市出资，这两家公司成为浦东软件园有限责任公司的股东；董事长由中国电子信息产业集团派出，总经理由张江集团派出，我当时是张江集团副总经理，代表张江集团出任浦东软件园有限责任公司总经理；财务总监由中国电子信息产业集团派出。这样地块问题解决了，体制机制问题也解决了。1998年10月，浦东软件园一期开工建设，2000年3月建成。

第三个“部市协议”于2000年7月由信息产业部副部长曲维枝与上海市副市长周禹鹏签署，决定启动上海浦东软件园二期工程，确定了浦东软件园二期9万平方米的建设用地。

经过三个“部市协议”的签署，浦东软件园的体制机制基本理顺了，地块也确定了，接下来就是园区建设和产业发展。对此我是不遗余力，全身心投入。通过一期、二期建设，园区占地面积达到12万多平方米，建筑面积16万平方米。2002年6月二期开园后，进驻企业超过1000家，吸引内资20多亿元，形成以软件出口、微电子设计、信息安全产业为主线的产业发展框架。微软、惠普、索尼、甲骨文等大型跨国软件企业，印度四大软件企业都相继入驻。

为“中华第一软件园”打拼

我在浦东软件园工作了十多年，有很多感想和经验。我先谈谈在人才引进和政府支持两方面的感想。

软件产业的发展离不开人才。在人才引进方面，我们靠事业吸引人，靠关心和支持留住人，靠成功者的榜样鼓励人。在我任职期间，我经常去美国出差，也陪同浦东新区领导去过美国多次。在美国，我们跟各地的留学生会面，向他们宣传上海、宣传浦东、宣传浦东软件园。在宣传的过程中，我常常拿留学归国人员中的成功者作为例子，吸引留学生回国。大多数留学生其实并不想在国外生活一辈子，而是在寻找合适的机会回国创业。留学生在国外学了那么多知识，为老外打工赚到了钱，钱赚得足够多了，如果不做一些对国家有意义的事情，其实也没什么意思，这是大多数留学生内心深处的情结。国内的宣传跟不上，导致留学生对国内的情况不了解，这是阻碍留学生回国的主要原因。因此，我特别注重对留学生群体的宣传工作，通过向他们宣传一些留学归国人员创业成功的例子，邀请留学生来浦东、来张江看看，让留学生们了解国内的政策和发展环境，吸引他们回国开创事业。

政府的重视和支持是浦东软件园成功的保障。一是土地支持。浦东软件园一期 3 万平方米的土地是政府以 100 元 / 平方米给的，公司拿到土地之后，用市场评估价向银行贷款，土地成本极低。二期 9 万平方米的土地是以 200 元 / 平方米的价格拿到的，当然，三期的土地就是以市场价拿了，因为那时浦东软件园已经发展起来了，有实力拿地，政府就不再给予优惠了。我的感想是，在社会主义市场经济下，政府认定必须要做的项目，一定会大力支持“扶你一把”，等项目运行成熟后，再放手。如果政府不“扶你一把”，对于很多项目来说，由于没有原始资本积累根本就无法开展。在西方国家，政府给予企业这样的扶持，一般不太可能，市场上有各种风险投资，但是，风险投资的成本和回报都是很高的，跟我们国家的这种政府扶持完全是两回事。二是资金支持。政府根据企业上缴的税收给予企业一定比例的资金补贴。这跟后来所说的“税收返还”类似，但在当时还没有这种叫法。三是帮助拓展市场。比如，我们组织的各类大型峰会、展会，上海市和浦东新区的领导都会出席，政府对企业的发展给予大力支持；我陪同浦东新区领导去印度考察招商，实质上是政府为我们招商背书，增加外商对投资中国的信心；知名企业或大型企业来落户，浦东新区领导都会亲自接见。政府还给企业各种认证和资质，给予创业者各种荣誉。

此外，我认为园区的发展战略还有几点经验特别重要：

一要做好规划。园区的地块原来是农业用地，现在把这么好的地给了园区搞开发建设，绝对不能浪费，要用高度的责任感来用好这块土地。在我任职期间，每年都会把原来在园区地块耕种的农民兄弟召集起来，向他们汇报本年度园区的开发建设情况，投资多少，产出多少，为国家贡献产值多少，上缴税收多少，让农民兄弟感觉到这块土地值得交到我们手中。在园区内工作的都是从事脑力劳动的知识分子，要让他们在园区内愉悦地工作，所以，要把园区建设成为花园式园区，形成高档的人文社区。园区的容积率不能太高，一般1.5左右，绿化率至少35%；园区的楼不在大，有水则灵；楼不在高，一定要能自由分割、扩展。停车场必须全部建在地下。园区要为孵化器、各类服务企业、生活配套设施留有足够的面积。园区要有标志性建筑，也要有适应各类大、中、小型企业的空间。

二要做好招商。我的经验是先招外国的大型企业。能来中国投资的外国企业一般都已经在中国有了一定的市场基础。中国的各项生产成本低，它们

浦东软件园俯瞰

也需要一个合适的机会进入中国。这样的外国企业入驻为园区树立了大旗，立了标杆。入驻浦东软件园的第一家外国企业是索尼，第二家是花旗。这些外国大企业入驻后，为它们配套服务的一些中小企业就跟着入驻园区，园区的人气起来了，接着，中国的一些软件标杆企业也跟着入驻了。

三要尽可能获得各种国家级的支持。浦东软件园是中国第一个国家软件产业基地，第一个国家软件出口基地，第一个信息安全产业基地。这些称号为园区发展带来了各种政策支持，对入园企业有极大的好处，同时，对园区招商也极为有利。

四要努力创新，做好服务。房地产服务是园区最基础的服务，除此之外，我搞了三大服务体系：公共技术服务体系、商业服务体系和生活后勤服务体系。公共技术服务体系建设方面，我们先建成数据中心，再把数据中心扩展成云计算和大数据分析的大规模数据中心，可以为园区企业提供各种计算分析服务。我们还建成了有国家评测资质的浦东软件园软件评测中心和集成电路设计工具租赁平台。这样的公共技术服务为入园企业大幅度降低了成本，实现“拎包入住”。此外，我们还成立了电子出版社，为入园企业的软件产品提供版权保护。在商业服务体系建设方面，我们成立了市场服务中心，帮助入园企业开拓市场。市场服务中心组织举办一年一次的“上海软件外包服务峰会”，还组织举办“软件展示交易会”，组织园内外买卖双方的企业开展软件交易。此外，我们还为入园企业和金融机构牵线搭桥，方便企业投融资。后来，浦东软件园有限责任公司也直接进行产业投资。生活后勤服务体系包括各种便利店、理发店、餐饮服务、交通服务等等。在生活后勤服务体系建设方面，浦东软件园有一个短板，那就是住宿问题难以解决，造成这种情况的根本原因在于缺乏土地资源，受传统思维“先生产、后生活”的影响较深。

浦东软件园一期建成后，建设二期的时候，董事会要求通过“增资扩股”筹措建设资金。也就是说，在原来两个股东的基础上，允许再增加股东，资本金由原来的4500万元增加到8000万元。此外，董事会还明确要求要“溢价扩股”。经过艰苦努力，11个月后，我终于做成了1∶3.5的“溢价扩股”，资本金从4500万元增加到8000万元。公司还在我的策划和努力下，获得了8750万元的自由资金。从2002年到2004年，浦东软件园有限责任公司完成了三轮增资扩股，以溢价方式募集资金2.4亿多元，吸纳大量社会资金投入国家软件基地建设中来，不仅为公司的产业发展募集了宝贵的资金，也完善了公司在社会主义市场经济条件下多元化投资的法人治理结构。董事会对此很满意。2007年，浦东软件园有限责任公司收入2亿元人民币，其中，房地产租金收入5000多万元，各项服务收入4000多万元，产业投资收入1亿元，浦东软件园园区的产值超过100亿元人民币。

始终牢记自己是一名共产党员

1998年到2006年，浦东软件园从一片农田发展成为国内一流的软件园，入驻企业超过200家，从业人员16000人，园区年总收入104亿元人民币，软件出口产值1.5亿美元。可以发现，软件出口的收入非常可观，这其实也是国家大力发展软件产业的初衷之一。2010年，浦东软件园园区的产值已经达到260亿元人民币，出口产值6亿美元。2018年，浦东软件园一期、二期、三期园区的总面积达到58万平方米，产值达到760亿元人民币，上缴税收53亿元人民币，园区集聚企业1701家，其中，在园区注册的企业达到900多家，入驻企业700多家，从业人员45000人。浦东软件园的总产值可能不是全国第一，但浦东软件园的人均产值、单位面积产值绝对是全国第一。因为外地有些软件园是政府办的园区，不是公司体制，土地面积比较大。而浦东软件园是按照《公司法》成立、运作的企业，从资源利用率来说，肯定是比非公司体制的软件园要高得多。所以，我认为软件园经营最好的体制是企业体制，最好的机制是市场经济的机制。有人说，私有制的企业效益高，在我看来，只要你全心全意、全力以赴去做，公有制的企业也可以做得很好，甚至更好！

浦东软件园的创业人员获得过大量的荣誉。我个人获得过“优秀留学回国人员”“浦东新区建设杰出贡献者”“全国五一劳动奖章”等荣誉，当选党的十六大代表。我很看重这些荣誉，因为这是党和政府对我工作的肯定，是对一个留学回国人员的肯定、对一个知识分子的褒奖，最重要的，是对一名老共产党员的肯定。

作为共产党员，我对劳动人民总是怀有一种朴素的情感。1998年底，浦东软件园刚开始建设，我经常到工地上去。中午，有时就和农民工一起排队买饭吃。菜应该是很便宜了，但农民工还嫌贵。他们都是从牙缝里省下一点钱再寄回家去。我看了很心酸，要求建筑公司老板一定要在工地上配置开水炉。“五一”劳动节，我以“大老板”的身份，要求建筑承包商在这个节日里送给工人免费的红烧肉。事后，建筑公司老板向我诉苦：“胡总啊，你知道那天敞开吃吃掉多少肉啊？”我就对他说，吃得再多，也吃不穷你。

回顾往事，我对自己选择回国工作从未后悔过。留学归国人员回国工作后都会面临一个适应的过程。留学人员有自己的优势，国内的人员也有自己的优势，相互之间存在竞争，免不了有一些磕磕碰碰，我对这点很清楚。有些留学人员回国工作难以适应，又再次出国，我们叫“二进宫”，甚至有人这样反反复复好几次。我常常对其他留学归国人员讲，既然回国了，一方面要努力适应国内的环境，理解国内的同志；另一方面，要认真工作，做出成绩，还要耐得住寂寞。

回国后，我用实际行动为张江，为浦东开发开放，为国家做了一些自己力所能及的工作，取得了一点成绩，我觉得这正是人生的意义所在。我希望把自己的人生经验、积累的知识全部交给国家和人民。

厚积薄发的张江“硅谷”建设

【口述前记】

殷宏，1968年12月出生。1996年进入上海张江（集团）有限公司工作，历任张江集团招商部员工、部门经理、集团总经理助理、集团副总经理，在张江高科技园区工作近20年，其间主要负责园区招商引资相关工作，特别是经历了1999年“聚焦张江”战略实施以后张江的集成电路产业发展过程。2015年调至中国（上海）自由贸易试验区管委会金桥管理局（金桥经济技术开发区管委会）任副局长（副主任），2018年起调至上海市浦东新区祝桥镇政府任镇长。

口述：殷宏

采访：郭继、孙宝席、沈洁

整理：沈洁

时间：2020 年 1 月 19 日

1996 年我经招聘进入张江（集团）公司工作，在张江集团一直工作到 2015 年，在张江高科技园区工作了近 20 年，主要从事于园区的招商引资以及相关的工作，分管过公司招商引资、公关宣传、客户服务、创业孵化等工作，经历张江高科技园区的重要发展阶段，特别是"聚焦张江"以后，张江的集成电路产业在借鉴了美国"硅谷"等地区集成电路产业发展经验的基础上，集聚大量全球集成电路产业重点企业、建立了完善的产业链，并推动了中国大陆本土集成电路企业的快速发展，使张江成为全球集成电路产业发展的重要区域，从而走出中国集成电路产业发展新道路，并推动我国集成电路产业全面快速发展的热潮。

坚守高科技："聚焦张江"战略实施前的探索

在浦东的四个国家级开发区中，张江高科技园区于 1992 年在一片农田上启动，比浦东的其他开发区启动要晚两年。建设张江的目标就是要打造上海高科技产业发展的高地，成立之初园区将集成电路、软件和生物医药产业确定为要重点发展的主导产业。而当时中国能够发展的是以加工组装为主的制造业，全球高新技术产业、高端先进制造业向中国转移的趋势还远未形成，这对定位于发展高科技产业的张江来说，发展时机还没有到来，起步发展还是比较艰难的。但张江一直坚持高科技产业发展定位，一方面全面研究全球高科技产业发展的特点和经验，包括美国硅谷、中国台湾新竹、日本筑波、法国索菲亚等国际知名的高科技园区，不断探索张江发展高科技产业的路径；同时，在项目招商过程中，宁可把土地空着也一定要引进高科技产业项目。记得当时上海市的主要领导有一次来张江调研时，强调张江一定要坚持高科技产业，发展慢一点不要紧，一定要耐住性子守住未来发展的空间。

集成电路产业一直是我国重点推动发展的产业，1996 年，国家大规模集成电路芯片生产线项目“909 项目”立项，其主体承担单位上海华虹微电子有限公司在 1998 年 12 月正式成立，张江当时非常希望“909 项目”可以落户，以便能够带动园区集成电路产业发展，但是由于各种原因，最后“909 项目”落户了金桥。张江在集成电路企业方面，只有 1995 年引进的与“908 项目”配套的集成电路封装测试企业阿法泰克，除此以外，张江的集成电路产业基本是空白。

张江高科技园区一角

1999年6月，国务院正式批复北京成立中关村科技园区；8月，上海市委、市政府正式提出实施“聚焦张江”战略，要举全市之力推进张江高科技园区的发展，使张江成为上海乃至中国技术创新的示范基地，具有全球竞争力的高科技园区。并再次明确集成电路、软件、生物医药是张江的主导产业。也正是在那个时期，我国制造业已经得到迅猛发展，包括计算机、手机等高端产品制造也迅速向中国转移，这些高端科技产品制造的聚集，带动了对高科技全产业链和技术研发的需求，形成了全球高端制造的产业链和技术创新链开始逐渐向中国转移的趋势。依托“聚焦张江”的政策效应，紧紧抓住全球科技产业转移这一千载难逢的历史性发展机遇，张江开启了从一片空白到世界级集成电路产业集聚发展区域的建设征途。

引进中芯国际：“聚焦张江”战略下的重要突破

国家一直在大力发展集成电路产业，无论“908项目”还是“909项目”，都是希望能够通过与国外大的集成电路企业合资建设，从而能引进核心技术，提升我国集成电路制造的水平和能力。但是，由于集成电路技术发展有着“摩尔定律”的规律，即每十八个月技术就会提升一代，由于大公司合资谈判和建设的周期比较长，因此往往合资生产线建成之日，就是技术落后之时，使我们始终没有机会掌握集成电路主流的核心技术。要推动张江成为全球集成电路重点发展区域，快速建立集成电路产业体系和追赶世界先进水平，必须寻找新的发展路径。而此时，中国台湾地区通过集成电路制造代工模式已经开始颠覆欧美集成电路IDM一体化模式（集设计、制造、封装、测试等多个产业链环节于一身），以台积电（TSMC）为龙头的代工制造企业正在成为新一代的集成电路发展核心，集成电路产业发展模式正处于变革之中。在研究了美国、欧洲、日本、中国台湾地区等集成电路发展路径的基础上，我们果断地选择了走中国台湾地区的集成电路发展模式，以晶圆代工为核心构建张江的集成电路产业链生态体系，发展张江的集成电路产业。

2000年前后曾在美国半导体巨头德州仪器工作，在中国台湾创办世大半导体公司的张汝京先生，抱着到大陆建立集成电路代工厂和推动中国大陆集成电路产业发展的想法到大陆考察，希望在中国大陆投资建设当时世界先进的8英寸集成电路晶圆代工生产线。在当时，大家都比较重视跨国公司的投资项目，但对于一个工程师说要建一个10亿美元投资的集成电路芯片工厂依然抱有一定疑虑，大家都会问项目的投资资金哪里来、芯片制造技术源自哪里、有没有技术团队等问题。而张汝京的团队也看了很多地方，提出了要求很高的投资条件。张江经过认真的分析研究，基于对世界集成电路产业发展趋势的判断，决定全力引进张汝京的投资项目，在市、区各级领导的全力支持下，张汝京先生最终决定将项目放在张江，取名中芯国际集成电路有限公司，寓意中国人的芯片公司。在此过程中，打动张汝京先生选择张江的最主要的原因有两个：一个是张江能够完全理解张汝京先生提出的大陆发展集成电路产业理念；另一个是张江人务实的工作态度和全方位的服务。张江为中芯国际建立了专门的服务团队，全过程帮助进行项目审批、协助项目配套建设、相关政策落实、生活服务等，使张汝京的团队可以全力以赴投入工厂建设中。中芯国际（一期）工程只用了短短十八个月的时间就建成投产了。其间，项目审批需要到国家发改委、原信息产业部、商务部等相关部委审批，在市、区领导的直接关心下，在市相关委办的全力支持下，我们数十次到北京推进完成了项目审批，这期间，还促进了国家集成电路产业18号文的出台，全面带动了我国集成电路产业发展建设的热潮。同时，在建设配套方面，

2001 年 9 月 25 日，“中华第一芯”投片生产

协调完成为中芯国际配套的电力、供水、污水处理等设施建设；在生活服务方面，我们为张汝京的团队提供了海外员工临时宿舍、交通车辆等，帮助他们建设了员工宿舍区、国际学校等，为中芯国际引进超过 3000 名海外高端人才创造了条件。

中芯国际项目对张江集成电路产业发展来说是一个里程碑，正如我们看到的华虹 NEC，摩托罗拉在天津建设的 8 英寸晶圆生产厂，只是建一个芯片加工工厂，而没有形成集成电路产业体系，产业发展带动作用不明显。而张汝京中芯国际代工模式的引入，适应半导体产业未来的发展趋势，在生产技术上密切紧跟国际主流技术，围绕中芯国际形成了一个集成电路产业链和相关的配套产业。中芯国际项目奠定了张江“制造代工 + 芯片设计”的集成电路产业发展模式，确立了汇入全球主流集成电路技术的发展路径，开启了集成电路产业集群和高端人才汇聚的序幕。

学习“硅谷”经验：构建面向全球的集成电路创新体系

张汝京先生在投资选址时就提到，他在张江不是简单建设一个集成电路芯片加工厂，而是要建立一个具有全球影响力的包括芯片设计、掩膜、封装测试，以及设备、材料配套企业等的集成电路产业链集群，从而才能在张江形成集成电路制造业的优势，中芯国际也才能与全球的其他集成电路企业竞争。也就在中芯国际项目建设的同时，同样选择代工模式的宏力半导体也选择在张江投资10亿美元建设先进的8英寸晶圆代工生产线。在两大晶圆代工厂建设的带动下，一批晶圆代工相关的产业链企业开始源源不断进入张江，包括集成电路特种气体供应企业Air Products、Air Liquide等，集成电路设备公司Applied Materials、Lam Research、Tokyo Electron等，集成电路封装测试企业泰隆半导体、威宇科技（后被日月光半导体并购），集成电路设计企业ISSI、SST、威盛电子等。同时，国内集成电路的龙头企业华虹集团决定将集团总部从浦西淮海路全部搬入张江，其下属的上海贝岭也决定在张江投资建设8英寸晶圆的制造生产线。在此期间，张江成为全球范围内一个集成电路产业发展的新热点，全球集成电路产业界开始全面关注张江。

中芯、宏力带动张江初步形成了集成电路产业体系，但与主流的集成电路产业发展区域还有不小的差距，如何乘势而上构建具有全球影响力的产业集成电路集群成为发展的关键。有一天，张江集团分管招商的沈伟国总经理给我们拿来一本参展手册，那是在美国旧金山举办的全球最大的半导体设备展览会Semicom West的参展企业名录，沈总说根据领导要求，派我们去美国招商，顺便去看一下这个集成电路产业的展览会。沈总带我们到美国看了展览后，了解到Semicom West是全球集成电路产业界最大的盛会，全球大部分的集成电路企业大佬都会云聚美国旧金山，而旧金山旁的湾区（“硅谷”）是全球科技创新的中心，聚集了大量半导体企业的总部、研发中心、初创企业，所以被称为“硅谷”（半导体的主要材料是硅）。这次出访使我们进一步了解全球科技产业的发展趋势和规律，也找到了下一步张江集成电路产业的发展方向；同时，我们把“硅谷”作为产业招商最主要的方向。此后，张江每年都组织多批招商工作组到“硅谷”去学习招商，我大概先后一共去了18次“硅谷”，我每次去基本上就待在“硅谷”招商，“硅谷”所有的半导体企业我们基本上都去过了，就这样我们完全融入了全球集成电路产业的“圈子”，把握到了全球集成电路的人脉，同时，将一批批集成电路产业企业和人才引入张江。

在“硅谷”招商学习过程中，我们发现每年都有发布一张“硅谷地图”，“硅谷地图”将重点半导体企业的Logo标注在湾区的地图上，我们一方面按照“硅谷地图”的企业和“硅谷”的人脉实施按图招商，另一方面，为扩大张江的影响力，我们也制作了“张江硅谷地图”作为宣传品赠送，加上张江集成电路产业不断集聚，我们在“硅谷”的影响力越来越大。当时，张江在“硅谷”开招商宣传大会，每次都是人满爆棚，以至于一些兄弟省市经常要来参加，还希望和我们共同举办招商活动。为了能更好地开展在“硅谷”的招商工作，有一段时间我们还在“硅谷”设立了办事处，请华虹国际的总经理夏钟瑞帮助我们负责办事处的招商工作，从而建立起了张江与“硅谷”连接的桥梁。有一次我们去“硅谷”时，通过ISSI中国总经理浦汉沪介绍，我们去参观一家叫Marvell的新兴的芯片设计公司，当时，Marvell还在成长发展期，并不是十分出名的企业，我们和公司CEO进行了非常愉快的交流，这家企业当时并没有去中国大陆的计划。随后每次去“硅谷”，我们都去这家公司交流，最后，Marvell在张江设立研发中心，如今，它已经是全球前列的芯片设计公司了。

通过我们“聚焦张江”后十几年的不懈努力，我们将“硅谷”、中国台湾、日本、欧洲等区域的全球重要半导体企业汇集到张江，包括国际半导体协会Semi中国区办事处，半导体光掩膜企业Photronics，半导体设备企业Applied Materials、Lam Research、Tokyo Electron、ASML、KLA-Tencor、Advantest等，半导体封装测试企业日月光，芯片设计软件企业Cadence、

Synopsys，国际知名的半导体企业AMD、Nvidia、Xlinx、Marvell、Intel、Qualcomm、Freescale、Infineon、Cypress、OmniVsion、RFMD、ON Semi、Micron、CONEXANT、Realtek、PMC-Sierra、Sunplus等的芯片设计研发中心。同时，我们还向下游拓展创新链，引进包括IBM、HP、Apple、SONY、SAP、ZTE、Lenovo等一批芯片用户企业的研发中心，加大信息技术创新研发的效率。在这期间，张江集成电路整个产业链的企业超过300家，全球知名的半导体企业大部分均进入了张江。

在此期间，通过研究世界集成电路的发展趋势，我们进一步梳理张江集成电路的发展目标，将集成电路产业发展的重心从全产业链发展转向晶圆制造和芯片设计，从制造产业链为主向设计研发的创新链转变，从而使张江跨越台湾新竹的模式，直接朝着“硅谷”集成电路创新中心的方向发展，推动我国集成电路产业快速跨入世界主流产业行列。

“聚焦张江”的创业文化：推动自主创新企业快速发展

“聚焦张江”战略的核心是建设上海高科技产业发展高地，培育本土高科技企业成长是实现战略的关键。“硅谷”之所以成为全球科技创新产业中心，是因为每十年会诞生一个全新的产业，出现一批世界级高科技企业，从HP到Cisco，从Apple到Google，从Facebook到Tesla等，“硅谷”不断引领全球创新科技产业发展，而孕育其发展的核心动力是“硅谷”的创业文化，是容忍失败的包容性文化，鼓励失败或者说没有失败就不会成功是“硅谷”创业的哲学。在“聚焦张江”战略实施后，张江确定的园区文化是“鼓励成功，宽容失败”，希望让本土创业者有更加宽松的发展环境。

张江在汇聚全球集成电路产业的同时，我们也在积极探索本土自主创新企业的发展。但是培育本土集成电路企业需要高端半导体人才，而“聚焦张江”早期，我国本土集成电路产业人才非常缺乏，高端人才更是凤毛麟角。所以，我们把目光转向海外特别是集成电路产业人才密集的“硅谷”。有一次，我们到“硅谷”招商，接触到一家新创办的公司叫 Spreadtrum，中文名字是展讯通信，是由武平、陈大同带领大陆留学生团队创办的，致力于当时世界最先进的 WCDMA/TD-CDMA 移动通信核心基带芯片的研发生产。由于 TD-WCDMA 技术是中国政府推动的移动通信标准，他们非常希望到中国大陆建立研发基地。在和武平、陈大同交流的过程中，我们感觉到大陆在美优秀留学生已经具备了很强的集成电路技术、产业经验和能力，他们将会是发展我国本土集成电路产业的中坚力量；同时，武平、陈大同也感觉到张江的集成电路产业发展思路清晰、已有集成电路产业体系完整，招商“不以政策为主，而以产业为核心”的理念，完全符合展讯通信未来发展的需要。我们双方很快达成了一致，展讯通信在张江设立了研发中心，很快研发出了 TD-CDMA 多模基带芯片，在国外大企业都不提供 TD-CDMA 标准基带芯片时，展讯科技芯片支持了中国标准的通信网络，使之得以实现，为此，2007 年展讯通信荣获国家科技进步一等奖。2006 年展讯通信在张江设立了全球总部，2010 年营业额突破 3 亿美元，跻身世界主流的芯片公司行列。展讯通信进入张江发展也是一个里程碑，代表以海外留学生为代表的我国本土集成电路企业全面发展的起步。

此后，我们围绕海外留学生团队、集成电路产业重点环节，不断加大海外留学生创办的集成电路产业项目的引进力度，包括锐迪科、鼎芯、格科微电子、博通集成、芯原微电子、晶晨股份、昂宝电子、聚辰股份、弥亚微、韦尔股份、卓胜微、爱培克等一大批集成电路芯片设计企业；在集成电路装备材料方面，中微半导体、凯世通半导体、盛美半导体、睿励科学仪器、安集微电子、上海微电子装备等一大批项目进入张江创业。同时，中国快速发展的经济环境为这些留学生团队的创业企业提供了市场发展空间，许多初创的企业寻找到国内的细分市场，利用张江集成电路产业配套环境，设计生产出产品，实现销售逐步成长，形成良性发展态势。这些项目的引进为张江集聚大量海外人才。这些人才也是目前中国集成电路产业发展的中坚力量，他们带来了世界先进的集成电路发展理念、技术、资金和团队，缩短了我国集成电路技术与国际主流技术的差距。

当然留学生创业不是一件很容易的事，在他们发展的道路上会碰到各种困难，一些企业可能会失败。在“鼓励成功，宽容失败”的创业文化影响下，我们与创业者一起努力、一起克服困难，一些企业有时资金有困难付不出房租，我们一再延期直到他们找到新的资金。我们还组建了专门的创业孵化团队和专业客户服务团队，构建专业化的服务网络，并帮助企业解决共性的产业化服务问题，比如研发企业设备免税、集成电路报税监管模式、海关快速通关等问题，从而使张江为创业者提供有特色的市场服务和政府服务环境，极大提升了企业创新发展的效率。同时，为吸引更多海外留学生到张江来创业，浦东新区专门成立了留学生服务中心、留学生联合会等，每年举办海外留学生张江行活动。我们在和留学生交流的时候，“鼓励成功，宽容失败”的理念一直是与他们沟通的基石，他们也认为张江具有国内最好的创新创业环境。

回顾张江集成电路发展历程，几代张江人通过不懈努力，特别是在“聚焦张江”以后，张江以晶圆代工项目为突破，以制造产业链集聚为推动，以芯片设计和晶圆制造为重心，以融入全球技术创新链为抓手，以培育世界级的自主创新企业为目标，走出中国集成电路产业新的发展模式和道路，使张江成为中国大陆集成电路产业链最完整，制造技术最先进，综合创新能力最强，芯片设计企业最集聚，具有全球影响力的集成电路发展的重要区域。

展望未来，全球集成电路产业又在经历新的发展变革，如何适应变化是张江集成电路产业发展新的课题，祝愿张江在新的征程中继续勇往直前、保持领先！

微创医疗，从张江走向世界

【口述前记】

常兆华，1963 年 7 月出生。1987 年赴美国留学并于纽约州立大学获得生物科学博士学位。1998 年回国创建微创医疗器械（上海）有限公司并担任董事长兼首席执行官。曾任上海理工大学生物医学工程方向博士生导师，教育部微创医疗器械工程研究中心主任。现任第十三届全国政协常委、第十二届全国工商联副主席。

口述：常兆华

采访：贾彦、白璇煜

整理：白璇煜

时间：2019 年 11 月 15 日

我先简单讲讲我的个人经历。1979 年，我考入上海机械学院（现上海理工大学），一路从本科读到硕士、博士。1987 年，我赴美国留学，在纽约州立大学攻读博士，1992 年获生物科学博士学位。

赴美留学事业有成

我在美国的生活可谓一帆风顺。在攻读博士学位期间，我先后出任两家上市公司副总裁，是当时美国上市公司中最年轻的副总裁；曾以顾问的身份参加美国政府和企业组织的数项重大课题研究；以外国留学生的身份破例被聘为一家上市公司的产品研发主任和首席科学家；主持了数项医疗器械的研究工作，获得了多项美国专利；成为美国数十家科技协会的会员；由于在微创伤治疗前列腺癌和肝癌医疗器械方面的开创性工作，被数家地方性科技协会邀请作为主题演讲嘉宾等。1992 年，在拿到博士学位的时候，我已经拥有了房产、汽车、现金、股票等很多奖励，这一切在留学生中间是很少见的。在我离开美国、回国创业前，我的年薪有 18 万美元，还有价值数百万美元的公司期权。可以说，我在美国的工作和生活都非常好，前途光明，是当时很多人羡慕的对象。

我自 1987 年赴美留学后，7 年没有回过中国。并不是我出国后就忘记了祖国和亲人，而是当时的出境政策很严格，留学生回国后，如果要再出国，需要公安部门出具“出境章”，而要顺利敲到这个“出境章”又非常困难，导致很多留学生不敢中途回国。留学生在国外有学业、事业和家庭，如果回国后再难以出国，会造成很大的麻烦。这些事现在看起来不可思议，但在当时确实是这样的。

1994年，时任上海市委书记吴邦国提议由上海市政府组织留学生回国省亲代表团，邀请国外知名的海外学者回上海看看改革开放的变化。我有幸作为政府特邀的25位海外学者之一。上海市政府向我们承诺，这次回国后保证可以再次出国。有了这样的承诺，我放下了所有的担心和忧虑，在出国求学7年之后再次回到祖国，回到上海。我们参观了上海各大开发区。我记得当时外滩的对面，也就是浦东，仍是一大片待开发之地。中共浦东新区工作委员会书记、管委会主任赵启正同志和其他浦东早期开拓者向我们激情澎湃地介绍浦东令人憧憬的未来。我亲眼目睹了祖国改革开放，特别是上海浦东开发开放的巨大变化，萌生了回国创业的念头。

1994年，上海市政府组织的首届中国留学人员回乡省亲医药信息交流会

说起回国创业的初衷，我想那一定是“报恩”。我出生于山东淄博的一个普通工人家庭，能一路从本科读到硕士、博士，全靠国家的培养。我上大学后，一直拿着国家提供的最高标准的助学金，是国家给了我上大学的机会，也给了我能顺利读完书的条件。在国内的时候，我对此感触不是很深，到美国留学后，才发现美国的学生为了读大学需要贷款，等到大学毕业，很多人已经负债累累。对比之下，我从上大学一直到毕业，没有一分钱的债务，这对美国普通家庭出身的孩子来说是不可想象的。因为有了鲜明的对比，我对祖国心怀感激，如果有合适的机会，我一定会报效祖国。

1995 年到 1998 年之间，我每年都会回上海四五次，每次回来都能看到上海发生的巨大变化，也能感受到浦东“改头换面”的变化。

回国创业“吃螃蟹”

在经过慎重思考和前期准备之后，1998 年，我放弃了美国一家上市公司的副总裁职位，义无反顾地来到浦东张江高科技园区，开启我的回国创业之路。回国之前，我在美国任职的公司和我打起了官司，要求我在三年内不得从事本行业内的相关工作。其实，他们的真正目的是希望我留在美国，不要回中国。但我回国创业的决心已定，最后通过很不容易的方式才了结了官司。

1998 年 5 月，微创医疗器械（上海）有限公司在张江高科技园区正式成立。

20 世纪 90 年代至 21 世纪初的张江高科技园区，大致上可以用“河流星罗棋布、农户庄稼满地”来形容。当时没有人能想到短短十几年时间，张江会变为“公路轻轨密布、高楼大厦林立”的现代化园区，更不会想到张江会成为综合性国家科学中心。

微创医疗诞生在张江高科技园区当年仅有的几栋多层普通厂房里。当年，这里处处是“张江难”：没有一个交通灯，没有一盏路灯，没有一家餐厅，也没有一处公交车站，更不要提地铁、酒店等任何称得上现代化的基础设施。白天马路上的行人几乎与晚上一样稀少，偶尔通过的一辆汽车会引来行人的注目礼。张江镇上的房价低到每平方米1500元，但还是没有人购买。员工租赁的住房简陋到极致，有的用几块砖头叠到一起，上边放一块木板就是一张饭桌，同时也是办公桌。这里除了彰显园区地位的“张江高科技园区”铭牌外，当时几乎找不到一点高科技的痕迹。白天工作之余，唯一能让我身心放松的活动就是到旁边的一条大河边（即如今的祖冲之路），看当地农民光着膀子、挽着裤脚在河底结网捕鱼。中午在水泥台阶上随便一躺就算是午休了。晚上加班，稍不留神就会错过本就稀少的园区班车的末班车。如果错过末班车，要么在实验室冰冷的水泥地上捱到天亮，要么步行到出租车司机敢于深夜“冒险”深入的地方。下班后我们常常选择几个人一起走，在黑灯瞎火的路上，为了壮胆，一边走一边高唱最革命、最悲壮的红色歌曲。在梅雨季节，深夜回家的路会更泥泞一些，有时要步行更远、更久才能看得见现代化交通工具。虽然条件极其艰苦，但我始终坚信“迟早会有一个高端医疗器械集团从这里走向世界”。

20世纪90年代中期，中国的市场经济才刚刚起步，很多政策和制度都不完善。比如，我创立的微创医疗，工商行政管理部门不知道应该归为哪一类，是民营企业还是其他类型的企业？当时民营企业在社会上的形象并不好，因此，我对于把微创医疗归入民营企业也不赞成。后来，海归回国创业的企业都被归入了“留学生企业”范畴。当时回国创业的海归很少，有些人认为我是在国外混不下去了才回国的，我对此哭笑不得。回国以后，由于从计划经济向市场经济转型过程中一些观念、做法的冲突，我也遇到过一些困难。

有一件事令我印象深刻。我们从国外进口了一批设备回来，由于种种原因闲置在那里无法开工，工人每天没事干只能去拖地板。我看到这种情况感到很无奈，无能为力，于是，又回到了美国。时任浦东新区区委组织部部长沙海林同志得知此事后，他打电话给我，劝我回国继续创业，并且向我许诺不会再出现之前那些破坏营商环境的事。就这样，我怀着忐忑不安的心情又再次回到了张江。这次回来之后，没有再发生影响企业正常经营的事。

浦东新区为创业企业设立过各种类型的基金。时任浦东新区副区长王安德同志曾指明要给微创医疗这样的企业提供创业基金支持。其实，王安德跟我并不认识，我们没有直接打过交道，但是，他站在浦东新区的角度、站在支持高科技企业发展的高度，用实际行动给予我们大力支持，这让我非常感动。

我们因为厂房问题还跟其他单位产生过一些纠纷，为此，企业的生产经营面临着极大影响。时任浦东新区区委书记周禹鹏同志为我们解了困。在他的建议下，我们在一个月内与对方单位顺利解决了问题，避免了企业遭受更大的损失。

微创位于张江科学城牛顿路 501 号的生产基地外景

可见，企业的发展并不是一帆风顺的，但值得庆幸的是，上海有周禹鹏、沙海林、王安德以及张江高科技园区的一批领导，他们能站在时代前列、世界前沿、用国际化的眼光及时发现问题，寻求政策和制度上的突破，全力支持企业创业发展，真的挺不容易的。浦东的发展、张江的发展，离不开国家和上海市的支持，也离不开这样一批具有改革开放精神的有为领导的助力。

我作为较早回国创业的海归，可以说是“吃螃蟹”的人。微创医疗创立之初的国内环境与现在大不相同，因此，公司遇到了与当时的社会环境之间很多难以想象的政策上、制度上和观念上的冲突，也正因为有这些冲突和矛盾，才有了后来在政策上、制度上和观念上的突破和进步。

走向世界的微创医疗

微创医疗创立之初的主营业务是研究开发和生产经营运用微创伤医疗技术治疗心血管疾病的医疗器械。微创伤医疗技术是一种通过在皮肤上的一个微小切口，在影像引导下，将治疗器材输送到体内病灶区进行医治甚至将病灶彻底消除的现代化医疗技术，今天的中外患者已经普遍知晓并享受着这种技术带来的各种益处。在美国工作期间，我也有幸直接参与和领衔了微创伤技术在多种癌症治疗方面的开创性工作。当时，虽然这种技术在欧美国家已经占到手术总量的80%以上，但我国的医疗水平却还基本停留在“手术刀和止血钳”的“刀耕火种”时代，全国只有为数不多的几家医院和少数医生能实施类似手术，而且所用器材百分之百全部依赖进口。手术费用比欧美高出数倍的价格使得绝大多数中国患者不得不在手术室前望而却步。以冠心病治疗为例，当时全国每年仅有区区几千名患者有条件接受支架手术，能放得起支架既是社会地位和财富的象征，也常常成为一些能“花钱续命”的人的炫耀资本。我曾经听一位医生说起，一位农村患者家属把家里的几头牛赶到医院门口并哀求医院，以此换得给亲人体内放置一枚可以救命的支架。可以想见，这几头牛已是那位农户全部的财产，但即使倾其所有，却仍然无力挽回一条生命。

发达国家在先进医疗技术上的垄断，导致包括我国在内的发展中国家的患者，必须以高昂的价格换取治疗机会。20世纪90年代的中国，居然没有一家专注于从事微创伤高端医疗器械研发和运营的企业。整个医疗系统面对价格居高不下的进口高端医疗产品毫无抵抗之力，无数患者面对高昂的医疗器械和先进的医疗技术只剩下无奈。当我走进医院，看到患者和家属的无助眼神，任何一位医疗行业的工程师或者科技工作者的内心都会被深深刺痛，产生深入骨髓的耻辱感。对于在海外长期从事先进医疗技术研究和管理工作的我而言，内心被这种强大的紧迫感所驱使，这是催生微创医疗诞生归根结底的内因。

随着上海市“聚焦张江”战略的开展，尤其是2005年前后数年快速而高效的发展，张江高科技园区呈现出了一番蓬勃向上和日新月异的景象。也正是在这期间，微创医疗从生产医用导管开始，短短六七年时间，已经成为国内首屈一指的大型医疗器械研发制造企业。公司的核心产品是冠状动脉支架系统，这是运用微创伤技术治疗冠心病的核心器材，技术含量很高。我国曾将其列入“八五”“九五”科技攻关计划，但是一直未解决其核心技术难题。我们通过引进人才、自主研发，攻克了技术难关，生产出国内首个冠状动脉支架系统并实现产业化。在此基础上，我们又研发了药物支架系统。

微创医疗的产品价格仅为进口产品的二分之一左右，质量却毫不逊色。在微创医疗的产品进入市场之前，进口支架系统在国内的售价要比欧美国家高出一倍。微创医疗生产的支架系统打破了进口产品的垄断局面，在激烈的市场竞争下，进口产品不得不降价。

微创医疗的成立标志着中国在微创伤医疗器械领域中实现了“零”的突

破。“微创”二字既是公司品牌，也是中国驰名商标，也成为了所有使用汉字的国家的医疗技术代名词之一。除此之外，“微创”二字还包含着要小心翼翼创业的精神。我们的产品和人的生命息息相关，产品的任何一点疏漏都可能给患者带来灾难性的影响。一个产品走向市场，可能是救人的一剂良药，也可能是一颗定时炸弹，救命和伤人往往就一线之隔。我们时刻牢记这一点，在产品研发和生产中丝毫不敢懈怠。

在公司二十多年的发展历程中，微创医疗在冠状动脉药物支架系统研发上从不间断，持续进行高强度、高投入的研发活动，依靠“循证医学”让数字说话的品牌建设活动使得公司在全球医疗行业内得到了广泛认可。公司最新一代“火鹰”支架，几乎所有业内权威都认为是全球最独特、最安全和最优秀的冠脉药物支架（或之一），2018 年，世界顶级权威医学杂志《柳叶刀》全文刊登了“火鹰”支架在欧洲大规模临床试验 TARGET AC 的研究结果。“火鹰”支架已成为全球新一代心脏支架行业新标准的引领者，这也是《柳叶刀》创刊近 200 年来首次出现中国医疗器械的身影，为中国医疗器械行业在国际上赢得了巨大的声誉。

让微创医疗这一品牌在国内外得到广泛认可和尊敬的不仅仅是冠脉药物支架，还有独具特色的“人工髋关节”“人工膝关节”“脑血管覆膜支架”“大动脉血管支架”“心脏起搏器”“植入式心脏除颤器”“人工心脏瓣膜”以及用于治疗“卡尔曼综合征”不孕不育的“人工下丘脑”等产品。微创医疗自主研发并生产的 300 多个高科技医疗器械产品覆盖了心血管及结构性心脏病，电生理及心律管理，骨科与软组织修复，大动脉及外周血管疾病，脑血管与神经科学，内分泌管理等生命科技，外科及医疗机器人，泌尿、妇科、呼吸、消化，医美及康复医疗，体外诊断与影像等医疗行业内的十大主要领域，在遍及全球 80 多个国家的 10000 多家医院内，平均每 6 秒就有一个“微创医疗”

生产的产品被用于患者，或挽救一个鲜活的生命，或提升患者的生命质量，或帮助患者创造新生命。我们的产品始终以最忠诚可靠的方式支撑和维护着数以千万计的生命。

微创医疗有一个独特的“创新反应炉”，将各种创新要素有机融合，使科研果实成功产业化甚至商业化的小概率事件变成大概率事件甚至是必然事件。这种创新模式被反复验证，并获得了“2015 年度国家科技进步奖”。随着公司发展成熟，微创医疗年申请专利数量成倍增长，产品研发周期大幅缩短，成果转化速度显著提高，产品上市速度由每年几个提升到如今每年数十个。微创医疗在过去十几年获得了包括 5 项国家科技进步奖在内的若干奖项，也申请和获得了 4000 余项中外专利。

微创医疗近几年大力推进全球化战略，通过一系列全球化运营，不但在冠脉支架领域实现了上市销售和临床研究的多项全球突破，更是在关节重建、心律管理业务等多个领域迈入全球领先行业之列，改变了公司过度依赖中国市场、独木支高楼的被动局面。

作为跟随改革开放一起成长的一代人，作为一名海归学者，我有幸见证了改革开放的波澜壮阔，见证了浦东开发开放的跨越式发展，见证了张江高科技园区的成长壮大。从纵向角度看，张江高科技园区、浦东新区这二十多年的发展过程，是一个“自我否定”、不断进步的过程。二十多年来，社会的进步，营商环境的提升，让每一个创业者都心怀感激，有一种拉开帷幕后发现美景豁然开朗的惊喜感。二十多年来，微创医疗与张江高科技园区一起发展壮大。我相信张江这片肥沃的创业土地，经过几代开拓者默默无闻地耕耘，必将结出更多的硕果。

复旦张江：做中国的创新药企

【口述前记】

王海波，1960 年 10 月出生。曾任浙江升华拜克公司总工程师，浦东生产力促进中心副主任，复旦大学生物系副教授等职。1996 年 11 月至今，任上海复旦张江生物医药股份有限公司任执行董事、董事会主席及总经理，经历了复旦张江创立、发展的全过程。

口述：王海波

采访：谢黎萍、贾彦

整理：贾彦

时间：2019 年 12 月 19 日

坦白地讲，我已经很久不参与这样的活动了。但是你们提到 2020 年就是浦东开发开放三十周年，我是浦东开发开放的见证者，也可以说是亲历者、参与者，而复旦张江几乎与“药谷”一起诞生，它也有一定的独特性，怎么生存下来，发展下来，发展得更好，确实也有一些值得记录和总结的地方。这么多年来，我们始终坚持一个目标，就是致力于成为以知识产权为核心源泉的中国的生物医药创新企业。

一家与“药谷”同时创立的公司

我到浦东是在 1996 年，现在回忆起来，实际也是一件蛮特别的事。当时我在复旦大学，很年轻，复旦大学的校长是谢希德。因为我们复旦大学沉降了一批老人，这批人也没办法升职，为了把年轻人提拔起来，复旦大学就开始打擂台，提拔副教授，所以我是 1995 年复旦第一批打擂台的副教授，我的班主任、我的老师都还没当上副教授。然后我就承接了一个课题，这个课题是为浦东开发开放以后生物医药产业的发展做一个方案，方案做完后，因为课题是浦东新区经贸局主持的，浦东新区经贸局副局长兼科技处处长戴燕玲，就和我提出有没有兴趣到浦东来发展，于是我就来了。来了以后，我的身份还是蛮特别的，就是从复旦大学调过来直接调到新区政府。不过在此之前，我实际上已经想出来了，也已经有任命了，杨浦区要求我去当科委副主任，做五角场开发园区的副总，负责开发。但我当时生病没有去成。再以后就是浦东新区领导跟我谈。为这个事情杨浦区还有点不高兴，他们已经决定任命了。到浦东以后，实际上就是两件事。一件事是担任浦东新区生产力促进中心副主任。这个中心在全国是第一家，那时候浦东新区没有科委也没有科协，它是“小政府”，原来的主任是金柱青，是上海市科委的老主任，金主任退休后，就来浦东新区担任中心第一届主任，但是因为他年纪太大，就把我给任命过去，作为生产力促进中心副主任主持工作。我就这样到浦东新区来了。

第二件事情就是来做复旦张江的，就是在浦东做一个生物医药的公司，两件事是并行的，后来很快复旦张江就成立了。成立时候的名称是上海复旦张江生物有限公司，复旦张江就是把复旦大学和张江高科技园区的名字放到一起。成立大会是在复旦大学开的，当时复旦大学的校长杨福家，浦东新区的领导周禹鹏和胡炜都参加了。我们公司成立时，所谓的注册资金只有530万元，真正的资金只有300万元，是一个很小的公司。所以在启动仪式上周禹鹏和胡炜说，我们两个人不大会同时出席这么一个小公司的启动仪式。之所以这么说，是表示他们的重视。当时等于是政府出资和复旦大学合作组建这个公司。

我在浦东新区里面任职时间蛮短的，任命后大概不到一年，我提出了辞职，觉得还是集中精力来做这个公司。我这个人也比较学术，不完全适应公务员岗位。辞职的事情拖了蛮久，又拖了一年，组织同意了。那个时候实际上两头兼顾的例子很多，我属于真正下海，因为我没有任何工资了。我有几个当年一起出来的合作伙伴，包括现在还在复旦张江的，他们的编制一直都是复旦大学的，只有我一个人等于是两边都彻底断掉了。也就是在1997年到1998年的时候，我彻底成为一个专门做公司的角色。张江最初提出的口号是建设中国的“药谷”，随着一批医药大集团的落户而初具规模，复旦张江虽然是小公司，但也可以说是与“药谷”同时创立的公司。

我其实很理想主义

回过头讲，1996年为什么要做这个公司？我大概在90年代初就开始做技术服务，一边在复旦大学做研究做老师，同时给一些医药企业做技术服务，最早的时候主要服务华东制药，然后是跟上海第三制药厂合作。所以这个期间我还曾经兼职过，在后来的上市公司升华拜克做总工程师，帮他们做研发产品。到1996年做复旦张江的时候，我们真是有一些想法，完全跟国内一般公司的逻辑是不一样的。中国做公司，那个时候做的内容多数还是商业选择，这也很正常，短缺经济你做什么都行，所以更多关心的是商业不关心其他。而我们的想法是希望在科学端，也就是说在临床治疗缺失或者临床治疗

上海复旦张江生物医药股份有限公司外景

不满意的点上，来做一个公司。坦白地讲，这种公司只有美国会存在，欧洲会存在，中国不太会，因为我们没有这个机制，也没有人会容忍，你可以不断地花钱，但可能没有成果，也没有收入。之所以有这个想法，是因为我们有过漫长的经历替别人服务，做过很多药，都很成功，让一些公司都上市了，1998年它们就上市了。当做我们自己公司的时候就想，怎么做一些对我们来讲有意义的事情，其实也是很理想主义的。

公司初创的时候不到20人，复旦大学过来五六个，然后还有一些已经出去的人，但也是复旦大学的，就开始做药物研发，我们在这里投入了主要的精力。当然现在回头想想还是蛮狂妄的。我们早期帮别人做技术，只要把技术做完，不关心科学，不需要寻找所谓的靶点。通俗地讲，就是我并不关心这个药怎么来的，我只要把这件事情做出来就行。中国公司几乎接近100%都做这件事，“拿来主义”，拿来以后就做成了。我们要往前面延伸半步，事实是非常艰难，很多年经营惨淡。因为一方面我们要做一些很有趣的探索性药物，发一些文章，证明这些候选药物针对特殊的靶点是不是有效，是不是能够在治疗端提供很大的帮助，比如我们当年做淋巴毒素。另一方面我们也要生存，所以我们也做了很多刚才我讲的要解决技术问题的项目，把这些项目卖给别人，用于还钱来支持。比如说，20世纪90年代末，国外诞生了一种名叫“重组人tPA”的基因工程药物，立即成为治疗心肌梗塞的首选，国内很多单位都启动研究，但是解决不了技术上的问题。我们经过一段时间的研究，化解了难题，顺利拿到临床批文，换来1500万元转让收益和每年5%的销售额提成。公司自成立以来，类似这样的转让项目不少，但对我们而言，转让并非为了盈利，而是一种维系创新的手段。我很清楚理想主义者也要生存，必须得有自己的生存之道。有时我们甚至不得不忍痛割爱，把一些来不及做的新药苗子让给别人。即便这样，还是不能满足公司高额的研发投入需要。

很多时候，钱一到账，就立刻化作实验室或临床试验中的瓶瓶罐罐。这样它就变成一个蛮艰难的公司，不时会遭遇“等米下锅”的尴尬，这种模式在中国以前是没有的。

“聚焦张江”带来转机

什么时候开始有转机的呢？2000年左右。大的背景是当时国家提出“科教兴国”战略，上海是“科教兴市”，后来又进一步提出“聚焦张江”。也许别人没感觉，对我们来讲是有感觉的，因为我们这种张江园区里很少有的、关注临床缺失或者不满意来开发药物的公司，突然就比较受到重视。一般的公司最多是做技术，把技术解决了，项目就出来了。比如说国内有的公司有程控交换机，是把程控交换技术解决了，但这个东西不是你发明的。也就是说，这件事情并不是因你而起，你只是把它做成商业。大致上中国今天依然是这个状态。“聚焦张江”以后，很多资源到张江来，政府对我们也更重视，我记得当时受到了中央很多领导，像江泽民总书记、胡锦涛总书记、朱镕基总理等的接见。

到2000年底，国内开始说要做创业板，因为美国有纳斯达克，香港有科创板，内地也说要开。所以那时候，中国证监会的发行部部长，他做了一些调研，其中到复旦张江，听我们汇报后，我认为他蛮惊奇的，因为他本身是过路，一般企业调研10分钟、20分钟，他却花很长时间待在我们这里。他可能没有想明白中国会有这样的公司做这样的事。大家提出，复旦张江类似的这种公司，应该有一个资本市场可以融入的渠道，因为做研发，没有钱。所以接下来就由市金融办联络，请证券公司来帮我们辅导，做科创板的上市准备。大概是2001年，我们是上海报到中国证监会10家准备科创板上市的第

2002 年 7 月 30 日，复旦张江生物在香港宣布 8 月份将在香港创业板上市

一家。后来大家都知道科创板没有开。但是我们也做了很多工作，已经准备材料了，公司要活下去，所以 2002 年我们就到香港去申请。香港也不太有这种类型的公司。实际上香港那时股市非常差，现在是两万七千点，当年大概只有八千点，很多公司都发不出去，1997 年刚刚回归完，股市很低迷。不过我们还是蛮顺利的，2002 年在香港创业板上市以后，大家认为复旦张江是香港第一个研究形态的上市公司。上市以后还是蛮艰难的，因为我们不挣钱。为此，我经常主动向股东们“检讨”。好在这一路，股东们很宽容。直到差不多 2010 年，我们才把所有的亏损弥补掉，开始正式有盈利，2013 年我们又转到香港主板。

基于我们在中国做原创的模式，我们在香港上市，虽然现在看来钱也不多，但是当时来讲非常了不起，可以支撑你往前走，你可以慢慢耗，因为研发需要耗。事实上 2000 年以后，我们已经发现原来卖技术的模式没办法走下去，也活不长，因为国内对于技术没有价格，卖技术基本上是属于比较低的层次，卖出去的钱不足以养活自己。我们到 2006 年的时候才有第 1 个产品面世，然后开始生产、销售。就因为在香港科创板上市我们有了钱，相对来讲就不再做转让，当然实际过程还是转让的，但不把它当作支持公司发展的动力，一定要做自己的产品。2009 年，我们又有产品进入市场，慢慢开始从纯粹的研究公司变成有自己主打产品的公司。

在世界医药市场上占一席之地

但是为什么复旦张江一直没有发展起来，发展得大呢？1996 年公司创立的时候，正赶上中国医药行业大发展，理论上我们可以走很快，一些民营企业都走得很快，但我们还是蛮固执的。我们比较坚持现代医药公司必须要在临床缺失这个端上有贡献，否则就跟中国其他行业的公司一样，甚至有人把中国医药称为化工厂，没有什么区别。因为坚持这个理念，所以一路这么走过来就变得很艰难。比如说，我们前两年上市的产品，差不多开发了 17 年。有的人脸半边红，生很大的斑块，也可以叫胎记，很严重，医学上叫鲜红斑痣，治疗鲜红斑痣全世界第一个药就是我们公司开发的。这个疾病到底原因是什么，怎么来治疗，也是我们公司现在做标准，在美国 FDA 做标准。我们的 ADC 药物开发也经历了 8 年的时间，目前也慢慢拥有独特的技术平台公司。这就是我们公司开发产品很少，走得也很慢的基本原因。

当然，我们一路走来，也获得过国家和政府各方面的资助。公司 2002 年在香港上市后，募集了 1.2 亿元人民币，当时 1.2 亿元人民币还是蛮多钱的，足以支撑我们的研发发展到产品上市，但是我们有产品要建厂，要建厂就不够。上海市和浦东新区都有一些支撑。上海市是“科教兴市重大产业科技攻关项目”，做了两三轮，每一轮资助的金额在 3000 万元左右，审核很复杂，我们那次审核大概要 6 轮，委托第三方，一轮一轮评估。浦东是慧眼工程，只做了一次，支持了十几家，一家2000万元，总共我们获得5000万元的资助。说明一下，这个资助是要还的，到了资助年限我们就把钱还掉了。因为我们能产出，我们就还了，这很重要。

我们也承担了国家级、省部级以及上海市的许多重大科研项目。比如一种新型淋巴毒素的临床研究是"863计划"项目，一种唐氏综合征产前筛查系统是国家火炬计划项目，这都是比较早的。近些年的比如国家"重大新药创制科技重大专项"，我们有好几个课题，科技部的"国家战略性创新产品"、上海市的"科技创新行动计划"我们都承担了一些项目。我还曾经担任过国务院国家重大专项总体组专家。

除此之外，我们还开展一些合作性业务，跟大企业合作，有一些项目别人看准，我们把未来的收益、权益分给别人，研发费用别人来支撑。比如说跟上药合作，上药承担80%的研发费，我们承担20%，但是未来收益百分之50对50。所谓智慧投入，就这样做，很多年发展过来也有好多亿元。整体来讲，我们始终没有出现现金流破产，一直是能够支撑的。

这些年来，我们开发的项目前前后后总共20多项，正式上市的产品，就是已经开始销售的产品有四个。第一个起先是作为药物批准，后来变成唐氏综合征的筛查诊断试剂，这是我们最早的。然后我们开发了一个产品叫艾拉，是光动力药物，主要治疗尖锐湿疣hpv感染，因为这个病在临床当中反复复发，没有办法，我们公司产品出来了以后，很快就变成行业的标准，全世界我们是第一个这么做的。再有就是抗肿瘤药"里葆多"，国产首例脂质体阿霉素，是治疗乳腺癌、卵巢癌的纳米药物。还有就是前面提到治疗鲜红斑痣的光动力药，叫复美达，也是个新药。到现在，我们公司上市的就是这四个药。转让出去上市的不算，也有几个，转让给东阿阿胶、台湾永信，又通过它们转让给10个国家。其他转让的项目还有跟澳大利亚公司合作的抗艾滋病药物，Avastin—抗肿瘤药转让给中生集团，以及曾经给上药转让过两个抗糖尿病的药，等等。

在张江，我们算是比较另类的。一家与“药谷”同时创立的公司，20多年后还健康地活着，是不多见的。我们来的时候张江还是农田。当时在郭守敬路351号，和罗氏制药在一条路上，我们是1号楼，陈竺的南方中心在2号楼。这里是张江最早对外出租的地方，所谓的孵化器。我们租了一些房子，租的房子价值60万元到70万元，这就是投资方里的张江高新技术发展促进中心，把它的租金转换成了股权。没过多久，房租就以7倍的价格收回去了，因为有人购买股权。早期的条件是艰苦，我认为也是正常的。公司最初20几人，在香港上市的时候100人，现在600人。与我们常来常往的合作者中，十有八九来自中科院、二军大、复旦大学等科研“国家队”。有人称我们是“更懂市场的研究机构”。我们追求创新、偏爱独特，但市场也教会我们应该怎么做。这就是复旦张江，脚踏实地仰望天空，希望我们的努力，为中国在世界医药市场上占有一席之地做出贡献。

后 记

开发开放浦东是党中央国务院在重大的历史关头为深化改革、扩大开放作出的一个重要战略部署。经过三十年的砥砺前行，浦东发展成为中国改革开放的新地标，创造了中国改革开放历史上的一个奇迹。历史值得铭记，上一代人走过的印记和积累下来的经验弥足珍贵。讲好浦东开发开放故事，弘扬浦东创业干事精神，引导广大群众从成就感、获得感、幸福感中进一步迸发改革热情、坚定改革信心、投身改革实践、再立改革新功，具有现实而深远的重大意义。为此，中共上海市委党史研究室策划组织开展了浦东四个国家级开发区早期建设历程口述史料征编工作。

本书的口述者都是1990年至2000年浦东开发早期陆家嘴、金桥、外高桥、张江四个国家级开发区建设的参与者、推动者、建设者和见证者。他们以对历史负责的态度，满怀激情、实事求是地讲述了浦东四个国家级开发区早期开发建设过程中的一些重要事件、重要决策过程和鲜为人知的历史细节，再现了那段鲜活的奋斗历史。

本书的编辑出版工作，始终得到全市各方面的大力支持，徐建刚同志担任中共上海市委党史研究室主任期间积极推动此项工作。陆家嘴开发公司原总经理王安德同志始终关心支持本书的出版，给予许多建设性的指导意见和建议。参与浦东开发开放早期建设的老同志们也非常支持我们的工作，在接受我们口述采访的同时，还提供了很多宝贵的史料。商务部、中国人民银行上海总部、中共安徽省委党史研究院、上海市商务委员会、陆家嘴集团、上海实业、金茂集团、张江集团、张江高科、金桥集团、环球金融中心有限公司等单位为我们开展口述采访、征集照片提供了帮助。中共上海市委宣传部为本书的出版予以大力支持。上海人民出版社的领导和编辑为本书的出版倾注了大量心血。在此，对为本书编撰出版付出努力的同志们一并表示衷心的感谢。

征集采访的过程，也是学习的过程。由于时间较为仓促，本书的聚焦主要在中共浦东新区区委、区政府成立之前。进入21世纪后，浦东四个国家级开发区的发展，有待我们下一步征集采访。此外，由于编者水平有限，难免会有疏漏和不足，诚恳希望得到领导、专家和读者的指正。

编者

2020年3月

图书在版编目(CIP)数据

奇迹:浦东早期开发亲历者说:1990—2000/中共上海市委党史研究室编.—上海:上海人民出版社,2020
ISBN 978-7-208-16379-9

Ⅰ.①奇… Ⅱ.①中… Ⅲ.①经济开发区-区域经济发展-研究-浦东新区-1990-2000 Ⅳ.①F127.513

中国版本图书馆CIP数据核字(2020)第048096号

责任编辑 吕桂萍
装帧设计 谢定莹

奇迹:浦东早期开发亲历者说(1990—2000)
中共上海市委党史研究室 编

出　　版 上海人民出版社
(200001 上海福建中路193号)
发　　行 上海人民出版社发行中心
印　　刷 上海中华印刷有限公司
开　　本 720×1000 1/16
印　　张 33.5
字　　数 414,000
版　　次 2020年5月第1版
印　　次 2020年6月第3次印刷
ISBN 978-7-208-16379-9/K·2939
定　　价 148.00元